JN101484

和をもって行矣(さきくませ)

宗教先進国日本の未来と可能性

徳丸一守

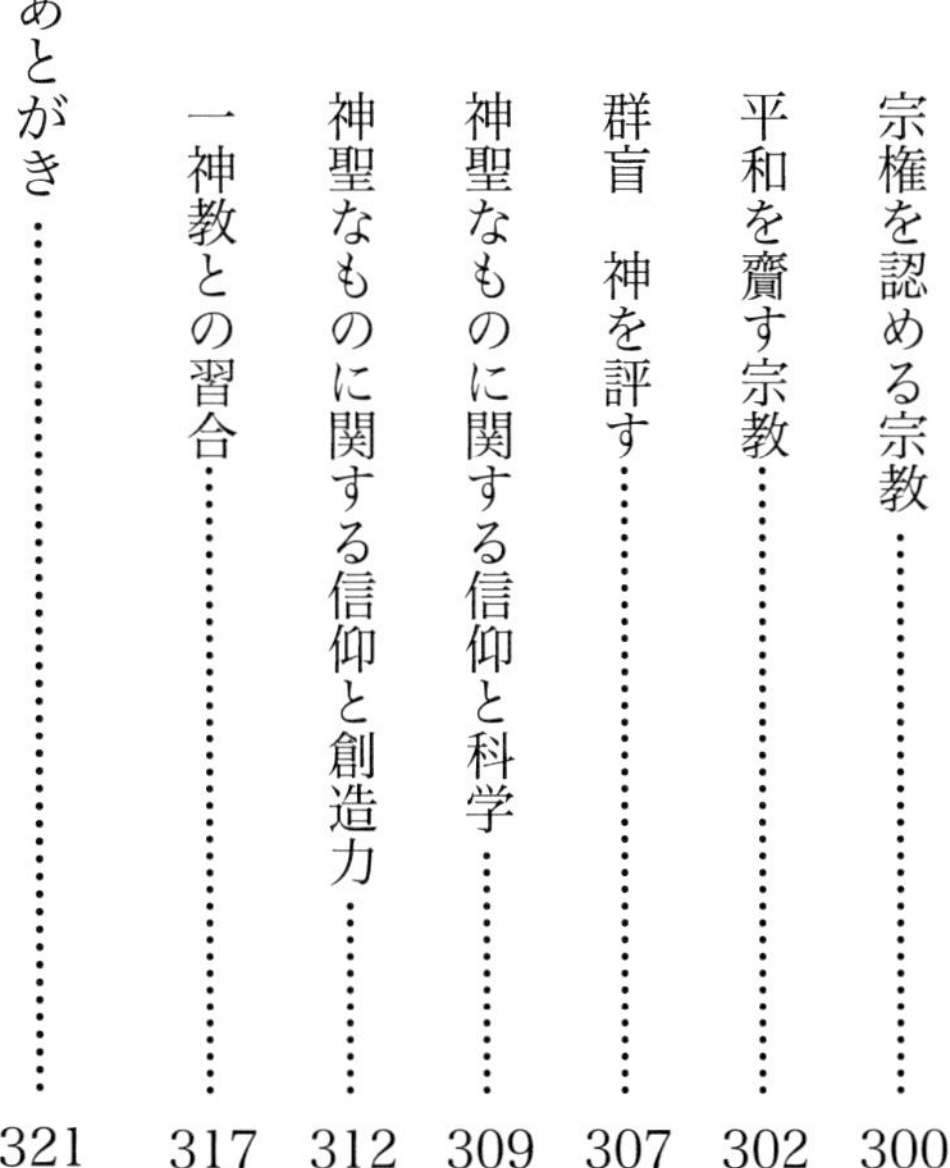

はじめに

二〇世紀は、一九〇二年の日露戦争から始まる、巨大な力を誇示するロシア帝国に非白人の極東の一小国が挑むなど、ほんの一昔前には考えられない、身の程を知らない、鎧袖一触され終る無謀というしかない戦争の筈だった。

日本の勝利は白人専横の時代が終ったことを示すべく時の審判が下された。時代を転換させる嚆矢になった戦争が日露戦争である。

バルチック艦隊の潰滅は、植民地時代の終焉、新時代が始まったことを告げる号砲であり、時代の転換点を示す指標でもある。レパントの海戦と同様に歴史を動かした海戦として、世界史に特筆される歴史的意義を有す戦争といえよう。

第二次世界大戦後、万人に聞き逃しようのない、新時代の到来を告げるかのように轟き渡った鬨の声が植民地の独立である。

白人専横の時代の終焉、時代の転換に最大の貢献をした国は、先鞭をつけ、ダメ押しをした日本国以外にあり得ないことは、念を押すまでもない。

一六世紀に始まった大航海時代以降の世界は、西欧文明主導の時代と総括できる。

西欧文明の核心、歴史を貫く基軸を求めればキリスト教であることはいうまでもない。西欧文明はキリスト教なしには独立した文明足り得たか疑問である。

終りの始り転換の主役を演じた日本国は、一神に排他的に所属することを求めず、父祖伝来の神道と神を立てない仏教を共に信仰する国である。このためキリスト教を核心にする欧米諸国からは胡散臭い国と見られ何かと批判されてきた。

日本の勝利は西欧主導の時代が転換期を迎えたことを示す歴史的事件と呼べよう。有色人種支配を、「白人の重荷（使命）」とうそぶいた時代に転機を齎した。重荷を下ろさせた主役は日本国である。

西欧文明が齎したパラダイムの変革なしに時代の転換はできないことを示唆しているのが、日露戦争における日本の勝利といえよう。

西欧文明を方向づけてきたパラダイムの修正、改良程度では新時代の潮流に対応できないことを明らかにした戦争が日露戦争である。

新千年期には、一神教とは異なる宗教が脚光を浴びる、浴びざるを得ないことを示唆しているように思われる。

それは、あいまい、不合理とキリスト教文明から批判されることが多い日本文明、日本人の宗教観のなかに見出される。

一神教の価値観からは批判されることが多い日本の宗教であるが遅れているどころか、寧ろ進んだ宗教である。先進性に気付くことが、閉塞状態にある世界に新風を吹き込み、文明の衝突を招く宗教戦争を抑止する。

世界は宗教対立が齎す紛争を容認するには狭くなり、宗教が創る壁を取除くという喫緊の課題に直面している。神仏習合を核心にするが故に不合理、あいまいと批判されることが多い日本人の宗教観、信仰の形態は、宗教の壁に囚われた世界に新風を吹き込み、紛争の火種を吹き飛ばす。ひいては宗教再生の端緒が開かれる。

そのことはまた、敗戦により失なわれた日本国民の自画像を取戻す道でもある。

二一世紀は、二〇〇一年九月一一日のイスラム教原理主義過激派によるテロから始まる。

キリスト教を建国の理念として掲げるアメリカは創造主から特別の使命（明白な天命）を託された国と確信、使命を果たすべく猛進してきた。

神の国アメリカの富と力を誇示するかのように天空に向け聳え立つ摩天楼に激突、突刺さった旅客機は宗教戦争、「神々の戦い」が始まったことを告げる嚆矢（鏑矢）であるかのように禍禍しい。

このテロは、宗教の壁、宗教に起因する偏見と憎悪から人類を解放し、「文明の衝突」を回避しない限り、地上に平和は訪ずれない、平穏な世界は望むべくもないことを、世界に周知させたテロだった。

信者に救済、平穏を齎すために存在する宗教が、神の名のもとに争うことは愚かで悪魔的な行為であり、流血と怨念以外に何も齎さないことを全世界に告知、警鐘を鳴らしているかのように見える。

核兵器やＤＮＡの発見、更にはＡＩ等、かつては神の専管事項であった領域にまで科学の光をあてる、人が主人公である世界では神の名を騙った宗教戦争の勃発は、人間の尊厳、宗教の権威を回復不能なまでに毀損する。

神を殺す戦（いくさ）が宗教戦争である。宗教戦争は「神がいなければ凡てが許される」、何が起きても不思議ではない、地獄図のような世界を神の名のもとに現出する、神の名の陰で悪魔が笑う戦争が宗教戦争である。

何はともあれ解決しなければならない喫緊の課題が、宗教戦争を阻止することである。

人を救済することを使命とする宗教が起爆剤になり、宗教戦争という地獄図のような世界に導くことを「神」が容認する筈はない。

また、地獄を生き抜いた人は、神を否定、宗教を捨てるだろう。

悪魔の使徒に率いられた戦が宗教戦争である。

私達は使命を放擲した宗教が争う世界の只中に居り、その渦中で右往左往し、実効のある対策を探しあぐね、もがきあがいている。


宗教戦争の惨禍を経験、流血の歴史を鑑とした世界では、信仰の自由が確立された。

信仰の自由を基軸に据る社会では、宗教が齎す壁を低くし、取り除こうとすることを主眼とした施策が実施されたきた。

「神は死んだ」、「無宗教」、「無神論」等、神や宗教否定に通じる言葉を公言、口走っても、制裁や罰則を適用されることはないレベルにまで社会は到達した。信仰は個人の自由に委ねられている。


無神論、無信仰が容認される社会とは対照的に、神の言葉を至上のものと位置づけ、その言葉（啓示）に、絶対的に帰依することが、社会を構成する基本原理として厳守されている社会、コーランを基軸、核心とする社会も厳として存在している。

更には脱宗教に向け舵を取ったかに見えた国が、宗教帰りをしたかのように国体を変更した例もある。

神の言葉への絶対的な帰依が、社会の核心であり、信仰の原点である社会では、主権は神のもとにあり、人は神の言葉に従うだけである。凡ては神の手に委ねられている。神の思し召すまま、人は神の奴隷なのだ。

しかし、人は神の奴隷と認識されていようとも神の言葉の解釈、理解に「ずれ」、食い違いが生じるのは、人間である以上、避けようがない。

神の言葉であっても解釈するのが人である以上、食い違いが生じ、時代や環境によって拡大して行くのを押し止める術はない。

神の言葉そのものだと信じられてきた正典に排他的、絶対的に帰依している社会では、正典の解釈が相違するだけで神の教えに反している、誤りを正すのが神の御心に応えることだと臆断し、神の正義の名のもと、排除するため実力行使に打って出る者が跡を断たない。信仰無罪、神の正義を実践躬行している以上、人を傷付け殺そうが良心の呵責に苦しむことはない。

信仰の自由が挑戦を受けている国も、厳として存する。遺憾ではあるが目を背けてはならない厳粛な事実、避けては通れない問題である。

排他的に正典に従がわせる宗教にあっては、正典をとおして神と結ばれているため、信仰遵守と実力行使の間のハードルが低い。このため、「神（創造主）がいなければ社会は平穏だろうに」、と思えるほど流血が絶えない社会になっている。しかし、聖戦と主張し、「信仰無罪、主権は神にあり」と怒号、正当化し、悔い改めようとはしない。

聖戦と叫ぶ輩は、正当な手続を踏むことなく正典の解釈権を奪取、我物同然にふるまい、異なる解釈を排除する。

正典の解釈が異なる者を力を用いて排除するため暴力が蔓延する流血の巷と化している。しかし、反省の素振りも見せず、神の正義を実践躬行している旨、正当化するだけではなく誇示して、だれに憚ることもない。

排他的に特定の神（宗教）に帰依、囚われるあまり、他神他宗を異教として否定するのみならず、同じ宗教に属していても異なる解釈を認めず、排撃の対象にする。神の意に適っていると信じ込んでいるが故にためらうことなく力を行使する。

剛構造の信仰の故である。彼等にとって、異端、異教は宗教ではない。滅すべき対象にすぎない。

人の歴史と重なるほどの長い年月、甚大な犠牲を払い、漸く信仰の自由は確立されたかに見えたが、アメリカでのテロを防ぎ得なかった。啓蒙思想が到達した理念は否定された。

信仰の自由を謳う理念よりも、神の言葉の絶対性は優先される。力で排除することで流血を招こうとも遵守すべきものが、神の言葉である。

神の言葉である以上、人が到達した理念よりも遵守すべきものなのだ。正典に記された神の言葉は絶対的命令であり実行しなくてはならないものなのだ。

信仰の自由を確立することで克服した、卒業できたと思い込んでいた宗教戦争が、「信仰無罪」と怒号する呪文によって、ゾンビのように蘇ったかのような衝撃を世界に与え、波紋が生じ、拡大している。

世界は、宗教が齎す壁の中に再び閉じ込められかねない岐路に佇み、茫然自失して、為す術もないかのような状況に陥っている。

しかし、全くの五里霧中、対応の術がないわけではない。希望は残されている。排他的に信仰することを強要しない日本の宗教に学ぶことである。

排他的に特定の宗教に所属することが宗教であるとする世界の常識に反し、特定の宗教に排他的に所属させないため壁を有しない宗教も厳として存在している。本地垂迹説を核心にする日本の宗教である。

排他的に所属させる宗教が齎す壁に閉じ込められているから他の宗教に関心を向けない。故に目に入らないだけである。

己れが所属する、信仰する宗教が最善、最高であり、他の宗教は違う旨の偏見、宗教による刷込みに関心を向けることが、宗教の壁から解放される第一歩、鍵である。

他の宗教に関心を持つことは己れの信仰を一段と深めることであって、二股をかけている旨、批判するのは旧来の炳習、偏見に過ぎない。

宗教の壁が齎す視野狭窄から解放される秘鑰（ひやく）は、一神教とは対極にあるため何かと批判されることが多い、日本の信仰の中に厳として存在している。一神教の価値観に囚われている、どっぷりつかっているから目に入らないだけである。

排他的に特定の神（宗教）に所属、その教えに固執、囚われるあまり他神、他宗を否定、対立を辞さない剛構造の信仰から対立を吸収する柔構造の信仰に移行することが、時代の要請であり、地上に平穏を齎す。

多神教とされる神道と、神を立てない宗教である仏教とを、共に信仰して怪しまない、神仏習合を核心に据る日本固有の信仰(日本教)は、宗教の対立を吸収、克服する柔構造の信仰であり、宗教に起因する紛争を克服すべしとの時代の要請に応えることができる。

宗教対立を克服することが喫緊の課題になっている今日、学ぶに値する宗教の有り様（ありよう）である。

宗教、宗旨をかえずとも宗教観及び信仰する姿勢を変えるだけで宗教が創る壁から解放され、自由になれる。更には信仰を深めることも可能になる。

問題は排他的に所属、信仰する宗教が最善、最高だと確信してきた長い歴史、並びに信仰に二股は許されないとして、他神、他宗を学ぼうともせず、蔑視する宗教観にある。

まして、異教である多神を信仰する神道、及び神を立てない無神論の仏教を共に信仰して怪しまない日本の信仰は、彼等の宗教観からは異形、遅れた信仰であるが故に学ぶものなどあろう筈はないと信じ、学ぼうとしない姿勢にある。

固定観念に囚われ、宗教が齎す壁が信徒を拘束しているなどとは露ほども疑っていないことが、解決を困難にしている。

他の宗教に学ぶことは決して信仰に二股をかける裏切行為などではなく、信仰を深めることに繋ることを知ろうともしない。

特定の宗教が、無限の神の全体像を把握し、代表することはできないことに理解が及ばない。問題の本質はこの一点に集約される。

被造物である人が創造主の像を十全に把握できる筈はない。しかし、群盲象を評すような観念だとは夢にも思わず敬虔に信仰者の責務を果たしていると妄信している。

他の宗教に学ぶことは神に一歩近づく、理解を深める道である。二股をかけるなとは、排他的に所属させる宗教の洗脳と理解する方が、的を射ている。

政治をまつりごと（祭り事）と呼ぶように、人は神の意を忖度し、大事を決してきた。神の名を唱え、神の加護を頼みにしてきた。統治の正統性、戦の是非は神の権威を借りることによって正当化されてきた。

神の敵を滅すため戦争は時代と共に巨大化し、残虐性を増す一方である。遂には一度使用すれば文明の終焉を齎しかねない兵器までもが開発され、いつでも使用可能な状況下におかれている。

神は君臨することで威を増し、威を増すことで更に尊崇されるようになった。

神の名を妄りに使用することで争いが激化し、どれほど無辜の血が流されようとも、或は不条理を覆い隠し、正当化するために、神の名を騙ろうとも、神は尊崇されてきた。

神の権威は微動だにしない状況は永遠に続くかに見えた。

しかし、人間世界に不朽のものは存在しない。この世では栄枯盛衰こそが不動の真実と歴史は明示している。宗教と雖も例外ではなかった。

西欧においては時代の変遷に伴い、教会の堕落、腐敗に対する疑念が生れ、教会が神の名のもとに正当化してきた制度、価値観が揺らぎ始めた。

免罪符濫売に対するルターの抗議は、地上における神の代理人ローマ教皇の権威への挑戦と受け止められた。しかし、かつてのようにルターの破門によって終息することはなかった。神の声を代弁してきた教会の権威は失墜しており、意のままにならなかった。

聖書の解釈権を巡る争いは、宗教戦争という地獄世界、神の正義の名のもとに情容赦も妥協もない、血で血を洗う惨禍を齎した。

が、武力での決着はつけられず、プロテスタントがカトリック教会から分離、独立することで、どうにか決着をつけた。

神の名のもとに戦われた残虐窮まりない宗教戦争は、キリスト教の土台を揺がす地殻変動を齎した。

累累たる屍は、神の死に通じる道に敷き詰められた敷石であり、悪魔に捧げられた人柱、いけにえでもある。

神は、教会関係者は、神の名のもとに行なわれた凶行を押し止めようとはしなかった。逆に信仰を同じくする同士と共に戦うことで、所属する神の栄光、正義のため殺戮する宗教戦争という地獄世界を現出させた。

宗教戦争によって地上に地獄を齎したことは神の権威のみならず、教会の権威をも著しく失墜させた。神なき時代の幕開けである。

これまでのように無心に只一向（ひたすら）神に向うことはできなくなった。その陰で啓蒙思想が脚光を浴び、歴史の桧舞台に主役の一人として登場した。

教会が説く神義論及び価値観並に精神世界、信仰世界における権威、特権に反対する思想が、脚光を浴びるようになり権威を持つに至った。

理性への信仰が、宗教に取って代わり啓蒙主義として結実、歴史を動かす主要な力になって登場した。

理性による啓蒙を信じ、教会に代表される伝統的価値観を打破する運動は、フランス革命の起爆剤になり、ロシア革命で宗教を否定、弾圧する運動は頂点に達した。

理性を信仰し、宗教を否定する運動は、科学革命の精華によって弾みがついた。地動説に代表されるように科学は、宗教が説いてきた世界像を否定した。真理は科学の側に存していることは否定すべくもなかった。

理性の支配領域は拡大し、世界は科学が主宰するに至った。如何なる地上権力と雖も科学とその成果を無視しては存続し得なくなり、遂には「神は死んだ」と叫ばれる時代を迎えた。

身から出た錆である。あまりにも神の権威を濫用しすぎた当然の報いといえよう。

しかし、イラン革命を見るまでもなく、神は死んでいなかった。復権している国も存在する。ロシアではロシア正教が復権した。中国においても、宗教に帰依する、信仰する者は弾圧下にあるにもかかわらず、潮が満ちるかのように漸増している。

神の死と、宗教の復権が錯綜し、衝突、鎬を削る時代が二一世紀といえる。

太陽を地上に齎した核兵器の開発や、ＤＮＡの発見に見られるように宗教に取って代わり地上の主宰者になった科学は、神の力の根源にまで迫っている。

宗教を信じなくても生きて行けるが、科学の助けなしには生存すら覚束ない時代を迎え、科学の力は増大する一方である。

一方、主権は創造主である神にあると主張して憚らない原理主義者が跋扈している。正典を私するかの如く行動し信仰無罪と言い募り、神の栄光に奉仕すると称して暴力行使を正当化してやまない。ＩＳに代表されるイスラム教原理主義過激派の猖獗はあたかも新たな宗教戦争が始まったかのように写り、核兵器の飛び交う宗教戦争すら杞憂と思えないほど事態は切迫している。

排他的に一神にのみ所属させる宗教では、それが神の言葉である以上対立は不可避に見える。

しかし、宗教は共存できるし、共存しなければならない。神の正義を掲げた戦争は宗教の権威を損うだけである。宗教戦争は神の権威を失墜させる最大級の反宗教活動であり、宗教の存在意義をあざ笑う。

神の名の陰で悪魔が笑う、悪魔に加担する反逆が宗教戦争である。

世界における宗教の常識とは逆に、一神に排他的に所属することを強要しないのが日本の宗教である。故に日本では宗教戦争は起きなかった。

神道と仏教が平和共存する日本の宗教に学び、宗教観のコペルニクス的転回を図れば対立は止揚できる。

ローマ帝国、旧ソビエト連邦等、如何なる大国、強国と雖も宗教を弾圧はできても、勝者にはなれなかった。

人と宗教の歴史を俯瞰すれば、人と宗教は切り離せないことは一目瞭然である。

唯物論者が指摘したように宗教には負の側面は多々あっても、人は宗教を捨てなかったし、将来とも信仰の灯が消えることはないだろう。

人は宗教と無縁で生きられるほど強くはなかったし、理性的でもなかった。この厳粛な事実から目をそらすことなく、人が存在する限り宗教もあると覚悟して、人と宗教の関係を再構築する難問が未解決のまま今日に至っている。

核兵器を使用する宗教戦争が杞憂といえない世界にあって核廃絶が喫緊の課題になってから久しい。が好転するどころか、悪化している。

人と言葉は切り離せないように、不可分、不可欠な間柄といえるのが、人と宗教の関係である。無視することは破滅に通じる道を選択したことにほかならない。

排他的に信仰させることから生じる宗教の壁を乗り越えない限り、宗教間の対立、紛争に終止符を打つことはできない。

宗教の壁を乗り越える宗教、神学が今日ほど渇望された時代はかつてなかった。

宗教は旧態依然として変らず、対立を続け、流血が熄むことはないのだろうか。

希望はある。本地垂迹説を核心にする日本の宗教、信仰に学び、宗教の壁を超えることである。

宗教史は永遠不滅の神を尊崇する宗教と雖も、不滅ではないことを示している。

流血を招く宗教が忌避される時代は遠からずやってくる。宗教の違い、神の像の解釈の違いに起因する紛争から早急に卒業しなければ、宗教を忌避する者が続出する。

解決に至る道は、宗教は如何なる理由で誕生し、尊崇、護持されてきたのかとの原点に立ち返り、壁を超える神学を構築することである。

その上で宗教観のコペルニクス的転回を図れば、宗教は変ることができ、ひいては宗教間の対立、宗教の壁を超えることも可能になる。

宗教のコペルニクス的転回とは何のことかと訝しく思われることだろう。

他神を否定し、一神にのみ排他的に所属させる宗教は、旧態依然として変らぬ「天動説的宗教」である。

唯一の創造主が中心に居り、凡てを動かしていると主張し、教団の教えに従うよう強要する。異を唱えれば地動説のように科学に拠った真実であっても、神を否定する不逞の輩だと決め付け力で排除することも辞さないのが、天動説的宗教である。

他神を否定する限り、対立の火種が尽きることはなく、宗教に起因する対立は止まず、燻り続け、いつしか発火、炎上する。

他神を否定する宗教の壁が如何に高く厚かろうとも、壁を超える努力をしなければ宗教の壁にぶつかり、紛争が生じる。宗教に起因する紛争は贔屓の引き倒し宗教を忌避する人を続出させるだけである。宗教は対立の温床になり、「恐しいもの」として忌み嫌われるようになりかねない。

天動説から地動説にコペルニクス的転回をしたように、他神、他宗を貶める宗教から、他神、他宗をも神聖なものとして尊崇する宗教へと宗教観を転回することである。

宗教観のコペルニクス的転回こそが、宗教の壁を超え、新生する第一歩になる。

さも無ければ対立の火種は温存され、発火、炎上する要因になる。

一神教からはあいまい、不合理と評されることが多い日本の宗教は、一神教の信仰、天動説的宗教からは批判に値する宗教である。が、排他的に所属させないが故に宗教の業ともいえる壁を有しない。学ぶに値する希望を齎す宗教である。

第一章　日本の宗教の先進性

共存の宗教

宗教の壁を超える、対立を克服する鍵は、一神教の神の像、宗教観とは対極にあるため何かと批判されることの多い神仏習合を基軸とする日本の宗教の中に厳として存在している。日本の宗教を不合理、あいまいだと評価する一神教であるが、視点を変えれば短所は長所でもある。批判を真に受け卑下する必要はない。

日本の宗教を遅れた宗教と決付ける一神教からの批判は群盲象を評す類の一面的な評価にすぎない。一神教とは不可分といえる宗教戦争の歴史を繙けば他の宗教を遅れた宗教と批判するのは筋違いも甚しいといわざるを得ない。

日本の知識人は、あたかも神の託宣を受けたかのように一神教からの批判をオウム返しに国民に伝えることが知識人たる己れの責務と考え、的外れな批判を繰り返し恥なかった。

しかし、ヨーロッパ発の宗教観に惑わされることなく虚心坦懐に日本の宗教を評価すれば、他神を認めず排他的に一神に所属させる宗教が持つ毒への抗体を有しており、コペルニクス的転回を要しない、優れた特性を持つ宗教であると捉えることができる。

日本の宗教は、神仏が習合したことから窺えるように排他的に所属することを求めない。宗教がつくる壁を有しないことから時代の要請に応えることができる。独創的な宗教であるが故に日本教とも呼ばれる特質を持つ宗教である。

不合理、遅れている等、日本の宗教に対する批判は、排他的に所属させる宗教、一神教の偏見にすぎない。

特定の宗教に排他的に所属させる結果、その教えに囚われ、他神他宗を否定、上から目線で他の宗教を批判する宗教とは異なり、神と仏の本地（本質）は同じとする本地垂迹説と呼ばれる、三位一体説に比すべき神学によって神仏は特質を喪失することなく、習合した。この結果、人々は神仏の相違に囚われることなく共に信仰してきた。宗教戦争とは無縁の神仏が共存する進んだ宗教観であり、遅れているなどと批判するのは鷺を烏と主張するような的外れな批判である。

神仏が相手を否定することなく習合できたのは本地垂迹説によって、神仏の本地・本質は同じであるとする観念を共有できたからである。この結果、神仏は互いに相手を神聖な存在として認めることができ、宗教の相違が宗教戦争を齎すことはなかった。

あなたはわたしのほかに、なにものをも神としてはならないと啓示する創造主、天に坐す父なる神が君臨する宗教とは、本質を異にするのが神仏が習合する日本の宗教である。

母なる自然（神）に依拠しており、唯一の創造主が君臨する宗教が持つ排他性、独善性、強権性を有しない。

神と仏は本地垂迹説に因って互いに神聖なものと認めたが故に宗教が齎す壁を創らず、習合できた。共存を旨とする宗教が日本の宗教である。

宗教とは排他的に所属するものだとの通念を本地垂迹説によって克服できたから宗教戦争は起きなかった。

本質を異にする神と仏が共存、更には習合したのが日本の宗教である。その独自性の故に日本教とも呼ばれている。

二一世紀世界が平穏か、否かは宗教の共存に左右される。排他的に所属させない日本の宗教の意義について、世界にアピールすることは宗教共存に貢献できる。知識人は日本の宗教を批判する前に率先して取組むべきことでないのか。

私はアメリカでのイスラム教原理主義過激派のテロからそのように確信するに至った。

「国家神道」の呪縛

「国家神道」を忘れているのではないか、と嘲笑う声が聞えてきそうであるが、国家神道との呼称は戦後一般的になった言葉であり、本来の用法は「国家管理された神社神道」を指していた。


アメリカのプロパガンダによって国家神道は宗教とのレッテルを貼られ、自虐史観によって宗教として存在したかのように説かれてきた。宗教について考えたことがないからかかるプロパガンダに踊らされる、惑わされるのだ。

国家神道はキリスト教を基軸にする西欧列強に倣った施策である。神道を基軸に据ることで国民の大同団結を図り国家存亡の危機を乗切ろうとして誕生した。

士農工商を基軸にした身分社会であった江戸時代、封建秩序護持のため朱子学が官学、体制教学として採用された。国家神道も朱子学と同様に独立自尊の国体を守るため採用された施策であって宗教と呼ばれるような実体を有しない。

天皇は国民国家統合のための旗印であり、国家神道は天皇の名のもとに独立死守に不可欠な国民の大同団結を図るための統治施策である。アメリカもキリスト教が国民統合の核心になっている筈だ。

藩を国として認識していた幕藩体制下の徳川日本から覚醒させ、国民意識を涵養、大同団結し、一つの国になることが明治日本の喫緊の課題であった。

「国家神道」の正体は国民統合の象徴として担がれた御輿と称すべき天皇の権威を借りて、神社を一元的に管理することによって国民の大同団結を図り、独立自尊の国体を守ろうとした施策である。国体護持の施策と呼べようが宗教ではない。

神への信仰を利用した自衛策と定義すべきものが国家神道である。植民地主義への危機感から採用された大日本帝国の生存戦略である。

アメリカは、国民の信仰篤い固有の宗教であり全国各地に祀られている神社を一元的に管理することで国論統一、統合の梃子とした生存戦略を、国家神道と呼び天皇教のカルトと決め付けた。しかし、国論統一を狙った施策にすぎないから、宗教と呼べるような実体を有しない。

共産主義国家のマルクス・レーニン主義と同様の性格を有する、独立自尊の国体を護持する使命を担い採用された神道活用策が「国家管理された神社神道」、即ち国家神道の正体である。

神道と称するが、国民国家統合の施策と呼ぶべきものにすぎない。「神道」の名に惑わされては本質を見失う。

帝国主義国家によって植民地にされる脅威に晒された明治日本は、元寇以上の国難であると危機感を募らせ、「神国日本」の歴史を鑑とした。神国日本を守るため取られた自衛策を、アメリカは国家神道とカルト視した。

国家神道とは、神の名のもとに団結して国難にあたれば神々の加護が得られ、植民地にされることなく独立自尊の国として存続できる旨、国民を叱咤激励、志気を鼓舞するために採用された国体護持のための施策である。

戦後、雲散霧消したことは、宗教の力を借りた自衛策にすぎなかったことを裏付けている。

敗戦が齎した愛国心の喪失、自画像の毀損に付け入り革命を起こそうと企図した徒党は革命の防波堤になりかねない神道を脅威と捉え、アメリカのプロパガンダに便乗し国家神道と神道を同一視し喧伝することで無力化しようと図った。

カルトと呼ぶべきオウム真理教の例をあげるまでもなく宗教は強靱な生命力を有している。人間が関与するもののなかで最も強い生命力を持つのが宗教である。戦争に負けたくらいで雲散霧消した国家神道は宗教ではない。神道が厳存しているのを見るまでもなく、分かり切ったことである。

逆に危機突破、反撃するに際し、団結の核になるのが宗教である。イスラエルの歴史を見れば納得が得られるのではないだろうか。

アメリカは、宗教と誤認した「国家神道」が核になり、アメリカに復讐するのではと危惧したが故に「神道指令」を発した。が、杞憂にすぎなかった。宗教ではなく大同団結のための統治施策にすぎなかったからだ。

キリスト教を建国の理念、核心に据るアメリカはキリスト教を基準にして国家神道を弾劾したが、国家神道は前述したように宗教ではない。カルト視し、恐れる必要はなかった。

破門されたドイツ皇帝が許しを乞うためにローマ教皇の別荘に赴き、雪の中に三日三晩も立尽したカノッサの屈辱に代表されるように、キリスト教は比類のない権威を有しており、政治権力を超えて神の代理人たる教会が君臨、神（創造主）の権威を笠に着て政治に介入してきた。アメリカはキリスト教と日本の宗教とは異質の宗教であることを認識できなかった。

地上の権力の上に君臨したキリスト教と、政治権力の癒着を断ち切ったのがフランス革命である。近代はフランス革命から始まるといわれるゆえんである。

アメリカは、「独立自尊」の国体を護持するため止むに止まれず採用した神道管理政策をアメリカの基軸であるキリスト教を基準にして天皇教のカルトであると断じた。そればかりか国家神道が再びアメリカに対抗する核になることを危惧し、阻止するため神道指令を発した。独立自尊の国体護持施策にすぎない国家神道をカルト視するのは敗者を貶める勝者の審判以外の何物でもない。

「唯一の創造主」の観念を有しない東アジアにおいて、宗教が政治権力の上に君臨、介入できる筈はない。誤認も甚しい。

神道指令は神道への偏見に囚われる余り、理解しようとはしない、キリスト教の優位を露ほども疑ったことがない、歴史の重みを知らない国であるが故に発せられた。

他の文化への思いやりに欠けているためアメリカは内政干渉にあたる施策を強要、世界各地で失敗を繰り返してきた。アメリカは世界に類例のない国だとの自覚を有しないからアメリカの基準で判断、強要するため同じ失敗を繰り返している。十字軍のつもりで干渉すれば必ず失敗する。

進駐軍（占領軍）の力を背景に断行したが、日本人は国家神道を宗教と認識していなかったが故に然したる抵抗もなく実施された。ロシアにおけるマルクス・レーニン主義の運命と同様に、国家神道も生みの親たる大日本帝国の敗北に伴い運命をともにした。帝国の僕にすぎなかったから宗教の持つ生命力を有しなかった。

マルクス・レーニン主義は旧ソ連時代、ロシア正教に代わり、排他的に所属させる主義、思想として布教され、共産党政権は異教であるロシア正教を弾圧した。宗教色はマルクス・レーニン主義の方が強いといえるだろう。

日本では神道と国家神道は併存していた。国家神道が宗教であるなどとは誰も認識していなかったからにほかならない。

進駐軍は神道指令と併行して、日本国をフィリッピンのようなキリスト教国家にしようと画策した。キリスト教徒を激増させ、国論を分裂させる布石として陰に陽にキリスト教の布教に尽力した。

私は高校一年生の時に学校をとおして聖書を贈呈されたが、キリスト教布教の一環だったのだろう。この政策は韓国では成功したが日本では成功しなかった。アメリカの努力は報われなかった。アメリカの反日感情の幾分かはこの事実と相関関係にあると私は捉えている。

日本は今もって世界でも稀なほど一神教徒が少ない国の一つである。唯一の創造主のみを信仰し、他神他宗を否定する一神教は、神と仏が習合し、様々な姿、形を借りて顕現する神聖なものを排除することなく信仰して怪しまない信仰風土にはなじまず、受け入れられなかった。

排他的に一神に所属させる宗教を日本人は峻拒した。宗教観の相違が一神教（キリスト教）の受容を阻んだ。アメリカ一辺倒の戦後日本における謎ともいえる現象である。

アメリカの宗教政策は二つの誤認、錯誤の故に失敗した。前述したようにアメリカが国家神道と呼んだものは国体を護持するために採用された自衛策であって宗教ではない。宗教対策としては空振りだった。

更に大きな失敗は宗教の位置付が日本とアメリカでは異なっていることに無頓着だったことである。唯一の創造主が君臨する宗教圏と君臨しない宗教圏では宗教の権威が相違していることを等閑視したが故に効果的な施策を打ち出せなかった。

唯一の創造主が存在しない東アジアとは違って一神教世界では宗教の地位、影響力は格段に高い。創造主の権威を無視できる者は存在しない。

唯一の創造主が君臨する宗教圏、一神教世界では、神の言葉を預る預言者は地上の権力者に対し神が定めた法（律法）に違反しているか、否かを監視し、反していれば神の言葉を預る者として警告する責務を担わされている。正典（聖書、コーラン）は正邪の判定基準にほかならない。

これに対し、創造主の観念を有しない東アジアにおいては、そのような正典は存在し得ない。故に預言者も存在しない。

日本国の信仰風土では理解困難であるが、ホメイニ師によってイラン国王が追放された歴史を思い浮かべれば、理解が容易になる。

神に代わって不正を監視することは旧約聖書の預言者に見られるように、迫害を受けようとも為さねばならない聖なる責務である。

ヨナのように神の命を受けたが果たそうともせず逃亡を企てたとしても、神の手から逃げおおせる筈はない。無駄な行為であり、聖書はそのことを強調している。

世界は神が創造したことを信仰の核心にする一神教世界では、神はためらうことなく創造した世界に介入する。

創造主責任を果たすためなのだろう。ソドムとゴモラはいうに及ばず、ノアの箱舟の神話に見られるように、創造主は気に入らなければ介入し、世界を滅ぼすこともあり得る。

人は神の被造物にすぎず、神を讃え、神の命に従うことが、被造物である人の義務とされてきたのが一神教世界である。従がわない者、不信仰の輩は最後の審判により裁かれることを信仰の核心にしている。

神の義に適うことが信仰の核心にかかわる問題なのだ。世界はそのために存在している。政教分離しなければ教会の容喙は際限なく続く。ヨーロッパにおいては宗教戦争、フランス革命という大流血を伴なわずには実現しなかった。

イスラム教国においては政教分離がキリスト教国以上に困難なため、神の義を巡って紛争が絶えない。地上の統治権、主権は創造主に属すことを信者は共有、確信しているため政教分離が困難なのだ。曲がりなりにでもあれ政教分離を実現したトルコは奇蹟といえる。実現した以上不可能ではない筈、しかし、現状から判断すると見通しは暗いようだ。

これに対し、創造主がいない東アジアにおいては一神教世界とは反対方向に力が働く。政治の思惑、政治情勢の風向き次第で、政治権力は随意に宗教に介入、弾圧をも憚らない。宗教は政治に左右される。

創造主がいない東アジアにおいては、政治の上に立つ宗教は存在し得ない。政治の下に置かれ、その動向に左右される。

選択的な一神教といわれる一向宗が、織田軍団との覇権争いに勝ち、日本国を支配するようなことがあったならば、或はヨーロッパに近い現象が見られたかも知れない。

しかし、神聖なものに排他的に所属することなく信仰することを宗教と認識する日本人の宗教観が変わらない限り、実現する可能性はない。当然のことながら勝者になれなかった。

日本人は一神（一仏）に排他的に所属させる宗教を真善美（よし）としなかった。仮にヨーロッパ以上の宗教戦争が起きたとしても、一向宗が勝利者になれたとは思わない。

蓮如が「諸神諸菩薩諸仏を軽んずべからず」、と門徒に繰り返し、説き聞かせた判断は正鵠を射ていた。

大陸とは距離を置く、政治権力の優位度が低い日本国においても、明治五年（一八七二）四月、明治政府は諸教団に諮ることなく、「僧侶肉食妻帯蓄髪勝手たるべし」と、太政官布告を出した。

僧侶が厳守しなければならない核心といえる戒にもかかわらず一方的に布告した。宗教は政治の風下に置かれていたことを示すものである。勝手である以上、遵守する義務はない筈だが従った。

浄土真宗以外の仏教諸宗派の僧侶は、この布告を機に勝手に肉食妻帯を公然化したが、ごく小数の例外を除き、懺悔や悲哀を表すことはなかった。

天下泰平のもと、世俗化が進んだ江戸時代、戒は骨抜きにされ有名無実と化していたことを如実に示すものである。

イスラム教徒は断食や食物禁忌等の戒を守らなければならな

い。これに対し創造主がいない、正典を有しない日本の宗教は、戒律を遵守させる力が弱い宗教と捉えることができよう。仏教史が示すとおりである。

一神教の宗教圏ではあり得ないが、創造主を知らず、正典を有しない東アジアにおいては異常なことではない。

中国、朝鮮において仏教は弾圧され、正統としての地位を保持できなかった。宗教と雖も人の営みの一つである以上、程度の差こそあれ政治の影響を受けざるを得ない。創造主の観念を知らず、天帝の子たる天子、皇帝が統べる中華圏において、政治と宗教の関係が一神教の国と同じ筈はない。

人は神の被造物と認識されてきた宗教圏においては神の言葉を記した正典を遵守することが信徒の責務である。正典の解釈権を握るものは創造主の権威を笠に着て、正邪の判定機関として君臨してきた。

東アジアは天帝の子と認識された皇帝が、天帝に代わり統治する世界である。政治主導の世界では、政治が宗教に介入することを阻止する力は存在し得ない。

一神教世界と東アジアでは、宗教と政治の関係において圧力は逆方向に働く。一神教世界では宗教が政治に口を挟み、東アジアでは政治が宗教に介入、状況によっては弾圧も辞さない。

中華帝国からは東夷と見做された日本国は、華夷秩序に従がわない異端国としての国柄が時代を経るに伴いあらわになり、皇帝専制の大陸とは違う統治制度を持つ国になった。

権威を担う天皇と権力を担う将軍が示しているように、権威と権力の分離、分担が権力闘争の歴史を経て確立されるに伴い、正統な国体として定着した。

統治に不可欠な権威と権力を分離、分担する方が無難に統治できる不思議な国が、日本国の特色である。

大陸はそのような統治が通用する甘い土地柄ではない。弱肉強食の世界であり、強制力を持つ強者でなければ統治できない。統治できなくなれば、徳を喪ったとして放伐される政治風土である。

皇帝専制の中華帝国とは相違して、日本国では権力交替に伴う混乱、犠牲者は大陸に比して格段に少なかった。権威と権力が分離されていたからである。

しかし、黒船来航の結果、権威と権力が分離、分担する国体では対応できない時代を迎えた。西力東漸、植民地主義の脅威が津波の如く押し寄せてきたからだ。

時代の荒波、植民地にされる脅威を乗り切るため止むに止まれず踏み切ったのが、天皇像の変革である。

権威と権力を併せ持つ天皇像へと国体を変革することで、危機の時代に対応、植民地主義の脅威を乗り切ろうと決意した。独立自尊の国を護持するため神国日本と謳い教育に努めた。

昭和の悲劇は明治憲法によって変革された非常時の天皇像を

平時の天皇像に復帰させることができなかったことにある。

天皇機関説を否定することで非常時の天皇像を強化するという真逆の致命的な選択、戦略を誤ったことによって大日本帝国は崩壊した。

天皇機関説

天皇の地位は、統治に必要にして不可欠な権威と権力を分離、権威のみを分担するという歴史の離れ業を演じたことによって守られ、未曾有の敗戦にもかかわらずその地位を追われることはなかった。天皇は易姓革命の国とは違う国柄を持つ文明であることを内外に明示している。

日本国は万世一系の天皇像をアイデンティティの核心にしてきた。易姓革命の国にならなかったわけは、権力を担うことなく聖なる存在として君臨できたことに尽きる。

神代の時代から神聖にして侵すべからざる権威として君臨できたが故に皇統は存続できた。仰ぎ見て学んできた中華帝国の皇帝像に倣い、菊（権威）と刀（権力）を具備した天皇像に固執し、天皇像の変革を拒んでいたならば中国、朝鮮のように王朝の交替は避けられなかっただろう。

幕末に至り、植民地に陥りかねない非常事態、開闢以来の危機に直面し、対応策を模索する路線闘争を経て徳川慶喜は統治権を天皇に返上した。明治日本は天皇のもと独立自尊の国柄を護持する路線を選択した。

易姓革命の皇帝像と万世一系の天皇像は、両国の核心が異なる、核心の像が真逆であり、両国は異質の文明であることを示している。

天皇の権威、御稜威のもとに権威と権力を再統合させ、「大日本帝国は万世一系の天皇之を統治す」、と古代には存在したかも知れない天皇像に復帰し、国難に臨んだ。

形式上は中華帝国の皇帝像を真似たのが、大日本帝国の天皇像である。

天皇の発意ではなく追い詰められ、切羽詰まり、他に方策なかりしと判断した結果、誕生したのが統治権を掌握した天皇像である。

大日本帝国憲法の天皇像は歴史を経て形成された正統たる天皇像、権威のみを分担する歴史に反した鬼子、鬼胎であって非常事態、危機が去れば諸刃の剣になりかねない危険性を内包していた。日本国の国体、国柄に反した緊急避難措置としての天皇像であり、永続できるものではなかった。

大日本帝国の天皇像はあくまで緊急事態に備えるための応急措置であり、正統といえる実態を有さない。建前だった。天皇機関説を巡る路線闘争とは、憲法の規定に忠実であるべしとの口実のもとに行なわれた奪権闘争と呼ぶべき代物にすぎなかった。

大日本帝国は天皇機関説が否定されたことから、「統帥権干犯」という悪性腫瘍が重篤化し、死に至った。

統治者として君臨する天皇像は、植民地に陥りかねない国難に瀕しているとの緊張が、社会のすみずみにまで漲り溢れていた明治時代には障害にならなかった。

明治の変革が成功したわけは、植民地主義の脅威を梃子に幕藩体制下で設けられた諸制度を一新し、文明開化の名のもと西洋の文物を導入できたことに尽きる。

満潮時には航行の障害にはならない岩礁だが、潮が引くと暗礁と化し航行の障害になるのと同様の性質を有するのが大日本帝国憲法である。

出自が齎した限界である。危機突破、非常事態に備えるため制定された憲法であるが故に、危機が去り緊張が失せれば機能しなくなるだけでなく、むしろ障害になりかねない特性、限界を有していたのが、大日本帝国憲法である。

非常時にのみ通用、機能する大日本帝国憲法を、「不磨の大典」と神聖視したため改憲できなかったことが昭和の悲劇を齎した真因である。

日露戦争の勝利の結果、植民地に堕す危機を脱した。緊張が弛緩するに伴い統治者と位置付けられた天皇像は、臓器移植に伴い生じる拒絶反応と同様に、正統として連綿と続いてきた天皇像と不適合が表面化し、大日本帝国は国家機関が機能不全になった。人体にたとえれば臓器不全に陥った。

平時の国体に復帰すべく憲法を改正すべきであった。国家としての健康を回復するには大日本帝国憲法を平時の憲法に改正する以外に術はなかった。にもかかわらず欽定憲法であり、不磨の大典と神聖視された権威を有する大日本帝国憲法を改正して、新事態に備えねばとの声はあがらなかった。逆に憲法に忠実であるべしとの声が大勢を占め天皇機関説は否定された。憲法学者は率先して声を大にし、国民に説くべきだった。

法は時代にあわせ改正しなければ悪法と化し、社会に歪みを齎す。天皇機関説を巡る路線闘争の核心はこの一点に尽きる。欽定憲法と雖も時代にあわせ改憲しなければならない。改憲できなかったから大日本帝国は自縄自縛に陥り戦争に敗れ解体された。

不磨の大典視することは法固有の性質に反しているが、法の特質、限界を指摘する声はあがらず、真逆の選択をしたことが昭和の悲劇を齎した真因である。

天皇の権威に因って制定、発布された欽定憲法は法固有の性質を無視、あたかも宗教の正典であるかの如くに不磨の大典と称された。天皇の御稜威を背景に制定、発布した結果、大日本帝国憲法は天皇と同様に神聖視され、偶像と化し、法以上の「正典」、不磨の大典と化して改憲を封じ込めた。たとえ欽定憲法であろうとも法にすぎないことを見逃したばかりか、神聖視した。

憲法を不磨の大典として神聖視することは法固有の性質に反しているだけでなく、制定に至る経緯、実情すら無視している。にもかかわらず、その危うさ、危険性を指摘する、疑問を呈する学者、要路の大官は存在しなかった。不磨の大典と称された憲法、憲法観の偏りが敗戦を齎した元凶と私は確信している。

大日本帝国憲法を欽定憲法として権威付けたばかりか、不磨の大典と断じ、改正を許されない一神教の正典であるかのように神聖視したことは取り返しのつかない、帝国の存続をも左右する戦略上のあやまちだった。

「天皇制」として日本の国体を否定する共産主義者はいたが国民の共感を呼びはしなかった。これに対し憲法を不磨の大典として神聖視した愚行は大日本帝国をして憲法改正の困難な国に陥れ、ついには帝国の解体を招いた。

宗教の正典と憲法は性格を異にするにもかかわらず大日本帝国憲法を不磨の大典として、あたかも一神教の正典であるかのように神聖視したことは軍の統帥不能を齎し、大日本帝国を崩壊させた。

憲法とは何たるかを理解していない国民に向けた啓蒙であったとしても、取り返しのつかない戦略上のあやまちだった。

法とは時代と共に改正していくのが本来のあり方である。大日本帝国憲法のように国家の非常事に対処するために制定した劇薬に等しい憲法であればあるほど、時代が変れば悪法になりかねない。国家を身動きできない状態に陥れる。

大日本帝国憲法を神（創造主）から下賜された正典であるかのように位置付け、法の限界を無視した結果が敗戦である。

帝国主義全盛の時代に制定された大日本帝国憲法は、植民地にされる危機を乗り切るため国体の一新を企図して制定された憲法であることを成功体験のなかで忘失した。

帝国主義の脅威に晒されていた明治時代には存在したリアリズムは危機が去ると共に失なわれ、万邦無比の国体を誇る観念論が擡頭、時代が要請する戦略を構築できなくなった。法の神聖視は贔屓の引き倒し、法を殺す愚行である。

万世一系の天皇は「君臨しても統治せず」を核心としていたが故に存続できた。しかし、天皇が統治することが「国体の本義」、正統な国体であると擦り替え、強要した。この結果、社会からリアリズムが失なわれ、権謀術数を巡らす国際社会に対応できなくなった。

日本国は基本法の改正が困難な国柄である。四囲を海に囲まれた日本国は国勢情勢の変化によって生じる危機を肌で感じ難い。このため他に方策がない旨、国民が斉しく了解しない限り国民は基本法の改正に同意しない。

戦後七〇年が経過し、社会経済情勢は一変したにもかかわらず一度も憲法を改正しなかった、できなかった稀有な国が日本国である。改憲反対論者は憲法第九条を平和国家として新生した日本国の核心として遵守すべく憲法に殉じる覚悟を固めており対話が成立しない。

憲法第九条を巡る議論、論争から窺い知ることができるように、日本国憲法は平和憲法として法以上の存在、一神教の正典同様の存在と化し、偶像視されている。このため憲法改正を巡る議論は神学論争に陥り、何の成果をあげることもなく続き、終点が見えない。

天皇機関説を巡る議論と、憲法第九条を巡る議論は、現実に基づかない幻想の観念を巡り論争が展開されてきた、という一点において同じといえる。憲法の問題ではないのだ。

敗戦の結果、万邦無比の国体はタブーになったが、勝者マッカーサーが下賜した欽定憲法と評すべき日本国憲法は万邦無比の平和憲法と神聖視され、改憲が許されない不磨の大典とされ、偶像同様に崇められている。

憲法遵守は当然のことだが、不磨の大典視することは法の限界を無視することであり、大日本帝国と同様、国を滅す要因になりかねない。

その解決にはリアリズムを回復するしかない。しかし、危機を自覚できない以上、一朝一夕に達成可能な目標ではない。憲法第九条を守ってきたから戦争がなかった旨の幻想から覚めることが必要にして不可欠である。今そこにある危機に対し、リアリズムに立脚した論争を展開しなければ、平和は守れない。

近代日本建設に際し、最大級の貢献をした知の巨人、第一人者と呼ぶべき福沢諭吉は、「文明論の概略」で次の通り警告を発した。

「仮に幕政七〇〇年の間に王室をして将軍の武力を得せしむるか、または将軍をして王室の位を得さしめ、至尊と至強を合同一して人民の心身を同時に犯したることあらば、とても今の日本はあるべからず、あるいは今日に至て、彼の皇学者流の説の如く、祭政一致に出るの趣意を以て世間を支配することあらば、後日の日本もまたなかるべし。今その然らざるものはこれを我日本の幸福というべきなり。」

至尊と至強が合同一して統治する国が中華帝国である。東夷の国は異端児の歴史を歩んできたから平穏だった。

福沢の烱眼による警告を受けていたにもかかわらず、昭和の日本は警告を意に留めることなく皇学者流の口車に乗せられ、「後日の日本もまたなかるべし」と警告された国に堕した。その分岐点になったのが天皇機関説の否定である。

日本国は皇帝専制の中華帝国とは相違して、権威と権力を独占して行使するノウハウを有しない国柄である。

権威と権力が一体化された統治形態は、世界の常識であるが日本国では非常識なのだ。

一衣帯水、同文同種と評された時代もあった日本と中国であるが、歴史を経るに伴い、国柄の相違が太平洋以上に拡大、文明を異にする国になった。

天皇は、古代には権威と権力を併せ有していたのであろう。しかし、蘇我氏の実権掌握に芽を出し、平安時代には摂関政治が定着した結果、権威と権力が分離する統治形態が常態化、時代と共に分離は進み、王朝の統治能力は形骸化して行った。

武家政権誕生以降、一時的な後退はあっても、日本文明の体質になじむ統治形態として試行錯誤を経て日本国の正統の座を確保した。この結果、皇室は権威を狙う存在に特化、君臨しても統治しない天皇像が確立した。

権威者として君臨する天皇になって以来、既に数百年が経過している。皇学者流が説く統治に必須なものは一切保持していない。疾うの昔に失なわれてしまった。

天皇は皇帝にはなれない。憲法上は「菊と刀」を併せ持つ権限を与えられていても権力を行使するノウハウを有しない。権威者として御墨付を与えるだけである。

天皇親政は幻想の中にしか存在しない統治形態にすぎない。天皇機関説否定後の大日本帝国は幻想のなかでしか存在しない天皇像に固執したため崩壊した。

皇帝専制の統治は皇帝の意思を天の意思とする観念の共有なしには存在し得ない。

承久の変に際し、鎌倉方は「主上（天皇）御謀叛」と呼んだ。幕末にも勤皇の志士たちは尊皇論を振りかざしながら、天皇を「玉」と放言した。大久保利通に至っては「非義の勅命は勅命に非ず」とまで発言している。何故か、天壌無窮の神勅に反する勅命は勅命足り得ないからだ。天皇は皇帝になり得ないのだ。そのような国で天皇親政が機能する筈はない。機能しなかったから大日本帝国は崩壊した。

天皇の統治権掌握は独立自尊の国として生存し得るか、否かの危機の時代でなければ受け入れられない、機能し得ない国柄、権力の独占、集中を忌避して止まない国が日本国である。肩を寄せ合い狭い島国で共存するしか生存の術はない日本国において、突出した力を持つ存在は和を乱す因であることを経験知として共有しているからだろう。

皇帝型天皇像は和をもって貴しとなす日本国の国柄に反するが故に機能しない。天皇が統治する国体の大日本帝国は建前にすぎず、実際上の機能は、承認という御墨付を与えるに止まっていた。

建前とは相違して権威と権力は分離、分担して運営されてきたから明治日本は優れた機能を発揮、明治の変革は成功、世界史をかえる多大な成果をあげた。

天皇のもと、滅私奉公、危機感をバネに改革に努めてきたからこそ、明治維新は成功し、非白人世界に勇気と感動を与え、植民地解放に立上る契機となる成果をあげることができた。

天皇機関説とは建前であっても統治権は天皇に存すると定めた明治憲法下の新たな統治形態に対し、権威と権力が分離、分担して統治してきた二重構造の正統な日本が、拒絶反応を起こすことを回避するための改釈改憲と理解すべきものである。

明治日本は論理の一貫性よりは実効性を重視するリアリズムを有していた。危機を如何に乗り切るかに国家の浮沈、存亡がかかっていた。書生論にふける余裕などもとよりなかった。国家の独立あってのものだった。

鶴の一声ともいうべき天皇の御稜威を借りて、抵抗や異論を封じ込めることで国難を乗り切らねばならないほど切羽詰まっていた。このため統治権は天皇に存すると定めた。

非常時を乗り切るには議論よりは実行である。西欧文明というモデルが存在する以上、旧勢力、守旧派の抵抗を抑え、如何にす速く、スムースに西欧の力に抵抗できる文明の利器、文物を取り入れるかが、喫緊の課題であった。

時は金以上に、生命と尊厳を左右するものだった。生命（いのち）を賭けて時間と競争しなければならないほど切羽詰まる、追い詰められていたのが明治時代の日本国であった。

天皇の御稜威なしには、最小限の軋轢で国論を一本化する、已むを得ないと認めさせることはなし得なかったが故に、天皇が統治すると定め、国民を納得させた。

天皇機関説を巡る論争は共産国における路線闘争、主導権争いが、イデオロギー論争として行なわれたのと同類に見える。

軍部、皇学者流の輩が、権力奪取を図るためのイデオロギー論争が、天皇機関説を巡る路線闘争の正体である。

権力奪取をもくろんだ輩は憲法の定める通り天皇親政をと言い募りプロパガンダに努めた。しかし、その国体は日本国の実態を反映したものではない。幻想の中にしか存在しない代物だった。日本国の歴史を無視した為にする主張であったが故に観念論に囚われ、リアリズムを失い、激変する国際情勢に対応できず破綻、大日本帝国は崩壊した。

天皇機関説が否定された結果、国家中枢が麻痺し、決断する者が存在し得なくなった。大日本帝国は脳死状態に陥った。その結果が敗戦である。

天皇機関説の否定は「法治主義」の否定と同義であり、軍部は思惑どおりに大日本帝国の実権を掌握した。軍部は実権奪取のための策謀に能力、エネルギーのあらかたを費やしたためであろう。国防という本来の役割を疎かにした。

クラウゼヴィッツの戦争論に代表されるように戦争の本質についての研究、政治と軍隊の関係、日本の戦略的位置、国力を冷静に分析、判定し採り得る戦略の構築が疎かになる一方で、精神面を過度に強調、強弁する視野狭窄の戦術論に陥り、兵に過度の負担、犠牲を負わせた結果、開闢以来未曾有の敗戦を齎すという大罪を犯した。

戦争遂行にあたっては兵站や兵士の犠牲を考慮することなく、あまりに無謀、非合理な作戦を繰り返した。このため国民は軍隊を忌避するようになり、その後遺症は戦後七〇年経過した現在においても改善されることなく残されている。

軍隊を指導、監督する立場にあった将官の罪は万死に値する。昭和の軍人は、軍人である以上に権力への野望、魔力に取り付かれた役人、軍務官僚といえる。このため八方美人として総花式に事に当り、兵力の逐次役人という集中を欠いた戦いを繰り返し、兵力を損耗した。

世界の戦史において、戦闘における死者よりも戦病死や餓死が突出して多いという許されざる大罪を犯した。

帝国陸海軍があまりにもひどい戦争指導を懲りることなく敗戦まで続けたため、戦後は軍隊そのものが忌避され、戦争放棄は国民に受け入れられた。国民は軍隊に懲り懲りして見限ったのだ。日本国史上、最低の武人が昭和の軍務官僚である。

しかし、第二次世界大戦の惨禍を経て、国際連合が設立されても、人類は戦争のない世界を構築できなかった。近い将来、戦争のない世界が実現する目処は立っていない。

今も国家にとって軍隊は必要不可欠のものとして厳存している。日本でも憲法第九条の志に反し、軍隊ではない自衛隊が存在している。国家の存続上、軍事力は必要、不可欠だからだ。

この厳粛な事実に目を背けることなく、歴史を鑑とするのであれば、憲法を不磨の大典視せずに、時宜にあわせ憲法を改正できる国になることである。

しかし、憲法第九条を巡る神学論争を見れば理解できるように、日本国憲法は平和憲法として正典と化し、改正できそうにない。

憲法と雖も法である以上、時代の変遷、社会情勢の変化に遅れることがないよう改憲すべきなのにできない。何故なら帝国陸海軍の行動から改憲は戦争する国になることだと強弁するプロパガンダに共鳴する人々が多数存在し、改憲を阻むからだ。

平和憲法との幻想に囚われ、リアリズムを失なっている。彼等は言霊を信じている、平和憲法遵守と連呼すれば平和が実現すると信じているかのようだ。

大日本帝国の崩壊は不磨の大典たる欽定憲法を改正できなかったことに起因する。できない以上、次善の策ではあるが天皇機関説を断固として死守すべきだった。

幻想のなかにしか存在しない国体思想に囚われた反対派の圧力に負けて、天皇機関説を否定したことは大日本帝国を崩壊に導いた戦略上のあやまちだった。

天皇機関説の否定により帝国陸海軍は統帥不能という死に至る病におかされた。事有る毎に「統帥権干犯」と怒号する軍に実権を奪取された。

　軍隊の内部においても下克上がはびこる異形な軍隊と化し、大日本帝国は軍の統帥を喪失、法治国家といえなくなった。

　ありもしない国体という幻想、悪霊に憑かれたかのような行動が国策を誤らせた。敗戦によってようやく憑物は落ちた。

　憑物に憑依された軍人は本来の意味では軍人足り得なくなった。戦争の本質、戦争は他の手段を以てする政治であることを無視、戦略を構築することなく、戦術論に終止し、国策を誤らせた。

　天皇機関説の否定により天皇は名実ともに実権を確立できただろうか。そうはならなかった。各セクションに○○天皇と称されるミニ天皇が乱立し、その同意なしには何事もなし得ぬ国に堕した。

　事ある毎に統帥権干犯と怒号するばかりで陸海軍は協調できなかった。致命的な失敗は、命令に従うのが軍人の本分をなすにもかかわらず、関東軍のように統帥に服さない軍隊と化したことである。挙げ句のはてには士官が上官を斬殺するという、ある筈のない不肖事を起こすなど帝国陸海軍の指揮系統は崩壊した。

　天皇機関説の否定は、軍隊ではない軍隊、異形な実力集団を現出させた。兵には滅私奉公を要求しながら、将校には甘かった。他の国では軍法会議で責任を追求されたであろう指揮や作戦の失敗が問われることなく隠蔽された。アメリカのプロパガンダを国民が真に受けたのはこのためである。


　敗戦に伴い帝国陸海軍は解体されたため、軍人の責任追求はうやむやのうちに終った。アメリカがしたことになるのだろう。しかし、日本国が行うべきだった。

　戦後、軍隊がタブー視されたのは軍に敗戦責任を取らせただけではない。軍はあまりにも非道、不合理な戦争指導したにもかかわらず、自ら責任を追求できなかったことに因る。国民は軍を見限ったのだ。異形な軍隊へのトラウマからくる嫌悪である。

　明治の軍隊とは似ても似つかぬ末世の軍隊と化したのは、天皇機関説の否定により軍の統帥が不可能になったことから生じた、と私は捉えている。人は簡単に堕落する動物なのだ。

　道理の通らない、軍の横紙破り、横暴が敗戦を齎した。国民はこの経験に懲り懲りしたことが因で、「平和憲法」を受け入れた。

　しかし、国家に防衛力は不可欠である。国防を担う自衛隊は厳然として存在するが、法制上は軍隊とは呼べない宙ぶらりんな状況に置かれたままである。日本国憲法を平和憲法と信奉する人達は、自衛隊は憲法違反だと決め付け断固として認めないためである。

　戦後七〇年が経過したが自衛隊は未だ憲法と不整合な状態が解消されていない。

　旧軍隊を統率した軍人が齎した後遺症は現在に至っても克服されていない。

天皇機関説こそが、本来の国体、権威と権力が分離、分担された二重構造の国を活かす憲法解釈だった。否定は権力奪取のための主張、口実にすぎなかった。それを見抜けなかった、洞察できず危機を招いた為政者の責任はいうまでもなく、皇室の藩屏として設けられた華族も責任を免れない。戦後、華族が軍と同様、否定されたのは当然のことである。

天皇機関説を巡るイデオロギー論争、路線闘争に敗れた結果、大日本帝国は航路を外れ、漂流、座礁し、沈没した。敗戦に至る問題の核心はここにある。

主因は歴史を無視した主張、現実に拠らない幻想の観念論が罷り通り、リアリズムを喪失したことにある。

二一世紀を迎えたが、今も自衛隊を巡る矛盾は克服されておらず、自衛隊は法制上軍隊とはいえない。問題点を擦り替え神学論争を続けているからだ。

問題の核心は独立自尊の国柄を如何に守るかにある。自衛隊は憲法違反、憲法第九条の歴史的意義などではない。

国家にとって最も枢要な責務は、国民の「安全と生存」を守ることである。憲法が存在しない時代から国家最大の責務であり、何にもまして優先すべきものである。

国防を巡り、幻想に囚われるあまりリアリズムに依拠しない論説が権威を有したのが戦後日本である。ありもしない幻想に拠って立つ点では戦前と同様である。観念論に支配され天皇機関説を否定した結果、大日本帝国は崩壊した。同様に憲法第九条に囚われるあまり国を滅すようなことがあってはならない。戦前の失敗に拘泥するあまり視点が凍りつき、国防を否定するのは本質を取り違えている。

国家は何のため存在するかについて原点に立ち返り、出直す秋を迎えている。

群盲象を評す、自分が触れ理解した部分のみを根拠に全体を評価するのと同様の現象が、憲法第九条を巡る論争である。

国防という生死にかかわる問題を洗脳され刷込まれた幻想の国家像をもとに臆断し、再軍備、即戦争と結びつけるのは、幻想に支配された妄説である。

日本国及び日本国民はそれほど信頼できない存在なのか。

司馬遼太郎氏と井上ひさし氏は「対談国家・宗教・日本人」（講談社）で次のように述べている。筆者の主張を裏付けるだけでなく傾聴に値すると思われるので長くなるが敢えて引用する。

「井上　司馬先生は近代日本に何が起こったかということを、コツコツと事実を積み重ねて検証してこられました。たとえば明治憲法のもとで統帥権が鬼っ子のように生まれ、それが参謀本部の暴走を招いたということを『鬼胎』という言葉で書かれたように。そうした作業を日本人は怠ってきました。これまで語られてきた日本の戦後史、昭和史というのは、右から見ればこの事実をあげてこう、左から見ればまた別の事実をあげてきてこうだと、立場によって解釈がまるで違っています。そうではなくて、右も左も真ん中も、あるいは外国の人から見てもこれは確か、これも確かだという具合に確かな事実を積み重ねて、それによってこの五〇年なり戦争前からの六〇年なりを考え直す作業をやらなければいけないでしょう。不戦決議や従軍慰安婦の補償問題が、戦後五〇年たったいまになってこれほど混乱しているのは、みんなできっちりと事実を出して行く作業を怠ったツケが来ているのだと思います。

司馬　そうですね。明治二二年に憲法が発布されたとき、ドイツから東大医学部教授としてきていたベルツが日記に残していますが、当時の人々は「国民」になったことがやはり嬉しかったんです。そのことを忘れるべきではない。そして議会もできた。むろん議員は所得の高い人だけで、選挙権も一定額以上の納税者に限られてはいましたが、それでも一様に国民になったという喜びがあった。その後も明治の政府はそれほど間違ったことはしていませんでした。大正が終わって昭和がはじまるまで、日本人は政府を信用していたんですね。

ところが、昭和になって、その政府の内部で憲法解釈がこっそりと変えられていった。もともとの憲法解釈では、外国と同じように三権分立でした。そして内閣制度のもとで各級国務大臣が天皇を輔弼する。その意味で天皇には政治上の責任がなく、最終責任はすべて各級の国務大臣にありました。ご存じのとおり、昭和初年まではずっと美濃部憲法が正当な憲法解釈でした。明治三二年に政府が東大から美濃部達吉さんをヨーロッパに派遣して大日本帝国憲法の解釈を確立せよと命じた。京都大学からも佐々木惣一さんをドイツに派遣しましたが、美濃部さんのほうが非常に明快だったから、当時の官僚はみな、美濃部憲法で憲法を勉強したんです。

井上　大正期から議論がさかんだったようですね。美濃部解釈に真ッ向から対立するものに東大の上杉慎吉博士の説があって、上杉解釈は一口で言うと『天皇主権説』ですね。これに対して美濃部解釈は、団体的人格者である国家が最高統治権を持っているという説でした。

司馬　街を巡回しているポリスが機関であるように、天皇も機関である—天皇機関説ですね。昭和天皇も皇太子時代、美濃部憲法が正統だったなかで成長したものですから、自然に天皇機関説をとっていた。のちに天皇機関説を排撃する運動が起こってきたとき、昭和天皇は、どこが悪いんだろう。天皇はステートの一機関じゃないかといったそうですね。ところが三権のほかに統帥権というものがあると勝手に解釈した連中がいた。そんなものがあるはずはないんです。しかし、有力な法学上の反対もなく、あるいは政治家たちの未成熟のために、まるで異常妊娠で子宮内におかしな鬼っ子ができたかのように、統帥権の問題はしだいに大きくなっていった。

陸軍参謀本部の秘密図書があります。『統帥綱領・統帥参考』というもので、それによれば、彼等は統帥権によって超法規的に日本国を統治できる、というところまで考えていたんです。そんなとんでもないものを、しかも国費によって士官学校を出、国費によってサラリーを支払っている人間たちが考えていたということを私たちは知らずに、寝たり起きたりしていたわけです。

その鬼胎が、まず第一段階として昭和一〇年に天皇機関説を攻撃し、美濃部さんの著わした『憲法撮要』を発禁処分にした。焚書したようなものですね。美濃部さんの憲法で試験を受けて通っている官僚がずらりと並んでいるのに。そこからはじまって、日本は考えられないような国家行動を次から次へと起こしていくのですが、そのころもう私は生まれていましたから、何であんなことをやったんだろうと、ずっと考えてきました。

井上　平凡社を興した下中弥三郎が昭和九年から『維新』という月刊誌を発行していますが、昭和一〇年四月号では貴族院の全議員に発した「天皇機関説―支持か反対か?」というアンケートの特集をしています。棄権したのは二人。あとは全員が『反対』です。おそれ入るのは、大部分の議員が、『学問のことだからよくわからないが、反対』と答えていることです。昭和天皇自身が、『自分は国家の一機関である』と認めているのに『皇室の藩塀』たる人たちが、軍や日本主義者たちに怯えています。情けないような話です。よくわからないならもっと議論すればいいのに、と思いますが、もっともこれは今だからいえることかもしれません。」

明治維新を齎した志士のように生命もいらず、名もいらずと天皇機関説護持に結束していれば天皇機関説が否定されることはなく、その後の迷走はなかった、と私は捉えている。何故、声を挙げなかったのだろうか。

天皇機関説否定のプロパガンダに乗せられ行動した人達はたとえ善意であったとしても結果的には贔屓の引き倒し大日本帝国の崩壊に加担した。皇室の藩塀たる立場であるにもかかわらず怯懦の故に拱手傍観した華族と同様に責任は免れ難いのでは。

戦後、知識人は戦争への抑止力になり得なかったため丸山真男が説く、「悔恨共同体」を形成した。何故、華族と共に同僚たる美濃部達吉の天皇機関説擁護に一致団結立ち上がらなかったのか不思議でならない。(知識人は無罪である旨アリバイを主張するため日本批判を唱和したのではないのか)

天皇機関説と憲法第九条

二一世を迎えたにもかかわらず憲法第九条を巡る路線闘争は、神学論争と化して決着がつかず何時果てるともなく続いている。現実よりは幻想の観念に依拠する一点において、天皇機関説と憲法第九条を巡る論争は同根、問題の本質は同じである。

日本国憲法前文は、「日本国民は、恒久の平和を念願し、人間相互の関係を支配する崇高な現実を深く自覚するのであって、平和を愛する諸国民の公正と信義に信頼して、われらの安全と生存を保持しようと決意した。」、旨表明したが、それは大戦後の束の間の幻想にすぎなかった。

「われらの安全と生存を、諸国民の公正と信義に信頼して保持できるのか」、憲法を巡る論争はこの一点に絞ることができる。

視点を変えてこの問題に触れてみたい。

自衛隊、国防軍を持つことは憲法違反、憲法の規定に忠実であるべしとの主張は、憲法をだしに使い国体明徴を主張し、天皇機関説を否定した主張と同様に、日本国を破滅に導く主張である。実現すれば平和国家は存亡の危機に晒されるだろう。

憲法第九条の条文を素直に読めば、自衛隊は天皇機関説と同様に改釈改憲と捉え得る。

このため天皇機関説を巡る論争と同様に自衛隊は憲法違反であり憲法の定めるとおり廃止せよとの主張が跡を断たない。

しかし、国家第一の責務は国民の「安全と生存」を守ることであり、自衛隊はそのために存在している。人には生きる権利があり、国家は国民を守る責務がある。

如何にして国民の安全と生存を保持するかという問題を故意に無視、触れることなく憲法違反のみを主張するが故に、憲法を巡る路線闘争は神学論争と化し、国防に資する議論には発展しない。

国防という厳粛な事実を直視し、如何にして安全を高めるかについて議論することなく、集団的自衛権は憲法違反、日本を戦争する国、戦争ができる国にすることだと決め付け、批判する。このため議論は噛み合わず堂々巡りを繰り返し、先に進まない。不毛な論争を続け、国会の権威を失墜させている。

戦争ができる国ではなく、国民の安全と生存を守ることができる国にするために自衛隊は存在している。軍事力をちらつかせて威嚇、恫喝して理不尽な要求を突き付けることに対し、跳ね返す力、「拒否力」を強化するため制定するものである。しかし、憲法違反のみを主張し、国防力の整備強化を認めようとはしない。

防衛戦争も戦争の一形態であるから憲法違反だと主張するのであれば、日本国憲法は侵略を助長する、国民の安全と生存を守ることを等閑にする異形な憲法であり、平和憲法とは真逆の戦争を招く憲法といわざるを得ない。当然のことながら防衛できる国にするため憲法改正を主張してこそ憲法学者として職責を全うしたといえる。しかし、平和憲法を死守せよと叫ぶばかりで一歩も譲ろうとはしない。憲法を宗教の正典同様に見做さない限り理解できない主張である。

自然が真空を嫌うように国家は力の空白を忌避する。空白が生じればその空白を埋めるよう行動する。国家と防衛力は不可分といえる。日本の左派は、朝鮮戦争はアメリカが仕掛けたと主張、マスコミを一色に染めた。事実はアメリカは朝鮮半島を防衛する責任を有しない旨表明した、力の空白が生じたと共産陣営が認識したが故に韓国に侵攻した。彼等はその発言はなかったことにしたのか、間違っていた旨表明したとは、寡聞にして知らない。

アラブの春の挫折を見るまでもなく、力の空白は混乱を助長させるだけである。悪しき政府であろうとも無政府状態よりましなのだ。

人は犯罪を犯しても罰せられることはないと捉えれば、何を為出かすかわからない。暴力は暴力を呼び、無法が罷り通る流血の社会に堕しかねない。挙句のはてには強権をもってしか統治できない社会になる。

国際関係も同じである。恣意的な力の行使を抑制しようとする努力は始まっているが、心許ない状況下に置かれている。今はまだ自国の責任で守るしかない。

憲法第九条を遵守することで国を滅ぼすことがあろうとも、遵守する価値はある旨、主張した者もいたが、狂気の沙汰としか思えないたわごとである。

憲法は殉教しても死守すべき宗教の正典とは本質を異にすることを無視し、憲法第九条を宗教のドグマであるかのように正典視しているからこのような妄言を吐けるのだ。憲法違反を根拠に自衛隊を廃止すれば力の空白が生じ、他国の介入を招くだけである。

いつか来た戦争への道だとの批判がかまびすしいが、安全と生存を守る道である。逆に憲法第九条を遵守することこそが侵略を招き、戦争を招く道である。

天皇機関説の否定が大日本帝国を崩壊させたように、自衛隊の廃止、防衛力の否定は独立自尊の日本国の存続を危うくするだけである。

国民の安全と生存、平穏な暮らしを守るために憲法は制定されたのであって、憲法のため国民が存在するわけではない。

憲法を改正し、軍隊を持つ国になれば、戦争をする国になる旨の主張は、日本国民を侮辱する為にする発言というしかない。

白村江の戦は百済救済のための戦争であった。また、元寇は防衛戦争であったことを考慮すれば江戸時代以前の対外戦争は豊臣秀吉の朝鮮出兵だけという稀有な国であることを無視した主張である。

歴史の浅い国ではないにもかかわらず、平和国家として存続してきた。

歴史を学ぼうともせず、敗戦によって洗脳されプロパガンダを妄信するが故にこのような事実に反する発言をして憚からないのだ。歴史を鑑とせよ、と説きながら歴史を学ぼうとはせず、決め付けて恥ない。

法は時代にあわせ改正しなければ国を縛る悪法になりかねない。法の限界である。大日本帝国が大日本帝国憲法を、法の限界を考慮することなく不磨の大典と称したことは、あたかも聖書やコーランであるかのように憲法を正典視し改憲を不能にする主張であり、大日本帝国に破滅を齎した。

事実に立脚しない政策は表面的には整合性の取れた議論に見えようとも、必ず破綻する。憲法のように国の在り方、存立を左右する法であれば、国を身動きできない状態に導き、破滅に導きかねない。

大日本帝国の崩壊は憲法を改正せず、天皇機関説を否定するという決定が齎した。

憲法第九条の取り扱いで同じ過ち、亡国に至る道を選択する愚を再び犯してはならない。過ちは一度で懲り懲りである。

天皇機関説の歴史を鑑とし、憲法を改正できる国になることが日本国の課題である。

世界の歴史は、諸国民の公正と信義に信頼を置けるほど甘くはないし、公正でもないことを示している。第二次世界大戦の惨禍を反省して平和を守ることを誓ったにもかかわらず、世界を最終的に動かす、支配しているのは旧態依然として力である。

戦後日本は、平和憲法との固定観念に囚われるあまり、視点が凍り付き、力が支配する不都合な現実には目をつむり顧みなかった。

リアリズムよりは幻想の世界観に因って世界を解釈し、日本国を批判してきた。合理的な思考では理解できない。これも「言霊」のなせる業、負の側面であろう。

天皇機関説に止まらず憲法第九条を巡る防衛論争も幻想の観念に酔い、リアリズムを失なった論争であるが故に亡国の主張である。憲法と宗教は目的を異にする。にもかかわらず憲法を一神教の正典であるかのように見做すのは、法の特質、限界を無視しており、解決にはならず新たな問題を齎すだけである。

日本の宗教は正典を持たないが故に、私達は憲法を正典視しているように思われてならない。

反対論は、法とは時代にあわせ制定、改正すべき性質を有するにもかかわらず、あたかも正典であるかのように遇し、改憲を拒否している。信念の表明であり、憲法論としては不適切である。

大日本帝国憲法を不磨の大典と呼び、日本国憲法を平和憲法と神聖視し、改憲を拒否している。正典視し改憲を拒否するのは思い込みに基づいた信念にすぎない。

国民の安全と生存を考慮することなく憲法第九条を守れ、自衛隊は憲法違反とする野党の主張は、自民党に長期政権を齎した。政権交代がなかったため政治は劣化し、腐敗、堕落した。責任の一端は国防を無視した野党も負うべきだ。人間の本性を無視し理想を説いても問題は解決しない。新たな問題を引き起こすだけである。

絶対権力は絶対に腐敗する。何故か、煩悩、原罪の虜である人の本性に発するからだ。そのような状況に陥ることを避けるため民主主義はある。欠点があろうとも、人は民主主義以上に優れた制度を見出していないことを無視して共産主義の宣伝に努めた。進歩的な知識人は共産主義に共感を示したが、一党独裁の共産主義は絶対に腐敗すると捉えようとはしない。現にそうなっているのに認識できない。

野党は政治の腐敗を理由に政権与党を追求してきたが、政治の劣化を齎したのは非武装中立という幻想に固執したからである。

国民は憲法第九条と抱き合い心中することを拒否したから政権交代は実現しなかった。

野党は現実無視の憲法第九条に固執したが故に選挙に勝てなかった。政権交代がないため政治を腐敗、堕落させたことに対し責任を痛感すべきなのだ。そうしてこそ国民の信頼を得ることができ、政権への道が開ける。

ソビエト連邦の脅威下にあってはまだしも政治に緊張があり劣化、腐敗に歯止めをかけた。しかし、崩壊後は緊張も失せ、腐敗は更に進んだ。当然ながら政権交代があって然るべきところだが、日本国の特殊事情、野党が非武装中立に固執したため政権交代は実現しなかった。

国民は自民党の腐敗よりは、安全と生存を守ることを重視、優先させたからだ。

国民は憲法第九条遵守を主張する野党に政権を委ねることはできなかった。この結果、政治の腐敗は一層進んだ。国民はしびれを切らし、政権交代は実現したが国家観を持たないが故に蹉跌した。

政権の座につけない政党は、政党の役割を半分しか果たしていないのと同じである。非武装中立の公約が国民の同意を得られなかったことに対し、好い加減に気付いてよさそうなものである。「言霊の幸はふ国」とはいえ、平和国家を標榜しても戦争のない世界が実現する筈はないのだ。

何故、これほど簡単なことに気付かないのかと不思議でならない。国民を馬鹿だと思っているのか、そうであれば共産国と同じである。

私は日本国を社会主義国家にするため、自衛隊は憲法違反と決め付け非武装中立を主張しているのではと勘繰ったこともある。常識では理解困難な主張である。いつまで主張し続ける心算なのだろうか。

非武装中立の旗頭であった社会党はすでになく後継政党も政党要件を失なう瀬戸際に直面している。この厳粛な事実を直視することである。

憲法第九条の呪縛から解放されない限り状況は変わらない。それは政治の堕落に直結する。政治の腐敗、堕落以上に軍事力を放棄した結果、起きるであろうことの方が恐しいからだ。

赤猫であれ、黒猫であれ、ねずみを獲るのが良い猫である。同様に政権をとらない政党は政党としての義務を半分しか果たしていない。批判勢力としての役割を果たしているだけだ、と自覚しなければ政権への道は開かれない。

政治が劣化した主因は、憲法第九条遵守を主張するあまり政権交代が実現しなかったことにある。平和憲法との幻想から解放されることが政権の座につく正道である。

憲法と正典

五・一五事件に際しテロの標的にされたにもかかわらず、「話せばわかる」と制止、対話を呼びかけた犬養毅首相に対し、「問答無用」と対話を拒否、射殺した青年将校、一方、安全保障関連法案が国会で審議されているさ中に法案に反対、阻止せんとするデモで安倍首相に対し「お前は人間ではない、叩き斬ってやる」旨怒号、威嚇した大学教授、両者は時代及び、職掌並びに発言の背景は全く異なっている。しかし、私は法治主義を否定する同類だと厳しく受け止めている。彼等は自己の観念を絶対視する病に犯されている点で同類なのだ。

叩き斬ってやる旨の発言は「平和憲法」を守ろうとする熱意のあまりほとばしったものだと主張、自己弁護することだろう。しかしながら私は理性的な議論をとおして合意形成を図る民主主義を否定する発言であり、如何なる言辞を弄するとも断固として認めることのできない暴言、と認識している。

大学教授の発言は、如何にして国民の安全と生存を守るかについて論議をとおして確かなものにする努力を放擲、人間でないと一方的に決め付け、暴言をもって威嚇、廃案に追込もうとする行為であり、青年将校と同様に民主主義を否定、民主主義以上に自己の思想、信条を優先させる発言、と断じざるを得ない。

事ある毎に護憲、平和を説く人達が吐く言葉とは思えない。護憲を説く目的、本音は別にあり、本音を隠して護憲を訴えているのではないか、と疑われても仕方のない発言といえる。

邪推、勘繰りだと鼻も引っかけないだろう。が、主張の論拠はある。憲法第八九条では公の支配に属さない組織に公金を支出してはならない旨定めている。自衛隊を憲法違反と指摘する目でこの規定を読めば、私学助成は明らかに憲法違反と断定するしかない。当然のこととして憲法違反と主張すべきでないのか。私学への助成を違反と認識するのであれば、実態にあわせるべく憲法を改正するよう主張すべきだろう。しかし、自衛隊を憲法違反と主張する声はかまびすしい程だが、私学助成は憲法違反に当るので補助金返納、或は憲法改正をとの主張は聞いたことがない。

国家にとって教育も国防も共に欠くことのできない必須のも

のである。しかし、自衛隊のみを憲法違反と断じるのは隠された意図がある。憲法にかこつけて日本国を丸裸にすることで、共産国家を呼び込もうとしている旨の疑念を抱かざるを得ない主張である。

叩き斬ってやる旨の暴言は、問答無用と叫（さけ）び射殺した軍人と同様に法治主義を否定する発言である。大学教授としての知性や教養の片鱗も感じさせない乱暴な発言、目的のためには手段は正当化されると主張しているのと同様の暴力を是認する発言である。

自己の主張、見解が正しいことを情理を尽して説明、説得すべきであるにもかかわらず、示威行為で気勢をあげ圧力をかけるだけでなく、叩き斬ってやると威しまでする。

威嚇する前にやるべきことは国民の安全と生存を守る政策を提案し、国民を説得することである。国民を説得する言葉を持たないから叩き斬ってやると威嚇した。言葉より以上に力を信奉している、国民を信頼していないからかかる暴言を吐けるのだ。

テロを実行こそしていないが、暴言をもって威嚇し、封じ込めようとしている点で、大学教授と青年将校は五十歩百歩、同じ穴の狢と断じるしかない。民主主義を否定する発言である。

教授の発言はテロと同様に反社会的な行為であるだけでなく、己れの職責を弁えないばかりか、否定するゆゆしき発言でもある。何が因でこのような国防を否定する発言を飽きることなく続けることができるのか、不思議でならない。

発言は安全保障関連法案は憲法違反であり、自己の主張は絶対に正しい。目的が正しいから許容されると信じ込んでいるからだろう。確信の根拠は憲法の規定である。しかし、いのちより大事なものはない筈なのにそれについては触れようとはしない。国民の安全と生存以上に憲法の規定は重いと捉えているとしか思えない。

更にいえば言葉以上に力を信奉している。話合い、議論を尽すことに拠って立つ民主主義以上に、自己の思想、信条を優先させている。私は大学教授の非常識窮まりない乱暴な発言をする背景を前述のように捉えた。知に拠って立つ人間として最も忌むべき行為であるが、その自覚に欠けている。

右と左、両者は表面的には正反対の思想、信条を有し、水と油のように混じり合うことなく対立する。が、異論を認めようとはせず、解釈権を独占し、他者を指導監督する権利を有すると臆断する同類と捉えている。似たような行動をするのはこのためである。

拠って立つ思想、信条が相い容れないため相手を否定、対立しているだけである。民主主義に信をおかない点では同類と呼ぶべきである。

自己の思想、信条こそが正しいことを示す客観的、具体的な証拠を示しているわけではない。歴史の趨勢を先取りしている旨の発展史観に洗脳された一人善がりの信念、思い込みにすぎない。

思い込みではあるが、自己の思想、信条こそが歴史の趨勢に適っている。未来を先取りした主張だと確信している。このため異論を唱え、盾突く者を時代の趨勢に背く反動思想の持主だと断じ、非難、実力行使も辞さない。誰も頼んだわけではないのに無知蒙昧な輩たる大衆を教導する使命を有するエリートだと自任している。

民主主義以上に、自己の思想、信条、価値観を優先させているが故にこのような非常識極まりない発言ができる。だが優先させているなどとは露ほども思っていない。歴史の使命を担っていると自負しているから「権威ある者」であるかのような言動を繰り返して恥じることはない。歴史の信任を得て大衆を教導している正義の志士気取りのエセインテリにすぎない。

問答無用、叩き切ってやるなどの言葉は、和をもって貴しとなすを国是とする日本の国柄に反している。何が因となってこのような根拠がないばかりか、あってはならないゆゆしき発言をするのだろうか。そのわけ（理由）は憲法の特質、更にはその限界を無視、憲法をあたかも一神教の正典であるかのように偶像視しているからだろう。

知識人としてあるまじき発言は、憲法を法の限界を超えて正典視する観念の所産とする以外に説明できない。彼等は平和憲法を布教する宣教師と自任しているのだ。

法は時代や社会の状況に応じて制定されるものである以上、時代の刻印、制約を受けざるを得ず、時宜を得て改正するのが本来の在り方である。不磨の大典、不易な法は神に属しており、神がくだした正典以外にあり得ない。時代の変化に対応できない法は名存実亡、若しくは悪法になる。

法は人を縛る点では正典と同じ機能を有する。だが人に属し人が改正できる。法と正典とは本質的な相違があることを無視している。法の特質、限界を考慮することなく最高法規であっても、法にすぎない憲法を、あたかも一神教の正典である聖書やコーランであるかのように神聖視したことから法の限界を超えて正典と化し、憲法原理主義者が誕生した。

原理主義者は正典視する憲法の権威を毀損する者を見逃さず、罰せずにはおかない。憲法を正典視した結果、起きることである。しかし、憲法は人が制定したものであり、正典足り得ない。ここに決定的な誤認がある。

大日本帝国憲法は不磨の大典と称され、日本国憲法は平和憲法と呼ばれている。法の特質、限界を無視して憲法をあたかも一神教の正典であるかの如くに見做していることを証する呼称である。憲法は偶像になっているのだ。

正典視しているが故に憲法遵守を強調するが時代にあわせ改憲するよう説く者はいない。　憲法学者は憲法の「守り人」と自任し、解釈権を独占しているかのように振舞う。政府を批判して止まないが、「国民の厳粛な信託」を受けて政権を委ねられている事実には触れようともしない。頬被りしたまま今日に至っている。

人間ではない、叩き斬ってやる旨の発言は憲法を正典とする憲法原理主義者でなければ発することができない言葉であるが、「護憲」のための正当な行為と確信、恥じることがない。異端審問官と同類というべき精神構造の持主である。

しかし、憲法は正典ではない。護憲のための発言であったとしても正当化できる発言ではない。

民主主義を否定する発言者が護憲を説くのは欺瞞であるが、その自覚を有しない。

人が制定した法にすぎない憲法を、不磨の大典、平和憲法と崇め、神聖視したが故に憲法は偶像と化した。このため神仏習合の国には存在し得ない「正典」であるかのように、憲法を神聖視し、崇め奉ることを専ら主張する憲法原理主義者が誕生した。

戦前の憲法原理主義者は、大日本帝国が国民に説き聞かせた「万邦無比の国体観念」に囚われて国体原理主義者、とどのつまりはテロリストになって挙げ句のはてに大日本帝国を崩壊させた。

テロリストは天に代わって不義を討つ、天誅を加えたつもりなのだろう。が、彼等が拠って立つ「国体」観念は、危機を乗り切るために明治国家が創作したものであり、日本の歴史を反映したものではなかった。天皇は権威者として君臨はしたが統治は時の権力者に委ねるのが正統の国体である。国体原理主義者は「幻想の国体」に固執し、国を滅した。

一世を風靡した唯物史観が恰好の事例であるが一神教の正典にあたる教えを持たない日本国民は正典に取って代わるものなどある筈はないのに免疫を有しないためか、特定の観念を代用品として崇め奉る性癖、弱点を有している。が、そのことに無頓着である。このため意識化できず似たような失敗を繰り返すのだろう。

大日本帝国憲法を不磨の大典視したが故に蹉跌した大日本帝国の歴史を鑑とするならば繰り事にしかならないが、イギリスのように成文憲法を持たない方が正解、弊害が少なかったのではないか、とまで思われてくる。

法を法以上の存在、不磨の大典と正典視することは、災いのもとになりかねないことを示す恰好の事例である。

しかし、如何なる呼称で呼ばれようと法にすぎない憲法を正典視して失敗した歴史を鑑とし、日本国憲法を平和憲法と正典視することを止めれば、戦前の二の舞を避けることが可能になる。

神仏習合が正統な信仰である日本国は、一神教の国とは国柄が違い憲法（正典）を有しなくても統治に支障は生じない。むしろ日本が平穏だったのは正典にあたるものを持たなかったからだろう。

神の教えに反するとして反対する核になる正典を有しなかったが故に、原則に固執することなく妥協、手を打つ余地があった。

明治維新のような大変革を最小の犠牲で乗り切ることができたのは一神教の正典に該当するものを有しなかったからである。抵抗勢力の核になるものがなかったため反対勢力を糾合できず維新は成功した。鑑とする歴史はここにある。

憲法と雖も法にすぎないのに、日本国は憲法を制定しても改正したことがない稀有な国である。神が与えた正典とは違い、法は人間が制定したものにすぎない。しかし、法以上のものと見做し、正典視してきたから恐れ多くて改正できない。

憲法は法以上の存在と化し神聖視されている。しかし、憲法は最高法規であるが故に改憲しなければ国を身動きできない状態にする枷・軛となり、大日本帝国の失敗を繰り返す要因になりかねない。

さもなければ憲法は名存実亡、無視され、法治主義の大原則が揺ぐ因になる。私学への助成を見れば既になっているというべきでないのか。

戦後、何度も改正している諸国のように、憲法改正をタブーにしない普通の国になることが日本国の課題である。

憲法は神が与えたものではない。守れないものは改正することを容認しており、改正すべきなのだ。憲法と雖も法と割り切り改憲のハードルを低くしなければ憲法に拘束されて身動きのできない国になり、法治主義を毀損、国を過つ禍根になる。

大日本帝国の命運を見れば自明の理である。鑑とすべき歴史はこの一点に絞られる。

大日本帝国は帝国陸海軍の統帥権を天皇の大権として内閣、議会の関与を否定した。政治の干渉を排するための規定であったが、この規定が仇となって軍部に付け込まれた。軍人は「統帥権干犯」を口実に政治の関与を拒否し、暴走を始めた。

天皇機関説の否定は軍部に拒否権を与える亡国への道だった。天皇機関説が否定された結果、軍部は実質的に統帥権を掌握し、アウトロー、法の外の存在と化し法治国家は形骸化した。

憲法の欠陥を是正するため改憲すべきであったが、不磨の大典として神聖視されてきた憲法の改正を口にする勇気を持った憲法学者、要路の大官はいなかった。

大日本帝国憲法の欠陥、不備により軍部の暴走、専横を阻止できなくなった成れの果てが敗戦、大日本帝国は解体された。

鑑とすべき歴史は、憲法の不備により法治主義に穴が開けられ、「統帥権」という国家の核心を統帥権干犯を口実にする軍部によって乗っ取られたことにある。法治主義が貫徹できなくなった結果、軍部は内閣を無視し、政治の指導に従わなくなった。

歴史を鑑とするからには、鑑とする歴史は「時の審判」に耐え得る正鵠を射抜くものでなければ、災いになりこそすれ鑑の役割は果たせない。

特定の史観によって歴史を一方的に解釈、弾劾するのではなく、正確な歴史像を構築する努力、史実を追い求め分析する努力が必要不可欠である。

軍部の専横を齎した真因は何だったのかについて徹底的に追求、解明しなければ歴史の実態には迫れない。軍が悪いとするだけでは不十分である。

正鵠を射抜く歴史像を構築する努力はあくまで日本国民が自主的に行なわなければならない。

憲法遵守を叫ぶだけの異端審問官のような輩に解釈権を委ねることは最も忌むべきことである。憲法は正典ではなく法なのだ。まして儒教に拠って立つ、反日が国是の国に解釈権を委ねるなど論外である。

諸外国の批判は謙虚に耳を傾けなければならないが最終的な判断はあくまで日本国民が自主的にくだすべきものである。

戦後の日本国は大日本帝国憲法を不磨の大典と神聖視したため改憲できず蹉跌した歴史を鑑としなかった。未曾有の敗戦に自画像を毀損、うろたえ戦勝国の洗脳に屈した。

何故か、何が原因で国を誤ったのか、軍人の専横を阻止できなかったかについて診断を誤ったからだ。

軍人の暴走、無能としか評しようのない作戦によって多くの兵を失なった歴史に目を奪われるあまり、原因と結果を取り違え、軍隊を持たなければ軍人の暴走は防げると信じ込んだ。それほど軍人の堕落、専横はひどかった。

軍人は法外の存在と化したから堕落し、暴走した。しかし、何が軍人を堕落させたかについて目が届かなかった。このため戦争を禁止、軍隊の保有を禁じる日本国憲法を受け入れ、人類は軍隊が不要な世界を構築できていない現実を無視した。このため自衛隊の存在が示すように解決困難な問題を抱え込んでしまい、戦後七〇年を経ているが矛盾は解消していない。軍隊を持つことを禁じた判断が正しかったとは思わない。

人は軍隊が不要な世界を構築できていない以上、国家の安全保障上、軍隊は必要にして不可欠である。必要不可欠な軍隊の保有を禁じたのは、何が軍を暴走させたかについての診断を誤ったことにある。

憲法を平和憲法と正典視しても戦争のない世界を構築できる筈はない。問題を擦り替えているだけである。

戦争、敗戦に至った歴史を鑑とするとは、憲法を不磨の大典として神聖視したため改憲できず軍の暴走を許した歴史を直視し、その反省を礎に盾であり矛である軍とその統帥を揺るぎないものにすることであって、軍隊の保有を禁じることではない。

軍隊を保有すれば戦争する国になる旨の論説は日本国民を馬鹿だと思っているからだ。自画像を毀損し、洗脳されたからこのような言辞を弄して恥ない。時代の要請に応じて改憲できる国になることが歴史を鑑とすることである。法の支配を貫徹するには適宜に憲法を改正しなければならない。

時代の変化に応じ改正しなければ憲法の条文は名存実亡、私学への助成のように形骸化する。にもかかわらず私学助成について は黙(だんま)りを決め込む一方で、自衛隊は憲法違反と主張して憚らない。二枚舌も甚しい。何故私学助成は憲法違反といえないのか。懐具合に響くからでないのか。

憲法を守れとの主張の真意はどこにあるのか。疑問を呈せざるを得ない。法治国家である以上、守れない条文は改正しなければならない。

自衛隊は憲法違反と主張する。問題視する勢力が無視できない勢力を持つ以上、自衛隊を国防軍と位置付け、揺るぎない法的地位を与えることが不可欠である。

平和憲法と持て囃される日本国憲法は、二つの点で世界でも稀な異形な憲法である。

一つは、憲法第九条二項において陸海軍その他の戦力の保持を禁じていることである。九条第一項の戦争禁止は日本独自のものではない。国連憲章と同じであり、諸外国にも類似の条文が存在する。日本国憲法もこの流れを踏襲している。

しかし、戦力の保有を禁じている国はない。軍隊なしに独立を保持できると考えている国は日本国くらいである。改憲反対者は国連加盟国の殆どが軍隊を持つことについてどのように理解しているのだろうか。

今一つは、日本国憲法は制定当初とは世界が全く変わったにもかかわらず、一度も改正されたことがないことである。日本国憲法を平和憲法と正典視する勢力が改憲を許さない。更には護憲派は軍隊に偏見を持ち、改憲し軍隊を持つことは日本国を戦争する国にすることだと決め付け、断固として改憲を認めない。認めるより自爆も辞さない覚悟のようだ。

憲法を改正することができない以上、現実と辻褄をあわせる、齟齬をきたすことなく運用するためには、憲法解釈を変えるしか対処の術はない。

しかし、護憲派は私学助成には触れず、防衛については解釈改憲を憲法違反と批判して止まない。合理的観点からは支離滅裂な主張であるが、当人は大真面目で平和の使徒と自任している。矛盾と思わないのは憲法を宗教の正典同様に見做しているからだ。日本国憲法は、合理的な批判を許さない正典と化しているのだ。守ることによって救われると信じているのだろう。

憲法に反する、違憲だとして自衛隊を否定するが、国防上自衛隊は必要不可欠であるが故に厳として存在している。このまま自衛隊を軍隊として法制上認知しないまま放置すれば、日本国の存続にゆゆしき事態を招きかねない。日本国は現在、正念場に立たされている。私はそのように捉え、憂慮している。

憲法学者の役割は憲法第九条を死守することではなく、時代に適合するよう問題点を指摘し、取るべき対策を国民に提示することでないのか。ガラパゴス化した憲法像を説くことは国をあやまつ因である。

今日の憲法学者を見れば訓詁に偏しており、道学先生を髣髴させる。このままでは時代においてきぼりをくう。さもなければ自主独立の日本国は存続が困難になるだろう。

憲法第九条を守ることは独立国家を護持することよりも大事なのか、不思議でならない。

私は学生時代、スコラ哲学について神学の婢と学んだ。広辞苑で確認すると「神学の侍女」と記され、「中世のスコラ哲学では、哲学は神学の下位に置かれ、神学に仕える立場の哲学が神学を否定するような言動は越権行為とされた」と説明されている。

キリスト教国ではない日本国においてもスコラ哲学者の末裔と呼ぶべき学者が数多存在し、我が世の春とばかり跳梁跋扈してきた。

「唯物史観」という歴史の趨勢を射た「神学」に仕えることをもって良心的な知識人の使命と信じ込み、活動する人々が闊歩してきた。

神無き時代、神が死んだ時代の末裔は、「唯物史観の婢」と化しており、唯物史観に因って物事を解釈し、大衆に警告することが良心的な知識人の使命であると確信し活動してきた。

ソビエト連邦の崩壊によって、マルクス主義の呪縛、催眠から覚醒したかと思いきや旧態依然として変らず、唯物史観に奉仕する者が跡を断たない。学問、思想の問題ではなく信念なのだ。時の審判が下されたからといって、生き方を変えることはできない。

人生を賭けた唯物史観が賭けるに値しないものだったと認めることは、人生を否定することに他ならないのでできない。このため従前同様に唯物史観を拠所に歴史の解釈権を独占する権利を有しているかのように振舞い、社会を批判している。

唯物史観に則って群盲象を評すかのような歴史解釈を垂れ流し、日本を貶めることをもって良心的な知識人の証と見做し活動を続けている。

知識人の役割は世界を解釈することではなく、変革することだと信じ、使命感に燃えて自虐史観を撒き散らし、国民に贖罪意識を植え付けようと躍起になっている。

何故、このようなことを為出かして恥じないのか。日本を変えるためである。理想社会を築くという目的は手段を正当化するのだ。学を曲げて世に阿る曲学阿世の徒と謗られようとも動じない。遠からず歴史が評価してくれると確信しているからだろう。

彼等は唯物史観の婢であって、真理の探求者ではない。更には民主主義よりも共産主義を信奉する輩である。

事物の真相を究明することよりも、唯物史観に奉仕することをもって真善美とする学徒であり、唯物史観の婢、「護教学者」と評すべき輩である。

唯物史観の婢が行う評価、解釈は客観的な社会像を提示することが目的ではないが故に、群盲が象を評するような国家像、社会の負の側面に光をあてた社会像を暴き立てる。革命の起爆剤、社会を変えようともくろんでいるからだ。

ソビエト連邦が崩壊したにもかかわらず、唯物史観の婢にすぎない護教学者を「権威ある者」として遇することは、国を過つ因にしかならない。提示する社会像が歪んでいるからだ。

日本国憲法は、国家固有の不可侵の権利であり、神聖な義務でもある国防を、「諸国民の公正と信義に信頼して」国民の安全と生存を守り、存続を図ろうとする異形な憲法である。

しかし、それは幻想に因っており、現実を反映していないし、直ちに実現できるものでもない。自衛隊が「国防軍」として厳として存在することを見ればわかるように自明の理である。

人は、他者の善意に安全と生存を委ねることができるほど高貴な生物ではないが故に、地上に戦乱、紛争が絶えないことを無視しているばかりか、如何にして安全と生存を守るかについて触れようともせず、自衛隊は憲法違反と叫んで憚らない。

憲法を平和憲法と神聖視して国民の上に君臨させてきたからこのような支離滅裂な主張をして恥ない。日本国の主権者は国民ではなく憲法なのだ。日本国民は平和憲法に奉仕する僕なのだ。そうとしか解釈できない振舞いである。

日本国はアメリカの軍事力を担保とすることで平和を維持できたことを認めようとはせず、平和憲法があったから平和を守れたと主張して臆する色もない。平和憲法と神聖視することは信念の問題であって、論理の整合性を問うものではないのだ。平和憲法、平和と念じていれば平和が実現する。これも言霊信仰の然らしめるところだろう。

しかし、天皇機関説を否定した大日本帝国の歴史に見られる如く、現実に反した幻想の世界観は必ず破綻し、幻想のうえに構築した国家は崩壊する。

日本国は憲法制定時には想定していなかった武力で威嚇する世界に直面しているが、幻想の世界観に因って立つ人々は、現実を直視することはない。一重に平和憲法を護持すれば平和を守れると信じて疑わない。

「奴隷の平和」であろうとも平和を希求するが故に平和憲法の意義を強調することは正当な活動であり信念を変える必要はない。

平和憲法は戦争のない理想世界への礎であるが故に、改憲は戦争への道だと決め付け、断固として改憲に反対、改正論者を糾弾する。

如何にして国を守るかという問い掛けは問題ではない。信念、信仰上の問題であるが故に問題にならない。日本国憲法は平和を希求する者の正典なのだ。憲法（正典）に殉じる、殉教する心意気を示しているのだろう。

安全保障関連法案は、信仰の核心である平和憲法を否定する反動的な法であり、歴史の趨勢をも否定する暴挙と確信するが故に、お前は人間ではない、叩き斬ってやるとまで絶叫する。そこには如何にして国を守るかという問題意識はない。あるのは平和憲法の神聖性を毀損するという思い込みだけである。

故に主謀者である安倍首相は、それこそ叩き斬ってやらずには済まされない政治家なのだ。排除することは聖戦、聖なる義務と思い詰めている。信仰の核心である平和憲法を否定する異教徒は叩き斬っても許されると信じ込んでいなければ発せられる言葉ではない。

国家以上に平和憲法は貴い、神聖にして侵すべからざる憲法、正典なのだ。

しかし、それは信仰同様に彼等の価値観、観念世界でのみ通用する幻想にすぎないから無視される。時代は彼等をおいてきぼりを喰らわせ進んで行く。

解決策は、法の限界を考慮することなく、大日本帝国憲法を不磨の大典と神聖視した結果、改憲できず敗戦に至った歴史を鑑とすることである。

人は改正する必要がない憲法を制定できるほど優れた動物でないことを謙虚に認め、改憲を禁忌にしないことである。法は人を縛るものである以上、改正を許されない法は凶器になりかねない。

理想は高く掲げても足下への注意を怠れば、足をすくわれるのが私達の世界の現実である。国際社会は修羅の巷でもあるのだ。

マックアーサーが下賜した欽定憲法たる日本国憲法を平和憲法と神聖視し、不磨の大典と見做すことは法の限界を弁えない、法の本質から逸脱する行為であり、法治主義の否定に通じかねず、平和国家の存続を危うくする危険な信念である。憲法の守り人が最優先で説くべきことは本来ならばここにある筈だ。

大日本帝国憲法を不磨の大典と偶像視した結果、憲法の不備を是正できず、統帥権の干犯を口実にした軍に統帥権を奪取され、軍の専横が罷り通り、国策を誤った。鑑とすべき歴史はこの一点に集約される。

法治主義の要である憲法は、時宜を得て改正しなければ社会と齟齬をきたし、大日本帝国の二の舞を演じかねない。

憲法を改正できる国になることが日本国の課題である。

憲法は国家を恙無く運営するために存在する。そのためには防衛、国防に関する規定が不可欠である。「人命は地球より重い」とまで主張した人がいたほど大切な「安全と生存」を「諸国民の公正と信義に信頼する」ことができないから各国は軍隊を保持している。国防に関する規定がないのは日本国憲法の致命的な欠陥であり、早急に是正しなければならない。

法治国家としての日本国の存続が掛かっている、生存権は全ての生物にとって生れながらにして持つ至高の権利である。そのためには国防に関する規定が不可欠である。

国防を他国の信義に信頼することは制定当初の崇高な志、理想に反して力の空白を生み、他国の動向に翻弄される危険な選択であって、事、志とは真逆の戦争を齎す因である。

国防に関する規定を持たない憲法を、平和憲法と神聖視し、改正を認めない真意について疑問を抱かざるを得ない。国を亡くして何が憲法か、本末転倒も甚しい。

憲法第九条の遵守は独立自尊の国の歴史を断絶させかねない危険な主張である。

大日本帝国の命運を左右した天皇機関説は大分県報でどのように報じられたか紹介し、参考に供したい。

昭和一〇年八月一六日付大分県報には、大分県知事官房主事名で県庁各課長、各警察署長、県庁所属各廨長、各市長村長、各公私立中等学校長、各小学校長、各青年学校長、各私立各種学校長、各幼稚園長あてに出された通牒が登載されている。（資料①）

「八月三日内閣において別表のとおり声明した旨通牒があったので移牒する」とだけ記載され、県としてのコメントはなにもない。因（ちなみ）に通牒とは現在の「通達」にあたるもので、上級の行政庁から下級の行政庁へ出す行政上の指針を示した文書のことであり、移牒とはその文書を管轄を異にする他の官庁へ送付することを指している。

内閣声明の趣旨は次のようなものである。

「我が国体は、天孫降臨の際にくだされた神勅に昭示（明らかに示すこと）されているところであり、万世一系の天皇が国を統治され宝祚（天皇の位、皇位）の隆（勢いが盛んになること）は天地とともにきわまりない。されば憲法発布の御上諭（明治憲法下で法律などを公布するとき、天皇の裁可を表示したもの）に『国家統治の大権は朕（天皇の自称）がこれを祖宗にうけて子孫に伝えるところである』と宣い、憲法第一条には『大日本帝国は万世一系の天皇これを統治す』と明示されている。すなわち大日本帝国統治の大権は厳として天皇に存することは明らかである。若し統治権が天皇になく天皇はこれを統治するための機関であるとするようなことは万邦無比の国体の本義をあやまるものである。

近時、憲法学説をめぐり国体の本義に関連してとかくの議論を見るようになったのはまことに遺憾にたえない。政府はますます国体を明徴することに全力を挙げその成果を発揚するよう決意した。ここに意のあるところを述べて広く各方面の協力を希望する。」

二ヵ月後の一〇月一五日には前回（八月三日）の内閣声明では

意を尽していない。不十分と感じたのか、あるいはこの声明を突破口と受け取った勢力が更に圧力をかけたためか、駄目押しをするかのような内閣声明が再び出された。（資料②）

　内閣声明を受けて一一月二日付の大分県報には大分県知事官房主事名で、前回と同じ相手あてに出された通牒が登載されている。

「一〇月一五日内閣において左記のとおり声明した旨通牒があったので移牒する」とだけ記された通牒が出されている。

「さきに政府は国体の本義に関し所信を披瀝し国民の嚮うところを明らかにし、ますますその精華を発揚することを期した」旨の前置きのあと次のような趣旨の内閣声明が登載されている。

「そもそも我が国における統治権の主体が天皇にあることは我が国体の本義であり帝国臣民の絶対不動の信念である。帝国憲法の上諭ならびに条章の精神もまたここにあると拝察する。

　しかるにみだりに外国の事例、学説をひいて我が国体に擬し、統治権の主体は天皇にはなく国家なりとし、天皇は国家の機関であるとするようないわゆる天皇機関説は神聖な我が国体にもとり、その本義をあやまることが甚だしいものであり厳に芟除（取り除く）しなければならない。政教その他百般の事項はすべて万邦無比な我が国体の本義を基としておりその真髄を顕揚する必要がある。政府は右の信念に基づきここに重ねて意のあるところを明らかにし、国体の観念をますます明徴にさせ実績を収めるため全幅の力を効（期待されるいい結果が得られる）さんことを期す」

　内閣は「政教その他百般の事項はすべて」「国体観念をますます明徴にする」ため全力をあげると宣言した。

　この声明のあと大日本帝国は坂を転がるように破滅の道を突き進むようになった。

　国体明徴、国体の本義に悖ると指弾を受ければ何もいえない、ものいえば唇寒しというべき窒息するような息苦しい社会になってしまった。最後は神国日本と神頼みする国に成り果てた。

　同日、一一月二日には文部次官からの通牒を受け、大分県学務部長の依命通牒が各師範学校長、各公私立中等学校長、各青年学校長、各小学校長あてに出されている（資料③）

　その趣旨は次のようなものである。

「今般、文部次官より左記のとおり通牒があった。ついては右通牒の趣旨を周知徹底せしめられたくこの段依命通牒する」

　通牒の中身は内閣声明そのものである。

　通牒をうけた各学校長は国体明徴の教育を周知徹底すべく学校現場で強要した。戦前の教育として思い浮かべる天皇の神格化教育は内閣声明とこれを受けた文部次官通牒を契機に始まった。資料④に見られる如く、明治、大正期には法令に規定する学校においては宗教教育、宗教儀式は許されていなかった。教育のみならず、社会を硬直させ、大日本帝国を崩壊させた端緒が内閣声明である。

昭和天皇御自身は「自分は国家の一機関である」と認めていたにもかかわらず、天皇の意思を無視して内閣声明は出された。天皇の権能の実態がいかなるものか示してあまりある。

政治家はもとより皇室の藩屏たる華族、さらには要路の大官、学者までもが暴力に怯え、その責務を全うしなかったことがはかり知れない悲劇をもたらした元凶であるとの認識を抱かざるを得ない。

「昭和十一年二月二十六日の事件に付官國幣社以下神社に於ける祭祀の件依命通牒」が昭和一一年七月二日付で大分県学務部長から各市町村あてに出されている。

暴力に怯えた挙句のはての体たらく、最早、神に祈る、神頼みしかない状況に追い込まれた大日本帝国の法治主義の断末魔、悲鳴が聞えてきそうな通牒である。資料⑤

事件鎮圧に際し断固たる決意を示した昭和天皇の意を受け、軍の圧力を断固としてはね返す最後の機会であったにもかかわらず、怯惰の故できなかった。軍部は二・二六事件を口実に政界を脅迫し、第二第三の事件をほのめかし、遂に政治の実権を掌握、敗戦を齎した。

二重構造の国

日本国の歴史を俯瞰すれば日本史を貫徹する基本原理、基本構造である二重構造が見えてくる。

中華帝国に代表されるように権威と権力は皇帝、一人の人間が掌握するのが本来の在り方である。出来なければ統治に支障を来たし、易姓革命を国体とする中国のように皇帝の座を巡り熾烈な争いが生じ、流血の大地と化す。

対照的な国柄が日本国である。天皇と将軍が統治に不可欠な権威と権力を分担する国体を選択した。しかし天下泰平の江戸時代が示しているように統治に支障が生じることはなかった。

天皇と将軍が分担して統治する日本国では中華帝国とは相違して権力の座を巡る抗争の拡大を食い止めた。その御蔭でアジアの博物館と称されるように歴史遺産が残されている。

権力の座を巡り争われた抗争は長い試行錯誤を経て天皇が権威の座に特化して君臨し、権力の座は時代の最高実力者に委ねる二重構造の国体が成立した。二重構造の国体は柔構造になっており、社会を揺す抗争を吸収することを可能にした。

権威と権力は分轄され、天皇と将軍という菊（文＝権威）と刀（武＝将軍）を担うものに分担されたが、歴史を経て形成された国民の一体感が基となって包摂され、恙無く運用されてきた。

二重構造の統治形態は柔軟性があり、権力の失敗、更には失墜を吸収することができ、安定した社会を構築するに際し礎になる。

権威者たる天皇が次の将軍になる者を「認証」することにより

権力の座を巡る争いを最小限に食い止めた。何故か、武士の棟梁の座を巡る戦（いくさ）に限定できたからである。神聖にして侵すべからざる天皇の認証を得るため戦は行なわれた。権力を巡る争いを経て日本国の統治形態の正統の座を獲得、日本国の核心をなし、平穏な社会の礎になっている。

立憲君主制の国では君主は概ね、日本国と同様に権威を担う国民統合の象徴として君臨している。

「王は君臨すれど統治せず」とは、権威と権力が分離、分担して統治されていることを示しており、平穏、安定した国が多い。

権威者として君臨する天皇は、世界史の先鞭、先駆けといえる。このため日本国は平穏な国柄として存続できた。地震等、災害が多い国であるにもかかわらず、世界最古の木造建築物である法隆寺のように多くの歴史遺産が残されているのはこのためである。

誇りとするに足る歴史でないだろうか。

宗教間の対立は国家の統合、安定にとって最大の脅威である。第二次世界大戦後、インドから分離独立したパキスタンを見るまでもない。今もこの問題を抱えている国が多い。

しかし、日本国においては固有の神道と世界宗教である仏教が共に信仰されているにもかかわらず、神と仏は共存しており、宗教戦争には至らなかった。

異質な存在である神と仏であるが、日本国では本地垂迹説により、共に相手を神聖であり、本地（本質）は同じと認め合うことで共存し、習合した。宗教的に捉えれば日本国は神仏習合の国である。

権威を担う天皇、並びに神仏習合によって日本国は世界でも稀な歴史の断絶がない国として存続できた。日本国は歴史を継続させる、文化を継承することの意義を体現する国である。

本地垂迹説は「神仏習合の神学」である。神仏習合と呼ばれる二重構造の宗教を持つのが他国に類例のない日本国の国柄である。

排他的に所属することなく神と仏を共に信仰する神仏習合が正統な信仰となったため、日本国では宗教戦争は起きなかった。

日本国の顔といえる天皇は、随神（かんながら）の道（神道）における祭祀王であるとともに仏教をも信じ、帰依した。

神と仏は互いに相手を神聖な存在であり、本地（本質）は同じと認めた以上、強いて争う理由がないから宗教戦争は起きなかった。

日本国はアジアの博物館といわれるように歴史遺産が多く残されているのはこのためである。

本地垂迹説は「宗教共存の神学」と呼ぶことができる。神と仏はもとより異質の存在であるが、相手を神聖なものとして肯定したから共存が可能になった。

神と仏は互いに「宗権（凡ての宗教は平等の権利を保持しており、宗教の垣根を超えて尊崇されなければならない。他の宗教の説く神聖なもの（神仏）を軽んじてはならないとする観念で、人権の宗教版）」を認めたが故に共存が成り、共存を経て、遂には習合した。習合とは宗教共存の完成型である。

神仏習合は信仰の自由に繋る信仰でもある。神と仏は習合することで宗教戦争に対する免疫を獲得しただけでなく、神聖なものに関する観念を深化拡充できた。信仰の自由とは、他者の信仰する神聖なものを認め、学んでこそ本物といえるのではないだろうか。

神と仏が習合、共存する二重構造の信仰形態が日本国の正統な信仰であり、独自性を示すものでもある。

キリスト教は一神（一仏）に排他的に所属することなく多神多仏を神聖なものとして拝む日本の宗教を否定、創造主以外に神はないと断言、神社仏閣を破壊した。幕府は神父が解釈権を独占し、創造主のみを排他的に信仰させる信仰は独立自尊を損なう侵略の走狗になりかねない。更には幕藩体制の否定に通じかねないと判断し、キリスト教を禁じた。

神の下の平等を説きながら日本人を奴隷として連行したことも、奴隷制度を採ったことがない日本人には許せなかった。排他的に一神に所属させるキリスト教は日本の国柄に反するため折り合うことができず布教を禁じられ、厳しい冬の時代を迎えた。

文字の使用なしに国家の存在、運用は困難である。アメリカ大陸のマヤ文明のように存在しても共有されていなければ伝える力は弱く侵略に対抗できず文明は存続できない。

言葉を写す文字は漢字やアルファベットを使用する国に代表されるように通常は一つなのが世界の常識である。しかし、日本国では表意文字である漢字と、音を写す仮名（カタカナを含む）、二つの文字を使い分ける漢字仮名混じり文が正統な表現法である。

漢字と仮名の二重構造になっており、世界の常識とは違う。統治形態、宗教と並んで日本国の独自性をなしている。

統治形態、宗教、文字といった国家の運営、統治に際し、核心、基軸に据えるものが二重構造になっている稀有な国が、日本国の特質である。他の国では一元化されているのに対し、二本立て、二重構造になっており、それによって国家は恙無く運営されてきた。

天皇機関説とはこの二重構造を反映したものであり国家の運営を平穏なものにする知恵と呼ぶべきものだった。

それだけに天皇機関説の否定は歴史を経て形成、確立された国家統合の原理に悖るものだった。日本国の体質、国柄に反する決定だった。

そればかりか一元化して統治する能力を有しなかったが故に、統治不能の国に堕して漂流を始めたのが、天皇機関説否定後の大日本帝国である。

天皇は権威を担う神聖な存在として君臨するが、統治には直接関与しない。関与すれば建武中興に見られるように国が乱れるのが、歴史を経て形成された日本国の国体である。

にもかかわらず観念の中にしか存在しない「国体」に囚われ、天皇が直接統治権を行使すべきだとして「歴史の精華」を否定した。その結果が敗戦である。

天皇主権、統治権は天皇に属すとして天皇機関説を否定したことは、権威を担う神聖な存在として君臨する天皇の本質に反している。多神多仏を信仰する国で一神（一仏）を排他的に信仰させるような現実を弁えない無謀な選択であり、社会に歪を齎ずにはおかなかった。

社会に緊張が張り溢れていた明治時代には植民地化への脅威を前に堪え忍ぶことができた。が、変革に成功し、社会から緊張が失なわれると共に歪となり、昭和に入り歪は限界に達し、遂には国家を揺がす大地震となり、大日本帝国を崩壊させた。

昭和の蹉跌は、大日本帝国憲法を改正し、天皇機関説を公認する、権威のみを担う平時の天皇に復帰すべきであったにもかかわらず、できなかったばかりか、真逆の選択をしたことによって生じた。

欽定憲法として不磨の大典視された憲法の改正は想定外であった。逆に天皇が統治するとの建前に縛られ天皇機関説を否定するという真逆の選択をした結果、大日本帝国の命運は尽きた。

中華人民共和国においては文化大革命に際し、赤旗を掲げて赤旗に反対したとして実権派を糾弾した。同様に大日本帝国においても天皇主権、国体明徴を叫びながら天皇を「玉」として利用した。

否定は歴史と伝統に反する決定であったが故に大日本帝国は正統が敷いた軌道を外れ、脱線した。

天皇機関説に反対した人達はイスラム教原理主義過激派と同様の輩と考えればわかりやすい。憲法を守れと主張しながら憲法否定に通じる行為を正当化して憚らない。

天皇親政で、神仏習合もなく、漢字若しくは仮名専用の日本国は想像だに困難である。二重構造の核心、権威のみを分担する天皇像は日本国の血肉を成し、行動基準として機能してきた。

天皇機関説は二重構造に適合した国家運営の核心だった。本地垂迹説が神仏習合の核心を成すのと同様の働きをしてきた。

中華帝国型は日本国の国柄に反しており、機能しない。大日本帝国の致命的な失敗は、天皇機関説を否定したことである。

大日本帝国における天皇像は独立自尊の国として存続するため已むを得ず採用した非常時の天皇像である。いわば緊急避難措置というべきものであり建前だった。

その実態はといえば天皇機関説で国家は運営されてきた。時代の要請と伝統の知恵が噛み合っていたから明治の変革は成功した。

国家の実権奪取をたくらむ勢力は欽定憲法に定められているとおり国家を運営せよと迫ることで国家中枢を麻痺させ実権を強奪した。統治権を掌握する天皇像から権威を担う正統な天皇像へと復帰すべき危急存亡の秋に真逆の選択をした。病人の熱を冷ます処方をすべき時に逆に暖めるという真逆の選択をしたことが大日本帝国の致命傷になった。

天皇機関説を巡る路線闘争、イデオロギー論争で選択を誤った。勤皇か佐幕かの路線を巡って争われた幕末、佐幕の選択をしたような致命的な失敗だった。

天皇機関説の認否は大日本帝国の命運を左右する路線闘争であった。が、指導者の怯懦と先見の明を欠いた洞察力を持たぬ試験秀才にすぎない者によって天皇機関説は否定され決着が付けられた。高等文官試験を経て登用された官僚に国家の舵取を委ねたことは科挙の日本版であり致命的なあやまちだった。

国柄を無視した天皇機関説の否定の結果、大日本帝国は機能不全に陥り、敗戦という死を迎えた。

天皇機関説が否定されたことに伴い、天皇（国家）の機関が脳死状態に陥り、機能しなくなったことが大日本帝国を崩壊させた真因である。

権力奪取をもくろみ、天皇機関説を攻撃した。「不逞の輩」とは異なり、皇学者流の口車に乗せられ天皇統治こそが日本国のあるべき姿、本来の国体だと信じ込み天皇機関説の否定に加担した人々の大半は緊急時の天皇像こそが、本来の国体だと信じた善意の持主だったのだろう。善意を悪用されたばかりか、仇で返された。

国家の実権を奪取するため故意に正統たる天皇像を擦り替え、誤った処方箋を提示した皇学者流の口車に乗せられ政府を攻撃し、大日本帝国の崩壊に加担した。

平和憲法との幻想も同様の危険を齎すと私は憂慮している。

戦後の日本人が自画像を毀損し、外国からの評価に一喜一憂、右往左往するのは共産主義者や国体主義者が説いた非常時の天皇像を正統たる天皇像と信じ込まされたことに発する、源になっているのではないだろうか。

戦後も日本国を否定するためニセの天皇像を示しプロパガンダに努め、学会、マスコミもそれに加担した結果、国民は洗脳されてしまった。保守派のなかには歪められた国家像、天皇像を否定すべく孤軍奮闘した者もいたが敗戦により保守は権威を喪失しており国民の耳には届かなかった。日本国憲法を平和憲法と呼ぶのは洗脳が未だ解けていないからだろう。彼等は如何にして国を守るかというリアリズムよりは、存在しない観念を至高のものとして重視するという致命的なあやまちを犯している。結果として日本国の弱体化をもくろむ勢力の走狗になっていることを理解できない人達である。

天皇機関説を否定する運動に加担した人々及びその圧力に負けた人々は、大元帥としての天皇、軍服を着て白馬にまたがった天皇を見て、皇室の命運を危惧した女官の見識に学ぶべきだった。非常時の天皇像であることを共通認識にしておくべきだった。

歴史を経て形成され正統となり、体質と化しているものを改めることが如何に困難であるかは共産主義国家をつぶさに見れば一目瞭然である。

革命のため流された夥しい流血にひるむことなく共産主義革命を断行した旧ソビエト連邦や中華人民共和国においては共産党は三権のみならず赤軍や人民解放軍と呼ばれる党の私兵を擁し、統治の全権を掌握した。

更には共産主義社会の実現の障害になる宗教をも否定、マルクス・レーニン主義を強要し、排他的に所属させた。多大な犠牲をものともせず理想とした共産主義社会の実現に向け、改革を断行した。

しかし、国民性は変わらなかった。依然としてロシアはロシア、中国は中国である。旧態依然として変わらずというよりは宗教を否定、弾圧し共産主義の洗礼を強要した結果、国民性は却って劣化している。理性や思想のみで国民性が変わり、統治できるほど人は初心ではない。歴史を反映して強かなのだ。

宗教とは歴史が育んだ智恵というべき側面を有しており、否定は社会を劣化させるだけである。

宗教を力で捩伏せることは困難であることを共産主義国家は再確認させた。宗教を否定、弾圧し理想社会を建設せんと志した共産党であったが、案に相違して理想とした社会とはほど遠い社会しか建設できなかった。当初の志がいかに高かろうとも絶対権力を強奪した一党独裁の共産党が腐敗しない筈はないのだ。

漢字或は仮名専用の日本語表記は不便極りない。敢えて無視、どちらか一本に絞れば日常生活が困難になり破綻するか、無視されるだけである。

皇帝型政治の経験もノウハウも持たない日本国では軍部の専横、横紙破りが罷り通ったことからも明らかなように、天皇の実権掌握は名のみだった。

ミニ天皇が乱立し、軍隊で天皇の名をあげて暴力を奮ったように妄りに天皇の名を騙り、命令を乱発する異形な国に成り果てた。石が流れて木の葉が沈む、道理が通らなくなった。

皇帝専制が常態の中華帝国では皇帝の命は天の命であり、その言葉が政治を左右した。

天皇機関説否定後の日本は、中華帝国と同様の国を志したが、国民性、国柄にあわず蹉跌した。権威者として君臨する天皇像しか知らなかった日本では天皇の名を騙る者が政治を左右した。各部門は互いに自己の利益のみ追求した結果、陸海軍の対立に象徴されるように、全体の利益を優先、調整する機能を喪失した。日本の歴史、国柄を反映した天皇機関説を否定するという歴史の精華を無視する政治決断を下した結果、中枢機能を果す内閣が機能しなくなり、法治国家と呼べない体たらくに陥った。

天皇機関説を否定した大日本帝国は、大東亜戦争の敗北がなくても存続は困難だった、私はそのように捉えている。

万世一系の天皇とは対照的に武家政権の変遷を見れば易姓革命は適用された。権力の座に坐る将軍は力を失えばその地位から追放されることを示している。力による以上、避けられない道である。

欠陥商品と欠陥情報・フェイクニュース

神道が厳として存在しているにもかかわらず、更に屋上屋を架すかのような国家神道の役割が、宗教である筈はない。

神道と名乗ってはいるが国家神道の役割は西南の役等の不平士族の反乱に鑑みて、分裂しかねない国家の統合を万全なものにすることであった。独立自尊の国体を守るという喫緊の課題解決のため民族宗教である神道の名を借用した国体護持施策が国家神道の正体である。全国各地に隈無く祀られている神社を管理することで神道を大同団結の梃として利用した施策である。国民の団結によって自主独立の国体を存続させるため誕生したのが、国家神道である。

国家神道は共産主義国家がマルクス・レーニン主義を体制擁護のイデオロギーとして採用したのと同様の代物であって、宗教と呼ぶような実体はない。

分割して統治せよとの格言通り国論を分裂させ、混乱に付け込むことを常套手段とした帝国主義国家への対抗策、独立自尊の国体護持のため神道を管理したものにすぎない。

国家神道を宗教と呼ぶのであれば、マルクス・レーニン主義もマルクス・レーニン教と呼ぶべきである。

労働者の救済を説く共産党政権に排他的に所属させ、宗教を否定、弾圧したマルクス・レーニン主義の方が、国家神道以上に宗教色が強いといえるだろう。マルクス・レーニン主義は一神教の陰画と評すべきものである。

国家神道を宗教と呼んで憚らない人は宗教について考えたことがなくプロパガンダ（宣伝）を鵜呑みにして批判している。戦勝国のプロパガンダに洗脳された結果、固有の神道を否定的に捉えるようになり、神道を旧いもの、捨て去るべきものだと思い込み批判しているにすぎない。

更には共産主義者のプロパガンダに洗脳され、宗教を信じるような遅れた人間ではないと得得として話しているにすぎない。日本の常識は世界の非常識の宗教版である。

政治思想に基く為にする発言である。国家神道を虞れ、警戒するのは幽霊を怖がるのと同様の有害、無益な行為である。

両者は体制擁護、団結のためのイデオロギーとしての性格が相似であるが故に行動様式等に類似性を有す、見られるのではないだろうか。

宗教は人が関与するもののなかで最も強靭な生命力を有しており、容易なことでは影響力を失うことはない。キリスト教の歴史を見るまでもなく、神道が今も厳然として存在し信仰されているのを見ればわかり切ったことである。

国家神道を宗教と呼ぶことに疑問を持たない人は宗教とは何か、何のために存在するのか等、人と宗教の切っても切れない、不可分ともいえる間柄について考えたことがないから唯物論にかぶれ、捨て去るべき迷信と思い込み、批判しているにすぎない。

何を目的にかかる批判をするのか、と発言の真意を問う方が社会にとって有益になる。そのような類の根拠のない中傷、批判である。彼等は宗教のような遅れた旧いものを信じ、拝む、旧式の人間ではない、と主張するためにこのような発言を厭わない。理性の徒にとって怪力乱神は忌避すべきものなのだ。しかし、何かにつまずく、挫折すれば神も仏も無いのか、と泣き事を言いつつも苦しい時の神頼みをして怪しまない人達である。彼等は戦後社会を風靡した「宗教否定」のバスに乗り遅れまいとして醜態を演じてきた。

反宗教という欠陥情報（商品）をピーアールするちんどん屋が共産主義にかぶれ広告塔と化した知識人である。しかし、確たる信念があっての批判ではない。勝馬に乗りたかっただけである。

欠陥商品を販売した企業は厳しい批判を浴び、企業の存続すら危うくなる危機に陥りかねない。

報道や出版物も報道機関、出版社等が販売する「商品」といえる性格を持つ以上、欠陥情報も欠陥商品と同じように批判されて然るべきでないのか。

しかし、日本国においては大本営発表というフェイクニュースに踊らされた苦い経験への反省から言論の自由が確立された。また思想信条の自由があるためか、見過される、或はあいまいなまま今日に至っている。

報道、出版機関が欠陥情報、フェイクニュースを垂れ流したからといって、存立にかかわるような事態に陥ることは稀である。

群盲象を評す、人の能力に限りがある以上、事物の本質、全体像を的確に把握し報道、或は出版することは「言うは易く行うは難し」である。私達は物事の一端しか知り得ない、把握する能力しか持たない点で群盲と同様といえる、報道に携わる者は「群盲象を評す」を座右の銘とし、裏を取ることを職責として課せられている。

問題は事実を正確に報道することを使命と心得る以上に、思想信条に基づき社会を変革するため色のついた情報を「報導」、出版することを使命と心得違いしている者があまりにも多いことである。

日常生活に使用するため良品か、否かを見分けることが比較的容易な商品とは違い姿形を持たない情報は選択、解釈を報道、出版する側の自由に任せられている以上、同じ事件を報道しても、相違、異説が生じざるを得ないという性質を有する。

また、情報を受け取る個人も出自や教育、思想信条の相違により各自の理解は異なる。

客観性、中立性が完全に担歩された情報は存在しない。しかし、人は情報を因に行動する以上、より正確な情報（良品）を提供する義務を有する点では情報と雖も商品と違いはない。情報は、商品以上に生死を左右しかねないが故に正確な情報を提供しなければならない。

私は国防を巡る国会での論戦、とりわけ、叩き斬ってやる旨の発言を報道で知った時、人が事物の実相を把握する能力の限界を思い知らされた。報道に携わる者は正確な情報の提供に力を傾け誤解を招き人を傷つけることのないよう日々精進しなければならない。

特に国の針路を左右しかねない情報は一つ間違えば無辜の血が流されることもあり得ると自覚し、報道してこそ社会の木鐸といえる。

人が実相を把握する能力は群盲同様に、事物の一端を捉えているだけだと自覚し、異説に耳を傾け、報道しなければならない。

叩き斬ってやる旨の発言は事物の実相に迫る努力を放擲している。憲法の学徒がこのような発言をすることは憲法を掲げ憲法に反対する徒党の一味と捉える方が妥当でないのか。

言論の自由は多面的、多様な解釈を通じ、実相に迫る、より正確な像に近付くことを容易にする。この故に認められ自由社会を支える礎になった。叩き斬ってやる旨の発言は歴史の趨勢、民主主義を否定していると断じざるを得ない破廉恥な行為といえる。

偏向報導は物事を報道、出版するに際し、己れの思想信条に基づき予断をもって「報導」、出版しているにもかかわらず、さも真実を報道、出版しているかのように装い正義を錦の御旗として掲げている。報道に際しより正確な像の提供に努める以上に、情報を自己の思想信条のために脚色し、政治目的を達成しようとしている。

事実の報道に努める以上に、国民を一定の方向に「誘導」すべくキャンペーンに努めてきた。にもかかわらず、さも客観的な事実、ファクトを提供しているかのように装い、正義の押売りをして人心を惑す。が、社会の木鐸として活動している、社会正義実現のためだと正当化して憚らない。

　予断をもって物事を捉え情報を提供すれば色がつき、不偏不党とはいえない筈だが公平中立を自称してきた。まして思想信条に基づき事実を擦り替える、事実を潤色、脚色した偏向報導を正義の名のもとに押売りすることは、商品（物品）を提供する企業を例にとれば欠陥商品を販売するのと同様の反社会的行為であり、社会の批判を浴びるのは至極当然のことである。

　欠陥情報・偏向報導を提供する、撒き散らす企業が社会の批判を浴びることは、欠陥商品を販売する企業が批判されるのと同じことである。

　情報という商品をより良きものにするための批判であり、言論の自由への挑戦、弾圧とは性質を異にする。批判するものは批判されることを甘受する度量を持たなければ言論の自由は空洞化する。

　事実の一端を過度に強調して報道する、一端にのみ光をあてて報道することは世論を己れの望む方向に誘導する偏向報導だと批判される、社会の方が、まっとうな社会というべきでないのか。

　欠陥情報・偏向報導を提供しているにもかかわらず正義を売物にすることは、報道の自由を隠蓑にしている、欠陥商品を販売するのと同様の反社会的行為であり、批判に値する。


軍国日本への批判は国家神道への糾弾でなく、何故、昭和天皇が天皇機関説を是認したにもかかわらず天皇機関説が否定され、軍部の専横が罷り通ったのか、そのゆえんを追求し、実相に迫る、真実を明らかにしてこそ真の批判に値する。

　真実を突いた情報こそが最上の売物であり、真の意味での批判、良品を販売する企業といえる。

　何はさておき己れが所属する国について、事実を捩じ曲げ外国に御注進までして悪様に罵ることは己れを卑しくするだけである。醜い日本人の代表といえる。何がおもしろくてこのような愚かで汚ない行動をするのか不思議でならない。

　事有る毎に狼が来る、日本は破綻、孤立する旨の虚報を垂れ流す輩は何を指針として生きているのか、知りたいものである。

　事実に基づかない報道は凶器であり、日本国を陥れる行為でもある。

　独立国家として存続するための非常時の国体、統帥権を将軍ではなく天皇が保持した特異な時代、国民に犠牲と緊張を強いた時代の国体を、日本の常態だと決め付け批判して止まない。江戸時代以前では白村江の戦いと豊臣秀吉の朝鮮出兵を除き、外征する戦争がなかった歴史を無視して軍国日本を平常の姿だと断定、軍隊を持てば必ず戦争する国になるかのようなプロパガンダ、虚偽の歴史観に基づき批判して止まない。しかも正義の行動だと確信し、主張して憚らない。

報道の自由を悪用、思想信条に不都合な情報は編集権を濫用し報道しない。更に相手に不都合、一方的な情報を垂れ流すことが極まれば悪貨が良貨を駆逐するのと同様に「フェイクニュースが真実を駆逐する」事態に陥りかねない。報道の自由を掲げ報道の自由に掣肘を加える、反する行為と呼ぶべきでないのか。（「従軍慰安婦」はフェイクニュースが真実を駆逐した代表例である。）

非常時の天皇像は敗戦に伴い変革されたが正統の断絶ではない。植民地に堕しかねない非常時、特異な時代の天皇像から権威のみを担う平時の天皇像、歴史と伝統に基づいた正統な天皇像への復帰である。戦後社会が平穏なのは正統な国体に復帰したことが因である。

統帥権を保持する皇帝型天皇像は特異な時代の所産であるにもかかわらず、そのことには触れようともせず、陰にのみ光をあて、日本を貶めることで国体の変革をもくろむ。更には国民に夢と希望を齎す情報は遮断する。自画像の毀損なしにできることではない。

国家神道に対する批判は日本の宗教に対する批判と同様に偏見からくる謂れのない誹謗中傷にすぎない。そのような批判を真に受け贖罪意識に囚われることは愚かなことである。

天皇の名のもとに団結できたが故に列強に付け入る隙を与えず独立自尊の国として存続できた。そのことを評価すべきなのだ。植民地化された国が示すように殆んどの国ではそれができなかったから苦難の路を歩かざるを得なかったことに気付くべきなのだ。

正確を期すならば欠陥情報、偏向報導である以上に共産圏が意図的に流したプロパガンダ同様のフェイクニュースである。報道の自由を隠蓑にして悪用する企業に未来がある筈はない。

信仰告白としての無宗教

日本国は無宗教、宗教など信じない旨公言する人が多い国風であるが、特定の宗教に排他的に所属することを拒否、神聖と信じるものを宗教にかかわらずに信仰することを表明しているだけであり、反宗教に基く発言とは趣旨を異にする。

排他的に特定の宗教に所属させる宗教への違和感から生じた発言であり、一神にのみ排他的に所属させる宗教を峻拒するために無宗教、宗教など信じない旨表明しているにすぎない。

発言とは裏腹に日本国民の信仰心は篤い。犯罪が少なく、社会が平穏なのは熱い信仰心の賜物であり、無神論に基く発言とは趣旨が違う。宗教観の違いが齎した発言である。

一神（一仏）に排他的に所属することなく信仰する日本の宗教への帰依を表明した発言と理解すべきものである。

一神教とは宗教観が違うことを簡明直截に表明するために「一神教が想定する宗教など信じない」旨表明しているだけである。

無信仰、無神論に拠る発言とは違って、一神に排他的に所属させる宗教とは真逆の、宗教に囚われない信仰を守ろうとする篤い信仰心に基く発言、信仰告白と捉えるべきなのだ。

昭和一九年に生れ、敗戦下の困窮のなかで育った私は日本は何もかもが駄目な国だ、と周囲の大人から言い聞かされて育った。

なかでも日本語と日本の宗教は駄目な日本国の代表として酷評するのをいやというほど聞かされて育った。

日本語はあいまい、不合理である。不合理な言葉を使っているが故に、負けるとわかっていた戦争を始め、負けた旨耳にたこができるほど聞いて育った。

宗教に関しても同様だった。神仏習合と呼ばれる神（神道）と仏（仏教）を同時に信仰して怪しまない。多神多仏を信仰する日本の宗教はあいまい、不合理だ等、いやというほど聞いて育った。

成長するに伴い、日本の宗教への批判的な世評に対し疑念を抱くようになり、いつしか「空気」のように意識することもなかった日本の宗教について学ぶようになっていた。

その結果、日本人の信仰、日本の宗教に対する批判は宗教観の違いから生じたものである。日本国民は世評とは逆に優れた特性を持つ宗教を信仰している、日本人の宗教観は誇ってもよいと確信するに至った。

宗教戦争のない、宗教の平等を認める宗教が遅れた宗教、あいまい、不合理な宗教の筈はないことはわかり切ったことである。

敗戦による洗脳の結果、思い込まされているだけである。社会が平穏なのは宗教の力が大きいことを理解できず、西欧と違うから遅れている、不合理だと思い込まされてきた。

猖獗をきわめた唯物思想の洗礼を浴びて批判してきたが付和雷同しただけであり確信犯はごく一部にすぎない。

宗教戦争とは無縁の宗教

世界では宗教対立に起因する紛争、対立抗争が収まる気配すら見せず、至る処で勃発し、悪化の傾向すら見せている。

対立は核兵器の開発に至るまでエスカレートしており、最悪の場合には宗教対立が因となり核戦争という悪夢が現実になりかねない、危機的な状況下におかれている。

核兵器が累卵する危うき世界に私達は生きており、核兵器の廃絶が喫緊の課題として叫ばれている。にも拘わらず核兵器の所有国は漸増する状況から窺われる如く核兵器の保有を目指す国は跡を断たない。

核兵器は大国の威信に欠かせないものになっており核廃絶は口先だけである。

宗教は核廃絶に率先して取り組むべきだが、核の笠に安全を委ねている以上、宗教は無力である。核兵器の廃絶は総論賛成、各論反対を代表する事例になってしまった。

核兵器を持たなくても安全を保障するシステムが構築されない限り状況は変わらないだろう。


宗教が紛争の要因になることが数多見られる世界で、日本の宗教は一神教からはあいまい、遅れている旨、けなされているにもかかわらず、一人紛争とは無縁の宗教である。

日本では宗教戦争はなかった。戦国時代の一向一揆の平定や島原の乱は共産国家が宗教を弾圧したのと同様の統治上の闘争、弾圧以上のものではない。

仏教伝来時に仏教受容を巡って豪族間の政争、小競り合いがあった程度である。

宗教が引き金になって対立、抗争が起きることは愛と寛容、慈愛を説く宗教の本旨に悖るものである。にも拘わらず信仰の自由が認められ、世界の大勢を占めるようになった現在においても他の宗教、宗派への非寛容が引き金になって起きる流血沙汰が絶えないばかりか、悪化する徴候すら見受けられる。

世界を創造したと啓示した唯一絶対の創造主は、「あなたはわたしのほかに、なにものをも神としてはならない」と命じ、創造主にのみ排他的に所属させ、脇目も振らずに一心に信仰することを強要する。

信仰とは二股をかけることなく一神にのみ排他的に所属することが、世界の常識になって久しい。

一神教は宗教界の主導権を握り、その価値観が世界を動かしている。特定の宗教に排他的に所属することを強要せず、多神多仏を拝んで怪しまない日本人の宗教観、信仰の方が特殊で非常識なのだ。


排他的に所属させるとは具体的にはどのような信仰を指しているのだろうか。

H・バイロン・エアハート氏は「日本宗教の世界」（朱鷺書房）で次のように証言している。

「……日本人は一つの宗教に排他的に『所属する』ということがないからである。複数の宗教の中で活動することは、日本人にとっては普通のことである。一つの宗教活動の中にいくつかの宗教が結合されている場合もあり、一人の人間が、ある目的のためにはある宗教に頼り、別の目的のためには別の宗教に頼るということもある。ほとんどの西洋人には、これは理解しがたいことである。なぜなら、西洋では一般に、宗教とは排他的に加入する事柄だからである。人々はプロテスタント、カトリック、ユダヤ教その他の宗教を信じているが、二つ、三つ、それ以上の宗教に属している人はいない。多くの宗教に属することが、どうして日本人には可能なのだろうか。」

同趣旨のことを金換氏は、「韓国と日本の比較文化論」（明石書店）で、次のように述べている。

「このように一人で二つ以上の宗教の信徒を兼ねているのが日本宗教の重層性であります。韓国では前述したようにすべての宗教がシャーマニズムとのかかわりあいをもってはいるが例えば仏教徒がキリスト教会で結婚式を挙げるとか、また、天道教徒がカトリック教会に行くとか、そのようなことはありえません。ここに他の国では理解できない重層性という日本独得の宗教観があるように思われます。」

世界では一つの宗教にのみ排他的に所属することが常識になっている。宗教とは二股をかけるものではないのだ。

しかし、日本では二つ以上の宗教に所属、多神多仏を信仰することを当然のこととして怪しまない。宗教観に埋めようもない断絶がある。

しかし、本地が同じ神聖なものを信じていることに着目すれば二股をかけていない旨主張できなくもない。

宗教とは、世界では一つの神（宗教）に排他的に所属、帰依し、脇目もふらず信仰するものである。

日本においては神仏習合に象徴されるように二つ以上の宗教に所属、信仰することは禁忌ではない。

宗教とは排他的に所属すべきものではない。逆に排他的に所属させる宗教を危険なものとして忌避する。何故なら本地垂迹説により神と仏の本地（本質）は同じとする観念が共有されているが故に、顕現する姿形が異なっていようとも異を唱えることなく信仰できる。排他的に一神一仏にのみ所属する方が不自然なのだ。排他的に所属させる限り紛争が根絶することはないと捉えているからだ。宗教の捉え方が違う、出発点、宗教観が違う以上、食い違いが生じることは不可避であり、相違は時代を経るに伴い拡大した。不合理と呼ぶが、宗教観の違いが齎したものである。

究極のものは人の知り得ない神秘、無限な存在である以上、一つの宗教が全体像を把握できる筈はない。排他的に所属させることは信仰の自由を謳う現在では信仰に枠を嵌めることでないだろうか。

特定の宗教に排他的に所属させる宗教とは対蹠的な位置を占めるのが複数の宗教を信仰することをタブーとしない宗教観であり、神仏習合はその代表である。

日本の宗教は遅れている、不合理だと批判されるのは特定の宗教に排他的に所属することなく、神聖と信じるものを宗教の壁を超えて信仰することが主な理由と思われる。

排他的に所属させる宗教は、信者を天国に導く力を持つ真の神は我が宗教の神以外にないと断じ、他神他宗を否定、謗って憚らない。唯一の創造主は異端、異教を妬み、憎悪する一方で、地の果てまで唯一の神の福音を宣べ伝えるよう命じている。

神の命である以上、布教や改宗を迫るに際し、暴力を行使することへの罪悪感が失せ、正当化される。アメリカ大陸での布教に見られるように実力行使へのハードルが低くなり、紛争を誘引する。

愛と寛容を説く宗教が暴力の温床になることは宗教の本旨に悖る。しかし、排他的に所属、信仰させるが故に紛争の温床になることに無頓着である。

唯一の創造主であることを強調するあまり排他的に所属させる。唯一である以上、他神他宗を否定することは必然のことである。このため、布教活動、奉仕活動は熱情的に実施されてきたが異端、異教の観念に囚われ卒業できない。

唯一の創造主であることに執着、強調するあまり他神を容認、許容することが困難になり、紛争が頻発する。

日本の宗教は神仏習合が基軸であり、神道と仏教が尊崇する神聖な存在、多神多仏を拝んできた。帰依し、信仰する神仏は一つとは限らない。しかし、本地垂迹説により様々な姿形をとって顕現する多神多仏の本地、本質は同じとする観念を共有するため排他的に所属することなく、信仰できる。

一神教からすれば帰依する究極のものの像を求めることなく、正体不明の神を信仰していると受け取るしかない。が、宗教とは排他的に所属するものであるとの宗教観が齎した、宗教の壁に囚われた偏見にすぎない。

日本の宗教は様々な姿形をとって顕現する神聖なものを一つに絞りきれない。一神教のように究極な存在は創造主のみだと特定できないのが本地垂迹説に拠った日本の宗教である。

神であれ、仏として顕現するのであれ、神聖な存在として尊崇することができれば、宗教の違い、神や仏に拘ることなく信仰することができる。本地垂迹説により本地（本質）は同じである。が、状況に応じ、姿形を変えて顕現すると信じてきたが故に神像の違い、宗教の違いを超えて信仰できた。

日本の宗教は遅れている、不合理だと批判されるわけは、帰依する宗教は本来一つである筈なのに、神道も仏教も共に信仰して怪しまないことに拠っている。しかし、本地垂迹説により本地は同じと信じている以上、奇とするにあたらない。

キリスト教は三位一体説に拠って父と子と聖霊を、唯一の創造主の三つのペルソナとして説明、一神教と標榜、日本の宗教を批判してきた。ペルソナは違うが一神、つまり「本地」は同じと主張してきた。顕現する姿は異なるが本地は同じと説く本地垂迹説と同種の神学と捉え得る。本地たる神の像を一神と捉え得なかったことから差異が生じた。

キリスト教と日本の宗教は対蹠的な宗教であるが三位一体説

と本地垂迹説により、究極なものは一にして多、多にして一であると認識した点では相似といえる。

神聖なものを排他的に所属することなく信仰する宗教は、排他的に所属させる創造主の神像を有しないが、究極な存在の本地、本質は同じとする観念を有する点で相似と呼べる。相似であるが神の像を特定できていない一点からかくも違う宗教になった。人には知り得ない不可思議な神秘として捉え、そこに止まっている。

神聖なもの、究極な存在の本地は同じであると認識したが、唯一の創造主のように、神聖な存在の像を特定できなかった。

日本においては本地垂迹説により宗教の相違は問題とするに足りないが故に、宗教が紛争の要因になることはなく各宗教は共存できた。神仏の像の違いは、宗教戦争を引き起こすほどの大事ではないのだ。

本地垂迹説と呼ばれる神学を得て宗教の壁を超えることができ、雑多ともいえる多種多様な宗教は共存することができた。

日本国においては、「宗教とは神仏または神聖とされるものに関する信仰」(新潮日本語漢字辞典　新潮社)と定義されている。神聖なものであることが宗教の核心、肝腎要である。しかし、「神聖なもの」の本地、本質とは何かについては等閑に附され、本地について思索を巡らすことなく今日に至っている。

神聖なものであると信じることができれば、宗教の違いを問題にすることなく所属し、信仰することができる。宗教とは神聖なものに帰依、信仰することであって、排他的に所属、信仰するものではないのだ。

神聖なものは神の像が啓示で示されている一神教とは異なり、明確な像を有しない。このため宗教に囚われることなく信仰できる。信仰に二股をかけることは宗教の本旨に反しているなどと否定されることはない。

「鰯の頭も信心から」という諺があるほどで、信心すれば鰯の頭のようにつまらないものでもありがたく思われてくる。信心できるほど神聖なものであるか、否かが信仰の核心、信仰を左右する。

神聖なものであると確信できれば他の宗教の神のみならず、行事すら受容して憚らないのが、神聖なものに関する信仰、日本の宗教の特徴である。

宗教に縛られることなく信仰する特異性故に、日本教と呼ぶ人もいるほどである。

世界において宗教とは

「信仰する神（仏）に排他的に所属するものである。」

日本において宗教とは

「神聖と信じるものに排他的に所属することなく信仰するものである。」

宗教戦争への歯止め、免疫が宗教観のなかに組み込まれているのが、神仏習合を正統とする日本の宗教である。排他的に一神に所属させる宗教とは対極の位置にいるのが日本の宗教といえるだろう。その故に批判されてきた。

日本の宗教を指して日本教と呼ぶ人もいるほどで、他の国では見られない独得な宗教世界を形成している。

無宗教と公言する人が多いわけは、一つの宗教に排他的に所属し、信仰することなどできない旨の、排他的に所属させる宗教への違和感、拒絶の意思を表明したものといえる。

神聖なものを、排他的に所属させることなく、宗教の壁を超えて信仰することを認める宗教への帰属意識を表明した発言、といえるだろう。

排他的に所属することを強制する宗教など、信じない方がましだといいたいがために、「無宗教」「宗教など信じない」旨、公言しているだけである。

宗教の壁を超えて神聖なものを信仰することが宗教だと認識する者にとって、排他的に所属させ、一神のみを信仰させる宗教は恐ろしいのだ。そのような神は信じない方がましなのだ。

宗教に囚われることなく神聖なものを信仰することを表明した、「信仰告白」と呼ぶべき発言で、信仰心がいわせたものである。

一神に排他的に所属、帰依させる信仰の行き着く先、究極の姿といえるのが、「主権は神にあり、信仰無罪」と叫び、テロを実行、社会を流血の巷にすることだろう。このような状況を見て宗教は恐ろしいと距離を置く人が、続出するだろう。

あいまい、不合理と貶められてきた日本の宗教であるが、排他的に所属させることなく信仰することから、流血とは無縁の宗教であり、宗教戦争は起きなかった。

日本人は宗教が紛争の温床になっている国を見て、日本の宗教は宗教の本質に適っていると安堵し、逆に自信を持ち始めた。遅れているどころか、むしろ先を行っているのだ。

無神論に基づき宗教を否定するために無宗教と公言したわけではない。日本の宗教への帰属表明である。

一神に排他的に所属、信仰させる宗教に対する異議申立、一線を画すための発言、と受け止める方が的を射た評価といえる。

神聖な存在を、宗教の壁を超えて信仰する、それが自己の信じる宗教だといわんがための発言である。

帰依する神聖なものが、唯一の姿をとって顕現する筈はないと確信するが故の発言であり、日本教の信者であることを、言わず語らずのうちに表明した無意識の信仰告白と理解する方が実態を反映、真相を衝いている。

仏教に帰依しても祭祀王としての役割を放棄しなかった天皇は、日本の宗教観、排他的に一神一仏に帰依しない信仰形態を一身で体現する聖なる存在といえる。

宗教に囚われることなく神聖なものを信仰するのは、日本固有、オリジナルといえる信仰であり、日本教と呼ぶ人もいるほどである。

日本教とも呼ばれる日本の信仰の問題点は、一神教からはあいまい、不合理と指摘されているように、尊崇される神聖なものの像が明確でない、多種多様な神像を本地垂迹説で説明するが一神教の神の像のようには明確でない、啓示することなく沈黙を守っているから神の像は不明である。

このため、「なにごとのおはしますかは知らねどもかたじけなさに涙こぼるる」、と西行が詠まれたように、神の像が不明確なまま信仰している。明確な神像を持つ宗教から見れば正体不明の神を信仰するのかと批判を浴びる側面を有している。

神聖なものとして信仰されているが、一神教のようには明確な神像を示せない。

ユダヤ教の神はモーゼに、「私は有る　私は有るという者だ」、と自ら神の像を啓示し、信徒が従うべき戒律を定め、遵守するように求め、従わなければ恐ろしい罰をくだす。そのような神とは対極の存在である。それ故に一神教は日本の宗教をあいまい、不合理と批判して憚らない。

日本の宗教は尊崇される神聖なものの探求には向かわなかった。本地垂迹説という宗教の壁を超える優れた「神学」を有するが垂迹して顕現する究極の存在についての神の像、神学が欠けている。欠落を補う時節が到来したのではないだろうか。

宗教の壁を超える本地垂迹説は、三位一体説に比すべき神学であるが、垂迹する究極なものの像を示せなかった。不分明なまま今日に至っている。神聖なものとは真善美（よきもの）を指すだけである。

神聖なものは、世界に数多存在する宗教が説く凡ての神の像を包摂しているが故に神の像をはっきりとは特定できなかった。

神の像の特定はこれからである。探求が可能な時節が到来した、捉え得るレベルまで人は到達したのではないだろうか。

カトリックとギリシァ正教は三位一体の神学が説く神の像の解釈の相違から東西に分裂した。プロテスタントはカトリックの神の像に異を唱え、宗教戦争を経て分離、独立した。信仰を持たない部外者には争う必要はないような語句の違い、解釈の相違から分裂、或は異端として排除しかねないのが排他的に所属することを強要する宗教が持つ業ともいえる性格である。

我が神、信仰する宗教のみが唯一の正しい宗教だと強調するドグマを持つが故の業である。神は唯一であり、その教えは絶対なのだ。他神を容認できないばかりか、正典の解釈が違えば異端として排除するのが一神教の因果な性格である。

肝腎要、核心である神、宗教の捉え方が異なれば当然のこととはいえ宗教の形態は変わらざるを得ず異教にあたる。異教とは本来ならば武力に訴えても宣教し、迷える羊の魂を救済すべき宗教である。

日本の宗教に向けられる批判の淵源はここにある。宗教の捉え方、定義が違うことから生じる批判である。

日本の宗教は、「レリジョン」が想定する一神に排他的に帰依させる宗教ではない。

宗教の垣根を超えて神聖と信じられるものを信仰することを是認する宗教である。批判の対象にするのは一神教に拠る限り避けられない。当然なことである。

神聖なものを信仰する点では同じであり、一様に宗教と呼んでいるが神の像、宗教の捉え方が異なる以上、相違せざるを得ない。遅れている等の問題ではない。宗教とは何かという本質に発する相違である。

批判される側から反論すれば唯一の創造主という観念世界、信仰のなかにしか存在し得ない、証明不能な一神教のドグマに反しているから批判しているだけである。

シュロモー・サンド氏の著作「ユダヤ人の起源」（ちくま学芸文庫）から窺えるように一神教の神も神話であり、信仰の所産である。ニコラス・ウェイド氏も「宗教を生み出す本能　進化論からみたヒトと信仰」（NTT出版）で次のように記している。

「聖書版ノアの物語は、明らかに二種類のメソポタミアの神話を組み合わせた作品だ。モーセ五書はほかの多くの個所でも、ひとつの話が二、三種類の版を含んでいる。

文献学者が聖書のテキストを解明する一方で、考古学者は苛立ちを深めながら、その物語を遺物や遺跡とつき合わせていた。聖書は長い歴史物語だ。その多くは紀元前六二二年以後に起きた出来事で、古代エジプトやアッシリアの文書によって確かめることができる。が、それよりまえの逸話、たとえば族長たちの行動、出エジプト、ヨシュアによる約束の地カナンの征服、ダビデ王の輝かしい治世、ソロモンの壮麗な宮殿などについては、考古学者が期待していたような痕跡はほとんど見つかっていない。……

（略）

約束の地の物語に矛盾する重大な考古学的証拠も見つかっている」として次の旨の記載がある。「カナンの征服がないとしたら、出エジプトもなかったことになる。イスラエル人は民族としてエジプトを出ていないし、四〇年間シナイの荒野をさまよっていない。カナンを征服してもいない。モーセという男は必要ないのだ。約束の地を支配した彼の偉業は、どうやら歴史ではなく伝説のようだ。」

イエスについても同様にユダヤの律法を守る伝統的なユダヤ人だったようだと記している。「そしてキリスト運動の立案者は、イエスを地上の国ではなく天の国を相続する神に仕立あげた。この立案者は、新約聖書のなかにある証拠からすると、おそらくパウロだ。」と記している。

日本の宗教に対する批判は唯一の創造主を信じる旨の信仰告白と評することができる。しかし、信者でない者にとってそのような神を信じていることこそ不合理である、と切り返される類のものにすぎない。無神論者から見ればどちらも不合理なものであり、迷信を信じていると否定するだろう。宗教の優劣とは何の関係もない、宗教の壁、信仰が生んだ負の側面、偏見に基づく発言にすぎない。

近代世界における西欧の覇権、文明の優越がいわせた発言にすぎず、真実を突いた批判とは隔たりがある。

しかし、創造主たる神の像は人を超越した神の本質を突いた洞察であったが故に、強い説得力を有し、世界の大勢といえる信者を獲得し、宗教世界の主流の座を占めている。

神とは無から世界を創造する力を持つことを発見した。宗教界におけるゼロの発見というべき快挙である。

一神教の神の像は明確であり、その力は無限であることから多くの人に信仰されるようになった。

一神教の神の像と同様に、神聖とされるものを信仰する宗教も、神とは尊崇されるべき神聖なものである点で本質を突いている。しかし、神聖とされるものの神像はあいまいではっきりとは見えない。

神聖なものは一神教の神とは違い、自らの姿を啓示することはない。歴史を共有しない者にとってそのような神を信じることは困難である。また神の像が不分明なため布教に向かない宗教でもある。

神とは人間を超越した無限な存在と捉えられている以上、宗教を代表して他の宗教を批判する資格を有する宗教など存在する筈はない。

信仰する神に排他的に所属しているが故に帰属する宗教が最善最高だと信じているだけである。他の宗教を信じている者に、納得させる論拠を示しているわけではない。宗教にかかる論争の歴史は「神学論争」だと評されるゆえんである。各宗教はそれぞれが神聖なものとして尊崇する神を奉じ、排他的に帰依、所属しているにすぎない。

唯一の創造主であるが故に最善最高だと強調するが、神の世界創造を証明したわけではない。啓示された神の言葉を信じているだけであり、客観的に正しいか、否かは証明不能である。信仰告白と理解する方が適切、真相を突いている。

排他的に一神に所属させる宗教とは異なり、神の言葉を記した変更できない正典を有しない日本の宗教は、地動説や進化論の受容に対し、神の教えに反するとの論拠を持たず、抵抗勢力になり得なかった。

正典を有しない日本の宗教は、世の常識によって批判はしても神の名によって禁じる手立てを持ち得なかった。禁忌にする正典を持たないが故に科学の成果を神の教えに反しているから否定、禁止する論拠を見出すことができなかった。

正典を有しない日本の宗教は抵抗の核になり得なかった。このことは融通無碍ではあるが背骨がないことを意味している。

天皇機関説を巡る路線闘争において機関説を断固として死守できなかったことは、信仰に支えられた信念を有しなかったことが主因であると私は捉えている。

信念に貫ぬくに際し神の言葉に頼る人は稀で、空気に流され、守るべきものを守り切れない。時代の「空気」に流される、左右されやすい弱点を有している。

啓示を下す「一神教の神」がいない日本では絶対者に向き合うことはない。創造主と対峙し、神の正義について考察し、神の教えに適っている旨の確信を持てない。

神との対話がなければ自我は育たず、「空気の支配」に対抗できない。

空気の支配から解放されることが、日本人にとって喫緊の課題であるが、排他的に所属させる宗教に拠らずに自画像を確立せねばならない。しかし、一神教の神がいない風土では確固とした自画像を持つのは困難である。

柔軟ではあるが強靱な個人主義を育てるための模索を続けて行かねばならない。

「バスに乗り遅れる」旨の言葉が幅を聞かせる限り、旧態依然として変らず同じ失敗を繰り返すと覚悟し、努力を続ける以外に方途がないように見える。

宗教戦争の歴史を知らない日本の宗教が遅れていると評するのは一神教の独善、偏見にすぎない。併し乍ら私達は神聖なものの像を追い求め、一歩ずつであろうとも像に近付く努力を続け、世界に向け発信することを求められている。

第二章　宗教の優劣とは何か

判定基準

非合理をも内摂、超越した存在、人知を超えた神秘な存在であるが故に、尊崇されてきた神、神聖なものの優劣を極く限られた能力、寿命しか持たず煩悩、原罪に翻弄され生きて行かざるを得ない人が、判定せんと試みるのは己れを神的なものと同等、若しくはそれ以上の存在と見做すが故に為出かす行為、または他の宗教を否定するおこの沙汰というしかない僭越な振舞いである。

己れが信仰する宗教が一番、最善最高とする宗教の壁の中に閉じ込められているからできることである。

しかし、創造主、神聖なものにかかわる評価は人知の及ぶところではないとしても、宗教も人の営みである以上、優劣の判定基準になり得るものはある筈、存在しないと考える方がおかしい。

宗教を特色づけるもの、教義や戒律、教化力等について、比較検討し宗教の長短を判定するための客観的な物差を求めることは、宗教のつくる壁、偏見から解放される一助になり得る。無毛に否定することなく試みることは科学が主宰する時代に相応しい態度でないだろうか。

人に対して最大級の影響力を持つ宗教を、不可侵な存在として放置しておいてよかろう筈はない、客観的な評価基準を持たないから神学論争といわれる実りのない論争と化し、遂には紛争にまで発展する。

宗教の持つ多様性のなかの一側面にすぎないとしても、客観性のある評価基準を求める機が熟したと思われる。宗教に起因する紛争、宗教の負の側面を痛感させられた私達は、宗教を客観的に見ることができるレベルにまで達したのではないだろうか。宗教の壁を突破するため困難であろうが、座標軸が求められている。設定するに際し考慮すべき事項について検討した。

○　食物禁忌は、神が創造した世界、風土の違いを考慮していないだけでなく無害、食用可能な食物をも禁忌の対象としている。食用に利用できる食物までも禁忌の対象にすることは信仰を異にする者に説明できない。その宗教の信徒であることを明らかにするが、他の宗教の信徒に強要できない。また強要して守らせるべきものでもない。

信仰を有しない者には従わなければならない理由がなく、生存のため従えない風土も存在している。

客観的な根拠に基づかない、信仰の有無に左右される教えを評価の判定基準として採用するのは不適当である。

評価の判定基準になり得るものは、各宗教に共通して見られるもの、宗教の壁を超えるもの、数値化可能なものである。客観的な評価に耐え得るものでなければ物差としては不適当である。

○　「信仰に二股は許されない」として一神（仏）にのみ排他的に所属、信仰させる教えは信仰を有する者の心構え、覚悟を問うものであり、その限りでは評価できる。

しかし、それ以上の価値ある行為とは思わない。まして、他の神、他の宗教を否定する根拠にはなり得ない。宗教への帰属意識を表明しているだけである。

また、他神を否定、「私のほかに　なにものをも神としてはならない」も同様である。何故なら他神を否定する合理的、客観的な根拠、証拠を示していないからだ。

同様に神は唯一の創造主のみであるとの一神教の主張についても合理的な根拠を示していない。創造主が啓示したように宇宙の創造が事実であるならば、主張できるだろう。しかし、科学は否定的な見解を示している。

信仰の有無に左右される点では食物禁忌と同じ、と評価される類のものにすぎない。

他神を否定する神への帰依を強要することは、信仰の自由に抵触するだけでなく、紛争を誘発しかねない。

一神に排他的に所属する、帰依することは信仰者の決断、覚悟以上のものではない。信仰の有無に左右される教えを判定基準として採用することは不適当である。

○　一神教は偶像を否定し、「あなたは自分のために刻んだ像を造ってはならない」旨、命じているが、神の絶対性、唯一性を強調する一神教の主張以上のものではない。被造物たる人が形を超えた存在、唯一の創造主の像を刻むことは、被造物の身分を弁えない瀆神行為の故だろう。

偶像とは一神教の主張であり、評価にすぎない。異教と蔑視している宗教への偏見以上のものではない。

仏像を偶像と呼ぶのは偏見以上の何物でもない。確かに仏教徒は仏像をつくり、拝んでいるが偶像として信仰、崇拝しているわけではない。

仏像は神聖なものとして信仰されてきた仏を、人が全身全霊をこめて具像化した努力の結晶であり、仏と仏が主宰する仏国土を希求する、成仏への渇望を掻き立て、想像力を飛翔させる縁に なるが故に造られ拝まれてきた。人は愚かな面は多多あるが論理的思考に基づいて行動する知恵ある動物である。ただの物体にすぎないものを神聖視する理由がない。宗教の壁、異教に対する偏見から偶像だとレッテルを貼り、貶めているだけである。

仏像は、神聖なものとして崇められてきた仏に近づけ、崇敬の念から仏の教えを学び、実践する媒体になると信じられてきたが故に仏であるかのように拝んできた。

偶像として拝んでいるわけではないから一神教からの偶像批判は馬耳東風、馬の耳に念仏で聞き流し耳に入らない。

外国からの批判に便乗して日本の宗教を批判してきた「インテリ」も仏像を偶像と見做す批判に同調できず、沈黙を守ってきた。知識人としての見識を疑われ、説教できなくなるからだ。

仏像を偶像視していないことを示しているのが、廃仏毀釈に際して行った仏像の処分、廃棄である。然したる抵抗がなかったのは偶像視されていなかったことを立証するものである。

信仰がなければただの物体にすぎず、大切に取り扱うわけがない。御一新で世が変り、仏像は最早神聖なものではない、と先走ったが故の暴走である。

偶像崇拝とは神仏の像を有する宗教の信徒を蔑視、見下す偏見のなせる業というべきもので、一神教徒の狭量さ、優越感を示す言葉以外の何物でもない。

仏像はキリスト教徒が十字架に示す信仰表明、或はイコンと同じ性質を持つ信仰の所産以上のものではない。

聖遺物を認めながら仏像を偶像と批判するのは偏見に囚われているからだ。これらのものは共に信仰の所産である。一方を聖とし、他を偶像とするのは偏見にすぎない。

一神教の方が進んだ、優れた宗教だとする偏見がいわせたものにすぎない。

一神教が頑なまでに偶像を否定するのは神の被造物にすぎない人と創造主は本質を異にすることを明示するためでないのか。被造物にすぎないものが創造主の像を造ることは神の絶対性、隔絶性を否定しかねないからだろう。

一神教のお家の事情から禁止したのが偶像崇拝でないのか。他の宗教の信者に強制すべきものではない。

神の像が違う宗教に一神教の価値観を押し付け、偶像と批判するのは一神教の驕り以外の何物でもない。

同じ一神教ではあるがカトリックとイスラム教では偶像禁止の度合に相違があるのは、一神教としての徹底性から生じたものでないのか。

イスラム教の方が偶像崇拝を徹底しているが故に、イスラム教はカトリック以上に優れた宗教といえるのか。承認するカトリック教徒はいないだろう。

食物禁忌と同様に偶像禁止も否定する客観的根拠を示していない。

偶像禁止は一神教のお家の事情からくる主張以上のものではなく判定基準にするのは不適当である。他の宗教が尊崇するものを否定するのは紛争を誘発するだけである。

○神の啓示や教義、或は神学を比較する材料として優劣を判定することは、観念世界に属するものを評価の対象にすることであり、客観的に証明する術はなく対立を煽る因になりかねず、出口の見えない袋小路の争論、神学論争を招くだけである。

仮に何らかの手を打って決着をつけたとしても政治決着にすぎず、宗教の優劣を証明したことにはならない。

神が定めたものに対しては従うか、従えないかの二者択一しかない。口を挟めるのは、信仰上の立場を表明する場合に限られる。

創造主は唯一であっても人が解釈する以上、群盲象を評すといわれるように、その解釈は人に因って異なり多様にならざるを得ない。

俗に「捨てる神あれば拾う神あり」といわれるように神の像は多い方が信者の悩みに応えることができ、救済に与かる者が多くなる。時代と共に宗教、宗派が増大しているのはこのためだろう。

他の宗教の信徒からの批判は敬愛の念を持って行うものでなければ信徒にとって分を弁えない行為になり、対立を齎す因になりかねず、安易な批判は慎むべきである。

客観的根拠を示すことができない、信仰の有無に左右される神の言葉や護教のための神学は宗教の優劣を判定する材料になり得ない以上、使用できない。

○「社会秩序を守る」ことは国家、社会の核心、基軸であり法規による強制、罰則を設け、秩序維持に努めてきた。が、それだけで事足りる筈はなく教育の場においても徹底するよう努力を重ねてきた。

だが、それで十分とはいえない。法規による強制や教育のみでは「仏つくって魂を入れず」になりかねない。

魂を入れる力を持つ、宗教の力が不可欠である。罰則のみで法秩序は維持できず、社会の平安は守れないのが人間の常、性といえる。

倫理、道徳の最終的な担保になり得るものは宗教を措いて外にない。十誡が示しているように神が遵守するように命じ、教団が従うように説く宗教の力を借りなくては人の心に届かない。神がいなければ凡てが許される社会になりかねない。世界の常識である。

このことについて新渡戸稲造は「武士道」（三笠書房）で次のように記している。

「約十年前、著名なベルギーの法学者、故ラブレー氏の家で歓待を受けて数日を過ごしたことがある。ある日の散策中、私たちの会話が宗教の話題に及んだ。

『あなた方の学校では宗教教育というものがない、とおっしゃるのですか』とこの高名な学者がたずねられた。私が『ありません』という返事をすると、氏は驚きのあまり突然歩みをとめられた。そして容易に忘れがたい声で、『宗教がないとは、いったいあなたがたはどのようにして子孫に道徳教育を授けるのですか』と繰り返された。

その時、私はその質問に愕然とした。なぜなら私が幼いころ学んだ人の倫たる教訓は、学校で受けたものではなかったからだ。そこで私に善悪の観念をつくりださせたさまざまな要素を分析してみると、そのような観念を吹きこんだものは武士道であったことにようやく思いあたった。」

宗教教育がなくても秩序を維持できる特異な国が日本国といえよう。

神が従うよう命じた誡（十誡）は各宗教に共通するものが多く、法規以上の拘束力を持っている。しかも食物禁忌などとは異なり、守らねばならない理由も理解、納得できる。

○　殺してはならない
○　盗んではならない
○　隣人について　偽証してはならない
○　姦淫してはならない　等々

道徳にかかわるこれらの教えが遵守されているか、否かについては大旨各国で統計数値が公表されていることから、数値を比較検討することが可能である。

数値の精度や社会通念が異なっている以上、単純な比較はできないとしても、これらの統計資料は神の教えを守らせようとする各教団の教化の徹底、努力の一端を窺い知る客観的な数値足り得る。

宗教の壁に左右されない数値として比較検討に値する。各教団の教化への取り組みと、その実績について数値をもとに判定する一助になり得る。

これらの数値を宗教の長短判定の資料にすることは、客観的評価に不向きな観念世界の神学論争から比較可能な数値に基づいた論争にすることを可能にする。

人間同様、複雑怪奇というしかない。宗教が持つ多面性の一側面の評価にすぎないとしても、試みる価値があるのではないだろうか。

宗教が有する一側面の評価にすぎないと限定したうえで各教団に共通する戒律を、どこまで信徒に周知徹底できたかについて比較検討することは、神学論争から客観的数値に拠った論争になり得る。

更には各教団が成果を挙げようと競うようになれば流血に至る対立は昇化される。

教義や戒律が異なるにもかかわらず、殺すな等、他者を傷つけ、犠牲を強いることを禁じる点において幅広い共通点が見られる。

各宗教の戒律は教団の信徒のみを拘束するものであっても、宗教の存在意義に則った教えであるが故に、共通点が多多見られるのではないだろうか。

己れの信じる宗教のみが真実の教え、優れている等の自己満足的な宗教観から解放されなければ宗教に起因する紛争はなくならない。

夢想のように思われるだろうが不可能とは思えない。如何なものか、と否定する前に検討してみる価値はあるのではないだろうか。

○　宇宙船地球号という閉鎖空間で生存するしかない人類は、科学技術の助けなしには生存が困難である。そもそも人が地球の生命体の食物連鎖の頂点に立ち、意のままに他の生命を生存に利用しているのは科学技術の御蔭である。

否定することは人の歴史を否定するのと同様の愚かな行為であり、最早引き返すことは不可能といえる。今後とも科学技術をかけがえのない文明の利器として生存を図らざるを得ない。

しかし、科学は両刃の剣であり、その暴走を抑止することは人の存続に直結する。

暴走を抑止することについても宗教はお役に立てる。否、宗教の責務として率先して取り組まねばならない。

科学技術の暴走は抑止するが探求は妨げない。科学の成果を受け入れ、科学と協調できる宗教であることも宗教の評価基準にすべき時代になったのではないだろうか。

科学の成果、探求した事実、法則を神の教えに反するとして否定することは、人の成長、生存に暗雲を齎す行為である。災害や病気等に対応するには科学の力が必要にして不可欠なのだ。

科学と協調、至らぬところを補完できることも長短の判定に際して考慮すべきことだろう。

宗教の核心

人と共にあり必要にして不可欠な宗教は人の存続を担い神仏の教えに従うよう説いてきた。人同様に複雑怪奇なもので宗教とは何かについて述べるのは容易なことではない。

しかし、宗教の使命として最も重要であり、核心をなすものといえば「限られた人生を煩悩、原罪の命ずるがままに欲望にかられて生きるのではなく、己れを犠牲にすることがあろうとも他者を思い遣り行動する。人が進むべき道を示す神仏の教えを実践する人生を送ることが神仏の意に適っており神仏から祝福され、救済される旨、信者を説き伏せ、行動させる」ことでないだろうか。

宗教の役割、存在意義は煩悩、原罪の虜、囚人である人を真善美(よきもの)に覚醒させ、実践させることである、と私は信じている。

帰依する神、神聖なものの呼び掛けに応じて行動する。神の教えに従い利己的遺伝子の働きを抑制するよう信徒を説得、行動させてこそ宗教の存在意義、責任を全うしたといえる。

宗教は哲学とは違い、実践させるものである。宗教は数多あれども戒律に共通するものが多いのは、霊性を向上させるという目標が一致しているからだろう。

高度な神学が構築されていることは、望ましいことであってもそれで真善美とするわけには行かない。信徒に実践させてこそ宗教の役割を果たしたといえる。

人は仏になれる存在であり、神の似姿ともいわれているように、人の人たるゆえん、動物との違いは抽象的な価値のために己れを犠牲にする、人生を賭けることができるからだろう。

神霊からの呼び掛けに応答できる能力を、人は有している、備わっているからこそできることだと信じたが故に、人には仏性、霊性が備わっている。神の似姿だと誇るようになった。人たる使命を自覚した。宗教は使命を自覚させ、霊性を成長させるためにある。

万物の霊長、神の似姿と自負するわけは本能に従い行動する動物とは異なり、自由意思と霊性を有すると自覚したことにある。悟れば仏になれる存在であることを誇ると共に、仏性、霊性を一段と成長させることが人の責務である旨言い聞かせるための言葉である。

信仰者の責務は仏性、霊性を成長、向上させ、神仏の言葉に従い生きることに尽きる。

仏性、霊性を持たずに万物の霊長ではあり得ない、知能の高い動物にすぎない。

「人は信仰によって義とされる」のではない。霊性（仏性）を有すべき人が信仰があるだけで義とされる筈はない。

「人は霊性（仏性）によって義とされる」と改めるべきである。信仰にコペルニクス的転回が求められる時代を迎えている。さもなければ科学技術の発達は人を滅す凶器になりかねない。

異端審問官のような輩や信仰無罪と叫び、罪無き人々へテロを実行する無頼の徒が、信仰を有するだけで義とされるようなことが許される筈はない。それこそ信仰に対する侮辱以外の何物でもない。

狂信ではなく霊性によって義とされるべきなのだ。ＩＳ構成員のような連中が神によって義とされるなどあってはならない。宗教の存在意義が問われている。無神論者を喜ばせるだけである。神、神聖なものに一歩でも近づこうと、日々努力を積み重ね、霊性を成長させることが、神の似姿である人の責務であり、神の祝福に値する。

煩悩、原罪の虜である人には困難なことである。しかし、神、神聖なものの助けを仰げば可能になる。

宗教の存在意義は霊性を覚醒、成長させることに尽きる。仏性を持つ、神の似姿とされるのは、このことを自覚しているからでないだろうか。

宗教は神学論争に勝つことで優劣を競う類のものではない。

神の言葉を聞き分けることができるよう、霊性を成長させるために宗教は存在することを世界の常識にしなければならない。

ようになる。宗教は次第に名誉ある地位を喪失して行くだろう。

無宗教、無神論を標榜する者も納得できる宗教観でないだろうか。宗教に陰はあろうとも人と共にあり信仰されてきたわけは煩悩、原罪を制御する力を有する、と認められたが故に人は神仏の言葉に従い、生きてきたのだ。

教義が如何に素晴しく、どれほど高く深遠な神学が構築されていようとも、霊性の向上、信徒の教化に実績を挙げることができなければ、宗教版の羊頭狗肉と自覚し、霊性の向上に資するよう教化に努めてこそ宗教家は使命を果したといえる。

何故なら宗教の使命、存在意義は思想や哲学とは異なり、霊性を向上させ、実践させることにある、と信じるからだ。

真善美への実践を伴ってこそ宗教である。

各教団は信徒の霊性向上に全力を挙げなければならない。我が宗教が最善最高と誇るのであれば、実践をとおして成果を示すべきなのだ。

地球は宇宙船地球号と呼ぶべき星であることが明白になった世界では、宗教の優劣を問うことは意義あることではなくなった。

宗教の存在意義を如何に果たすかが、問うべき課題として浮上した。

宗教に起因する争いは宗教の本旨に悖ることを、宇宙船地球号の乗員たる人類共通の了解事項として確立しなければならない。

宗教は霊性の成長を促すために存在することを周知徹底できなければ、宗教の前途に暗雲が立ち込め、人は宗教に距離をおく

第三章　信仰心の篤い国民

甘えを許す宗教

日本の宗教について、大衆教化の成果、実績をもとに評価、判定すれば最も成果を挙げた宗教の一つといえるだろう。

日本の宗教に対するあいまい、不合理等の批判は、一神に排他的に所属させるのが宗教だとする宗教観から生じた偏見以外の何物でもない。

日本の宗教は、尊崇すべき神聖なものを宗教の壁を超えて信仰する宗教である。宗教の定義、捉え方が違う故に批判に晒されてきた。

しかし、宗教とは神仏を拠所として霊性を成長させるものであり、その結果、社会に平穏を齎すものであると捉えれば、日本の宗教に対する批判的な評価は様変りせざるを得なくなる。

世俗化を促進する産業、科学技術の発展度合及び都市化並びに狭い国土に高い人口密度から生じる競争社会であることを考慮すれば、宗教の使命をよく果たしている旨、むしろ賞賛されてもおかしくないほど、実績を挙げている宗教と評価を変えるべきなのだ。

日本の宗教は遅れている、不合理などと誇るのは宗教の役割を履き違えている、宗教の本旨を弁えない、誤解しているが故の発言であり、見当違いも甚しい。

排他的に一神に所属させ、他神を誹謗、否定する宗教とは真逆の特質を持つのが日本の宗教である。宗教観が異なっているが故に批判に晒されてきた。しかし、地球は宇宙船地球号と呼ぶべき星であることが確認された現在、世界は宗教に起因する紛争を座視、容認できなくなった。

宗教の壁を超えることが喫緊の課題になったグローバル化した世界では排他的に所属させない特質、宗教観が長所になる。むしろ注目を浴びて然るべき宗教といえる。

宗教の捉え方が違うため批判の的になることが多いが、宗教の使命、宗教が進むべき正道、本旨に則った宗教と世界に向けてアピールすべき秋を迎えている。

遅れているから批判されるのではなく、宗教観が違うが故に批判されてきたことに注意を喚起することは宗教の壁を取除く行為である。

排他的に一神に所属させる宗教とは異なり、日本では複数の宗教に所属、信仰することを当然視しており怪しむことはない。神仏習合に代表されるように複数の宗教に所属、信仰することは禁忌ではない。

本地垂迹説と呼ばれる神学が壁を取除く奇蹟を齎した。本地垂迹説は三位一体説に比すべき、宗教の壁を超える神学である。日本に宗教戦争がなかったのはこのためである。

神と仏の本地（本質）は同じとする本地垂迹説によって固有の宗教である神道と、世界宗教である仏教は習合できた。

排他的に所属させるが故に紛争が絶えない宗教とは異なり、宗教の壁を超えて共存、協調できることを疑念の余地なく示す宗教が本地垂迹説を核心、神仏習合を基軸に据える日本の宗教である。その独自性故に日本教と呼ぶ人もいるほどである。

宗教とは一神に排他的に所属させるものであると確信するが故に宗教の壁に囚われ、宗教戦争に至ろうとも宗教観を変えようとはしない宗教とは宗教の捉え方が異なっている。多神多仏を信仰しても怪しまないばかりか、特定の宗教のみに排他的に所属することを真善美（よし）としない。神聖なものを宗教の壁を超えて信仰することを是認する宗教である。レリジョンが想定する宗教の埒外にある宗教といえよう。世界の宗教の常識とは異なるが故に批判を浴びてきた。

排他的に所属することを求めないため淫祠邪教（カルト）更には祟（たた）りや呪いはあるが、悪魔や異端の観念はなきに等しい。

宗教戦争が起きなかったわけは、本地垂迹説を拠所としているからだ。日本の宗教は時代の要請を先駆けて実現しており、遅れた不合理な宗教である旨の批判は見当違いも甚しい。世評とは逆に一歩先を進む宗教と世界に向けアピールしなければ誤解は続くだろう。

信仰心の篤い国民であるが故に出自も性格も異なる神と仏は共存している旨世界に向けアピールし、遅れた宗教、不合理な宗教だ、と批判されてきた誤解を払拭する秋を迎えているのが宇宙船地球号の時代である。

一神教は排他的に所属させるあまり、異教、異端の観念、宗教の壁からの解放が困難な性格を有している。このため一神教の歴史は異端、異教との紛争の歴史といえる。しかし、それは過去の歴史として卒業する秋を迎えている。

排他的に一神に所属させる宗教を優れた宗教と誇るのは、独断と偏見が生んだものにすぎない。一神教は弱肉強食の時代に適合した宗教であったが故に信徒獲得競争の勝者になり世界の宗教界に君臨している。しかし、時代は転換期を迎え、新たな時代への対応を迫られている。

信仰する宗教とは異なる宗教への偏見を取除くことが地上に平安を齎す道であり、神の意に適っており祝福に値する。

日本国民は不幸、不運に遭遇すれば「神も仏もないものか」と泣き事を言いつつも、宗教の都合のよい部分だけはつまみ喰いをして憚らない。或は「苦しい時の神だのみ」をして怪しまない。無宗教、信仰心の薄い国民だ、と自己の信仰を卑下してきた。

更には宗教など信じない旨、公言して憚らない人が闊歩している国でもある。宗教など信じない旨、公言しても社会から指弾、制裁を受けることはない。

神（仏）を信じることが道徳、人間性の担保にならない国が日本国である。その点では脱宗教社会である。

しかし、実態はといえば信仰心の篤い国民である。泣き事は子が親を信じ、頼っているように神仏は常に見守ってくれている。悪いようにする筈はない、と無意識のうちに思い込み、信じているが故に出てくる言葉である。いわば「神仏への甘へ」の表現である。

一神教世界とは異なり人は神の子と信じているが故に思わず口にしてしまう。

甘えを許すのが日本の宗教、信仰の特質と評する方が実態に近い。甘えが許されるほど、身近な存在として神仏、神聖なものを信仰するのが日本教の特質である。

日本固有の信仰であるため宗教を同じくする仲間がいない。理解されず、批判されるのはこのためである。

犯罪が少ないのは篤い信仰の賜物であると世界に向けアピールし、日本の宗教への誤解を正さねばならない。信仰心が篤いから宗教は共存している旨、世界に向け、アピールし、主張すべきなのだ。宇宙船地球号時代の宗教の存在意義は霊性を成長させることである。

一神に排他的に所属せず、そのうえ信仰に二股をかければ神の言葉は徹底できず、平穏な社会は築けない。神（創造主）がいなければ凡てが許される社会になる旨の警告が杞憂にすぎないことを証明しているのが日本の宗教である。一神教のみが宗教ではないのだ。

日本の宗教に関心を寄せることは宗教とは何かを考えるに際し多くの示唆を与えてくれる。

ホモ・サピエンスは一種、地球は宇宙船地球号と呼ぶべき星であることが明瞭になった世界では、宗教は共存するしかない、神聖なものを排他的に所属することなく信仰する日本の宗教は時代の要請に応えることができる宗教である。遅れた、不合理な宗教などではない、時代を先取りした宗教なのだ。

宗教施設と信仰心

何故、日本国民は信仰心が篤い国民だと言い切れるのか。

その根拠は神社仏閣等、大衆教化のための施設が数多存在している、世界で最も多く見られることに注目するからだ。

信仰心の薄い国民にこれほど多くの宗教施設を運営、維持できる筈はないことはいうまでもない。因に私の生まれ育った部落には神社が二つあり、維持管理は部落民によって行なわれてきた。その一つは名称は神社であるが、地蔵を祀っている。神仏習合は草の根まで及んでいるのだ。

宗教法人として宗教活動している寺が七万四千、神社本庁に所属する神社が八万社、その他に祠や石像等は実数を把握できない。至る所に見られ、今も増え続けている。

至る所に見られるこれらの宗教施設を維持管理して行くには莫大な経費と労力が欠かせない。更には維持管理している神社を引き続き存続させるためには経費のみならず話し合いも欠かせない。信仰心の薄い国民にできる筈はない。

大衆は教育や啓発のみで教化するにはあまりにも強かであり、一筋縄では行かない。大衆教化の場所は多ければ多いほど効果的であり、成果を挙げることができる。

嘘も方弁といわれるほどで布教に有効、有益である旨の大義名分が立ちさえすれば、手段を選ばないのが宗教の性である。

神仏を怖れよ、無視すれば祟りがある、地獄に堕る、因果応報など大衆の恐怖心に付け入り、恐怖心を煽り立てることをも布教、大衆教化の手段として正当化し、怪しまないのが宗教である。

手を替え、品を替え、時と場所を選ばず、教化しなければ実効が伴わないのが人の常、煩悩、原罪の然らしむるところである。「わかっているが止められない」とよくいわれるように人は煩悩、原罪に囚われ、翻弄されてきた。煩悩、原罪から人を解き放つことが宗教の存在理由、責務である。

煩悩、原罪とは人間の本性に拠って誕生した。人間の本性と一体、不可分といえるものであるが故に克服することは困難であり、常に教化に努めなければ実効が伴わない。宗教は、教化活動をとおして霊性の成長に寄与することを本分としている。

宗教施設は教化に取り組む場所であり、当然ながらその成果である犯罪の多寡に影響を及ぼさずにはおかない。それ故に信仰の篤さを推し量る恰好の指標になり得る。

東北大震災に遭遇してもパニックや掠奪などは起きず、世界中の人々を驚愕させた。宗教による教化が実績を挙げていることを立証する事例といえるだろう。

私達を見守っている神聖なものを祀る宗教施設が至る所にあることについて、私は次のように理解している。

身近に遍在するこれらの施設をとおしてお天道様（神）は常に見ておられる旨実感させる。神の存在を実感できることは犯罪の抑止力として機能し、平穏な社会を支える礎になっている。

創造主がおらず正典を有しない日本の宗教は、神がくだした戒律を信徒に押しつけることはない。が、教化の成果に見るべきものがあるのは、神聖なものを身近に感じ取れる環境のもと暮らしているからだろう。

日本の宗教は自ずから身を律することをとおして社会に平穏を齎してきた。

十誡が示すように道徳、倫理、行動規範の最終的な拠所、担保になり得るものは宗教を措いて他にない。

宗教は無神論者からは迷信、不合理と批判されるように欠点が数多あるにもかかわらず信仰されてきたわけは人を真善美(よきもの)に導く核心、道徳の最終的な拠所は宗教しかないからだ。

一神教世界において、「神がいなければ凡てが許される」旨いわれるのはこのためだろう。

葬式仏教、正典を持たない神道と謗られながらも正典も戒律も厳として存在する世界の宗教と比べ、遜色なく宗教の使命を果たしてきたと評価できるのが日本の宗教である。

犯罪が少ないことを別の言葉で表現すれば、神仏の教えを守らせる、徹底させようとする宗教教団の活動が大衆の心に届いていることを窺わせるものである。

世俗化の進行を押し止めるものが存在しない、科学技術が主宰する社会において紆余曲折があろうとも宗教施設が多い、維持されていることは日本社会の教化への努力が続けられていることを示すものであり、教化の成果を示すものでもある。また、神社の祭典は参加者の一体感を齎し、迷惑をかける行為への抑止力として働く。

宗教に係る施設のみならず祭典や行事が維持されていることは教化の成果、実績に繋る。それ故に信仰心を計る判定基準として使用可能と思われる。

「罰があたる」「お天道様が見ておられる」旨の言葉は、これらの教えが行動を律するまでに内面化しているからこそ出てくる言葉である。

到る所で神聖なものを感じとらせる環境、神仏は常に我等と共にあり見守ってくれている旨、日常生活をとおして感じ取れるが故に信仰心は揺るがず、犯罪の抑止力になっている。犯罪が少ないのはこのためでないだろうか。

口では宗教など信じない、無宗教と公言しているが、実態はといえば驚くほど信仰心の篤い国民である。

日本国が平穏なのは政治の安定のみならず、信仰心の篤さによっても支えられている。排他的に一神に所属させる宗教に対し、距離をおく、敬して遠ざけるため宗教など信じない旨、発言しているにすぎない。

信仰心の篤さを直接測定する技術は開発されていない。しかし、木は実によって知られるように、良果を結ぶか、否かは判断材料足り得る。

宗教施設等が数多く見られ、犯罪が少ないことは信仰心の篤さを推し量る数値といえる。日本の宗教の教化力、先進性を示しており、信仰心の薄い国民に実現できる筈はない。

宗教戦争を知らず、犯罪が少ない等、優れた成果、実績を示す宗教を不合理、あいまいと批判することは、判定基準がおかしい、物差が違っていると反論すべきなのだ。

排他的に一神に所属させる一神教の価値観を評価基準にした日本の宗教への批判は、排他的に所属することなく宗教の壁を超えて神聖な存在を信仰する日本の宗教への批判足り得ない、と主張する秋を迎えているのではないだろうか。

商品への舶来信仰は過去のものとなった。宗教観も舶来信仰から解放される時節が到来した。宗教のルネッサンスである。

日本の宗教への批判は宗教の核心を突いたものではなく、一神教の価値観によった批判であり、他宗教を否認することから生じた誹謗中傷の類にすぎない。一神教がつくる宗教の壁、一神教のドグマに囚われた他宗教への偏見、蔑視から来た言葉というべきでないだろうか。

初詣や御来光などを見て敬虔な気持になる人が今も多いことも、信仰の篤さを示す指標の一つといえるだろう。大自然の営み、時の移ろいに神秘な力を感じ取っているからだ。これらは宗教の淵源ともいえる。今も顕在であることは神聖なものは生命力を失なっていないことを示している。神（創造主）は死んだといわれて久しいが、日本では神は生きている。

無宗教、宗教など信じないと公言しながらも、依然として神聖と感じる、感じさせるものに関心を抱く者が多いことは日本の信仰風土が変ることなく、受け継がれていることを示すものである。

一神に排他的に所属し、神の言葉に従がわせる宗教とは違う、異種の宗教であるが一神教ばかりが宗教ではあるまい。神聖なものへの信仰も宗教と捉えるべきだろう。それこそが宗教の淵源である。排他的に所属させることから宗教に起因する論争が絶えない世界にあって、原点に立ち返るべき秋を迎えているのではないだろうか。

日本では固有の宗教、神道が素朴な形態を保持、正典化された教典を持たないまま信仰されてきた。一方、世界宗教である仏教も信仰されている。今ではベトナムと並んで大乗仏教を奉じる数少い国の一つである。明治以降はキリスト教の信仰も解禁され信仰されるようになったが宗教問題はない。

特定の宗教に排他的に所属することを求めない日本の信仰形態は独自といえても信仰心の薄い国民と評価する根拠足り得ない。神聖なものを信仰することを是とするが故に排他的に宗教に所属しないことから生じた信仰形態であって信仰心の薄い国民にできる筈はない。

神仏習合と信仰心

神仏習合を正統とする信仰の形態からも、信仰心の篤さを推し量ることができる。

神仏習合は、二者択一ではなく織り上げられて一つになり連綿と続いてきた日本国の正統というべき信仰である。

一神に排他的に所属させる宗教とは異なり宗教の壁を超え、複数の宗教に所属、信仰することは禁忌ではない。他国に見られない独得の性格を持つが故に日本教と呼ぶ人もいるほどである。

日本の宗教史は、神仏習合を無視しては宗教史足り得ない。何故なら世界宗教たる仏教が伝来しても、神代から祭祀を行ってきた固有の宗教、神道への信仰を捨てず神仏は習合した。他の国では見られない、奇蹟といえる出来事について述べなければ宗教史足り得ないからだ。

信仰を捨てなかったわけは信仰心が篤かったが故に捨てるに忍びなかった、と捉える方が真相を突いているのではないだろうか。

日本固有の神道が今も正統の座を占めている理由は篤い信仰心の賜物と捉えアピールすべきなのだ。世界の国々の信仰と比較すれば、強さはもとより、その個性、固有の性格、宗教観が浮びあがってくる。

宗教とは排他的に所属するものではない、という確固たる宗教観に拠って立つ宗教である。排他的に一神に所属するのが宗教であれば宗教ではない。あいまい、非合理をいわざるを得ない。しかし、霊性を向上させる教えが宗教だと定義すれば宗教の責務は立派に果たしている。

神道は、春夏秋冬、季節の移ろいに神の存在、息吹（いぶき）を感じ取り、その恩恵に感謝し、斎き祭ることを主体とする宗教である。

道野辺の祠や石像に花を手向け、祈る信仰風土は、凡百の説教よりも遥かに神仏は一体で我等と共にあり、見守ってくれていることを、体感せずにはおかない。

感謝の念は犯罪の抑止力として大きな力を発揮し、平穏な国柄を齎した。

言葉で説く以上の、論理を超えた説得力を持つのが日本固有の宗教、神道である。

神仏を共に崇めるしなやかで強靱な信仰は、古代から断絶することなく今も信仰されている。信仰心の薄い国民にできる筈はない。

宗教に断絶が見られないのが日本の特質である。そのため祭祀も廃れることなく伝えられ、日本の底力として私達の生活を支えてきた。遅れているなどと卑下するのは、洗脳されているからだ。

日本の宗教は、断絶することなく信仰する方が神聖なものの像に接することができ、良果を結ぶ因となることを証明している。信仰においても、「継続は力なり」、といえるのではないだろうか。

対照的に世界の国々では信仰は断絶している。かつては信仰されていた父祖伝来の宗教は、世界宗教に呑み込まれ、歴史の闇の彼方へ消え去った。かろうじて神話や習俗、或は世界宗教に取り込まれた行事などから窺い知ることができる程度である。

仏教圏では残されているとしても、正統な信仰の地位を喪失しており、社会の片隅に生き残っている習俗に成り果てている。

しかし、日本国では断絶することなく神は尊崇されてきた。正統な地位を喪ったことはない。篤い信仰心の賜物というほかない。

排他的に一神に所属させる宗教とは、宗教観が違い、信仰の形態も異なるが、篤い信仰心を持つ国民でなければできることではない。

宗教に起因する紛争が絶えない世界にあって、宗教とは何かについて原点に立ち返り検討すべき秋を迎えている、と私は信じている。日本の宗教はお役に立てる筈だ。

随神の道と信仰心

万世一系の天皇は、神道が断絶することなく信仰されていることを示す、生きた証拠というしかない聖なる存在であり、奇蹟と評すしかない。

現人神と呼ばれるわけは歴史を貫ぬく日本国の核心、「天壌無窮の神勅（詔勅）」を一身で体現する聖なる血統に拠っている。

地理的条件に恵まれていたとはいえ、存続は強靱な信仰心と密接な繋りを持たずには起こり得ない奇蹟と呼ぶことができるだろう。

随神の道が神道と呼ばれ、今も正統な宗教として国民の信仰を集めていることと、万世一系の皇統の存続は、切り離すことができないほど密接、不可分な間柄にある。

随神の道である神道は、教祖がおらず、教義をまとめた教典を有しない、習俗と呼ぶ方が適当と評す人もいるほどで、この列島で暮らしてきた人々の生活と切り離せないまでに一体化している。

宗教でありながら、「神教」ではなく、「神道」と呼ばれる宗教である。名は体を現す、ここに神道の特質がある。

神の教えとして啓示された正典に、排他的に所属、従わせるのではなく、神の道と呼ばれる宗教である。日々の生活の道標（みちしるべ）、神の遍在を日々の行事、祭祀をとおして体感できるが故に、「随神の道」と呼ばれてきた。

一万年を優に超える縄文時代この方、時と共に洗練されはしたが、自然の活動をとおして神の働きを見る、神道の本質に悖る改変を被ることなく信仰されてきた。

瞠目すべき継続力を持つ、世界最古と呼べる宗教が神道である。

神と共に生きてきた人類の歴史をとおして宗教の変遷を概観すれば、かつては世界中、至るところに日本の神社のように神を祀る施設、神殿に相当するものが存在した。

しかし、メソポタミヤ、エジプト、ギリシア、ローマ、ペルシァ（イラン）においては、今ではかつて信仰していた神を祀る神社に相当する施設は見られない。あるのは神殿の跡であり、信者はおらず、信仰は断絶している。見られるのはイスラム教のモスクであり、キリスト教の教会である。

中国には道教の宗教施設、「道観」と呼ばれる神社に似たものが見られたが、中華人民共和国の建国による反宗教政策の結果、潰されてしまった。

宗教を弾圧したソビエト連邦崩壊後のロシアではロシア正教が正統の地位を回復したように、中国においても道観が再建されるか、否か、注目される。

神道と道教は多神を信仰する点では似ているが、道教は神道とは性格を異にするように見える。

怪力乱神を否定する儒教が正統のためであろうか、葬礼を儒教に委ねた道教は欲望渦巻く人間世界を反映するあまり神聖なるものへの畏怖、信仰が薄いように見える。このため中国共産党の反宗教政策、宗教弾圧に抗し切れなかった。ロシアとの違いである。強いていえば先祖崇拝教が中国の字教である。

ソビエト連邦の弾圧下にあってもロシア正教は生き残り、ロシアは正教に拠って立つことができた。

中華人民共和国は何に拠って立つことができるのだろうか。マルクス・レーニン主義、毛沢東思想の権威は喪失した。しかし、これに取って代わるものは見られない。儒教や中華思想では困難と思われる。

中華帝国の正統であった儒教は天の観念を有し、葬礼を司どる点では宗教と呼べるが、統治思想、社会規範の教えの面が強すぎ、中華帝国の国教、体制教学であったことから中国共産党による建国に伴い、正統性を否定、弾圧された。

近年、共産党専制の中華帝国へと国体を変更、共産主義を捨てたことにより、儒教が齎した観念や身分秩序が蘇っているのは、歴史の皮肉というほかない。

新大陸では戦国時代までは日本の神社に相当するものが見られたが、今ではキリスト教に取って代わられた。植民地帝国によりキリスト教への改宗を強要され、棄教せざるを得なかった。この結果、在来の神を祀る信仰は正統の地位を喪失、見る影もないほど落ちぶれてしまった。福音を知らぬ異教徒である「野蛮人の魂の救済」のため熱情的に布教が行なわれた結果である。

アフリカ大陸ではイスラム圏、キリスト教化された地域がある一方で、在来の信仰も残ってはいるが、正統として信仰されるほど権威のある宗教はないようだ。

インドではバラモン教、仏教、イスラム教、ヒンズー教と変遷した。ヒンズー教の前身といえるバラモン教とヒンズー教の親しい間柄を考慮すれば、日本に近いといえそうである。

日本では今も山に聖性を感じ、御神体とする神社が厳として存在する。巨木や巨岩に注連縄を張り、聖別する風景は全国至る所で見ることができる。

物に神聖なものが宿る旨の伝統的な感覚は、縄文時代からあったようだ。更には国土を創世したと神話に伝えられる神もいる。創造主が世界を創ったとする一神教世界とは違うが創造神、産霊(むすび)の神はいる。

日本国ではアニミズム的な宗教観が今も生きている。その一方で仏教国でもある。

アニミズム的な宗教観が今も健在であることは神道が世界最古の宗教であることを反映するものである。日本では一神教世界では死に絶えた古き神々が今も健在である。

神道の神は一神教の創造主から追放されることなく祀られている。

神（創造主）は死んだといわれる宗教圏とは対照的に、日本国では神は今も生きている。山河と共に生き長らえ、今も全国各地で祀られている。篤い信仰心なしに可能とは思えない。

随神の道が今も正統として信仰されている国の信仰心が薄い筈はない。

無宗教、信仰を持たなくして神社が今も全国各地、津津浦浦で祀られ、祭祀が行なわれていると捉えることは矛盾している。宗教ではないと思っているからだろう。

排他的に一神を信仰させる宗教とは信仰の形態が違うが、神社は厳として存在し、信仰の拠所になっている。

正典、教典を持たないが故に遅れている、遅れた、不合理な宗教だと決め付けるのは、排他的に所属させる宗教の壁、偏見以外の何物でもない。

自然宗教、時を経て自ずと宗教になった出自故に正典を持ち得ないのだ。しかし、自然に成った宗教故に厳しい戒律を課さなくても、法(のり)を越えない。神の命令だ、背くと地獄に堕ちる旨強制する必要はない。

始原は辿れないほど古く、歴史の変遷をとおして祭祀が生まれ、執行することで神の子と自覚させることが犯罪の抑止力になっている。排他的に所属させなくても宗教の役割は果たしているといえるだろう。

キリシタン迫害と信仰心

キリスト教を禁圧、迫害した歴史をとおしても篤い信仰心を窺い知ることができる。

江戸時代、キリスト教を禁圧した徳川幕府は踏絵を強制することでキリシタンでないことを確認した。

踏絵を拒否、殉教したキリシタンは日本教徒の一員だったと解釈できる。何故なら、偶像を禁止するキリスト教にとって、像が彫られた板など踏んだところで瀆神行為と批判される謂れはない。むしろ、神は踏絵を犯しても信仰を守ったことを祝福する筈だ。

しかし、神聖なものを信仰する日本教徒にとって絵であろうと踏むことは棄教したことを示す行為に他ならない。

幕府は踏絵に止まらず、宗門改制度を設けるなど、徹底した禁教政策を敷いた。

何にもまして一神（創造主）への帰依、神の言葉を第一とするキリスト教を信仰することは、身分秩序に拠って立つ封建制度、流血の戦国時代を経て確立された江戸時代の国体を揺す脅威になりかねないと認識したが故に仮借のない厳格さのもと実施された。

更にはキリスト教の布教をとおして日本を植民地化せんとする野望を阻止するため「鎖国」までも断行した。

キリスト教に限らず、日蓮宗の不受不施派のように排他的に所属させると疑われた宗派は、厳しい迫害に遭遇した。

徳川幕府は国民全般に対し、檀那寺に仏教宗派の門徒であることを証明する宗門帳を提出するよう命じた。幕府が消滅するまでキリスト教への監視を怠らなかったほど、徹底した禁教政策が続けられた。

厳しい禁圧、迫害に晒されたにもかかわらず、信者は隠れキリシタンになって潜伏はしたが、棄教することなく信仰を守り抜いた。世界宗教たる仏教を受容しても神道を棄てなかったのと同じ類の強靱な信仰心なくしてできることではない。

ユダヤ人も同様に迫害されたがユダヤ教を守り抜いた。が、ユダヤ教徒であることを隠していたわけではない。日本ではキリシタンであることが露見すれば、棄教しない限り死を意味した。孤立無援のなか、生命の危険をも顧みず、約三〇〇年もの長きにわたり、神父の助力を仰げないにもかかわらず、生命を賭してキリスト教の信仰を守り抜いた。

信仰が齎した奇蹟と呼ぶべき歴史である。隠れキリシタンの信仰の篤さは、ユダヤ人の信仰に比すべきものだ、と評したら笑うだろうか。聖人でも何でもない、只の庶民が神父の助けを仰がず、選民思想に拠ることなく信仰を守り抜いた。

世界の信仰史においても稀なことである。並の信仰心で守り抜ける筈はない。

また、一向宗が死をもって信仰を守ったことも日本人の信仰心の篤さを示す歴史である。これらの歴史は、無宗教とは次元の違う信仰心を持っていることを如実に示すものである。そのように解釈することは的外れだろうか。　排他的に所属することなく神仏を共に信仰する日本人の信仰形態は世界の大勢とは異なっていようとも強靱な信仰心の賜物といえるのではないだろうか。

日本の宗教への批判は一神教の宗教観に洗脳された結果、齎された。無信仰と思い込んでいるだけでないのか。しかし、一神教ばかりが宗教ではあるまい。

ユダヤ教と神道の奇蹟

神は信者に福音を齎す。が、その教えを説く宗教のなかには福音に与かれず、歴史の荒波に翻弄され消えてしまった宗教が多多有る。

世界の宗教史に見られる奇蹟とは、ユダヤ人がユダヤ教を長い迫害の歴史にもかかわらず生命を賭して守り抜いたことである。

一方、世界宗教が布教されるに伴い民族宗教、父祖伝来の宗教は、世界宗教との布教争いに敗れ、消滅した。世界の趨勢に反し日本人が今も神道を正統な信仰として信仰していることもユダヤ教と同様に奇蹟と呼べるのではないだろうか。

キリスト教やイスラム教はユダヤ教を迫害したがルーツを同じくする一神教である。

これに対し、一神教からは遅れた、不合理な宗教とされる神道が仏教受容後も正統の地位を喪わなかったことはユダヤ教に劣らぬ奇蹟と呼んでもおかしくはないのでは。

ユダヤ人はユダヤ教を死守することで、アイデンティティを喪失することなく生き延び、二千年の時を超えてイスラエルを建国できた。唯一の創造主に選ばれた民であるとの誇りがユダヤ教を死守させ、その信仰がユダヤ人のアイデンティティを守り、生き延びることを可能にした。

艱難辛苦を物ともせずに跳ね返す宗教が一神教である。弾圧すればするほど信仰は強固になる。紀元以降、急速に勢力を拡大し、宗教界の主流になった。

神道は、かつては普遍的といえるほど世界各地で信仰された多神を信仰する宗教の一つである。多神教と一括りにされる宗教は、世界宗教の布教により歴史の闇の中に消えて行き、今では神話や歴史書の中でしか語られることがない宗教に成り果てた。

民族宗教は世界宗教の布教により断絶してしまった。多くの氏族、部族が歴史の闇に消え去ったのと同様の現象といえる。

日本国の信仰、宗教の特質は、世界宗教である仏教が受容され、約千五百年の時を経ても、なお神道が正統な宗教の座を占めていることである。

日本の宗教はあいまい、不合理と一神教から否定的に評価される宗教であるにもかかわらず、ユダヤ教以上の強い生命力を持ち、今も信仰されている、奇蹟と呼ぶに値する宗教といえるだろう。

更には神（神道）と仏（仏教）は、本地垂迹説により習合、日本教となり日本国の核心、基軸をなす宗教として今も信仰されている。

宗教の壁を超える信仰が神仏習合である。新千年期の先駆と呼ぶべき信仰である。

天照大神の神話から続く万世一系の皇統に連なる高円宮家と

天照大神の子神である天穂日命の子孫で、代々出雲大社に奉祀してきた千家家の婚姻ほど、日本国の類例のない国柄を示すものはない。

共に神道の祭祀を司る両家は、神話世界から現在に至るまで連綿として続いている、他国には類例のない家系である。

神話世界が断絶することなく現在に繋っているのが、世界でも稀な日本国の独自性であり、「神国日本」のルーツでもある。

比類のない継続力の核になっているのが、神道・随神の道である。

神道は空気のように意識されることなく、無意識のうちに信仰されてきた。習俗にすぎないと評される祭、年中行事等、神祭の儀式をとおして神は我等と共にあり、見守ってくれていると感じ取らせ、自ずと身を慎しみ、行ないを律しさせてくれる宗教である。

日本列島で自然発生した、まとめられた正典といえるほどの教典を持たない、宗教と呼ばず習俗と呼ぶ人もいるほどである。

併し乍ら正典を持ち、高度な神学を誇る宗教の信徒への教化力と比較して、神道の教化力はいささかも劣るものではない。むしろ、勝っているとさえいえる。

宗教とは信徒に対し神の言葉に従うよう教化に努めるものであるとの観点から評価すれば、神道は正典こそ有しないが、優れた実践力、教化力を有す宗教と評価できる。

日本の宗教を遅れた宗教と呼ぶのは、排他的に所属させる宗教の壁が齎した偏見にすぎない。宗教の役割を履き違えているが故に出てくる言葉である。固定観念から解放されない限り、宗教に起因する紛争から卒業できない、紛争はなくならないだろう。

第二次世界大戦後、二千年の時を超えて建国されたイスラエルは、亡国後の長い長い流浪と迫害のなかにあっても、否、北風と太陽のたとえ話に見られるように、迫害されたが故に、ユダヤ教を捨てることなく守り抜いた。ユダヤ人として生き延び、アイデンティティを失なわずに建国できたのは一重にユダヤ教を文字どおり生命を賭して守り抜くことができたからである。

ユダヤ人は一神教の祖ともいえるユダヤ教を創出し、そのユダヤ教がユダヤ人のアイデンティティを守ったが故に建国できた。神の加護があったから可能であったというしかない奇蹟である。

ユダヤ人は一神教を創出したにもかかわらず民族宗教としての立場を堅持した。このため世界宗教になった後発のキリスト教、イスラム教においてきぼりにされ、あまつさえ迫害まで受けた。

ユダヤ教、キリスト教、イスラム教は、神の呼び名こそ異なるが、共に旧約聖書を正典と位置付け、唯一の創造主を信じ、始祖も同様にアブラハムとする兄弟宗教と呼ぶべき間柄にある。

しかし、近親憎悪というべき迫害と抗争の歴史を有する宗教である。世界を創造した唯一の創造主を信仰する点では同じであるが、人間世界では神の像は同一になり得ない。ために異教として迫害された。

三宗教は共に唯一の創造主を信仰しているが一神教がつくる壁は他の宗教以上にユダヤ教に厚く、信者は一方的に迫害され、耐え忍ばねばならなかった。

宗教の壁が厚かったが故にユダヤ人は神に選ばれた民であるとの選民意識を支えとして迫害に耐え抜いた。ユダヤ教を民族の核心、アイデンティティを貫くものとして守り抜いたことから、二千年の時を超えてイスラエルを建国できた。

他の如何なる宗教よりも、宗教の力を端的に示すのがユダヤ教の歴史である。

日本とイスラエルは共に固有の宗教を信仰する信仰心の篤い国民である。しかし、固有の宗教を信じるが故に信仰上の仲間を有しない孤独な国でもある。

日本、イスラエル両国に対する批判は固有の宗教を基軸に据る国柄に対する批判が淵源と捉えるべきだろう。宗教とは一神に排他的に所属させるものである限り、批判がなくなることはないと覚悟して偏見打破に努めねばならない。

蒋介石がキリスト教に改宗したことは、対米世論工作として見れば大成功だった。改宗によりアメリカ世論を味方につけることに成功した。

明治以降、アメリカは日本へキリスト教を布教するために宣教師を送り、大学まで建てるほど尽力した。しかし見るべき成果、キリスト教徒を増やす目的は達せられなかった。クラーク博士に見られるようにキリスト教信仰に基づく訓育は内村鑑三、新渡戸稲造などに大きな影響を与えた。それほど優れた人材を日本に送り込んだが、キリスト教の布教という点では見るべき成果を挙げられなかった。

若しも、日本布教に成功していれば、歴史は違っていたのだろうか。日米対立は緩和され、戦争にまでは至らなかったのだろうか。

イスラエルは啓典の民、一神教の国であること、更にはユダヤ人を迫害した負目を考慮すれば、日本はイスラエル以上に孤独な国、理解が困難、誤解されることが多い国と自覚し、誤解を解くようにアピールしなければならない。

この厳粛な事実を肝に銘じ、行動する必要がある。更には、理解を得られるように努める、日本の宗教について説明責任を果たさなければならないことをも意味している。

日本にいれば理解困難、意識することがない宗教の壁を超える努力が不可欠である。

しかし、そのことは相手の理不尽な非難、要求を受け入れることではない。逆に安易な妥協を排し、説明、説得する能力を身につけることである。「慰安婦問題」に見られるように安易な妥協は日本国の名誉を毀損し、異質な国日本のイメージを強め、国益を損ねるだけである。

安易な妥協とは異なり、厳しい道だが長期的には正しい道である。

しかし、憂える必要はない。排他的に一神に所属させないため宗教に起因する紛争を卒業している宗教は、新千年期における新たな潮流になる、と私は確信している。

何故なら宗教の壁から解放されることが、時代の要請であり、日本の宗教はそれに応えることができるからだ。いわば日本の宗教は信仰の大道、正道を歩んでおり、共感する者は今後急増する。クールジャパンはその予兆である。

宇宙船地球号の時代には宗教観のコペルニクス的転回が不可欠である。宗教の垣根を超えて神聖なものを信仰する宗教は、宇宙船地球号の時代に相応しい宗教観とアピールすべきなのだ。

宗教の相違に起因する紛争は宗教の本旨に悖ることを世界の常識にしなければ二一世紀世界は修羅の世界、地獄と化すだろう。

日本国は大陸とは宗教を異にしている。中国から朝鮮半島を経由して仏教を受容したが、中国も半島の国も最早仏教国とは呼べまい。一方、日本において儒教は、大陸諸国とは相違して宗教にはなれなかった。何故なら儒教式葬礼は儒者のごく一部にしか見られないからだ。日本において儒教は処世訓、人生哲学であり、学問ではあっても、魂の導師にはなれなかった。日本は儒教国家ではない。何かことあれば、中国、半島の国から批判されるのはこのためである。

文明を方向づけるうえで最も大きな影響力を発揮する宗教が異なることは、日本文明は中国文明とは異なる文明であることを宗教の受容、信仰の実態からも立証可能である。

一衣帯水、同文同種は幻想である。東夷の国と蔑すまれた東海に位置する日本国は、後発の国として大陸の国から大きな影響を受けたことを示す以上のものではない。

違う型の文明を持つ、儒教国家とは価値観を共有しない隣国として淡淡と付き合うだけである。同文同種の国だなどと感情移入すれば必ず失敗する。何故なら価値観を共有していないからだ。戦争に至った歴史を鑑とするのであれば、違う文明に属することを心に銘記する。肝に銘じて行動することである。

「易姓革命の国」と「万世一系の国」との交流は「君子の交は淡きこと水の如し」に徹することである。

共産中国が君子の国といえるか疑問であるが互いに引越しの出来ない隣国である。遠交近攻といわれるように緊張感をもって対処することだ。安易な妥協は禁物である。妥協すればするほど付け込まれるだけである。

価値観を共有しない国との外交は妥協することではない。如何に振舞えば共存共益を図れるか、その方途を探ることである。

かつては「言挙げせぬ国」を美称とし、誇ってきたがそれは国内でのみ通用する言葉である。グローバル化した世界では世界に向け、言挙げしなければばならない。にもかかわらず新たな世界に適応できていない。知識人は世界に向け発信者としての責務を果たすように問われている。

第四章　天壌無窮の神勅

神勅と東夷の国

天孫降臨の時、天照大神が皇孫に賜わったとされる詔勅、「豊葦原の千五百秋の瑞穂国は是れ吾が子孫の王たるべき地なり。宜しく爾皇孫ゆいて治せ。行矣、宝祚の隆えまさんこと当に天壌と窮なかるべし」は、「天壌無窮の詔勅（以下神勅）」と呼ばれている。

天照大神が下した弥栄の祝福（神勅）と呼べるものであり、列島で生活する人々の願事並びに合意を誤解の余地なく簡明直截に明示する言葉、日本国の核心をなす神話として語り継がれてきた。

仁徳天皇に纏わる「民のかまど…」の事蹟及び、大御宝（国民）との呼称は神勅の遵守が天皇の責務であることを示している。いわば皇室の家訓といえるものである。

何が基となってこのような神話が生まれ、神勅として語り継がれるようになったのだろうか。

豊葦原の瑞穂の国では何故、「天壌無窮の神勅」が生まれたばかりか、万世一系の皇統として実を結び、存続できたのだろうか。

東夷と蔑まれた東海の辺境に位置しているため外敵の脅威に晒される恐れなく暮らせることが因となって誕生した。神勅は神の祝福を受けた土地であるが故に生れた。まさに天与の賜物といえる。一万年を優に超える永い縄文時代は平穏な時代だった。平穏な暮らしの中でいつとはなく誕生した。

列島内で共に平穏裡に生きて行こうとの合意が生れ語り継がれることで神話に昇華されたものが「天壌無窮の神勅」である。住民の夢と希望を託され誕生したが故に今も生命力を有している。

東海の辺境にあるため東夷と蔑すまれた環境が住民の安全を齎し、天壌の窮まりなき未来に至るまで幸う国として存続して行こうとの合意がなり、終には天壌無窮の神勅となって結実したことは、歴史の皮肉というしかない。東夷とされる日本列島は神の祝福を受けたと誇るに値する「約束の地」である。

藤原京、平城京、平安京は中国の都城を模した京であるが、城壁を有しなかった。羅生門に見られるように大門はあったが、城壁を有しない出入り自由な京だった。

都邑を城壁で囲み守るという発想ほど、列島住民に理解しがたい、なじみのないものはない。東海の列島に暮らす住民には城壁に囲まれた生活は想像すらできない、それほど異質なものである。京ですら城壁を持たない、必要としない。安全に対する感覚が大陸諸国とは本質的に異なることは、日本国の国柄の形成に深い関わりを持つ、左右したといえるだろう。

日本国においては安全は湯水のようにどこにでもあるものである。空気のように必要、不可欠なものではあるがさして有難いものとして列島住民に意識されることはなかった。安全は常態であり京ですら身構え防禦する必要を感じなかったが故に城壁を必要としなかった。

城壁を構えるために必要な資材と労力を、投入しなくても生活することができたばかりか、城壁内での窮屈きわまりない、不自由な生活に堪えて安全を確保する必要に迫られることもなかった。

戦国時代と呼ばれるほどの乱世であっても、武士は堀で囲まれた城郭を築き、安全確保を図ったが、城壁に囲まれた城下町は存在しなかった。堺がそれに近かったようであるが、城下町ではなく商人の町である。

国体の変更に繋りかねない侵攻を受けたのは元寇のみであったことが示唆しているように、海は列島を天与の要害、難攻不落の地とした。

渡海困難な海に囲まれた列島の国であるが故に、天壌無窮の神勅は生れた。

天壌無窮の神勅は天与の賜物といえる環境下でなければ神話になり語り継がれることはなかっただろう。

城壁に囲まれた都邑に相当するのが東夷の国、東海に位置する日本列島である。

列島を囲む海が障壁になり、列島住民の安全を保障してきた。更に海は、生存に必要不可欠な食物をも供給した。

列島を囲む海は容易には渡海できない、渡航するのが困難な荒荒しい海である反面、暖流と寒流が列島に沿って上り下りし、ぶつかり合う世界でも稀な豊かな漁場でもある。

温帯性の魚から寒帯性の魚まで魚種が豊富で、年間を通して切れ目のない海の幸を列島住民に齎してきた。

貝類も多かったことは全国各地に散在する遺跡、貝塚からも明らかである。海の幸の恵みの下で暮らしてきた縄文人の生活をかいま見せてくれるのが、貝塚である。

列島の国は、今も森林が国土の三分の二以上を占める世界有数の森林国でもある。四季折々に採取できる木の実等も豊富だった。

集落を維持することが困難なまでに過疎化が進行する昨今、猪や鹿等の食害が多くなっていることから窺えるように、山の幸にも恵まれているのが日本列島である。

桜前線に見られるように東西南北に連なる列島は、採取する食物を求めて移動できる。生存に好都合な約束の地だった。

身の安全を図るうえで苦慮することが少ないだけでなく食物にも事欠かない恵まれた土地であったが故に天壌無窮の神勅は生（な）った。

縄文時代が一万年以上続いたのは自然環境に恵まれていたからだろう。

天壌無窮の神勅が生まれたわけは安全を保障するだけでなく食物をも提供する日本列島の土地柄が因であり、感謝の念の結晶が神祭である。

縄文時代は平穏な時代だった。縄文時代のものと確定できる六〇〇〇体の中で、武器によって亡くなったと推定されるものは一五体程度にすぎない。列島外の世界とは比較にならないほど安全だったといえるだろう。

自然の恵みが豊かだったが故に生存の必要にかられ、他者のテリトリーを侵す必要に迫られることが少い、争うことなく共存することが可能だった。共存していたことを示す恰好の数値といえるだろう。

東西南北に長く連なる列島は、自然災害や気象の変化に伴う食糧難に遭遇すれば移動することで危機を凌ぐことができた。南九州の縄文人はカルデラの大爆発で全滅したとされているが、他地域の縄文人は生き延びることができた。列島は生存に適した土地だと総括できよう。

狩猟、漁猟、採取に依存した時代であったが、自然災害や飢饉に対応できる諸条件に恵まれていたため他の土地に比べれば多くの人口を養うことができた約束の地だった。

日本旧石器学会によると列島の旧石器時代の遺跡数は二〇一〇年の集計で二〇一五〇に達する。一方、朝鮮半島の遺跡数は五〇程度にすぎない。半島より列島の人口の方が格段に多かったのだ。古代の日朝交流史はこの事実を無視すれば偏頗な歴史になる。

一万年を優に超える悠久の縄文時代は自然の恵みが地上では類例のないほど豊かな土地の賜物、高い生産性の故に可能だった。

自然の恵みのもとに暮らす悠久の時の流れを経て、いつとはなく沸き上がってきた自然への感謝と畏敬の念は、形をなして神祭となって結実した。

祭祀をとおして同胞意識が芽生え、平和裡に生きて行こうとの合意が自ずと生った。

天壌無窮の神勅とは、その合意を住民の決意として神に奉告、子子孫孫に至るまで語り継がせるため誕生した。

皇室は、列島の住民を代表して祭祀を取り仕切り、決意を世々引継ぐことで天壌の窮まりなき未来にまで神の加護を祈念する家系である。天壌無窮の神勅を体現しているが故に、歴史の荒波に呑まれることなく存続できた。

神祭をとおして列島住民は一つになり、遂には国のかたちをなすに至った。

天壌無窮の神勅とは列島で暮らす人々が平和裡に天壌の窮りなき未来まで共に生き、幸う国になろうとの合意、願望を、天照大神が聞き入れ祝福を与えたことを意味している。

神話として語り継がれるようになって始めて合意が成立した。

居住者の承認が得られたといえるだろう。

列島住民の合意、願望が結実したものが天壌無窮の神勅である。願事が神話に生った。世々を超えて語り継がれ、列島住民の暮らしと平穏を守る核心たる神話に昇華された。


随神の道は、生存に必要不可欠な食物を恵んでくれる天壌への感謝と、畏れ畏む念が一体となり形をなしたものである。悠久の時を経て祭祀として姿形を持ったことで、随神の道はなった。

神への畏敬の念が祭祀として姿形を持ったことで深化、洗練され、誕生したのが神祭の信仰、随神の道である。

恩沢を施す天壌であるが、自然災害も多かった。禍福は糾える縄の如し、といわれるように感謝と畏れは表裏一体だった。

恩沢を施す天壌への感謝の念ばかりでは済まされなかった。一度怒れば、生存を脅かす脅威になりかねない天壌への畏怖と畏敬の念とが両々相俟って結実したのが、神道、神を祀る随神の道である。

感謝するだけでなく、畏れ、畏み申し、祭祀を取り行なわねばならない神秘な存在が、日本の神である。

日本の神は姿形を見せることなく、折に触れ顕現する神秘としか知ることができない畏き存在である。

特定の姿形を持たない不可思議、神秘な存在であるが故に神の姿、像について争うことはなかった。神の像を巡って争うほどには知られていない神秘な存在であるため、畏み畏み祀ることに専念するしか方途はなかった。

赤子のような赤誠の心、至誠をもってただひたすら祭祀を行うことを真善美とする信仰が、神道である。

恩沢を求め、乞い願う儀式、祭祀をとおして天壌に依存している、自然が齎す恩恵で生きている、神なる自然に養育されている神の子であるとの信仰が育くまれた。


狩猟採取を専らにする縄文時代は、未開な社会との印象が強い。しかし、遅々とした歩みではあったが交易が始まり拡がった。特殊な地域でのみ採取可能なヒスイ、琥珀、黒曜石といった材料を使った装身具が広範な地域、更には大陸の地でも出土していることからも一概に停滞した社会とはいえない。三内丸山遺跡はそれを立証する遺跡である。全国各地に出土する縄文土器や縄文尺の使用は統一文化が成立していたことを立証するものである。列島の住民は交易をとおして知り合い、祭祀を共に執行することで一体感が生まれ、同胞意識が芽生えた。

母なる自然に養育されているとの観念は相互理解を促進し、列島内で共存しようとの合意がなった。

共同体の合意は昇華され、天壌無窮の神勅として知られる神話として結実、子子孫孫、天壌の窮りなき未来まで語り継ぎ遵守すべき神勅となって列島住民を結び付け和国と自称する平穏な国に至るレールを敷いた。

一万年を優に超える縄文時代を経て出身地、ＤＮＡを異にする集団の交流が深まるなかで、いつしか共通の土俵、言葉や風俗が融合、重なりあう類い稀れな土地になり、流血を厭う土地柄、風土が形成された。

東海の辺境、外界との交流が困難な東夷と蔑すまれた島国が齎したものであり、誇りとするに値する歴史である。

客人（稀びと）信仰とは異質な集団、蛮族への恐怖心を有しないことに由来している。稀れに訪ずれる人達は、住民に災いを齎すことなく情報、技術といった福を持ち来たったが故に歓待された。

大陸とは異なり人の動きに何にも増して注意を払わなければ身の安全を図れない土地ではなかったが故に、生れたのが客人信仰である。天壌無窮の神勅はこれと軌を一にする。東夷と蔑まれた列島の所産である。

海というシールド、容易には超え難い障壁の御蔭で来島者は列島住民の安全を脅す規模にはなり得なかった。

大陸のように異民族、他集団へのジェノサイドに繋るような争いは起きなかった。

草木がものをいうほど繁茂する山国の列島では、争いは起きても小規模なものであり、敗者は逃亡し、生存することが可能だった。

日本国の国柄、国民性を示す三つの特色

〇　自然への親和性

〇　対立を避ける融和性

〇　闘争を厭う協和性

これらの特色は一万年を超えて続いた縄文時代が育んだものであり、継続力の核心をなしている。天壌無窮の神勅と淵源を一つにするといえよう。

縄文の産衣にくるまれ成長したのが弥生時代である。両者は断絶することなく繋っている。比類なき継続力を有する国が日本国である。

渡海者は縄文人を圧倒、辺境に追い遣ったわけではない。縄文人と弥生人は棲み分け、共存し、遂には融和し民族になった。

日本国の国柄は縄文時代に淵源がある。この点に留意すれば、原初の尾骶骨を引きずっている国といえる。

天神地祇（天つ神　国つ神）とは、神々の出自を示す言葉であるだけではない、神々が闘いに敗れた神を追放することなく共存したことを示す言葉と理解することができる言葉であり、和の国を象徴する言葉といえる。

日本神話の神は征服、支配する神ではない。神々の争いがなかった。不倶戴天の敵がいなかったが故に、天壌無窮の神勅と呼ばれる神話が誕生することができた。

我が国に奴隷制度がなかったわけは神々の戦いがなかったこと
と深い関わりを持つと思われる。

天壌無窮に倣い、子子孫孫に至るまで、平和裡に共に生きることを誓約し、弥栄を祈念した。神勅はその証である。

神話として語り継ぐことで子子孫孫に遵守させ、平和裡に共存できた。

縄文の器は壊されることなく日本神話や信仰のなかに残されている。

悠久の神代、遥かな上代、縄文時代から居住者の交替はなかった、歴史が断絶することなく続いている稀有な国が日本国であり、天壌無窮の神勅はその歴史を反映して生まれた神話である。

神話が今も生き、語り継がれているのは、列島の住民が真善美（よし）と認識し、誇りとしてきたからとしか考えられない奇蹟である。

日本国の不思議、謎は土人ともいえる人々の子孫が、最先端の産業社会を構築していることである。

私達、日本人は土人（縄文人）の子孫であるが卑下することは毫もない。誇ってよいことである。

歴史が断絶することなく、継続していることに着目すれば、日本国は世界最古の国といえるだろう。

日本国の国是、モットーは「和」であり、和国と呼ばれるゆえんである。それを一身で体現しているのが、「万世一系の皇統」である。世界に稀れな継続力は和によって支えられてきた。列島では居住する人々の交替、入替はなかった。新たな来島者は、先住民と共存した。東夷の国は排除することなく共存できる自然環境を天与のものとして保持していたが故に可能だった。

世界でも稀なほどＤＮＡが多様なのは、来島者を排除しなかったからである。来島者のＤＮＡは、雪が降り積り、根雪となるかのように積み重なってきたから多様なＤＮＡが損なわれることなく今も見られる。

天壌無窮の神勅が誕生したわけは東夷とされた東海の辺境、のみならず共存して生きようとの決意が時と共に明瞭になり住民の合意が成立したからだ。

天壌無窮の神勅は、神代の話ではない。今も生きている。錦の御旗の御稜威、勝海舟と西郷隆盛の話合いの結果、江戸城の無血開城、明け渡し、更には敗戦に際し、無秩序には至らず、混乱することなく整然と降伏することができたのは、列島内で争うことを忌避し、平和裡に生きることで子子孫孫に至るまで幸う国であろうとの神話、天壌無窮の神勅が今だに拘束力を有していることを立証する事件と捉えることができる。

内戦が絶えない国とは国柄がまったく異なっている。継続は力になり得ることを証明するものである。

東夷の国と蔑すまれた東海の島国であるが故に生れた住民の一体感なしにはあり得ない。

天皇とは列島の住民が艱難辛苦にめげず、平和裡に生きることで幸う国になろうとの神話、天壌無窮の神勅を、列島住民が斉しく理解できる存在であるが故に、時の彼方に埋れるようなことはなく、今も厳として君臨している。

天照大神に繋る聖なる血統であることが権威の源であり、国民統合の象徴になった。

ユダヤ教を例に説明すれば、モーゼがユダヤ人を代表して十誡を受けたように、窮りなき未来に至るまでこの列島で暮らす人々を代表して神勅を受け、署名したと評すべき聖なる存在である。それ故に列島住民を代表する権威ある存在として、万世一系の皇統は君臨できた。

平和裡に暮らすことで幸う国になろうとの願望、神話に昇化された列島住民の願いを体現した聖なる存在が天皇である。

神話になった列島住民の願いを一身で体現、象徴しているが故に現人神と認識されたのではないだろうか。

国家、国民を代表しているが故に、未曾有の敗戦という危機下に制定された日本国憲法においても「象徴」とされている。

象徴天皇は日本国の正統な天皇像に復帰したことを示す言葉である。敗戦下の混乱と極貧にもかかわらず、然したる軋轢もなく大変革が成ったのは天壌無窮の神勅の故であり、それを体現する天皇の存在なしにはあり得ない。

万世一系の皇統が存続できた歴史の謎は、神代の盟約、神話として結晶した住民の合意が生命力を喪わなかったことに尽きる。二千年を超える時を経ても生命力を有しているが故に不可能を可能にしたと捉え得よう。

皇室は天壌無窮の神勅を体現する聖なる存在として国内に平穏を齎すことを住民が斉しく理解し、守ってきたから時を超えて存続できたのではないだろうか。

皇統存続のゆえんは、天壌無窮の神勅に従うことが、幸う国に繋るとの洞察が消えることなく支持を得てきたことにあるのではないだろうか。下世話的な表現をすれば、その方が平和が維持され得だったからだ。易姓革命を他山の石として守ってきたと捉え得よう。

住民の願望だけで叶えられるほど世界は甘くない。天与の賜物、東夷の国であることが幸いした。留意すべきことである。

天壌無窮の神勅は、危機の時代にあっては天皇のもとに団結する核になる。明治維新、敗戦から復興に至る歴史に見られるとおりである。肺腑にとどく国民団結の象徴が天皇である。

日本国民は天皇の旗本といえる。お国の大事とあれば駆け付け、身命を抛つ存在である。天皇のもと団結することが、天壌無窮の神勅に応える行為なのだ。それはまた犠牲を最小限に抑える行為でもある。

地球は宇宙船地球号と呼ぶべき閉鎖空間に存する星であるこ

とが明らかになった。

地球は、日本列島同様に孤立した星であることが明白になった以上、地球号の乗員は共に生きて行く、平和裡に共存する以外選択肢はない。核兵器という究極の文明破壊兵器を持ったことはそのことを決定的にした。

地球号のなかで対立を克服、共存しなければ無数の生命を育んできた母なる星、地球は呪われた流血の星に堕しかねない。

科学技術の発達は人口爆発を齎した。このため世界は日本列島と同様、人口過密な星になってしまった。交流は過去に類例のない規模に達し、出自、文化、宗教を異にする人々の間で軋轢が絶えず、衝突、紛争にまで発展することも珍しくなくなった。

世界は変わってしまった。当然宗教の役割も変わらざるを得なくなった。神の名のもとに団結し、闘う宗教はコペルニクス的転回を余儀無くされている。共存以外に選択の余地はないのだ。

衝突の回避が喫緊の最重要課題として浮上、そのことを無視して列島に引き籠ることは、戦争に巻き込まれないための正義の行為とはいえなくなった。

世界平和に貢献するためには国民の生命をも犠牲にすることも視野に入れなければならない。平和な世界を築くための犠牲を厭い、列島に引き籠ることが平穏を齎す行為、平和を守る行為とはいえなくなった。

憲法の前文を活かすためには、平和を希求する諸国民と共に、恒久平和の実現に向け、相応の協力が求められている。

諸国民の公正と信義に信頼してわれらの安全と生存を保持しようと決意した以上、信頼が得られるよう協力しなければならない。金だけで信頼が得られるとは思わない。血の代償を払ってこそ真の友誼は得られる。日本は守ってもらうが、お返しはしない旨のことが通用する。許される、と思っているのであれば自堕落の極み、精神が頽廃、病んでいるのだ。

平和を守るための活動は、不磨の大典というべき「天壌無窮の神勅」に応える行為であり、平和憲法の命、理念に適う行為でもある。

聖徳太子が一七条憲法の第一条に「和をもって貴しとなす」を置いて以来、和は日本国の有り様(ありよう)を象徴する言葉として定着し、今もその地位は揺ぐことなく信奉されている。将来においても取って代わる言葉が現われるとは思わない。

「和」とは天壌無窮の神勅の核心を一字で要約した言葉であるが故に日本国民に受け継がれ国柄を表わす言葉として定着した。

太子の言葉と天壌無窮の神勅の本旨を集約すれば「和をもって行矣(さきくませ)」と表現することができる。日本国の核心をなす言葉といえよう。

和をもって貴しとなすの一条のみでも、太子の名は天壌無窮の神勅と共に、時の彼方に埋れることなく記憶されることだろう。

太子は天壌無窮の神勅、神の祝福を地上に齎す鍵は、「和」を社会の核心、基軸に据えることだと明察したが故に、和をもって貴しとなすの一条は誕生した。

「倭国」が「和国」になったのは太子の一条に由来している。天壌無窮の神勅は今も生命力を保ち、日本国の有り様を現わす言葉として、私達の行動の指針になり拘束力を有している。

荒唐無稽な物語に見える神話であるが迷信などではなく、現象の世界を超えて世界の真の姿を伝えるが故に、神話は今も語り継がれているのではないだろうか。

天壌無窮の神勅は朝廷支配の正統性を謳うため創作したものにすぎない、と主張する向きもいるだろう。

しかし、諸国の神話とは異なり、時の彼方に埋れることなく、世々を超えて語り継がれてきたのは核心を突いていたが故に国民の心を捉え、離さなかったからである。単なる創作神話が伝えられる筈はない。偏見故の発言である。

世界では近代に入っても神話が生まれている。アメリカ人が「明白なる天命」を受けたとする国民的信念、更には白人が有色人種に対して「白人の重荷（使命）」を有すると主張したのは時代精神を反映した神話と呼べるものである。

神話は時代や環境の洗礼を浴びて構成員に共通の価値観、使命感が生れた時に、時代精神を代表する物語が誕生、語り継がれるようになれば神話になる。

なお、東夷とは東方の野蛮人の意味であるが儒教国家ではない日本国民は東夷という言葉を蔑称とは受け取っていない。単に東方の国を表す言葉と化している。その例証といえるものが、「南蛮渡来」の品物（もの）である。南蛮からきた秀れたものというほどの意味であり、出来地を表わしているが蔑称ではない。むしろ誉め言葉である。大陸から逃亡し、渡来した人は数多見られるが逆はない。華夷秩序が受け入れられる筈はない。

東夷とは儒教の偏狭さを示す言葉にすぎない。

天壌無窮の神勅と宗権

天壌の窮まることなき未来に至るまで弥栄（いやさか）を祝福した「天壌無窮の神勅」を宇宙船地球号の時代における「日本国の国是」にすることは、日本国の生きる道であり、神勅を活かす道、と呼べないだろうか。

日本国が、文明の衝突を齎すもの、人種、民族、国家、言語、宗教等の壁を超えて、幸う星にする活動の拠点、発信基地になることは、神話並に憲法の精神を活かすことに繋り、幸う国に至る道でもある。

宇宙船地球号の平穏な航海に資する活動を日本国の国是として掲げ、率先して実施に移すことは時宜を得た政策として国民の賛同を得るだろう。

軍事力の行使を禁忌とする憲法の理念のもと、宇宙船地球号を平穏な航海、幸う星にするために日本国が率先して世界に向けての活動拠点、発信基地になることは畢竟（ひっきょう）するに世界でも稀なほど多様なＤＮＡで構成されている国柄を反映した施策であり、平和国家日本の看板を活かす道でもある。

二一世紀日本国の国是とすべき政策であり、国民に勇気と遣る気を起こす起爆剤足り得る。

平和な世界構築のための活動で犠牲者の出ることが憲法の精神に悖るとは思わない。憲法の精神を活かす活動であり、国民は平和を守る行動と認めるだろう。

出アフリカの三系統のＤＮＡの末裔が見られるのが日本国の特色である。日本国は出アフリカ後の世界のＤＮＡが再結集した地とも称することができる国である。更にはネアンデルタール人の血を受け継ぐ者すらいるといわれている。

世界が直面している課題は私達、日本人とは無縁でないのだ。今はまだ想像力が及ばないだけであり、世界の一員として積極的に関与すべきでないだろうか。

科学技術の急速な発達で世界は一つといわれるまでに狭くなった。しかし、人は国家がつくる壁、宗教がつくる壁など、多くの壁に取り囲まれ、その中で活動せざるを得ないというジレンマにつきまとわれ、壁からの解放は容易なことではない。

このまま壁を放置し、成り行きに任せれば、行き着く先は文明の衝突であり、世界を再び戦争の世紀に導きかねない。人類の平和共存の実現並びに平和を守る活動に際して血を流す覚悟の有無が問われる時代である。憲法違反だと叫ぶのは間違っている。避けてはならない。

諸国民に日本国の安全と生存を託すのであれば、日本国も相応の貢献をしなければ、世界に寄生して生存していることになる。世界平和に貢献するための活動をも、憲法違反として否定するのであれば、世界の一員たる資格はない旨の指弾が避けられず、孤立し、安全に支障が生じかねない事態に陥るだろう。

自閉症国家、引き籠もり国家になることであり、未来はない。頽廃、堕落の極みというしかない。国民がそれでよしとするとは思えない。栄誉ある地位を求める筈だ。

世界市民とは世界平和のため口先だけで参加することではない。血の代償を払う覚悟がなければ平和は守れない。奇麗事で済む話ではない。

鎖国し、列島に引き籠もり、紛争に巻き込まれなければそれで真善美（よし）とした時代は、江戸時代で終っている。宇宙船地球号の一員として相応の貢献をしなければならない。

憲法違反などではない。宇宙船地球号の乗員として当然なすべき責務といえる。

宇宙船地球号の一員であることが明白になった世界では、引き籠もりは利己的で無責任な行為と評される時代になった。この事実を直視し、憲法を世界平和に貢献できる国になるよう改正しなければならない。

天壌無窮の神勅は、平和な世界構築のため積極的に参加することを促すものである。

日本国は平和構築のため世界に貢献する能力を有している。積極的に参加、活動することは地球号の一員である以上、責務と自覚すべき時代を迎えている。

私はそのように理解しており、活動すべきと主張する。

人は文明を終焉に導きかねない力、技術を持ってしまった。

宇宙船地球号が平穏、恙無い航海を続けるため必要なもの、足りないものは多多あるだろう。なかでも喫緊の課題は、宗教間の対立、紛争を回避することでないだろうか。

神の名のもとに戦われる「正義の戦争」は、相手を滅ぼすことが神の御心に適っている旨の確信に支えられ、それこそ神も仏もない世界、神の不在のため凡てが許される世界を、神の名のもとに現出する。神を掲げ、神に反対する戦争が宗教戦争である。

一度、宗教戦争が勃発すれば理性による抑制はどこかへ消し飛んで終い、神の敵を倒す正義の戦争、妥協も容赦もない戦争になり、手段は問われなくなる。神の名前の陰で悪魔が笑う戦争が宗教戦争である。

宇宙船地球号、科学技術の発達により狭くなった世界では共存するしか方途はない。にもかかわらず、世界は宗教の対立に起因する紛争が収まる気配すら見せず、むしろ拡散、悪化する地域すら見られる。

文明に死を齎しかねない病は進行中、といっても過言ではない。最悪の場合には宗教対立が因となって、核戦争が起きることすら杞憂とはいえないまでに事態は切迫している。

核兵器は廃絶されるどころか、所有国は拡散する徴候すら見せている。その核兵器は、宗教対立に起因して使用されかねない危機的状況下に置かれている。

理性の抑制が働く世界を構築することが、凡ての人の責務になった世界が現在である。

神は宗教対立に起因する紛争を神の名を騙るものとして憎みはしても容認しないことを信仰を有する者の原理原則として確立しなければならない。

理性の抑制が働く、切れない世界の構築に向け総力を挙げ、宗教に起因する紛争を抑え込まなければならない。

人類が平和裡に共存し、天壌の窮まりなき未来まで幸う星になるための第一歩は、人権宣言の貫徹、人権が国籍、人種、性別、宗教等を問わず、尊重される世界である。

人権宣言は凡ての人に適用されなければならない。そのために喫緊の課題として、取り組まねばならないものは何か。

人権が凡ての人に保障されているように、凡ての宗教に「宗権」を保障することこそが宗教に起因する紛争の抑止力になり、ひいては人権も守られる。

人が天賦の人権を持つように、宗教も神から宗権を与えられている。神の言葉、教えを伝える宗教に、上下、貴賤の違いがあろう筈はない。凡ての宗教は平等であることを、二一世紀の常識にしなければならない。

宗権が尊重される世界では宗教に起因する紛争を抑制する力が強化される。その結果、人権が尊重される世界に一歩近づく。

「人権宣言」に倣い、「宗権宣言」を公布し、凡ての宗教は人権同様に保障されることを宣言、「教団」をとおして周知徹底させる。

排他的に所属させる宗教と雖も宗権の確立に向け、協力しなければならない。己れが所属する宗教が最善最高と信じていようとも、否、信じているのであれば、なおさら宗権宣言を行い、凡ての宗教は平等であり、人は自由に宗教を選択できるように取り組まねばならない。

何故なら、宗教の壁から解放された世界では水が低きに流れるように、人々は、最善最高の宗教を選択するようになる、恐れることはない筈だ。

一神教が世界宗教になったのは信者が選択したからだ。恐れる理由はない筈だ。

人と宗教は不可分の間柄にある。人権は尊重されるべきだが、異教、異端は別だとするようでは宗権どころか、人権も守れない。人権と宗権は不可分と捉え、共に尊重されるよう努めねばならない。

二一世紀、いの一番に取り組まねばならない宿題は、凡ての宗教は平等であり、斉しく尊重されるとの観念を、宗教の原理、グローバルスタンダード、常識とすることである。

日本国には宗教戦争はなかった。何故なら本地垂迹説と呼ばれる、「宗権を是認する神学」を共有してきたからだ。

本地垂迹説の誕生によって本質を異にする宗教である神道と仏教は互いの宗権を認めることができた。神と仏の本地は同じとする神学によって神仏習合が実現、日本国の正統な信仰の座を獲得した。神道と仏教が尊崇する神と仏は本地を同じくする神聖なものであるとの合意ができたことから神仏習合は実現した。神仏習合は、日本国に永続する御利益を齎し、平穏な国日本の礎になった。

日本国の平穏な国柄は宗権が確立されているため、宗教に起因する紛争への免疫を有することに拠っている。宗教は平等であることを是認した神学が宗教戦争への抑止力として機能してきた。

本地垂迹説は、宗教の相違を理由とする争いは有害無益であることを国民に知らしめた。本地垂迹説の歴史的意義を世界に向けアピールすることを通して、宗権の確立に努めることは世界平和に貢献する正道である。

宗教の共存が喫緊の課題であるが故に、世界は日本の宗教に学び、宗権を認め、互いに斉しく尊重すべきことを確認する。宗教紛争のない世界に向け、全力を傾注することが、二一世紀に生きる凡ての人の責務になった。私達はそのような時代に生きている。誰のためでもない、自身を活かす道である。

我が神が一番、我が神のみが真実の神、と心の中で信じ、排他的に所属、帰依していようとも、それは信仰、観念世界に属することだと達観、割り切り、他宗教の神をも神聖なものと認め、「諸神諸菩薩諸仏を軽んずべからざる」をスローガンに、宗権の確立に向け、啓蒙、啓発に努めねばならない。宗教関係者は先頭に立って活動しなければならない時代を迎えている。

困難なことだろうか。私達は自身が一番として暮らしている。しかし、他者が存在する以上、他者の人権を認め生活している。さもなければ己の人権も守れず平穏な生活は望むべくもない。宗教も同じである。多くの宗教が信仰されている以上、宗権を認める以外に共存の術はない。

宗権を宇宙船地球号時代の常識として確立することが平穏な世界構築には不可欠である。「宗教より始めよ」である。人権のみならず信仰の自由が認められている世界で宗権を認めることは揺るぎない礎になる。宗権は信仰の自由に魂を入れるものであって屋上屋を架す類のものではない。

排他的に所属させる宗教の信者から見れば、神の教えに反することだと抵抗、逆流もあるだろう。しかし、人権宣言に倣い、「宗教の平等（宗権）」を宣言することが可能な段階にまで、人類は到達したのではないだろうか。

神は死んだといわれる世界で宗教戦争が勃発することは、神の死を早める、宗教離れを加速させるだけである。

宗教離れ、寺や教会に参拝、祈る人が減少しているわけは宗教の壁を超えられない宗教に対する無言の抗議、と私は受け止めている。最早、心の支えになるほどの信仰心は持ち合わせていない。しかし、棄教するほどでもない。その結果、足が遠いたのではないだろうか。

信仰の自由に魂を入れるのが宗権の確立である。

信仰の自由は、宗権を確立することでより強固なものとなり、宗教を巡る紛争で無辜の血が流されることを阻止するだけでなく、宗教に距離を置く人達の心を取り戻すことに繋るのではないだろうか。

国連において「宗権宣言（宗教の平等）」を決議し、各国は条約として批准する。各国は条約を遵守させるために必要な立法措置を講じるだけでなく、普及、啓発に努める。

宗権の確立は宗教の権威を高めることに直結する。宗教関係者は宗権の確立に協力することで失なった権威を取り戻すことができ、説教が説得力を持つ、心に届くようになる。

宗教が原因で罪無き者の血が流されることを阻止しなければ平穏な世界は築くことができないことを肝に銘じ、行動に移さねばならない。その行動が宗教への信頼回復に繋る。

宗教関係者は率先垂範し、排他的に所属し、信仰する宗教がつくった宗教の壁を超え、凡ての宗教の平等を説く宗権確立のため連携しなければならない。

人類は一つ、地球は宇宙船地球号と呼ぶべき星であることが明らかになった時代の宗教者の責務は、宗教の壁を超えることでないのか。真摯に取り組むべき課題である。

世界を無から創造するほどの力を持つ、慈愛遍く、生命の生みの親たる創造主が、特定の宗教の信者のみを救済の対象にしてそれで真善美(よし)とするようなことがあろう筈はない。

神の能力を人間の尺度で推し量り、制限した瀆神行為と呼ぶしかない。被造物としての分を超えた僭越な振舞いである。

神の名を妄りに使用することで、神に代わって生殺与奪の権を奮いたいが為の発言でないのか。

異端審問官のような輩が跳梁跋扈することが創造主の意に適う筈はない。

一つの宗教のみが信仰される世界はあり得ない。人の限界を超えており夢想というしかない。

正典を遵守させる宗教であっても、時を経るに従い、宗派が増大して行くのを見ればわかることだ。宗教の名を借りた愚民政策であり、神の代理人になりたい旨の告白といえる。

神の名のもとに戦う宗教から卒業することが時代の要請であり、宗教にかかわる者、凡てが果たすべき責務である。

慈愛遍き神と雖も、神の名を騙って、罪なき血が流される事をいつまでも座視する筈はない。放置すれば神の怒りを買うだろう。

宗教の共存には宗権の確立が不可欠である。宗教の平和共存なしに地上に平和は訪れない、と肝に銘じ行動しなければならない。

宗教の壁がない、神仏習合を正統な信仰とする日本国こそが率先して取り組むべきことでないだろうか。それはまた、天壌無窮の神勅に応える道であり、平和憲法の精神と合致する政策でもある。毀損した自画像を修復する道でもある。

三系統のDNAと万世一系の皇統

歴史は王朝の興亡史として記すことができる。王朝の興亡が常態の世界にあって万世一系の皇統の存続は奇蹟といえる歴史の謎である。何が世界でも稀な奇蹟的な存続を可能にしたのだろうか。

奇蹟的な継続力を齎した真因は何かと探求する、淵源を尋ね求めれば大陸から適度な距離に位置しているという幸運、いわば天与の賜物に拠っていることが見えてくる。

大陸からの侵攻は困難であるが、文明の精華を伝播することが不可能なほど離れてはいないという絶妙な位置に存する島国の賜物、東夷の国が奇蹟を齎した因といえるだろう。

日本近海の海象は世界でも稀なほど荒々しいうえに複雑に変化することから容易には渡海できない危険な海であり、武力による侵攻を阻む障壁として立ちはだかってきた。

それに加えて、海の幸、山の幸に恵まれていたことから人口が多かった。更には平地が少ない山国であるため人々は分散して暮らしており渡海してきた集団が取って代わるまでに勢力を拡大することを阻止した。

人口の多い山国でかつ分散して暮らしていることは、他を圧する氏族が形成される基盤が存在しなかったことをも意味している。

東夷の国として蔑視しながらも、中華帝国が華夷秩序を押しつけることは困難であり、文化面での影響力を及ぼす以上の措置を取り得なかった。

海に守られた東夷の国は己れの文化を損なうことなく文明の精華を導入できるという幸運、贅沢な選択を天与のものとして享受することができた。いわば東夷の賜物である。

八九四年、菅原道真は遣唐使廃止を建議し、承認された。江戸時代には後年「鎖国」と呼ばれるようになった政策を採用できた。これに対し中国では「海禁」はできたが、陸禁は不能だった。天文学的な人と資材を投入し、万里の長城を建設しても騎馬民族の蹂躙を食い止めることはできなかった。半島の国も同様である。

己れの都合で国境、窓口を開閉できる、大陸から見れば贅沢というしかない国策が可能な位置にある一国、一民族、一言語と称してもおかしく聞えないまでに一体化している「多血民族国家」を建国できたわけは東夷と呼ばれる東海の辺境に位置した賜物である。東夷の地が幸運を齎した。

神道の存続も同様に東夷と蔑視された位置の御蔭といえるだろう。外国勢力の介入がなかったから信仰世界も外圧を受け、捩(ね)じ曲げられることはなく自然に成長できた。宗教受容は列島住民の自由に任せられ、神と仏は習合した。

東夷の国ではジェノサイドと呼ばねばならないような事件は起きなかった。

渡海困難な東夷の国であるが故に騎馬民族の侵攻、蹂躙は不可能、あり得なかった。列島内の平地は狭少であり、しかも湿地が多く、山国なので大陸に見られるような巨大な権力が成立しうる基盤を有しなかった。

統治の必要に迫られ覇権氏族の神の名のもとに多神を統合させるような事件は起きず、宗教戦争とは無縁な国として発展できた。

人々はテリトリーを守りながら交易をとおして次第に統一に向かった。その過程で小競り合いは避けられなかっただろうが、ジェノサイドに至る争いには発展しなかった。東西南北に延びる山国であるが故に敗者は逃亡し、生存することができた。多血民族国家はその果実である。

「歴史上の不思議」といわれるほど列島住民のDNAが多様なのは、争いが小規模で散発的なためDNAの多様性を毀損するような争いに至らなかったことに因っている。

多様なDNAの存続は天与の賜物である。東夷と蔑すまれた東海の列島であるため侵略されず、かつ列島は海の幸、山の幸に恵まれた平地の狭小な山国であるが故に、争いは氏族の生存を賭けたものにはならなかった。

崎谷満氏が、「DNAでたどる日本人10万年の旅　多様なヒト・言語・文化はどこから来たのか?」（昭和堂）において、日本人のDNAの多様性について述べていることを紹介したい。

「現生人類には五つの系統があり、発生の地アフリカにとどまったものはそのうちの二つの系統」とのことである。

「アフリカから出て行ったグループは三つのグループに分かれる。この出アフリカ三大グループの末裔たちが世界へ広がっていった結果、現在の全世界的なヒト集団の分布につながっている」として、次のように記している。

「日本列島におけるY染色体亜型分布の特徴は、高いD系統の存在だけに限らず、この出アフリカの三系統のいずれにも由来するグループ、つまりC系統、D系統およびN系統、O系統が今でも共存していることが全世界的にみて非常に珍しい状況を生んでいる。ヨーロッパは非常にDNA多様性が高い地域ではあるが出アフリカの二系統しか見られない。パプアニューギニア、アメリカ先住民、シベリア、インド、中国、その他、ほとんどの地域が出アフリカの二系統までしか見出せないのに対して、ここ日本列島では出アフリカの三系統の末裔が今でも認められる。これは歴史上の不思議である。

なぜ日本列島では遠く隔たったヒト集団が歴史的に消滅せずに今でも存続してきたのか、あるいは存続することができたのかは、非常に興味をひく現象である」（略）

「ユーラシア大陸東部、東アジアにおいてはこのようにO系統（とくにO3系統）という地域特異的なヒト集団の膨張が歴史的に続いてきて、この地域のDNA多様性を喪失させてきた。それはヒト集団の多様性の減少だけに留まらず、文化的多様性や言語的多様性の減少をも引き起こしてきた可能性が考えられる。しかしこの日本列島は、ユーラシア大陸の東端に位置しているという地理的条件にありながら、東アジアでは存続が困難であったヒト集団（DNA亜型）が生き残ることができただけでなく、多くのヒト集団が共存し、ユーラシア大陸東部では消滅した言語が生き残るというきわめて貴重な文化的遺産の存続をこの日本列島に保証してきた。」

DNAの発見により科学は「人種」という観念は虚構、フィクションであることを確認した。創造主の世界創造が神話であることを確認したことに並ぶ快挙である。

人類の進化、移動の歴史は、DNAの解析でかなりのことがわかるようになった。

DNAの解析を通じて人類史を研究する学問が「分子人類学」である。

人の身体の設計図といえる遺伝子は、長い時間をかけて少しずつ変わって行く。遺伝子の中にあるDNA配列が変わって行く順序、変わった部分を解析して、親子関係から、民族の成り立ち、人が世界中に拡がって行った流れ、人類の起源まで調べるのが、分子人類学である。

近年になって長期にわたるタイムスパンの追跡には、Y染色体分析が適していることがわかり、研究が急速に進み、今では世界的な人類の移動の歴史がほぼ再現できるまでに、研究は進んでいる。

なおミトコンドリアDNAは母方だけの遺伝情報を、Y染色体は父方だけからの遺伝情報を追跡できるので、両者は補い合う、相俟って解析に資することができる。

日本人のDNAは世界でも稀なほど多様であることを指して、アフリカを出発したヒト集団が再結集した場所が日本列島かも知れない旨、指摘する人もいるほどである。

世界でも稀なほど多様なDNAが存続した結果、日本列島はどのような特質を持つに至ったのだろうか。

出アフリカ三系統のヒト集団が今も日本列島に認められることについて、坂本宇三郎氏は「顔相と日本人」（サイマル出版会）で次のように記している。

「二度、三度と海外駐在の勤めを終えて帰るごとに、また出張という形で海外視察を終えて帰国するたびに、先の海外での体験を逆転した形で、『日本人の外貌の不思議さ』というものが、私を捕えたのである。たとえば、インドシナ半島に出張旅行し、ベトナム、カンボジア、タイを訪問したとき、それぞれの国には、特有の顔相、外見、体格を特徴とする民族が生活しているのを認識して帰国することになる。……ところでわが国に帰ってみるとおどろくことは羽田の飛行場についたとたんに、この民族分布的な感想は混乱してくることである。つまり、まったくクメール民族的顔相そっくりの女性に会ったすぐそのあとから、越南風、マレー風、さらには韓民族的、モンゴル的、南方海洋民族的の顔相の人びとに次々とでくわすことになるのである。多種多様な民族的特徴の人びとが、異様に複雑に混在し、しかも、それが何の不思議もなく同一民族として共存しているのである。」

出自の異なる民族的特徴、顔相を持つ人々が同一民族として共存していることは、天壌無窮の神勅が遵守されてきたことを立証するものである。ジェノサイドがなかったから今も多種多様な民族的特徴を持った人々は存続でき、日本人として暮らしている。

出アフリカ三系統の末裔が今でも認められる歴史上の不思議は、日本列島で共存して暮らして行こうとの合意なしにはあり得ない。

列島の自然環境が豊かな食糧を供給してきたから共存できた。しかし、それで十分とはいえない。共に生きようとの合意の結実、天壌無窮の神勅なしには不可能と思われる。

出アフリカの三系統の末裔が今も列島内に認められる歴史上の不思議、及び多神教とされる固有の神道が世界宗教の布教に耐えて生き残り今なお正統な信仰である謎、並びに万世一系の皇統が君臨する驚異の歴史、これらの不可思議な事実は三位一体の関係にあり、その淵源を尋ねれば、東夷の国と蔑すまれた東海の列島が苗代になり、天壌無窮の神勅が育んだ土壌、平穏な社会の御蔭で平和裡に共存できたことが因である。三者の存続を左右するような大事は起きなかったから厳として存在している。

三者の奇蹟と呼べる存続は、外からの侵攻が困難な島国であるといういわば天与の賜物であり、天壌無窮の神勅となって実を結んだ住民の合意が歴史の荒波に揉まれても喪われなかったことに由来する。天の利、地の利、それを活かした人の和が齎した奇蹟といえる。

列島内で天壌の窮まりない未来まで平和裡に生きる、「行矣(さきくませ)」（幸くませ）との神勅を遵守してきたから三系統のＤＮＡは存続できた。

天神地祇（天つ神国つ神）とは、列島に渡来した人々が祀ってきた各集団の神が、氏族を超えて祀られるようになったことを示す言葉でもある。

神道の神は、三集団の人々と共に渡来、或は列島内で顕現した神聖なものを指す言葉である。天壌無窮の神勅を生んだ共存して暮らそうとの合意により、各集団の神は祭祀する人々と共に存続できた。八百万の神と呼ばれるほど多くの神がいるのはこのためである。

今後、来島する人々に信仰される神、新たに顕現する神をも包含する言葉が八百万の神である。八百万とは数が多いことを示すに止らず、末広がりをも意味する言葉でもある。

三系統のＤＮＡを持つ人々と共に神々も生き延び、随神の道として今も信仰を集めている。

万世一系の皇統存続の謎は、天壌無窮の神勅、列島住民の合意を体現する聖なる血統であるが故に比類なき権威があり、権威に挑戦しようとする者は排除されたから存続が可能だった。

天皇とは三系統の末裔の合意と願望を体現するだけでなく、保証するシステムといえる。

三系統のヒト集団が列島内で平和裡に暮らしていることを住民凡てに目に見える形で示す聖なる血統であるが故に、皇統として聖別され、存続できた。

神聖な存在としての天皇の役割は、祭祀王として三集団のヒト集団が守り伝えてきた神話や祭祀を守り束ね、天神地祇に奉告し、加護を祈ることである。

人々は祭祀をとおして運命共同体であることを、神前で確認した。

各時代の権力者は天照大神に繋がる聖なる血統、天壌無窮の神勅を体現する権威者としての天皇から「認証」されて始めて、列島住民の支持を得ることができ、政権の座につくことができた。

列島内で共に生きようとの合意は、大陸のような権力の集中を忌避した。強大な権力の裏付けがなくても統治できる国が、天壌無窮の神勅を核心とする日本国である。

元和偃武、戦国時代を終焉させた徳川氏は豊臣氏を滅し強大な武力、権力を一手に掌握した。にもかかわらず、皇室も外様大名も排除しなかった。何故か、歴史を鑑としたからである。

万世一系の皇統存続の所以は出自が異なる多様なＤＮＡで構成される人々が列島内で共存している、即ち、天壌無窮の神勅が遵守されていることを列島内の居住者凡てが目にし、確認できるが故に、如何なる権力者も取って代わる、皇統を断絶させようとはしなかった。できなかったことに由来する。

権力を喪失した時に、己れの属する集団の存続をも保証するシステムであるからだ。

天壌無窮の神勅、列島内で子子孫孫に至るまで共存して「行矣」との神勅が今も守られていることを、一身で体現しているのが天皇である。

列島内で平和裡に暮らしていることを、万世一系の皇統という形で明示しているが故に、存続できた。

天照大神に繋がる聖なる血統の権威に取って代わることは如何なる権力者と雖も不可能だった。

更には取って代わることは易姓革命の国になることであり、己れの存続を否定することに通じるからだ。

国体明徴、主権は天皇にありとする主張は、日本国の核心である天皇の本質を取り違えるという致命的な錯誤の上に築かれた砂上の楼閣であったが故に、歴史の荒波、試練に耐えられず大日本帝国は崩壊した。

天皇機関説を否定、攻撃した人達は、イスラム教原理主義過激派と同様の輩と考えればわかりやすい。天皇を掲げ、天皇を否定した鬼子、鬼胎であり、ＩＳの同類である。

彼等は断じて保守などではない。国体変革をもくろむ国家資本主義者であり、共産主義者とは異母兄弟であり、伝統の破壊者である。

天皇が体現するものは三系統のＤＮＡ集団の存続を保証する権威であって、統治権を行使するような形で示される権力者ではない。国内の平穏を保証するシステムである。

権力の支えや力による裏付けがなくても列島住民の支持によって立つ権威であるが故に存続できた。住民が存続を支持したからだ。

権力者としての天皇は存続できない。列島住民の支持を得られないからだ。それでは中華帝国と同様の国になる。大陸から距離を置くことを国是とする日本史を貫く原則に反している。中華帝国は反面教師なのだ。

万世一系の皇統は易姓革命を国体とする中華帝国の皇帝像を反面教師、他山の石として生れた、と捉え得よう。

天壌無窮の神勅とは、易姓革命に伴う流血を忌避するため誕生した島国ならではの歴史が育んだ智恵の結晶であり、日本文明の精華といえよう。天照大神の神勅を守ることが平和の礎になる。

万世一系の皇統存続の所以は、権力の座を巡る争いを武門に限定したからである。

天皇機関説の否定は、大日本帝国を中華帝国と同様の国とすべく国体を変革する試みであったが故に、正統たる国体が拒絶反応を起こし機能不全な国になり、大日本帝国は崩壊した。

否定された結果、軍部は統帥権を奪取、統制に服さぬ軍隊となり暴走を始め、大日本帝国を敗北に導き、崩壊させた。

日本国は安全が常態の国であり、水と安全に苦慮することはない。しかし國の字体が示すように城郭（囗）に囲まれた都邑を戈（ほこ）をもって守るのが国である。世界の都市は外敵の襲来に備えて城郭の中で不自由な生活を余儀なくされた。

日本では戦国時代と雖も武士は防衛拠点として堀で囲まれた城郭を築き身の安全を図ったが、城壁で囲まれた城下町は見られない。

都市と農村は断絶することなく連なり、自由に往来できた。城壁を構えた都邑が農村のうえに君臨したわけではない。

共に生きて行こうとの列島住民の願望は、城壁を必要としなかった。城壁がなくても安全に支障はなかった。

日本人が最も理解し難いものは、城壁に囲まれた都市の存在であり、生活である。経験したことがないから想像力が及ばない。

日本国にあっては権力の集中、独占は忌避される。徳川幕府を見ればわかるように、代を重ねるに伴い将軍の独裁権は弱まり、将軍という権威と化した。

公方（くぼう）（もとはおおやけ、朝廷の意）が将軍家の異称になったのはこの故である。武によって天下を盗っても代を重ねれば権力の行使に掣肘が加わる。将軍は老中の決定を承認する権威者として君臨するようになった。権力の独走を怖れてのことである。

天皇機関説に基き運営された明治国家と同様の形態といえよう。

強大な権力を持てば、権力行使の誘惑に抗うことは困難、使いたくなるのが煩悩の下僕たる人の本質をなす。そのような事態を回避するには権力の集中、独占を防ぐ制度を設けるしかない。

主君への忠誠が何よりも重んじられた江戸時代であっても殿様の専横が一線を越えたと家臣に認識されれば、「殿、御乱心」とばかりに、主君を「押し込め」隠居させることも辞さない歴史を有する。「よきにはからえ」と御墨付を与えるのが殿様の役割なのだ。

幕末、長州藩の殿様は家臣の意見具申に対し、常に「そうせい」と答えたため、「そうせい侯」と呼ばれた旨、伝えられている。明治に入り、その理由を問われ、殿様の権威を否定されることを恐れた旨、答えたという。

天皇機関説ならぬ、「殿様機関説」と呼べるものであり、徳川日本の国体といえる。

何よりも権力の集中、独裁者を生み出すことを拒否する国柄、「主上（天皇）御謀叛」の歴史を有するのが日本国である。

殿様よりは、「お家」の方が大事なのだ。「すわ、お家の大事」とあれば、「殿様と雖も押し込めかねない。殿様の臣下であるまえに「家臣」なのだ。お家に仕えているから家臣であり、藩士なのだ。

お家は藩士のみならず子孫の生活をも保証するものであるが故に滅私奉公して仕えてきた。未来にわたる生活の保証が忠誠を支えてきた。

日本国の組織は、殿様機関説、天皇機関説で運営されてきた。日本国の体質と化している制度である。にもかかわらず天皇機関説を否定したが故に対応する術を喪失、大日本帝国は脳死状態に陥った。

帝国日本は迷走を始め、軍人の暴走を押し止めるものは存在しなくなり、敗戦という死を迎えた。丸山真男が説いた「無責任の体系」とは機関説否定後を指したものであり、常態といえるものではない。憲法の不備が齎したものである。

男系の血統、父系の血統の継承を社会の構成原理、核心とする国とは原理が違い、日本の家は血の継承を第一義とするために存在しているわけではない。

血が繋がらなくとも、「家」が継承されることを真善美（よし）とする国柄である。血統よりも家の存続を重視してきた。

「取子取嫁」、他家から迎えた息子と嫁、夫婦養子に家を継がせても怪しまない。家の祭祀をする、先祖の墓を守る者は、血を継ぐ者でなければならないとする観念に囚われていない社会である。「兄弟は他人の始まり」で「遠くの親戚より近くの他人」を頼れる社会である。宗族を核心とする儒教社会とは社会原理に本質的な相違がある。日本国と儒教国家は違う文明に属していることを立証するものである。

また、農村は日本とヨーロッパのみが非血縁共同体として構成されていることも文明の相違を立証するものといえよう。

大名家の家督相続を見ればわかるように、初代とは何のゆかりもない者が殿様として藩主の座を継ぎ、君臨しても異を唱えることなく迎えられ、統治に何の支障も生じない。家督を継ぐ者がいないことが問題なのだ。

悠久の時を経て育くまれ、「天壌無窮の神勅」として結実した天皇のもと平穏に暮らすことで行矣（さきくませ）との神勅は、列島住民、凡てを親族と化したと考えねば説明困難、理解し難い現象でないだろうか。

二重構造が国体の日本国において天皇機関説の否定は、名実を共にする一元化を求めることであり日本国の歴史を経て正統になった国体を否定することでもあった。

国体明徴、憲法の定める如く天皇親政を主張することは理論としては整合性がとれているかのように見えても、日本国の国体、歴史、慣習になじまないが故に機能せず、失敗する。まさに机上の空論なのだ。

何故なら人は歴史を経て形成された価値観、行動様式に従って生きている。この厳粛な事実を無視して理論のとおり実施せよと主張しても国民は対応の術を知らない、身に付いていないから失敗せざるを得ない。皇帝独裁が国体の中国との明確な相違点である。

昭和には入ってからの帝国の迷走は日本国を中国同様の国体に変革しようとしたことから生じた。国体明徴は明治時代のリアリズムを喪失させた。

歴史や国情を無視した政策は強行すればするほど死に至る因になる。天皇機関説否定後の帝国の迷走はその典型といえる。鑑とする歴史はここに存する。

天皇機関説否定に加担した要路の大官は、そのことを見通せなかったのか。それとも怯懦、保身のため見逃した、口をつぐむ、目を瞑ったのか。私には怯懦、保身に囚われたとしか見えない。

歴史を鑑とすれば自明の理である筈の原理、二重構造の国柄を無視して権威と権力を一身に具備した天皇像、いつとは知れぬ古代にはあったかも知れぬ、虚構の天皇像に囚われ、天皇機関説を否定したことが、大日本帝国を迷走させ、崩壊に導いた因である。

指導力を発揮し、戦争に至る道を突き進んだヒトラーやムッソリーニにあたる指導者はいなかった。共謀して戦争に導いたわけではない。決定権者が存在しなくなったから迷走を始めた。

天皇機関説を否定した結果、統轄する内閣が機能しなくなったが故に迷走を始め、航路を外れ、座礁、難破した。

明治維新の志士は、幕藩体制を抜本的に変革しなければ独立自尊の日本国は存続し得ない旨の明確な問題意識があり、生命を賭して幕藩体制に挑戦した。

戦略が正しく、「生命もいらぬ、名もいらぬ」との覚悟をもって行動したから目的を達成できた。

「昭和維新」と怒号した人達の戦略は、虚構の国体に拠るものだった。観念のなかにしか存在しない、歴史に反した代物を国体として、軍の力で押し付ける、強要したから破綻した。

間違った設計図をもとにした昭和維新が成功する筈はない。彼等の国家戦略は錯誤の上に立った虚構の大義であったが故に破綻した。

勅命を抛って国家を指導、運営してきた要路の大官は、既得権を放棄する覚悟を有しなかった。維新の志士のように国家、国民のため身命を抛(なげう)って非常時の憲法を、平時の憲法に改正する気概、気迫を有しない試験秀才にすぎなかった。

それればかりか、天皇機関説を否定するという天に唾する戦略的な誤(あやま)ちを犯し、大日本帝国の崩壊に加担した。

維新の志士たちとは異なり、官制の教育機関の席次でその後の出世が左右されるという硬直した人事が敗戦を齎した。試験秀才にすぎない者に国家の命運を託したが故の失敗である。

まさに売家と唐様に書く三代目である。

同じ敗戦国であるがドイツの首相の在任機関は日本より遥かに長い。弱い指導者は国を危うくすることを国民が斉しく理解し、忌避する国柄が強い指導者を求めるのだ。

日本においては強い指導者を忌避する。出る杭は打たれる国柄である。共に生きて行こうとの誓いを、強力な指導者の私意によって蔑ろにされることを恐れるあまり強い指導者を忌避し、身内で庇いあい集団指導、談合（話合い）を旨とし、空気に支配された結果、問題の本質は何かを問うことが疎かになったが故の失敗である。

国を束ねる強力な指導者が存在しなくても統治に支障がない国柄であり、外国勢の侵攻を招くこともなかった歴史の故でもある。

世界史でも稀な変革である明治維新は、独裁者を生まなかった稀な革命である。

独裁に拠らなくても変革が可能な稀有の国が、日本国である。合意による政治では強い指導者は障害になりかねないのだ。

問題は合意に時間がかかる、国民に危機意識が共有されていない時に、非常時への備えを如何様に構築するかが、指導の任にある者の責務であり、日本国の喫緊の課題でもある。

皇室と姓

皇室は姓を持たない。何故だろうか。天壌無窮の神勅を体現しているが故に姓を持たない、持てないのではないだろうか。

皇室は日本列島に居住している凡ての氏族を代表するが故に、姓を持たない。

皇籍を離れれば「清和源氏」に代表されるように姓が与えられることは、全氏族を代表するが故に姓を持たないことを示唆している。皇室は姓を持たないことによって聖別されてきた。「氏姓」に属さないことによって氏族に拘束されることなく全氏族の上に君臨できた。

天壌無窮の神勅を体現する聖なる血統、皇統は姓を持たないことに因って、氏族の利益に奉仕しない証とし、全氏族を代表して祭祀を取仕切る権威者として君臨してきた。

易姓革命の国、中華帝国では皇帝は姓を持っている。皇帝が徳を失えば放伐され、王朝は終る。

中国史を貫徹する原理、法則といえるもので、放伐に因って夥しい犠牲が出ることを忌避しない国柄である。禅譲放伐と一括りにされて来たが、禅譲は建前でしかない。

放伐に成功し、新たに王朝を立てようとする者にとって、前王朝の血脈は、王朝を左右する重大な脅威になりかねない。いつ何時、反乱の首魁として血脈に繋る者を神輿に担ぎあげようとする者が現われないとは限らない。是非とも抹殺、根絶やしにしなければならない脅威である。

しかし、中国史が示すとおり如何ほどの犠牲を払い、皇位につこうともその地位を子子孫孫にわたり継がせることは不可能である。

放伐されればジェノサイドされる側に追い遣られるが故に死物狂いになって、戦うことから凄惨な闘争にならざるを得ない。

王権神授説、易姓革命説に見られるように、王や皇帝は神の祝福を受けた者、或は神の子孫とされてきた。

神（天）の祝福を受けた筈の皇帝（天子）をも放伐するのであれば、他は推して知るべし。他の宗族に属する者の生命は鴻毛よりも軽く取り扱われかねない。

王権を巡る争いに伴う犠牲を最小限に抑え込む最善の方策は、時代の変遷に伴い王の権力を上回るまでに力をつけた者が、王を戴きながらも統治の実権を行使する。権威と権力を分離することである。

権威を担う存在は、他の氏族とは違う出自を持ち、全氏族の上に神の祝福を受けた者として認められ、君臨し得る者でなければならない。

天壌無窮の神勅によって統治の正統性を保持する皇統こそが、全氏族に推戴されるに値する。

皇室は姓を持たないことに因って全氏族の上に立つ権威者である旨、聖別した。

万世一系の皇統の存続は列島住民の叡智の結晶である。天壌無窮の神勅を齎したのと同根、列島で平和裡に暮らし幸う国になろうとの合意が育んだものである。

大陸では破れた側の集団は存続すらおぼつかない。ジェノサイドの憂き目にあうか、奴隷にされる。この結果、起きることはDNAの多様性の喪失である。

出アフリカの三系統の末裔が今も認められる歴史上の不思議、謎ともいえる国柄は天壌無窮の神勅として結実した民族の叡智、共に生きようとの合意が齎した。

平穏な国柄を希求したが故に、争いは神々の戦いともいえる氏族の存亡を賭けた闘争にまでは至らず、三系統の末裔は今も存続している。この結果、彼等が祀る神の祭祀も廃れることなく、今も行なわれている。

皇統は民族の合意を体現する聖なる存在としての地位を喪うことはなかった。

秦の始皇帝の命を受けた徐福は、東海にあるという三神山に不死の仙薬を求め渡来した。熊野又は富士山麓に定住したと伝えられている。扶桑の呼び名を持つ地が、日本列島である。蔑称である東夷とは真逆の国である。

大陸からの侵攻が困難な位置に、花の茎を縒り合わせて編んだ花づなのように、優雅な弧を描いて連る島々から構成される日本列島は、花づな列島と呼ぶにふさわしい列島である。

花づな列島では大陸のように城壁を構えて、異民族の侵攻に備える必要はなかった。騎馬民族の侵攻があり得ない東海の列島の故である。

山がちで狭少な平地しかない「一所懸命」の国では、他の氏族を圧倒する氏族は生れ得ない。共存の利点が明瞭な土地柄である。

一万年を超える縄文時代が示すように海の幸、山の幸に恵まれた地であるため、生存の必要に駆られ、他の氏族のテリトリーを侵すことはあっても生存を賭けた争いには至らなかった。

時を経て、交易や治安上の必要から緩やかな連合が生れ、朝廷が誕生した。しかし、出雲の国譲り神話や日本武尊の神話が示唆するように統一過程での争いは、大陸のような血腥い、ジェノサイドに至る争いにはならなかった。

出アフリカ三系統のDNAを有する末裔が今も認められることはその証（あかし）足り得る。

城壁を構えて安全を図る必要のない扶桑の国であるが故に守られてきた平穏な歴史は、列島住民の一体感を育み、大陸のように父系の血統を社会の核心とする宗族制の国とは一線を画す、双系の社会になった。

異質な社会であることは、東夷の国と呼ばれる根拠でもあった。儒教の価値観は、異質な社会を容認することなく排除して怪しまない。天命を受けた皇帝が徳化しなければならない蛮夷である。

易姓革命の地は戦いが常態の国であるが故に生存の必要上、宗族で団結し、危機に対処してきた。

日本人が姓にこだわらない、他姓の家から養子をもらって怪しまないのは、血筋を守ろうと身構える必要のない社会が齎したものでないだろうか。農村が非血縁共同体として成立しているのはこのためだろう。

天壌無窮の神勅となって結実した列島住民の一体感が宗族制を拒否、受け入れなかったことが淵源といえるだろう。

皇室が姓を持たないのは易姓革命の国とは国体が違うことを示すものである。天皇は全氏族を代表するが故に姓を持たない。

中華帝国とは違う国体、文明の型が違うことを公然と表明しており半島の国とは違う歴史を歩むことになった。

東夷の国であるが故に可能だった。歴史の皮肉といえるだろう。

日本国は中華文明から多くのものを学んできた。しかし朝鮮半島とは異なり文明の精華たるものに限られており、社会を構成する基本構造を受け入れようとはしなかった。

天皇像と皇帝像は対照的である。天皇像は華夷秩序に包摂できない。社会の核心である家族、血縁、宗族の捉え方が相違している。このことは日中両国は違う文明であることを示す論拠足り得る。

日本文明を中国文明と同種とするのは偏見である。

ヨーロッパは文明の核心である文字、キリスト教を受容したが独立の文明であることを否定する者はいないだろう。

日本文明もヨーロッパと同様に漢字、仏教を受容した。しかし、大陸とは多くの点で相違する異質の国である。日本の封建制は、ヨーロッパの封建制と類似していると指摘されていることからも異質性が窺われる。

日本は中国から漢字と仏教を受け入れたが、歴史を経て違う形態を取るようになった。

漢字と仏教受容を根拠に日本文明が中国文明に包含されていると評価するのは根拠が薄弱、不十分である。

天壌無窮の神勅と皇統の存続

大陸を捨て日本列島に辿り着いた各集団は、大陸を他山の石、反面教師として、他集団と共存する道を選択した。このため出アフリカ三系統の末裔が今も列島内で共存している。

海の幸、山の幸に恵まれた列島の国では、他の集団を押し退けなくても生存できた。また、天壌無窮の神勅が抑止力として働き、氏族の存続を賭けた争いを食い止めた。

　列島に渡来した各集団の共に生きて行こうとの合意を、列島の住民凡てに目に見える形で示しているのが、万世一系の皇統である。

　天壌無窮の神勅とは、列島で暮らすうちに自然と醸成された共に生きて行こうとの合意を、子子孫孫に至るまで遵守させるために生れた神話と解釈できる。

　神話として語り継ぐことで天壌の窮まりない未来にわたり守って行こうとの決意を、新たにした。

　悠久の時を経て自然に醸成されたものであり、列島の平穏を齎す神話であったが故に列島住民に遵守され、神話として語り継がれ、時を超えた生命力を有している。

　応神天皇五世の孫とされる継体天皇の即位は、神話として語り継がれてきた天壌無窮の神勅の重さ、拘束力を示す恰好の事例である。世々を経ても各氏族集団を従わせるほどの強い拘束力を有していたが故に、継体天皇は即位できた。

継体新王朝説を唱える学者がいる。どのように捉えるべきだろうか。

荻野貞樹氏は「歪められた日本神話」（ＰＨＰ出版）で次のように記している。傾聴に値すると思われるので紹介する。

「学者たちの『想像力』というものについて私はまことに気になる。

世に『継体新王朝説』というものがある。

二十五代武烈天皇が崩じて皇統が絶え、世が混乱した時その混乱に乗じて田舎の豪傑の一人が自分は皇胤だと世間の目をくらまし、まんまと皇位に即いたのが継体天皇である、という学説である。

早稲田大学教授　水野祐氏が唱え、井上光貞、直木孝次郎、吉井巌、和田萃、岡田精司ほか多数の学者がこれを支持してる。

すべてに共通しているのは非論理と想像力の欠如である。

非論理というのは次のことを指す。

つまり、継体天皇が応神天皇の五世の孫であるということは日本史の最大の基本文献である日本書紀に書いてあることである。古事記にも明記されていることである。さらに、古事記・日本書紀より成立が早いことが立証されている上宮記にも書かれている。

継体を田舎の豪族だとする説は、これらの書物の内容をデタラメだと断定する説にほかならない。

ここまでは、それぞれの個人の立場であるからいいとしよう。ところが奇怪なのは、彼らが古事記・日本書紀の記載を大嘘のデタラメだと断定する根拠となっているのが、ほかならぬ古事記・日本書紀の記載内容なのである。

記紀の記事で最も中心となる基本点は、継体は応神の五世の孫であり、それが当時の上卿群臣の懇願によって即位した、という点である。その他のことはいわば周辺的な事実にすぎない。ところが学者たちは、この基本点を嘘であるとする根拠として周辺的なくさぐさの瑣末(さまつ)な事柄を挙げ、しかもそれらに対して勝手な憶測を加えた上で根拠としている。

例えば、継体は即位後二十年間大和国に入らなかったということが日本書紀に書いてある。書いてあるのはそういうことなのだが、学者はそれを捉えて、大和国に入らなかったのは、偽称の王であるから殺されるのを警戒して近寄れなかったのだと憶測する。これは「憶測」とか「勘繰り」とか「あてずっぽう」とか言って「想像力」とは言わない。

正史の大筋がそんなにデタラメなものなら、まず河内樟葉宮(くすはのみや)に入って即位し、次に山背(やましろ)の筒城宮(つつきのみや)に遷(うつ)り、さらに弟国宮(おとくにのみや)に遷り、と行ったこまごました話がどうしてデタラメではないのか。それらも全部嘘だと主張し出したなら、そのときは彼らの「論理性」を多少は認めてよかろう。もちろんそのとき彼らは歴史家ではあり得ないが。」

省略

「想像力の欠陥」と言ったのは次のようなことを指す。
いま挙げた例でいえば継体は確かに二十年大和に入らなかった。もしこれが殺されることを警戒してのことだったなら、なぜ樟葉宮だの筒城宮だの弟国宮だのという、いちばん危険な所に宮居していたのか。そこらは大和から軍勢が攻め寄せたら一日ももたない無防備の地である。要害の地ではない。城塞もない。しかも、水野氏によれば継体が偽王であることは周知だというのであるから、誰にしろ、にせものを攻め殺しても褒めらこそすれ咎められはすまい。

二十年間も、殺されるのが恐くて大和の地に足も踏み入れられないような臆病な簒奪者が、なぜ敵地の近所でうろうろしていたか。ここで、初歩的なしかも正しい想像力を働かせるとこうなる。それは、

『危険がなかった』

からである。

学者たちに欠けているのは、この初歩的能力である。

また、越前三国にいたオホド王（継体）を次の皇族にと推戴(すいたい)した勢力は、大伴大連(おおむらじ)、物部大連、許勢大臣(おおおみ)と言った有力者である。学者たちは、継体がこれら有力者、特に大伴氏を味方に引き入れて天下を騙したと言うのであるが、少しだけでも考えてみるとよい。大伴、物部と言った神代以来軍事を統括してきた大豪族が、越前あたりの田舎の乱暴者に膝を屈するということがあり得るか。

彼らは最も保守派のいわば血統主義者である、当時最もよく古来の人脈に通じ、族譜皇統に関しては最大の知識を持っていた氏族

と考えられる。せいぜい五六代前からの族譜などは、彼らにとって掌を指すがごとくであったろう。その彼らが、自分は応神の裔であるぞと偽称する田舎者に騙されるなどということがあり得るか。

あり得ない、と知ることはわずかの想像力をもって足りる。いっとき騙されたとしてみよう。しかし、多少調べればそんなものはすぐわかる。学者たちは、偽称とわかっていたのだという。そのにせものに大連大伴金村が地に伏して鏡剣の神璽を奉っている。学者たちはその時の大伴氏の心事をどのように考えるのだろう。」

各氏族集団にとって、天皇の座を巡り争うより以上に、天照大神に繋る聖なる血統を即位させる方が得だったのだ。

皇統の存続は日本国の平穏を保証する担歩、制度的裏付けといえる。承久の変、建武の中興に代表されるように時の権力者は天皇を退位させる、或は島流しにしても自らは天皇の座を求めなかったことからも、神話は生きている、権力者を従わせる力を有していたことが窺える。

権力を喪った時にその集団の存続を保証する制度であるだけに、何者も取って代ろうとはしなかった。できなかったのだ。

万世一系の皇統の存続という歴史の謎、及び出アフリカ三系統のヒト集団の末裔が今も日本列島に居住している謎を解く鍵は、天壌無窮の神勅を遵守する方が得策、己れの属する集団の存続を保証する制度であったことが真因といえるだろう。

反面教師たる易姓革命の国に学んだ。誰でも皇帝になり得る国ではその座を巡り争いが絶えないからだ。

天皇が祭祀王として執り行う祭祀は、天壌無窮の神勅が遵守されていることを身をもって奉告し、神々への感謝と、変らぬ加護を祈るための祭祀といえるだろう。

各地の神社は、その土地で共に生きようとの決意を奉告し、加護を祈念する聖なる空間である。祭は誓いと一体感を確認させる。氏子、氏神の子孫として誓うことで、違約を封じ込めようとするものである。破れば神の祟りを受けるが故に厳粛に取り行われた。

皇統を廃し、新たな王朝を建てようとの野望を抱いている旨疑われた足利義満や、天下布武の織田信長が、野望実現の寸前に阻止、排除されたことは神意、天壌無窮の神勅に背こうとしていると疑われたからではないのか。

天壌無窮の神勅を齎した列島住民の誓いは、君臣の義よりも重かったことを示す事件である。

日本的な公の観念は神勅が礎である。

天壌無窮の神勅は宇宙船地球号の時代、国や民族、宗教等の壁を超えて共存共栄することで幸う星になるよう活動することを命じるものでもある。

日本国の国是として取り組むべきことである。それは平和憲法の理念でもある筈だ。

歴史の節目と天皇

天皇とは日本国にとって如何なる存在と捉えれば的を射た解釈といえるのだろうか。

国民は何故、万世一系の皇統を是認、支持してきたのだろうか。

天皇とは日本国の核心、日本史を貫く基軸であり、日本国固有の存在として、日本国の歴史を解明する鍵となる存在と総括できるだろう。日本国は天皇と共にある。天壌無窮の神勅を体現するが故に並び無い権威を有する聖なる存在である。

竹田恒泰氏が、「旧皇族が語る天皇の歴史」（ＰＨＰ選書）で述べていることは、天皇とは日本列島で暮らす人々にとって如何なる存在であるかを明らかにしている。

「大永六年（一五二六）の天皇崩御によって、践祚した第一〇五代後奈良天皇の時代は、皇室財政の逼迫が極限に達していた時期である。御所を囲む築地塀が崩れても修復できず、三条大橋から内侍所の灯火が見え、紫宸殿近くで茶を売るものがいたという。北条氏など諸大名の献金により即位礼を行なったのは践祚から一〇年後だった。

だがこの時代の朝廷は困窮していたものの、天皇の権威は徐々に回復しはじめていた。」

紫宸殿は大内裏の正殿で即位の大礼をはじめ、宮中の朝賀、節会など公事の儀式を行う中心的な場所である。その近くで茶を売る者がいたほど、朝廷はさびれていた。

内侍所とは今の賢所のことで神殿、皇霊殿とともに宮中三殿の一つで、三種の神器の一つである八咫（やた）の鏡を模した神鏡を祀る神聖な場所である。古くは恐所、尊所、畏所とも呼ばれていた。

築地塀が崩れ、神聖な内侍所の灯火が遠くから見通せるほど無防備な状態であっても、御所が襲われたり、天皇が傷つけられたりするようなことは、絶えてなかった。

戦乱の中、堀で囲まれた城郭を築き、身の安全を図った戦国武将とは本質を異にしており両者は対照的な存在であったことが明白である。文（権威）と武（権力）という管掌するものが異なることから生じた相違である。

天壌無窮の神勅を体現する天皇の権威は、最も厳しい状況下に置かれていた戦国時代においても失なわれていなかった。

天皇は武（権力）を巡る争いでは部外者、蚊帳の外にいたから安全を脅かされることはなかった。

武門には易姓革命が適用されたといえよう。権力とは力で保持するものである。力を失えば権力を失うしかない。

戦国末期には天皇を担ぎ、天下に号令をかけるために上洛することが有力な戦国武将の天下盗りの戦略になるまでに天皇の権威は回復した。

天下盗りには、天皇の「認証」が欠かせないまでに天皇の権威は回復した。

現憲法下においても天皇の国事行為が不可欠である。天皇は国政に関する権能を有しないが、一定の形式的事務的行為が求められている。形式的とされる天皇の行為は、時の流れを超え日本国民が守ってきた日本国の正統たる聖なる存在、天壌無窮の神勅を体現する天皇から正史の列に加えられたことを確認する行為といえる。過去、現在、未来にわたり時の審判に耐え得る決断を迫る、責任の自覚を促すのが国示行為である。

歴史の節目に際し、天皇の認証が不可欠であることは、幕末においても再現された。

徳川時代の天皇は官位（栄典）授与、元号制定、改暦の権能しか持たなかった。しかし、いずれも幕府が主導権、或は実質的な決定権を持っていた。新井白石は「元号」を定めるだけと指摘したほどで形式的、手続的に認証する権能しか有さなかった。

しかし、幕末の危機に際しては、勤皇か佐幕かの路線闘争の結果、天皇のもと団結し、国難に対処する路線を選択した。戦国時代と同様の軌跡を辿ったといえるだろう。形式が将軍の地位を左右したのだ。

大政が奉還され、長い封建時代に終止符が打たれ、武士が政権を掌握する国体から天皇のもと、四民平等の国体を選択したことにより虎口を脱することができた。

大東亜戦争においても歴史を鑑として天皇のもと、団結することで最悪の事態は回避された。ポツダム宣言受諾に際しては、天皇の権威なしに軍部を承服させることはなし得なかった。

天皇の権威、御稜威がなければ何が起きても不思議でない混迷の極に、大日本帝国は陥っていた。

軍部は何が原因でかくまでに堕落、カルト化したのか、理解に苦しむほど現実把握能力を喪失していた。

ニーチェが怪物と戦おうとする者は、怪物にならないよう気をつけねばならない旨警告したとおり、軍部は怪物と化していた。明治時代には植民地主義という怪物と戦い、救国の英雄だった軍は、いつしか国を喰う怪物に成り果てていた。

何が原因で、本来であればある筈のない事態、軍が国政を牛耳るようなことが起きたのだろうか。

昭和に入り、軍人が本来の役割を放擲し、憲法を無視した反国家的行為、横紙破りをするようになった端緒が開かれたのは、社会の側にも少からぬ責任があったのではないだろうか。

勝利の結果、緊張が弛緩、大日本帝国は歪をあらわにした。歪が端的に表われた箇所が軍隊である。大日本帝国は軍備の重圧に喘いでいた。

大正時代、軍部の激しい反対にもかかわらず軍縮を断行した。

社会は軍人が制服で外出することを憚るほど軍人を蔑視した。

蔑視に対する怨念と、待遇の悪さが引き金になり、軍人は社会に対し牙を研ぐようになり、遂には暴発したのではないだろうか。

兵営が暴力の巷と化していたことについて何度も聞かされた話の一つに、「赤紙」と呼ばれた召集令状にまつわる理不尽極りない振舞いがある。

赤紙で二等兵として召集された兵に対して、理由のない鉄拳制裁を浴びせ、「貴様らの生命の値段は一銭五厘」と罵った。また、赤紙で召集された二等兵は最下位の兵であるため上官に出会えば敬礼しなければならない。自動的に敬礼していた所、同じ上官に何度も敬礼したとして鉄拳制裁を浴びたとのことである。兵営内は暴力が巣くう異界と化していたのだ。

明治の軍隊には見られなかった現象である。まっとうな軍人がすることではない。「娑婆」に対する怨念があったとしか思えない粗暴な振舞いである。戦後、反軍思想が世にはびこったのは軍人の常軌を逸した振舞いが主因である。

国民はこれほどまでに軍人が堕落した原因を問うていかねばならない。

一朝事ある秋は、生命を賭して国家に奉仕すべき役割を担わされた軍人は、それに相応しい敬意と処遇を社会から受けるべき権利を有する。相応の礼遇を受けてこそ、身命を抛つことができる。

明治の軍人の栄光に憧れ、軍人を志望した者にとって耐え難い屈辱だった。

怒りが軍人を駆り立て、狂わせた。理性が失われた結果、存在意義を忘れ、護国を名目に私欲を貪る集団に成り果てた。

権力奪取のための策謀に能力の限りを尽したためか、本来の役割である国を守るための戦略の構築が疎かになった。その結果が敗戦である。

軍人は統帥権を強奪したため正統性を持たないことを自覚していた。このため暴力を奮うことで排他的に軍の主張に従がわせようとした。怨念が軍人を狂わせたのだ。

戦後の日本国も、自衛隊員や警察官に悪口雑言を浴びせる勢力が強い影響力を及ぼしてきた。社会を守ることに生命を賭けねばならない職にある者に対し取るべき態度ではない。

昭和天皇の御聖断により国家意思を統一した。整然と降伏できたことで、敗戦に伴う犠牲を最小限に抑え込むことができ、復興の礎になった。

戦後の改革に際しても、この原則、共に生きて行こうとの合意、神勅が守られたからこそ、改革は成功し日本国は奇蹟の復興を遂げ、名実ともに先進国の一員になることができた。

日本国の平穏は権威者として君臨するが、統治には直接かかわらない天皇に拠って支えられている。

戦後日本は「象徴天皇」と呼ばれる正統の天皇像に復帰したが

故に平穏な社会を構築できた。鑑とする歴史はここに存する。軍隊を忌避することではない。

人類は軍隊を必要としない世界を構築できていない以上、軍隊を持たないことが平和の礎である筈はない。

歴史を鑑とするとは、軍の統制を揺ぎのないよう法制化し、遵守させることである。

統治の任に与かった者は、現在の有権者である国民だけでなく歴史の信託をも受けていると自覚し、責任を全うすることを使命として事にあたらねばならない。

天皇の認証は自覚を促すためにある。古代から断絶することのない、歴史を一身で体現しているが故に可能なことである。

戦後日本の「知識人」は社会主義に魅了され、社会主義の広告塔、宣伝媒体になることを自己に課せられた聖なる使命と捉えてきた。社会主義の陰には目をつむり称賛する一方で、日本国にかかることはマルクス主義の権威を笠に着て難詰、断罪して憚らなかった。にもかかわらず庶民は乗せられなかった。歴史を鑑としたからである。

幻想に踊らされたのは、マルクス・レーニン主義に傾倒した結果、観念論の虜になり、歴史を鑑とする見識を失い、根無草になった輩である。

批判を職掌にするが想像力及び創造力を共に有しないのが進歩的文化人と呼ばれた人達である。自画像を毀損しているからこのような振舞いをして恥ない。彼等は幻想の観念を民主主義より重視してきた。「叩き斬ってやる」旨の発言は後継者たるリベラルの本音を吐いたものである。

リアリズムを喪失し、幻想の観念に拠った点では国体主義者と軌を一にする。同じ穴の狢である。

社会主義に共感を示し日本を貶しめる反日活動の太鼓持であった知識人が民主主義を信じていたとは思えない。問答無用と叫んだ軍人の仲間、五十歩百歩の相違に過ぎない。

昭和天皇の御巡幸

戦争と革命の世紀であった二〇世紀において、戦争や革命、或は動乱により多くの王室がその地位を追われた。

皇室も同様の危機に遭遇、皇室の命運は尽きた。風前の灯同様に消滅は避け難いかに見えた。

天皇の名のもと戦われた大東亜戦争は未曾有の敗戦で終った。敗戦の結果、戦勝国の「天皇制」批判など、国内ばかりか、外国勢の思惑も絡み、長い皇室の歴史のなかでも最大の危機に瀕した。

戦争の結果、数百万人にのぼる死者を出し、都市は灰燼に帰した。残されたものといえば荒廃した国土、山河であり、飢えた大衆だった。

見るも無残な状態であったにもかかわらず、皇室は存続し得たばかりか、昭和天皇は退位することもなく天皇の地位を保つという歴史上の不思議、謎というほかない奇蹟がまたもや起きた。何故か、国民は昭和天皇の敗戦責任を問うよりは、天皇と共に復興する道を選択したが故に皇室は存続できた。

二〇世紀において戦争は、国を挙げての総力戦になり、動員可能なものは「ねこそぎ」、それこそ凡て動員される総動員体制が敷かれるようになった。

勝利が何にもまして最優先される戦争の究極形態、地獄の鬼も目を背ける戦争と化した結果、人間の愚かさ、醜さ、汚さ、残虐性が極限にまで拡大され、文明に逆行する蛮行が罷り通り、地球規模にまで拡大した、歴史に類を見ない汚い動乱の世紀だった。

戦争と革命の世紀は残虐が正義の名のもとに罷り通った時代だった。互いに己れの正義を掲げ、科学文明の精華を殺戮のため使用して憚らなかった。

敗戦国では敗戦責任が追求され、体制が崩壊、国体は変わらざるを得なかった。

しかし、日本国ではまたもや天壌無窮の神勅は守られ、皇室が存続するという奇蹟が再現された。

皇室は護持されたが大日本帝国の皇帝と化した天皇像とは異なり、権威のみを担う日本国の正統たる天皇像に復帰した。天皇機関説が制度化されたと解釈できるのが象徴天皇である。

出アフリカ三系統の末裔である多様なＤＮＡで構成される列島住民の共存して幸う国になろうとの合意は、未曾有の敗戦という悲惨な状況にもかかわらず損なわれることはなかった。通常の国とは相違して天壌無窮の神勅を一身で体現する天皇のもと復興する道を選択した。

昭和天皇の御巡幸は、国民に天壌無窮の神勅を再確認、天皇と共に復興に取り組む決意を固めさせる契機となった。

終戦後、直ちに始められた「昭和天皇の御巡幸」は、大日本帝国と決別し、象徴天皇を戴く日本国再建へ向け第一歩を踏み出したものであり、歴史的な第一歩になった。

鈴木正男氏は、「昭和天皇の御巡幸」（展転社）で次のように記している。

「このようにして昭和二一年二月から始められた昭和天皇の全国御巡幸は、当初は二十二年か、遅くても二十四年までには全部終へられる予定であったが、種々の事情で二十九年まで満八年半かかった。行程は三万三千キロ、総日数百六十五日にも及んだ。」

「昭和二十三年の中断については後述するが、これは占領軍の容喙である。占領軍は『天皇は神ではない。ただ一人の人間である。敗戦の苦しみにあへぐ国民が石の一つも投げて、天皇の権威が泥にまみれればよい』と当初は考えていた。

ところが、いざ実施してみると占領軍の予想とはまったく反した。石を投げるどころか、国民はどこへ行っても天皇を熱狂して迎える。これには驚いた。御巡幸には大佐クラスの将校が同行し、実弾を持ったMP（米軍憲兵）が陛下の周辺を警備したが、大阪、福島等では陛下に殺到する大群衆に驚いた彼等が空に向って空砲を撃って、これをしずめる騒ぎさえ起こった。」

「昭和天皇が全国御巡幸で先づ会はれたのは前述の如く、今次大戦で戦死した遺家族であり、海外からの引揚者であり、戦災者の遺族であった。その中でも特にいたいけな幼児たちであった。遺家族は御やさしい御慰めと激励の御言葉に、どこでもすすり泣き、あるいは号泣した。そして周囲の人々も皆泣いたのであった。長崎の原爆患者永井隆博士は病院に陛下の御見舞を受け、後日、次の如く述懐した。

『天皇陛下は巡礼ですね。形は平服をお召しになっていましても、大勢のおともがいても、陛下の御心は、わらじばきの巡礼、一人寂しいお姿の巡礼だと思いました。』

国民は陛下の御心を体で知り、皆、落涙したのであった。」

占領軍の御巡幸に対する判断、「天皇は神ではない。ただ一人の人間である。敗戦の苦しみにあへぐ国民が石の一つも投げて天皇の権威が泥にまみれればよい。」が、世界の常識である。

しかし、日本国ではそのような大事は起きなかった。逆に、天皇のもと団結し、復興に取り組む決意を固めさせた。

未曾有の敗戦に際しても皇室と国民を結ぶ紐帯、一体感は喪失することなく保持されるという奇蹟がまたもや再現された。

天壌無窮の神勅として結実した列島住民の共に生きて、幸う国になろうとの合意が齎した奇蹟と呼べよう。

合理的な思考では理解困難なできごとであろうが、神話の力、信仰が齎した奇蹟である。

多くの国民は戦争により財産を失っただけでなく、夫を失い、父を失う、或は子を失う等、悲劇のなかに取り残され、国民は困窮にあえいでいた。

前例のない悲惨な状況にもかかわらず全国御巡幸を決意された昭和天皇の勇気と国民への信頼は、「皇室は国民と共にある」ことを、身をもって示したものであり、国民に希望と再建に取り組む気力を奮い起たせるものであったが故に、皇室は存続できた。

それればかりか、児島襄氏は、「天皇　第五巻」で次のように記している。

「宇治山田駅から内宮に至る参道には、ムシロやゴザの上に老若男女が坐って迎え、三重県の津駅では、陸軍将校の写真を抱いて拝礼する未亡人の姿もあった。

戦時中までのシャチホコばった奉迎の雰囲気は、失われていた。が、といって、天皇に対するあらわな反感はうかがえず、むしろ、自然で“皇室との隔たりが急にせばまった感じ”さえ、受け、木戸内大臣は安堵した。」

天皇と国民との距離は、御巡幸をとおして戦前よりむしろせばまった。垣根が取っ払われたからだろう。

天皇とは国民の統合を象徴する聖なる存在として、民族のＤＮＡに刻み込まれており、法による裏付けは必要としないことを示しているように見える。

天皇とは、列島住民の夢と希望が結実した神話、天壌無窮の神勅を体現する権威者として君臨し、祭祀を執り行うことで任を果たす聖なる存在であるが故にその地位を追われることはなかった。

皇室は自ら武力を行使して徳川幕府を打倒したわけではない。薩長土肥の倒幕勢力に担がれ、政権の座に復帰できた。

共産党が武力で政権を奪取した国とは、状況が全く異なる。権力基盤を反映して、権力の行使も相応にしかできないことは、自明の理、改めて説明するまでもない。

大日本帝国憲法第一条に、「大日本帝国は万世一系の天皇これを統治す」と規定されていても、統治権を喪失してから既に数百年が経過している。統治に必要な諸機関は疾うの昔に喪われ一切保持していない。時の経るに伴い、権威を担う存在に特化してきた。

補弼なしには何事も為しえないことは国家の運営に携わる者には自明、常識だった。統治権を有すると規定された天皇であるが、補弼の勧告と同意なしには行使できなかった。

第三条の「天皇は神聖にして侵すべからず」の規定は、統治の全責任は補弼の任にあたる者にあることを示しており、彼等の覚悟と責任を問う規定だった。

昭和に入り、天皇機関説を巡る路線闘争により、それが揺ぎ、あいまいになった。この結果、国家の中枢が麻痺し、内閣の調整機能は失なわれた。統治権を行使する「天皇の機関」が機能しなくなり法治国家足り得なくなった。

天皇という抗いようのない権威を名目に掲げ、天皇に反対したのが天皇機関説を攻撃した輩である。憲法上の建前と実態の乖離を突いて、天皇機関説を否定、統帥権を実質的に強奪した。天皇機関説の否定により国家の中枢が麻痺し、脳死状態に陥った成れの果てが敗戦である。

昭和天皇は天皇機関説を当然のことと是認した。鶴（天皇）の一声により結論は出た筈だが、機関説は否定された。天皇の権力の実態を示してあまりある。

明治憲法は国家存亡の危機を乗り切るために制定された非常時の憲法である。統帥権の独立もその一つである。

萩の乱や佐賀の乱、西南の役等不平氏族の反乱に直面した明治政府は、陸海軍の統帥権は天皇が保持する旨定めた。

旧藩や政治の思惑を超えて君臨する天皇が軍を統帥することが国家の運営に最善、最良と判断したが故に、統帥権を政府から切り離し独立させた。

しかし、天皇の統帥は名のみであった。天皇は皇帝ではない。権威者である天皇に刀は似合わない。比肩する者がいない権威を持つ天皇の命と権威づけるための規定だった。

日露戦争に勝利し、社会から緊張が失われるとともに、非常時の憲法は社会と齟齬をきたし、内包する矛盾、欠陥があらわになった。

明治憲法は統帥権の独立を担保として軍人が指導力を持ち、国政全般にわたり容喙する危険性を内包した欠陥憲法だった。だからこそ、非常時が去れば平時の国体に戻るべきだった。

非常時の憲法の矛盾、欠陥を突いたのが天皇機関説を巡る路線闘争である。軍部の思惑どおり事は進み、統帥権干犯を口実に軍は実権を強奪した。

統帥権の独立を廃止し、権威者として君臨する平時の天皇を戴く国体に復帰すべきだった。しかし、不磨の大典と称された欽定憲法の改正を口にする勇気を持った政治家はもとより憲法学者も存在しなかった。

強い指導者を忌避する国民性は、強い指導力を発揮する政治家を育てなかった。出る杭は打たれた。

統帥権の独立を危惧した要路の大官はいたようであるが、維新の志士のように生命を賭して憲法改正に向け国民を説得する勇気と気概を持った政治家はいなかった。

皇室の藩屏たる華族は存在意義を賭けて憲法改正を主張すべきだったが、初代とは異なり怯懦、怠慢の故に尻込み、機を逸した。

華族が一致団結、藩屏たる責務を果たすべく取り組んでいれば、或は昭和天皇の背中を推し、改憲ができたのではないか、改憲はできなくても天皇機関説は死守できたのではないか、と死んだ子の齢を数えるような夢想をする。夢想ではあるが歴史を鑑とするための一助になり得るのではないだろうか。

日本国は社会の上層に位置する者がその地位に相応の社会的責務を果たすことでは心許ない国、社会である。平安時代から敗戦に至るまで変革に際し国を動かしたのは上流階級に属す者ではなかった。

敗戦からほどなく昭和天皇は次のように洩らしている。

「立憲主義に固執しすぎたことが、このような事態（敗戦）を招いたともいえる。陛下にはいま少し号令を発して欲しいという声も聞いたが、私としては立憲主義を尊重してそうはできなかった。いまにして思えば、残念なことをした。」

天皇が鶴の一声を挙げられるように、華族は空気を醸成すべきだった。

皇室の藩屏としての存在意義を果せなかったが故に、華族制度は廃止された。もともと日本社会に似つかわしくない無用の長物、金食い虫にすぎなかった。

敗戦責任は補弼の任にある要路の大官、及び軍の存在意義を忘れ、国政に介入した軍部だけでなく、皇室の藩屏として設けられた存在意義を無視、責務を果たさなかった華族にも当然存する。国民はそのことを承知していたが故に、敢えて昭和天皇の責任は問わなかった。

昭和天皇の御巡幸は恙無く実施され、全国各地で熱烈な歓迎を受けた。

日本国は万世一系の皇統が存続できたために易姓革命の国、中国のように流血の大地には至らなかった幸運な歴史を有する国柄である。

出アフリカ三系統のＤＮＡを有する末裔で構成される各氏族が、氏族の垣根を超えて共存のため天皇のもとに団結、共存する道を選択したことが奇蹟を齎した真因ではないだろうか。

宗教戦争が起きず、ジェノサイドに繋る氏族の存亡を賭けた抗争も起きなかったが故に、各氏族は長い時を経て次第に融合して行き、同胞意識を持つに至った。

華夷秩序に従う国からは東夷と蔑まれたが、容易には侵攻できない島国であることから、皇統を断絶させるような大事は起きなかった。アジアの博物館と称されるように、生誕の地では喪なわれたものが今も残されているのは、平穏な社会を構築、維持できたからでないだろうか。それは列島住民の一体感が齎したものである。その一体感は天壌無窮の神勅が齎したといえないだろうか。

平穏な社会は皇統の存続に代表される世界でも稀れな継続力を有する国柄が齎したものである。継続力は三系統のＤＮＡを存続させたのと同じ力、天照大神が皇孫に行矣と祝福した天壌無窮の神勅に帰せられる。

東夷の国という天与の賜物が祝福を可能にした。廊下のような半島の国とは本質的な違いがある。

儒教国は東夷を差別語として使用してきたが、賞賛の言葉と受け取った方が、実態にあっている。

昭和天皇の御巡幸は、天壌無窮の神勅となって実を結んだ列島住民の合意を、再確認する旅でもあった。

・権威者、日本国統合の象徴である天皇を戴く国家として存続して行くのか。

・それとも、天皇のいない共和国を選択するのかを、問う旅でもあった。

御巡幸は、日本国民に「天壌無窮の神勅」、この列島で子子孫孫に至るまで共に生き、幸う国になる旨の天照大神の祝福を再確認する旅となった。

日本国の歴史を概観すれば、天皇の国体上の地位は、「弥栄の神話　天壌無窮の神勅を一身で体現する聖なる存在」、というしかない。国民の願望を一身で担うが故に現人神と呼ばれたのだろう。

天皇のもと、団結できたから「日本列島では出アフリカの三系統の末裔が今も認められる」、歴史上の不思議、奇蹟に繋ったのではないだろうか。

日本列島では征服者は出現しなかった。騎馬民族を出自とする人達が渡来したとしても、先住系のヒト集団を征服、殲滅させるような事件は起きなかった。

来島者と先住系は平和共存したが故に、「三系統のヒト集団の末裔」が、今も日本列島で平和裡に暮らしているのではないだろうか。

神話からも氏族の共存を窺い知ることができる。

日本神話は天神地祇（天つ神国つ神）の共存の神話といえる。勝者、征服者が祀る神が、破れた神を、「地獄」に追い遣る、或は悪神として、貶める神話とは趣きを異にする。

日本神話は、日本武尊の神話が示すように、神々の闘争が叙事詩となって語られているのとは、次元を異にする物語である。

国譲りの神話が示すように、敗者の生存権を認める神話である。出アフリカ三系統の末裔が今も暮らしている歴史上の不思議は、神々が共存できたからである。

日本史には奴隷制度の存在を裏付ける資料はない。列島住民の一体感が奴隷を認めなかったからでないだろうか。

また、神々の戦いがなかったため敗者を奴隷としなかったからだろう。

血統にこだわらない「家」は、社会の平穏を反映したものである。士農工商と称される身分制度はあったが、カーストのように分断された社会ではない。

士農工商は固定されたものではなく、養子や婚姻により交流があった。士農工商とは統治上の格付けと呼べよう。一君万民、天壌無窮の神勅は階級の固定を是としない。

統治階級たる士が商より貧しい士農工商とされる身分制度とは何だったのか。

ＤＮＡの多様性と日本の宗教

出アフリカ三系統の末裔が暮らす国日本、ＤＮＡの多様性が保持されたことについて宗教に視点をおいて解釈すれば、ＤＮＡを異にする集団が祀る神への信仰、祭祀もＤＮＡの多様性と同様に廃れることなく続けられた。

天つ神、国つ神も祀る人と共に生き延びることができたことを意味している。

各集団に祀られてきた神への信仰が喪われなかったことは、神祇信仰は本質的な改変を被らなかった、迫られることがなかったことをも意味している。

出アフリカ三系統のＤＮＡを有する末裔が認められることをとおして、神祇信仰を見れば神々も生き延びることができた。それが意味するのは次のようなことでないだろうか。

○　ＤＮＡを異にする集団が存続できた結果、彼等が祀る神も時の彼方に埋もれてしまうことなく祀られてきた。各氏族の神への信仰は揺ぐことなく伝えられた。当然、祭祀も伝えられ今日に至っている。氏族の神を忘却の彼方に追い遣るような大事は起きなかった。神々の争いに至るような氏族の存亡を賭けた争いはなかったからだ。
神々の争いがなかったことは神祇信仰並に日本社会の枠組を構築するに際し決定的な影響を及ぼし、今も日本国の国柄を定める礎として機能している。

天神地祇（天つ神国つ神）とは三系統のＤＮＡを受け継ぐ末裔の神を反映したものでないだろうか。天つ神は天孫と共に天下った神、支配層に属する氏族が祀る神なのだろう。国つ神とは天孫降臨以前から祀られている神なのだろう。しかし、支配層に属さない各氏族が祀る神を否定、追放しなかったが故に国つ神も祀られてきた。

大陸の国のように支配層の祀る神への信仰を強要されていれば国つ神が祀られる筈はない。信仰者にとって美称以上の実態はなかった。日本で最も信仰を集める神、八幡神はそれを示すものでないだろうか。

神道は核心である筈の神の像が不鮮明、正体が今一つわからないわけは神々を整理統合するような歴史的事件が起きなかった。征服者の神、他氏族の神を圧倒する抜きんでた力を持つ神が出現する歴史を有しなかったことが、主たる理由であるといえないだろうか。

神々を統合する舞台が整わなかったのだ。

征服者が被征服者に支配者の神への信仰を押し付けるような事件は起きなかったが故に、三系統のＤＮＡ集団が祀る神は、天つ神、国つ神と仕分けされたが整理統合されることなく共存し、今も祀られている。

ギリシァの詩人ヘシオドスが著わした神統記のように神々の系譜、系統が明らかでないことは、神々が整理統合されるような事件が起きなかったことを意味するものといえないだろうか。

わかっているのは高天原から降臨された天つ神と、土着の神である国つ神に仕分けされていることだけである。

○　天照大神は高天原の主神とされている。

が、「天の岩屋戸の変」の神話は、天照大神は主神と位置づけられていても、その権力は限定されていたことを示唆するものであり、天皇同様の存在といえよう。並びない力で高天原に君臨、支配する神ではない。権威者として君臨する神である。

ギリシア神話の最高神ゼウスのように天空を支配すると共に、政治、法律、道徳などの人間生活を支配する最高神は日本神話には登場しない。主神自らが機を織るのが日本の神である。創造主とは次元が異なる、神の像が隔絶している。

○　神々は天つ神国つ神と出自の違いにより仕分けされたが共存してきた。他神の存在を否定する宗教戦争は起きなかったからだ。このため奴隷制度とは無縁の国になったのではないだろうか。

戦いは神の敵として存在を否定する、ジェノサイド、抹殺に至る前に歯止めがかかった。天壌無窮の神勅、共に生きて行こうとの合意が歯止めとして作用した。このため戦争は奴隷の供給源たり得なかった。

国土の大部分が山と樹界で占められる自然環境は、敗者に逃亡、生存の場を与えた。敗者の祀る神も忘却の彼方に追い遣られることなく祭祀は続けられた。

○　多神教とされる神道の神は蕃神（外国から渡来した神）や他氏族の神を悪神と決めつけ、排除、抹殺するようなことを是としない。

天の岩屋戸の変を起こした素戔嗚尊は、根の国に追放されたが抹殺されはしなかった。殺されることなく追放処分で済ましている。出雲で八岐大蛇を切って得た天叢雲剣を天照大神に奉献している。和解がなったとことを示すものだろう。

他の国の神話には見られない、日本神話の独自性といえよう。夥しい流血を経て、統一が成ったのであれば必ずや神話に反映された筈である。だが、国譲りの神話はあっても殺戮に殺戮を重ねた神話は存在しない。

日本武尊の神話はそのような神話とは趣きを異にしている。

○　神々の戦い、宗教戦争がなかったことは戦争が氏族を根こそぎ総動員したものにはならず、戦士階級・専門集団によって行われたことを意味している。

根絶やしにする戦争にならなかったことが神話に反映されている。三系統のＤＮＡを持つ末裔が今も列島に暮らしていることはそれを立証するものである。

政権獲得を巡り政治決着がつかず、政治に代わり戦争という他の手段で決着をつけるべく戦ったため短期決戦で済ませた。

一日足らずで終った天下分け目の関ヶ原の戦いが恰好の事例である。戦争は戦士集団の争いに限定されていたが故に、多大な犠牲と国土を荒廃させる長期戦にはならなかった。アジアの博物館といわれるのはこのためである。文物が残り得たのだ。

○　三系統のヒト集団のDNAを有する末裔が今も存続していることを、宗教をとおして観察すれば、各集団が信仰する神も存続できた。神々は互いに他の神を否定することなく、神或は神聖なものと認め、尊重したことをも意味している。

各氏族が列島内で争うことなく共存して行くには、他氏族が祀る神を否定しない。神聖なものと認め、尊重することが不可欠、基本的な要件になる。

他氏族の神の正体を知らなくても尊重しなければ共存できない。このため随神の道とは神として祀られている神聖なものの正体を問うことなく、斎き祀る信仰となった。

仏も当初は外国から渡来した神、蕃神と受け止められ神聖なもののいます「座」に加えられた。祭神、仏像、山などの数や、神聖なものが存在する場が座であることは、この間の事情を示しているのではないだろうか。

○　東夷の国では出アフリカ三系統の末裔が祀ってきた神聖なものを、整理統合するような大事件は起きなかった。

元寇により征服されていればそのような事態が起きたかも知れないが、幸いなことに元寇は失敗、随神の道は守られた。神の加護があったが故に凌ぐことができた旨、元寇は総括された結果、神国日本と自覚し、誇る根拠になった。

本居宣長は日本の神について古事記伝で次のように記している。

「凡て迦微とは、古の御典等に見えたる天地の諸々の神たちを始めて、其を祀れる社に座御霊をも申し、また人はさらにも言ず鳥獣木草のたぐい、海山など、そのほか何にまれ尋常ならずすぐれたる徳のありて可畏き者を迦微とは言うなり。抑、迦微は如此く種々にて、貴きもあり、賤きもあり、強きもあり弱きもあり、善きもあり、悪きもありて心も行もそのさまざまに随ひてとりどりにしあれば、大かた一むきに定めては論ひがたき物になむありける。」

人々は自然の諸々の働きのなかに、神の顕現を感じ取ってきた結果、日本の神は目に見えない神秘、不可知な存在というほかない。定義不能な「尋常ならずすぐれたる徳のありて可畏きもの」旨の定義とはいえない説明しかできなかった。

「宗教」とは幕末に、レリジョンを翻訳した造語であるが、「神仏または神聖なものに関する信仰」と説明されてきたのは、日本の神が自らを啓示する神でなかったが故に神の像が不鮮明であり、人には正体不明な神秘なものとするしかなかったからだろう。

本地垂迹説は、神と仏の本地、本質は同じであると神聖なものの本質を突いた洞察はしたものの、本地である究極な存在の像について触れようとはせず、その探求には乗り出さなかった。モーゼの前に顕現した神は、「わたしは有って有る者」と啓示した創造主である。

一神教の神とは異なり日本の神は啓示することなく、神聖なもの、畏きものとして終始するばかりで、正体を明かそうとはしなかった。

本地垂迹説で説く神仏の本地、本質について、三位一体説を援用して考察すれば、次のように理解できるのではないだろうか。

本地垂迹説が想定する垂迹して顕現する神・神聖なものは、「聖霊なる神」に比定することができる。

しかし、顕現した神聖なものを、唯一の神のペルソナと位置づける放れ技を用い、「一神」とするなど思いもよらぬことだった。ために神道は多神教と把握されている。本地は同じとしたが、その先は思考停止状態にある。

唯一の創造主の顕現は宗教史上の奇蹟と呼べるのではないだろうか。究極な存在を探求して止まない人間精神の到達した結論なのだろう。

しかし、そのことと、唯一の創造主のみが真実の神とすることとは別次元の話である。

唯一の創造主と雖も信仰世界、観念世界に属する神話であり、信仰が齎した神の像である。他神を否定する根拠にはなり得ない。

唯一の創造主を選択し、排他的に帰依する信仰は、死を怖れぬ行動力を齎す。一神教のみならず日本においても浄土真宗や日蓮宗の歴史を見れば明らかである。

神をたてない仏教であるが、両派の一神教化は弾圧を跳ね返した。まして万物の創造主への帰依は、人に神の力の一端に与らせる。創造主への帰依は、死を怖れることなく人の限界を超える能力を引き出し、創造の神秘に迫り科学革命を齎した。科学革命は農業革命以上に世界を一変させた。一神教の信仰がなければ科学が誕生したか疑問である。科学の誕生により人には新たな世界が拓かれた。神の力を人のものにする科学は西欧世界に覇権を齎し、世界を変えてしまった。

更には神の力を我物とした人は神を殺した。科学が神の死を齎した。人は神の支配から自立でき、自然界を人の力で変え始めた。

一神教が齎した科学は神の創造力を人に与えた。しかし、被造物である人が神の力を我物にしたことは真善美（よきこと）ばかりではなかった。核兵器が一度使用されれば宗教が活写してきた地獄と雖も到底及ばぬ世界になり、文明の死すら杞憂といえなくなった。

そのような人が有してはならない力を、被造物にすぎない、煩悩、原罪の制禦もままならない人が手に入れた。

神ならぬ人には科学の恩恵のみを享受するような芸当は不可能だった。

世界の七不思議に代表されるように、古代が到達した技術の水準は高く、技術のみで評価すれば産業革命に繋ってもおかしくないと評価される水準にまで到達していた。

しかし、科学革命は、キリスト教を文明の核心とする西欧世界でしか起きなかった。被造物ではあるが、人は自由意志を持つとの確信が齎したものが科学の誕生である。

自由意志を持つ人が、創造主の創りだした世界、創造の神秘を解明しようと希求した西欧キリスト教世界のみが科学を誕生させた。

技術レベルの問題ではなく精神構造の問題だったのだ。人は神の奴隷であり自由意志を有しないとの信仰を有する世界では、技術レベルが如何に高かろうと科学を誕生させることはできない。

科学の誕生に伴い、神の世界創造を素朴に信じることは困難な時代になってしまった。

創造の神秘に与かりたいと探求に乗り出した信仰が科学を誕生させ、その科学が神の死を齎した。人は神を殺したのだ。

神は死んだといわれる時代の信仰は、如何なる方向に向かうのだろうか。

旧態依然として創造主の絶対性、正典に記されていることを真実と信じる信仰が今後とも失なわれることはないだろう。しかし、この道が人類を明るい未来に導くとは思えない。

科学が主宰する時代の宗教は信仰世界と現実世界を峻別する宗教でないだろうか。創造主にのみ排他的に帰依しようとも、他者の信仰を否定せず尊重する。他者が帰依する神聖なものを肯定、「諸神諸菩薩諸仏を軽んずべからざる」と、他者の信仰を見下さず、己れの信仰を強要する宗教から卒業することである。

他神、他宗の否定は人知の発達、霊性の成長を無視、否定することに繋る。人間性否定に向かいかねない道である。

宇宙船地球号時代の信仰は他者の信仰に寛容、肯定するものでなければならない。

第五章　神聖なものとしての神

隠れた神

超越者として尊崇される神の像を、人が云々するのは分を弁えない不遜、僭越の極みである。

しかし、被造物である人とは隔絶した創造主としての神の像を標榜する一神教においても、「わたしは、有って有る者」との啓示、神の像が示されている。

超越者たる神は、不可知、知り得ないと頭では理解していても、知ろうとして悪戦苦闘することを厭わないのが、人の人たるゆえん、本質をなしている。知らずには済まされないのが人である。

これに対し神は託宣するが、啓示する創造主など想像すらしたことがない日本では、特定の姿形をとることなく時と場所を選ばず顕現する神の像を一神教のようには捉え得なかった。神は姿形を持たぬ神秘な存在としか把握できなかった。

日本の神は日本列島に渡来した集団が祀ってきた「神」、神聖なものについての多種多様、雑多ともいえる観念が整理統合されることなく伝えられてきたが故に正体がよくわからない。神の像が不分明な見えざる神、隠れた神である。

神の像が不分明であるが故に教典を持たない。神の像について教典で説くほどには神の像がわからないからだろう。このため神の像に触れることなく神聖なものとして信仰することを余儀なくされた。

神道とは祭祀である。神の前で赤誠の心をもってひたすら祭祀を行う宗教が神道である。全能感に捉われがちな人にとって神の前で謙虚になる、上なる存在を仰ぐことは最重要な宗教の役割を果たすことに通じる。宗教は神学ではない。努めるものである。

悠久の時を経て、いつとはなく誕生した信仰であるため、創唱者がおらず教典を有しない自然宗教が神道の独自性である。

神道の始源は遥か神代、縄文以前にまで遡り得る。何故なら世界各地で発掘された遺跡が示唆するように人は人になった時、信仰を有していた。認知革命の結果、自由意志を獲得、信仰に目覚めた。人と宗教は一体といえる近しい間柄なのだ。

列島を本拠地と定めた出アフリカ三系統の集団のＤＮＡを受け継ぐ末裔は、畏怖すべき神聖なものへの信仰を有していた。今に伝わるチ、ミ、ヒ、モノ、タマ等、様々な名前で呼ばれる神秘な存在である。しかし、それらの神秘なものを統一する言葉を持たなかった。それらは不可思議な力、能力を持つ目に見えないもので、アニミズムと呼ばれる精霊信仰に通じる観念であるように見える。

日本の神は遍在しており現象や事物を介して顕現する姿形を

持たない神秘な存在であるとしか認識できなかった。隠れた神である。

日本語の「カミ」について新井白石は、「東夷」で次のように述べている。

「我国の凡そ称してカミというは、尊崇の義なりければ君上のごとき首長のごとき、皆これをカミといい、近く身にとりても頭髪のごときをいい、置く場においても、上なる所をさしてカミという」、と定義している。上位にある尊崇されるものとする以上の説明はよくなし得なかった。

カミとは、尊崇されるべき上なるものであり、信仰の対象となる神秘な存在、特に神祇信仰の対象となる神聖なものに、漢字の「神」の字を当てたのではないだろうか。

唯一の創造主と雖も尊崇されて然るべき上なるものに相違ないので、聖書翻訳当時には他の語も使われたが最終的には「神」に落ち着いた。

しかし、日本の神は尊崇される上なるものだが唯一のものではない。「尋常ならずすぐれたる徳のありて可畏き者」を指して神と呼んでおり、本地は同じとしたが、唯一のものとは把握し得なかった。他神を認めず、唯一性を強調する創造主たる神とは本質的な違いがある。神祇信仰の対象となる「八百万の神」を指している。

多神を前提とした神なる語を、唯一の創造主の訳語として当ててしまった。この結果、尊崇されるべき上なるものという程度にしか理解されていない「神」の語が、一神教の信仰の対象である「創造主」の意味をも内包するに至った。

日本語における「神」とは矛盾する観念をも内包するようになったため、混乱の極みに達した。八百万の神から唯一の創造主としての神をも包含するわけのわからない言葉になってしまった。敢えて共通項を求めれば神聖なものと捉えるしかない。

一神教の信仰の核心である唯一の創造主を日本語に翻訳するのであれば、創造主、唯一神、天主、親神とでも訳すべきだった。或は日本語に翻訳不能な言葉として、ゴッドを採用した方が弊害は少なかっただろう。

翻訳された「神」は唯一の創造主としての神の像を伝え得なかった。

日本国で使用される神なる語は、神道の神から一神教の創造主の観念に至るまでごちゃ混ぜになっており、様々な誤解を生じている。なかには故意に神と創造主を混同させ、日本の宗教批判に利用する人まで続出している。神観念にカオスを齎したのがゴッドを神と訳したことである。

他国に対し神の像をわかるように伝える必要がなかった東夷の島国である。また、一神教の神のように唯一性を強調するため他神を否定する創造主なる神の像を示す必要もなかった。

祝詞から窺える神の像は原初の姿を留めており、仏教の影響は受けたが、本質に悖る影響を受けなかったことを示している。

「尋常ならずすぐれたる徳のありて可畏き者」としての神が信仰されてきたことから、西行法師が、「なにごとのおはしますかは知らねどもかたじけなさに涙こぼるる」、と詠んだように、神の本質を問うことなく参拝する信仰が定着した。

西行法師の歌は神祇信仰の核心を突いた。なにごとのおはしますかは信仰の核心ではない。かたじけなさに涙がこぼれるほど神聖であることが核心なのだ。

神仏習合が成立する信仰風土は、神聖と信じることができれば、「なにもの」が祀られているかを問うことなく信仰して怪しまない信仰風土なしに成立しなかったのではないだろうか。

日本国においては森羅万象の変化、動きに目を奪われ、その背後に座す変化を齎す主体に対し注意を払うことはなかった。四季を持つ島国はそれほど変化が烈しかった。生きるためには四季おりおりの変化に遅れないようついて行かざるを得ないのだ。

このため、本地垂迹する究極な存在の本質についての探求が疎かになった。

姿形を超越した神秘なものであるが、一神教のような神の像を持たない宗教が神道である。神の像はこれからの探求いかんによって左右される。隠れた神の像を捉え、世界に向けアピールする時代を迎えた。宇宙船地球号の時代とは文明の核心である神の像を明瞭にし、発信することが欠かせない。

日本教否定の嵐

信仰の対象である神聖なものの本地（本質）たる神の像を正典に定めることなく多神多仏を神聖なものとして信仰してきた宗教観は、唯一の創造主以外に「神」が座すことを認めようとはせず、否定して止まない未知の宗教・キリスト教に遭遇した。神でないと否定されたことから宗教戦争には至らなかったが、否定の嵐に見舞われ緊張、軋轢が生じ、論争を引き起こした。

徳川幕府は神仏を否定するだけでなく、唯一の創造主に排他的に所属させるキリスト教は身分秩序に拠って立つ封建秩序（幕藩体制）を揺がす脅威、敵対勢力になりかねないことを危惧した。このためキリスト教を禁圧、力で抑え込んだ。

一神に排他的に所属することなく多神多仏を神聖なものとして信じる宗教と、唯一の創造主のみを信じる宗教との対立はひとまず中断、先送りされた。

明治政府が断行した神仏分離及び排仏毀釈並びに文明開化を標榜、国を挙げての脱亜、入欧政策の実施により日本の宗教界は本格的な嵐の時代を迎えた。

信仰する宗教に排他的に所属することなく多神多仏を信仰する日本固有の信仰（神仏習合）は、それこそ開闢以来の試練に直面した。

キリスト教の解禁と啓蒙主義による洗脳を受けた人々は、「信仰の対象になる神の像が不分明であってもかたじけなさに涙を流す」信仰を、非合理の極みとして攻撃、非難するようになった。

私は大学時代、ある教授がさも軽蔑したかのような口調で、西行の歌を引用したことを今でも思い出す。啓蒙思想に基づき宗教及び伝統並びに偏見を打破する運動は不合理な社会の陋習を打破する点では一定の成果をあげた。だが宗教に取って代わることはできなかった。更には複雑系の科学が脚光を浴びるようになり、合理主義を万能の道具視できなくなった。万能視は買い被りだった。その傍ら科学は創造主の宇宙創造を否定した。科学は創造主は神話であることを立証した。科学は創造主を殺したといえるだろう。

日本の宗教に対する外来の権威という虎の威を借りた批判は拠所を失い、舌鋒が鈍らざるを得なくなった。

一神教が他の宗教を批判する際、拠所だった創造主に因る宇宙創造は、他の宗教の神話と同様に神話にすぎないことが明らかになった。

科学を誕生させる契機になった創造主に因る宇宙創造を主張するキリスト教は皮肉なことに己れが創出した科学の発達に因って創造を否定された。

共産主義に基づく宗教批判もソビエト連邦の崩壊に因って説得力を失なった。これも神話であることが露呈したからだ。

更には不合理、あいまいで遅れている、格差は埋めようがないと認識されてきた日本国は、経済、文化両面で先進国に追いつくという偉大な成果を挙げた。

この結果、日本国を欧米諸国と同レベルの国に発展させようとして、外国を見倣うよう主張、批判してきた文化人は主張の論拠を失い、権威を失墜させた。

日本の宗教、信仰を否定する二つの嵐、啓蒙思想の申し子たる唯物論に基づく宗教批判及びキリスト教からの不合理、あいまい遅れた宗教との批判は、批判のエネルギーを失なったことが追い追いと知られるようになった。

他神を否定する一神教と雖も帰依する神の像が異なっているだけであり、他神否定は創造主への信仰がいわせたものに過ぎないことが明らかになったことから、台風の如く吹き荒れた日本の宗教に対する否定の嵐はエネルギーを失わざるを得ず、遠ざかって行った。

神仏習合を正統とする日本国の信仰は、宗教戦争とは無縁で、科学と対立するドグマを持たない信仰であることが理解されるに伴い、宗教についても舶来信仰は小数意見になった。

むしろ宗教対立を齎さない宗教であることを誇るようになった。宗教の壁を超える、宗教に起因する紛争を齎さない、時代に適合した宗教であることに焦点を絞れば、日本国は宗教先進国なのだ。

排他的に所属しない、宗教の壁に囚われることなく神聖なものを信仰して怪しまない日本人には、神の像を巡り、生命を賭してまで争うことを辞さない宗教が理解できない。

宗教（宗派）の違いによる紛争は宗教の本旨に反しており、それこそ「不合理」だと捉えてきたのが日本人の宗教観である。

更にはＩＳの活動を見て、一神にのみ排他的に所属させる宗教は怖ろしいと感じるようになった。

創造主と自称する神の像に対し、神聖なものを宗教に捉われることなく信仰することから生じる食い違いは容易に埋まりそうにない。だが神聖なものの本地（本質）を求めることから食い違いを超える神学、宗教の壁を穿つものを発見できるのではないだろうか。

神や仏として顕現する神聖なものの本地、究極の像を求めることで繋ぐものが見えてくる。

正典を有しない日本の宗教は飛躍的発展の余地が残されていると私は信じている。

異質な存在である神と仏は本地垂迹説により習合が可能になった。垂迹する本地は何かと問うことは、究極なものの像を求めることであり一神教との対話ひいては習合に繋るのではないだろうか。

国産み神話を有する日本の神が創造力を持つことは否定できない事実である。創造主と繋る道があることを示唆しているのではないだろうか。

本地垂迹説、三位一体説が示唆するように合理を超越した神秘は、求めに応じ新たな啓示といえる神学を齎すのではないだろうか。

宗教の本旨に適う宗教

神道はアニミズムに連なる遅れた宗教と腐されてきたが、真実を突いた評価といえるだろうか。

私たちは父祖伝来の宗教というだけの理由で、神道を信仰してきたのだろうか？

まとめられた教義や教典がないといわれる神道であるが、宗教として優れた特質を備えており仏教と補完できたが故に、神仏は習合できたのではないだろうか。

神道は父祖伝来の信仰というだけに止まらない長所、信仰を捨てようとは思わない長所を有していたが故に、世界宗教である仏教が布教されても列島で生活する人々は信仰を捨てることなく祭祀を執り行ってきたと捉えることは的外れの理解、解釈だろうか。

そもそも神とは人知を超えた超越者である。容易には捉え難い多面的な顔を有し、顕現をとおしてしか知ることができない神聖なものである。無神論者が指摘するように不合理だから信じてはならないのであれば凡ての宗教が該当する。不合理故にわれ信ずが宗教の本質をなす。合理、法則を超える力を有しているが故に人はそれに縋って生きてきたのだ。そのことはまた、陰としての迷信が避けられないゆえんでもある。

異次元の存在というべき神を一つの宗教が把握できる筈はない。群盲象を評すといわれるが、神についても同様に「人、神を評す」を座右の銘としなければならない。宗教の壁を超える第一歩といえる言葉である。象を評することさえ困難なのだ。まして神をやと悟るべきなのだ。

仏典冒頭に掲げられている「如是我聞」は一神教の正典にも当てはまる言葉でないだろうか。啓示と如是我聞の相違は神から聞かされたのか、人が求め尋ねたかの相違でないのか。福音書は名を冠せられた者がキリストから聞かされたことが核心をなしている。

神の啓示たる正典は一つで十分の筈だが、四つの福音書が存在しているのはこのためでないのか。神へ至る道は一つでないことを立証するのが福音書である。

世界宗教である仏教が受容されたにもかかわらず、神道が正統な宗教としての地位を喪失しなかったわけは悟りを求める宗教が持たない、宗教の本旨に適う優れた特質を有していたからだ、と捉える方が真実を突いた評価といえないだろうか。

神道は遅れている旨の先入観に囚われることなく神道の特質、長所について検討を加えると次のようにいえるのではないだろうか。

◎　教義も教典も持たないことは、遅れた宗教であることを示すだけだろうか。持たない故の長所もある筈だ。

一神教の正典のように神（創造主）が啓示した正典に拘束される宗教であれば、人の手で改変することは不可能であり、謙虚に従うしか術はない。従うことができなければ信仰を捨てる以外に選択肢はない。

遥か古代の啓示がいかほど優れたものであろうとも歴史を経て形成された知識や科学の進歩に抵触するものが出てくる筈だ。そのような場合には如何に対処するのか。無かったことにして無視するのか。或は神の教えに反するとして弾圧するのか。ガリレイが宗教裁判に付されたのは過去の話、済んだこととは思えない。一神教の本質から生じたものである。

日本の宗教が科学の抵抗勢力になり得なかったのは、正典という事ドグマを有しなかったからである。植民地主義の脅威という事態におかれた日本国にとって不幸中の幸いだった、といえるのではないだろうか。

イギリスの憲法は成文憲法ではない。ないが故に時代の変化に対応することが容易だった。神道が正典を有しなかったことは、神の像を固定観念のなかに封じ込めず、柔軟な信仰を齎す長所といえるのではないのか。短所は視点を変えれば長所になるのが人間の世界である。双方を見て判断しなければ公平を期し難い。

日本の宗教が西欧文明の導入に反対する抵抗勢力の拠所であったならば、明治維新は成功せず、独立自尊の日本国は存続できなかっただろう。

持たないからといって卑屈になる必要はない。自然発生の宗教であるが故に教典を必要としなかった歴史を反映しているだけである。教典は仏教には山ほどある。仏教を受容したことで仏という聖なるものを知った。

仏教を受容したことで仏教が有しない神道の特質を知ることができた。

一神教が神道や仏教が有しない神の像を示せば謙虚に学ぶだけである。拠るべき正典を有しないが故に神の教えに反すると拒絶することなく学ぶことができるのが日本の宗教（日本教）の特質である。

正典を有しないから可能なのだ。時代の変化に対応できる宗教を遅れた宗教と誇るのは見当違いも甚だしい。

尋常ならぬ優れた特質を持っておれば、神聖なものとして学ぶことができ、更には受容することもやぶさかではない。

正典を持たないが故に固定観念に囚われることなく信仰できる。宗教の壁を超えている、宗教戦争とは無縁の宗教を、正典を有しないが故に遅れた宗教と決め付けて済む問題ではない。

◎　花鳥風月、四季折々、時の移ろいをとおして神の遍在を感知し、その大御心のままに賢しらを捨て従う随神の道は、「人は神の被造物などではなく、母なる自然、神ともいえる大自然の営み、天道、造化の妙が生んだ神の子である」旨、信じさせる教えである。天地万物を生成、発展させる神の働きに感謝し、斉き祀るのが神道である。

神は常に我等と座すことは長い列島の歴史の中で醸成された信仰としてＤＮＡに刻み込まれ、血肉と化し随神の道と呼ばれてきた。神の教えでなく神に従う、随神することを説く宗教であり、神道と呼ばれるようになった。

神道が齎した信仰風土に育った日本人は、人が意識することなく歩けるように、心身を労することなく随神の道を歩いてきた。自然に神の道を辿るが故に随神の道と呼ばれたのではないだろうか。

「信仰しなければ地獄に堕ちる」旨の言葉を聞かされなくても、氏子、神の子として自ずと神の道を歩いている。

風土と共に生れ、形を成したのが神道の特質であり、世界の多くの国では失なわれて久しい。

◎　成文化された教義や教典を持たない、宗教と呼ぶよりは習俗だと貶められながらも、如何なる宗教、哲理より以上に自ずと自然の秩序、社会の秩序に従わせ、公序良俗を支える、優れた特質を持つ宗教が神道である。

◎　自然とは日本の宗教（日本教）の核心をなす言葉であり社会生活を送る、或は何かを成すにあたり最も抵抗が少ない、無理な力を加える、強制せずとも遂行できることを意味する言葉である。時が来れば実がなり、頭を下げる稲穂のように、理屈、言葉をとおして説諭せずとも合意がなるのが自然である。

無理なく信仰できるが故に縄文時代以来、信仰されてきたのが随神の道である。

日本人にとって腑に落る宗教が神道であるが故に祭祀を司る神官は居ても、説教師を必要としなかった。

文書化された教典がないため遅れていると言い囃す向きもあるが、実れば頭を下げる稲穂のように、自から倫理、道徳に従わせる得難い宗教であるが故に教典を必要としなかった。

◎　問題は列島外の国々に対し説明する言葉を有しないことである。歴史を経て自然に醸成された教えであることから容易なことでは説明できない、説明してもわからないと思い込み、日本の宗教について説明、理解を求めようとはしなかった。島国で完結していた時代にはそれでも特に問題はなかった。

宇宙船地球号、世界は一つといわれるほど地球は小さな星になったことから説明責任が生じた。

最早宗教に関心のない人も説明責任を有する時代になってしまった。日本国の有り様、国柄を世界に向け発信することが、宇宙船地球号の時代における責務となった。そのためには宗教の説明が不可欠である。

日本の宗教について理解を得られるよう世界に向けアピールできてこそ知識人としての職責を果たしたといえる。

日本の宗教とは如何なるものか、その宗教は世界の宗教に較べどのような特質を持っているかについて説明し、理解を求めることが、宇宙船地球号の平穏な航海に不可欠である。

私達が暮らす地球は宇宙船地球号と呼べる星であることが明らかになった以上、人は地上で共存する以外に術はない。共存には宗教への理解が不可欠である。困難だ、むつかしいでは済まなくなった。

日本の宗教について説明責任を果たすよう知識人は求められている。

第六章　宗権の確立と諸神諸菩薩諸仏を軽んじない信仰

宗権宣言

宗権ついて再度検討したい。何故なら、宗教とは排他的に所属するものである限り、宗教に起因する争いの種はなくならない、と確信しているからだ。

排他的に所属することを強要しない日本の宗教史に宗教戦争が見られないのはこのためである。

神の名のもとに戦われた宗教戦争の惨禍を経て信仰の自由は漸次確立されて行き、宗教に起因する対立、紛争から卒業できたかと思われた。

しかし、世界では未だに宗教に起因する紛争が頻頻と起こり、卒業するどころか、むしろ悪化する徴候すら見受けられる。

また、人権尊重のため様々な施策が講じられてきたが、宗教の壁にぶつかり人権が確立されたとはいえそうもない紛争が各地で頻発している。

排他的に所属させる宗教が紛争の要因になる以上、宗教にも体質改善が必要である。宗教はコペルニクス的転回を図るしかない。

遺憾なことではあるが従来の延長にすぎない施策では対立を克服、止揚できないことが明白になった。

凡ての人は生まれながらにして生命や自由に関する権利、人権を有することについては、今や正面きって反対できる者はいない、自明の理として確立されている。

宗教についても人権同様に「宗権」を認めることが第一歩になる。宗教の形態、影響力が異なろうとも、凡ての宗教は平等の権利を有すると認め、尊重する。人に適用できて宗教に適用できない筈はない。偏見から解放されていないからにすぎない。

愛や寛容を説く一神教生誕の地でありながら、中東では宗教に起因する紛争が頻発しており、改善の兆を見せるどころか、むしろ悪化している地域もある。

信仰する神に排他的、絶対的に帰依するあまり信仰心の発露を曲解、為に他神、他宗教を宗教として容認できず、実力をもって排除することをも辞さないからだ。

排除の対象は同じ宗教を信仰していても、正典の解釈が違う宗派にまでエスカレートし、流血の惨状を呈する地に堕している。

宗教の囚人、虜ともいえる特定の神、宗教に排他的に所属させる宗教の信徒であろうとも、他の宗教も宗教として認めることが解決の鍵である。

各宗教は斉しく平等の権利を有していると認める。排他的に所属させる宗教から共存する宗教へとコペルニクス的転回を図ることが、宗教に起因する紛争を終らせる第一歩、出発点になる。

排他的に所属させる宗教の壁がどれほど厚く、高かろうとも打ち壊さない限り、宗教紛争はこれからも頻発するだろう。

宗教に帰依はするが他宗を貶めない信仰に向けて舵を取らない限り抜本的な解決とはならない。宗教紛争はこれからも起きるだろう。

宗教戦争を克服するコペルニクス的転回の第一歩になるのが、「宗権宣言」である。

人は、人として生まれながらに持つ権利、人権を有することは原理として認められ、人権を守るために法規が整備されている。

人とは不可分の神、神の下の平等、人の尊厳を容認する宗教も同様に平等の権利（宗権）を有していることを認め、宗権を確立する。宗教の違いにかかわりなく斉しく尊重されなければ、宗教を巡る紛争から卒業できない。

帰依する神、宗教が貶められることは、己れが否定される以上の侮辱になるからだ。

宗教戦争を禁忌とするには、「宗権」を認め、互いに尊重する以外に術はない。宗教間の紛争は、宗権の確立と並行して減少して行くだろう。

宗権を認めることで、人権の基盤が固まり、揺ぎない確かなものになる。人権と宗権は表裏一体なのだ。

フランス革命により人権宣言が採択された結果、人権尊重は世界の共通認識、新たな理念原理になり全世界に拡がり、確立された。宗権尊重も同じ道を進み、世界標準にしなければ世界に平穏は訪れない。

国際連合が、「宗権宣言」を採択することは、人権宣言に匹敵する歴史的快挙であり、世界平和の礎となる。

宗権宣言が採択されることで新たな原理が確立され、新たな世界が拓かれる。

宗権宣言にあたっては日本の宗教が参考になる。遅れた宗教であるなどとの予断を持たず、虚心坦懐に日本の宗教を知ろうとすれば、学ぶものは多多ある筈だ。

日本国では神と仏は互いに相手を否定することなく尊重、補完する神仏習合が正統な信仰として確立されている。それは日本教と呼ばれる新しい宗教、信仰の有り様である。

神と仏は互いに「宗権」を尊重したが故に習合でき、宗教戦争は回避された。

本地垂迹説は宗権確立に際しての神学足り得る。宗教戦争がなかったのは本地垂迹説と呼ばれる宗権を擁護する神学があったからだ。

宗権宣言を採択するに際しては拠って立つ神学が欠かせない

が、本地垂迹説並びに三位一体説は宗権確立に寄与できるのではないだろうか。

宗権を認めることは他の宗教が尊崇する神聖なものを悪魔、悪神などと否定的に捉えない。別け隔てなく「神」、この言葉は唯一の創造主にのみ使われる言葉だとして使用することに抵抗があるならば「神聖なもの」として認めることである。

「異教、異端を生む遅れた宗教観」から卒業する、宗教観のコペルニクス的転回点になり宗教紛争回避の法的根拠になる。

「人は信仰によって義とされる」旨の言葉は、他者の宗教、信仰をも「義」とするのでなければ禍いの種、温床になりかねない。

人が人権を有するように、如何なる宗教も宗権を有すると認め、国際連合で採択、宣言することは世界平和を支える大黒柱になる。

信仰の自由は宗権を確立することで完結する。そのことはまた、基本的人権を支える基盤を強化し、確かなものにする。

宗教の淵源は何かと思いを馳せ、信仰の原点に立ち返れば不可能事とは思えない。それはまた、排他的に所属させる宗教の束縛から解放されることでもある。

宗教に起因する、絶えることのない紛争を招くよりは好ましい果実が得られるのではないだろうか。

我が神、我が宗教こそが最善、最高の宗教だと信じるのは当然のことだろう。しかし、それは信仰世界、観念の世界の真実だと達観することが、宗教に起因する紛争に終止符を打ち、世界平和に寄与する道である。

信仰を観念世界の真実だと達観することは信仰心を弱めることに繋るとは思わない。実態にあわせるだけである。

天動説から地動説へとコペルニクス的転回があったことが示唆するように科学が主宰する現在、正典に記されている事象について、多くの人は信仰世界の真実、神話と認識している筈だ。そのことを直視、認めるだけである。

排他的に所属、信仰するあまり神の名のもとに血を流す方が遥かに反宗教的な行為である。

宗権の確立は日本国の宗教観と同様に、「宗教とは神聖とされるものに関する信仰」との宗教観が確立される基となる。宗権確立の最大の受益者は信仰者である。

神聖とされるものに関する信仰

「神聖とされるものに関する信仰」とは、何かと訝しく思われることだろう。諸神諸菩薩諸仏を軽んじることなく神聖なものと認め、尊重することである。異教、異端とは無縁の信仰を指す言葉である。

宗教に起因する紛争を抑止するには各宗教が尊崇する神、並びにその教えを神聖なものと認める。異教、異端として侮らず、貶めることなく等しく宗教として尊重する。「宗権」を確立することである。

排他的に所属させる宗教の壁から解放され、各人は自由に神聖とされるものに帰依する。更に他者、他の宗教が尊崇する神聖なものも同様に聖なるものであると認め、尊重することによって宗権は確立され、宗教に起因する紛争から卒業することが可能になる。

信仰の自由は、宗権が確立されることによって漸く確かなものになり、平和に資する。

宗権の確立と信仰の自由は表裏一体というべき間柄にあることを、直視すべき秋を迎えている。

人が人権を有するのと同様に神の像が異なる、或は尊崇する神の像が違う宗教、宗派と雖も異教、異端として謗らず、同様に宗教と認め、信仰を肯定する。

人権は宗権の確立によって揺るぎ無いものになる。紛争、争いほど人権を無視、蹂躙するものはないからだ。原因（もと）をただすことが人権尊重の正道である。更には他の宗教に学ぶべきものは学ぶ、取り入れるべき長所は取り入れる。

神聖なものの像は特定できないが故に、排他的に所属することはできない。異教、異端を生まない、宗教の壁を超える信仰であり、平穏を齎す宗教観でもある。

石田梅岩が始めた心学は、神聖とされるものへの信仰を核心とする日本教徒でなければ受容されることはなかっただろう。

真善美（よきもの）を齎すものは神仏儒、何であれ尊崇する、取り入れるのが神聖なものを信仰する日本の宗教である。

世界を肯定する神道的な世界観を淵源としている。排他的に所属することで紛争を招きかねない宗教より遥かに望ましい。

国籍、性別、更には人種や宗教、出自が異なろうとも人であり、平等の人権を有すると他者の基本的人権を認め尊重することに関しては、広範にわたる合意が成立している。

宗教にも人権同様に宗権の尊重を確立する。自己の人権が尊重されることを望まぬ人はいないだろう。宗教も同じなのだ。背後には自己の信仰が尊重されることを切望する多くの信者がいる。宗権の尊重と人権の尊重は重なっている、共に尊重されて始めて本物になる。

人に適用できて宗教に適用できない筈はない。天動説的な宗教観、我が神、我が宗教のみを真善美（よし）とする宗教観が妨げになっている、偏見によるものにすぎない。

帰依する神聖なものの像は異なっていても、本地（本質）は同じであると、垂迹説的に理解することで宗教界は豊穣の地になる。信仰の自由は他者の信仰を尊重することで漸く本物になり、信仰も深められる、信仰の自由と宗権の確立は一対なのだ。

宗権の確立は信仰の自由を確かなものにし、世界平和に寄与する。

日本国においては本地垂迹説によって宗権が確立しているが

故に宗教戦争は起こらず、平穏な社会が維持された。

各宗教は宗教世界というテリトリーに住む種のような存在であり、多いほど宗教世界は豊かになり、信者の願いに応えることが可能になる。社会が複雑化し、人の要望が多様化すればするほどこの傾向は強くなるだろう。何故なら神は世界を進化、分化させるよう設計したからだ。抑（そもそも）、神、神聖なものは無限な存在であり、特定の宗教が独占、代表できる筈はないのだ。凡ての宗教は神聖なものの極一部を捉えているにすぎない。代表しているかの如く振舞っているだけである。

無限な存在である神聖なものの像を特定の宗教が独占することはできない。このことを世界の常識、信仰を有する者の共通認識として確立しなければならない。

宗教世界に多種、多様な宗教があることは複雑、多様化する信者の宗教への期待を無視することなく受け止め、救済することを可能にする。

唯一の創造主が君臨する筈の一神教においても、時代と共に宗派が多くなっている。宗教と雖も人の営みの一つである以上、時代と共に分化、多様化せざるを得ないのだ。

さもなければ信者の信仰心は満たされない。癒しを求める心の渇望に応えられない。カルトに縋るか、或は宗教は見捨てられ、薬物、代用物に頼るようになるだろう。

代用物に縋る時代はすぐそこまで迫っている。世界でアルコールや薬物の消費が増大しているのは宗教と深い関わりがあると捉えている。

二一世紀中にはその帰趨が明らかになるだろう。

神聖とされるものに関する信仰とは正反対の場に位置するのがカルトである。

カルトとは、人類が到達した真善美（よきもの）に反する教えを専らにし、構成員に排他的に所属させるに止まらず、これを破壊せんと行動する組織体を指す言葉であり、宗教に限定すべき言葉ではない。

宗権の確立と蓮如

排他的に一神（一仏）、一宗教に所属することを真善美（よし）とする世界の国々とは相違して、日本国は神道並びに仏教が尊崇する多神多仏を信仰して怪しまない信仰風土、神仏習合の国である。しかし、浄土真宗のように「神祇不拝」を掲げる宗教も厳として存在している。

選択的な一神教、或は仏教版一神教とも評価可能な浄土真宗の中興の祖蓮如は、キリスト教でいえばパウロに相当する。

蓮如は門徒に対し、「諸神諸菩薩諸仏を軽んずべからざる」と繰返し、繰返し、諭し聞かせた。

老獪な宗教家として浄土真宗の布教拡大に多大な貢献をした蓮如の言葉は、他の宗教との軋轢を避けようとする消極的な姿勢から発せられたものではなく、宗教の本質を見抜いたが故に発せられた積極的な発言である、と私は捉えている。

神仏習合を正統な信仰とする国の宗教家としての発言、他の宗教が信じる諸神諸菩薩諸仏も阿弥陀仏同様に神聖な存在である旨の発言、本地垂迹説を是認する発言である。いわば「宗権」を認めるが故の発言と捉えるべき言葉でないだろうか。

諸神諸菩薩諸仏を軽んずべからざるとは、日本教の信徒である旨の信仰告白といえる。阿弥陀仏に帰依する浄土真宗の門徒であっても本地垂迹説を否定できないのが、日本の宗教風土から生まれた宗教観である。それを否定することは、浄土真宗にとって利益にならないと明察したが故に発せられた言葉といえないだろうか。

本願寺教団の門徒による一揆は一向一揆と呼ばれた。選択的な一神教と呼ばれるように、教団の教義は一向（ひたすら）に阿弥陀仏を信仰することである。名は体を表わしている、時代は適格に浄土真宗の特質を把握したといえるだろう。

数多ある多神多仏のなかから阿弥陀仏のみを選択して、只、一心に唱名念仏し、阿弥陀仏に縋り、浄土への往生を欣求する。

しかし、一向に阿弥陀仏に縋り、欣求浄土を祈念しようとも、蓮如が「諸神諸菩薩諸仏を軽んずべからざる」と諭し聞かせたように、他宗が尊崇する神聖なものを軽んじるような振舞いは、たとえ信仰が齎したものであろうとも支持できない。厳に戒しむべき行為であると門徒に言い聞かせた。

宗教とは神仏並びに神聖なものに関する信仰とする日本の信仰世界の通念を是認した発言といえるだろう。

他宗批判は宗教の本旨に背くものであり、宗教間の批判の応酬は宗教の権威を貶めるだけでなく、欣求浄土の妨げになることを明察したが故の説教である。

他宗を批判しなくても念仏を唱えるだけで、阿弥陀仏は極楽浄土に往生させてくれる。

そのことを阿弥陀仏に感謝し、報恩の念仏を唱えるだけである。他宗を批判する余裕があれば報恩の念仏をすれば良いのだ。他宗批判は阿弥陀仏を信じ切っていないことを示す言葉であるが故に、「諸神諸菩薩諸仏を軽んずべからざる」と諭した。

無神論に与せず、宗教の存在意義を肯定する者、とりわけ一神にのみ排他的に所属することを旨とする宗教の信者は、信仰の自由を標榜する時代における「新たな垂訓」と受け止める、或は座右の銘として実践すべき言葉でないだろうか。

他宗批判をタブーにする秋を迎えているのが、信仰の自由が標榜される時代、宇宙船地球号が明白になった時代の信仰の有り様（ありよう）である。

諸神諸菩薩諸仏を軽んずべからざるとは、「宗権」を認めたが故に諭した言葉と評価できる。他者が信仰する神聖なものを蔑まず、軽んじず、尊重することが時代の要請であり、宗教が因となって起きる紛争を卒業する第一歩になる。

　諸神諸菩薩諸仏を軽んずべからざるを、宗教紛争解消のスローガンに掲げ啓蒙、世界の常識、原理として定着させ信仰生活に反映するよう努めることが不可欠な時代を迎えた。

　凡ての宗教は等しく宗権を持つことを確認することが平穏な世界に至る正道である。その道は信仰を更に高いレベルに引き揚げるだけでなく信仰の自由をより確なものにする。

　宗教が一つでないことは神の意志といえる。

　コーランには次のように啓示されている。

「勿論、アッラーさえその気になり給えば、汝ら（ユダヤ教徒、キリスト教徒、および回教徒の三者）を唯一の統一体にすることもおできになったはず、だが、汝らに（別々の啓示）を授けてそれで試みて見ようとの御心なのじゃ。されば汝ら、互いに争って善行に励まねばならぬぞ。結局はみなアッラーのお傍に還り行く身。その時（アッラー）は汝らが今こうして言い争いをしている問題について一々教えてくださるだろう。」

（コーラン五　食卓　五三　井筒俊彦訳　岩波文庫）

　「汝ら」には一神教のみならず他の宗教の信者も含まれる、と神仏習合の国の信仰を有する者には読める言葉である。

　人知では窺い知ることのできない創造の神秘、神の専管事項と受け止め、異教、異端の観念から解放されなければ、神の意思に反した流血の惨事が終ることはない。

　他宗批判は神の創造への批判であることを、神の名において宣言するように迫られているのが、宇宙船地球号の時代の信仰である。

　信仰の自由、宗権が確立された時代における異教、異端とは、神の名を妄りに騙る者、社会が到達した真善美（よきもの）に反する教えに限定しなければならない。

　「復讐するはわれにあり」被造物である人が神の名を騙り、神の創造したものをあやめて良かろう筈はない。各教団は、共に神の栄光を讃えるために存在していることを肝に銘じ行動することが、宗教に携わる者の責務になった、と私は信じている。

　他宗批判は神の創造に対する批判であることを原理にしなければ宗教に起因する紛争は今後とも続くだろう。

　神に属するものは神に返すことが地上の平和の礎になる。

異教、異端を処罰する権限は人にはない。それを無視して実力行使に及ぶことは、神の領域を侵す瀆神行為であることを、信仰を有する凡ての人の共通認識、原理にしなければならない。

　博愛の精神が求められているのは信者に限らない。宗教関係者こそが率先して、互いに神の栄光に奉仕する同志と認め博愛の精神に則って協力することが解決に至る道である。

その第一歩といえるのが宗権を認めることである。信仰する神の像は違っていようとも滅すべき神の敵である異教や異端の徒ではない、互いに神聖なものを信仰する仲間であると確認する。宗教観のコペルニクス的転回を図ることである。

「我が神、我が宗教のみが神の認める唯一の正しい宗教」だと断じ、排他的に所属させる「頑迷固陋な宗教観」から脱却しない限り、信仰の自由は半ばしか確立したとはいえず、宗教は己れがつくった壁に激突、行き着く先はどん詰まり、閉塞状態に陥る。

科学の進歩、教育の普及は博愛主義を更に徹底させ、宗教の壁が紛争の引き金になることを容認しない。やがては宗教を忌避するようになるだろう。

宗教戦争の惨禍、夥しい流血の歴史を経て、相手の信仰を認める合意が漸く成立、信仰の自由は市民権を獲得した。

信仰の自由とは、宗権が曲がりなりにも認められたことを意味している。表現を変えれば、信仰者はそれぞれ己れが神と捉える神聖なものを、自由に信仰することに繋るからだ。

宗教とは、神聖とされるものに関する信仰であることを暗黙のうちに認めたことを、「言わず、語らず」であっても示すものである。

我が神、我が宗教のみが最善、最高の宗教であると信じる者は、この事実から目を背けてはならない。不承不承とはいえ、合意が成立したことは、世界の宗教は日本の宗教の後を追っている。信仰世界は日本化しつつあると表現できる。無論、逆流はあるだろう。しかし、その逆流は未来に向かって聞かれているとは思わない。遠からず破綻を来す。

一神に排他的に所属させる宗教の頸木は、甚大な犠牲を齎し、宗教の権威を失墜させた宗教戦争を経て、漸く緩んできた。

しかし、排他的に宗教に所属させるドグマは依然として顕在であり、そこかしこで紛争が頻発している。宗教の壁の打破が中途半端に終ったため、未だに解決されていない。

一神教では創造主は絶対かつ不可侵の聖なる存在である。創造主の力に与りたいとの思いは神が創った世界への探求に向い、科学を誕生させた。科学の誕生により世界は劇的に変わった。影響力は急速に拡大し、科学技術の成果を無視しては独立自尊の国家足り得なくなった。その一方で無神論を標榜した共産主義は蹉跌、破綻した。宗教を否定した共産主義の脅威は消滅した。

しかし、宗教の暗部を突いた宗教批判が克服されたわけではない。迷信や紛争等、旧態依然として変らず宗教批判の材料にはこと欠かない、努力は続けられているが日暮れて道遠しである。最大、最悪なものが宗教に起因する紛争である。神の名のもとに神を殺す、贔屓の引き倒しが宗教紛争である。

宗教間の対立に伴う紛争解決のため信仰の自由が認められた。しかし、宗教対立に伴う流血は止まず、無辜の血が流されている。信仰の自由への挑戦は続いており、このまま手をこまねく、見過すことは文明の敗北であり、模索が続けられているが中途半端である。新たな原理なしには解決は困難である。

新たな原理がないわけではない。唯一の創造主の柔構造化を図るため垂迹説を援用する、排他的に所属させる宗教から卒業することである。

唯一の創造主はその名のとおり唯一無二の存在である。しかし、三位一体説が示唆するように万能の神は人間の能力で推し量ることはできない。愛と寛容の神はその愛ゆえに、時代、風土、人に応じ、姿形を変え、救済のため顕現する。が、顕現する神の本地（本質）は同じである。

神はこの世界に属していない。己れが創造した世界、被造物を超えた存在であり、いかなる姿でも顕現できる。聖霊なる神はそのことを明らかにするものである。このように考えれば神の唯一性、絶対性に反しないのではないだろうか。神の像の違いを根拠に血が流されることを創造主が真善美（よし）とする筈はないのだ。

三位一体の神学がキリスト教の核心をなす神学である以上、あと一歩踏み出すだけである。キリストの教えに帰依したものが、三位一体の神学を求めた以上に、世界は宗教観のコペルニクス的転回を求めている、と私は信じている。異教徒と雖も神が創造した。排除するため創造したとは思わない。

他宗が尊崇する神聖なものは、キリスト教の聖霊なる神に相当すると考えれば排他的に一神に所属させる宗教の壁を超えることができるのではないだろうか。

ユダヤ教やイスラム教からは神の唯一性、絶対性に反すると指摘される三位一体説は、キリスト教を柔構造化させると評価できる神学である。

三位一体説を基点に更に一歩踏み出すことは、一神教がつくる宗教の壁を超えることであり、宗教紛争の解消に繋るのではないだろうか。その事は創造主に対する反逆、異端なのだろうか。無限の神への帰依に至る道は無限にあると私は確信している。

宗権を是認することに因って宗教に起因する紛争の解消に貢献する神学、新解釈が異端である筈はない。神は是認、祝福するのではないだろうか。

キリスト教の核心である神学、三位一体説は、父と子と聖霊について、父は神であり、子も神であり、聖霊も神である。しかし、三神がいるのではなく、ペルソナ（位格）は違うが一神であると説明してきた。

垂迹説に架橋することを可能にする神学である旨、本地垂迹説を核心とする神仏習合の宗教圏からは見えてくる。

何はともあれ、他宗教との共存を是認、押し進める神学の構築が時代の要請であり、一神教はそれに向け、邁進しなければならない。

宗教戦争とは無縁の宗教が存在することに真剣に向かい合わなければならない。

宗教が敵対する相手は異教や異端ではない。宗教の名を騙り、人の血を吸うカルトのみである。

宗教が違うことを理由に争うことは過去の悪しき遺産、惰性が齎したものであり、宇宙船地球号との認識に達した時代の宗教にそぐわない。宗教が違うことを理由に愛の教えを適用しないのは無限の神の像に人間の手で制限を加えることと同じである。

宗教の共存が不可能であれば、宗教の栄光は過去のものになるだろう。

また、無辜（むこ）の生命が失なわれるのを、拱手傍観する共犯者に等しい存在になる。そのようなことを黙認、是認する神がいる筈はない。真善美を体現する神の定義に反している。

第七章　一神教の時代から正法の時代へ

正法の時代

紀元以降、二〇世紀に至る宗教世界は、「一神教の時代」と総括すると宗教の変遷、一神教が何故、かくも短期間に世界を席捲したかについて理解することが容易になる。

一神教が席捲した時代を簡明直截に評価すれば、「弱肉強食」、厳しい生存競争に明け暮れ、生きるための活動に否応もなく専念せざるを得なかった時代、と総括できよう。　生きるか、死ぬかの二者択一しかない世界では対立する相手を神に敵対する悪魔に与する輩、滅すべき神の敵と決め付け、士気を鼓舞し、創造主の名のもとに団結、敵にあたることが勝利を齎し、生き残る道である。

他神を認めない唯一の神、創造主は弱肉強食の時代に相応しい怒れる神、闘う神、勝利を齎す神である。世界を創造した神に対抗し得る神がいる筈はないのだ。

異教徒に神の福音を伝えよとの神の召命に応えるため艱難辛苦をものともせず、万里の波濤を超え、地の果てまで宣教に突き進んだ結果、神の命は成就し、一神教徒が宗教人口の多数を占め、宗教界の主流になった。宗教界は、一神教が牛耳っているといえるだろう。

一神教徒が全地を覆うまでに増加した挙げ句のはてに宇宙船地球号という壁に衝突、方向転換を余儀無くされる事態に陥った。福音を伝えよとの神の命に応えることはできたが、壁にぶつかったまま次の一手を見出せない。方向転回できないまま足踏み状態に陥り、漂流を続けたのが二〇世紀と総括できるだろう。

二〇世紀が「戦争と革命の世紀」といわれるわけは排他的に所属させ、従わない者達を力ずくで排除に努めたことに尽きる。

排他的に従がわせることに疑問を持つことなく、従わない者を神の敵、階級の敵、即ち悪だと決め付け、力をもって排除し問題を解決しようとした。

天皇機関説否定後の大日本帝国も同様のあやまちを犯した。天皇機関説を否定し天皇の皇帝化、神道の一神教化を軍の力で強要し、排他的に所属させようとしたが原理的に不可能な試みであったが故に失敗、大日本帝国は崩壊した。強要は軍人のみならず国民の水準をも低下させた。「日本は考えられないような国家行動を次から次へと起こした」のはこのためである。

共産主義が一世を風靡したわけは一神教が齎した閉塞状況を打破できる思想と誤認され、人心を捉えたからだろう。

閉塞の時代を打破する思想と期待されたが、とんでもない誤認、見込み違いだった。無神論を標榜し、宗教を弾圧した共産主義は、戦争と革命の世紀の主役の一人だった。

脚光を浴び登場した共産主義は一神教の陰画にすぎなかった。排他的にマルクス・レーニン主義に従属させ、従わない人々を力づくで排除する同じ穴の狢だった。

神を立てず、否定したのは神に代わり力を奮うためだったのだろう。超越者に拠った宗教より欠陥が多い、悪しき体制であったが故にソビエト連邦は二〇世紀を生き延びることができなかった。

今も共産党が支配する国は厳として存在するが、そこには共産主義はない。今や権力護持の道具に成り果てている。

地上を労働者の天国にすると称して全権力を掌握し、異なる意見の持主を革命を妨げる異教徒、同志であっても異端として排除した。排除に際し、暴力の行使を躊躇することはなかった。

排他的に所属させる点では同じであるが、所属させるものが宗教を否定する共産主義であることが異なっている。

宗教ではなく、政治権力として権力の独占を志したため敵対勢力に対し遥かに苛酷、非情な政権だった。

共産主義国家は宗教や他者を認めず排除し、排他的に所属させる。味方でなければ敵だと決め付け、力をもって排除したため流血の世紀の主役の一人、一翼を担った。

一神教の陰画と称すべき共産主義は、宗教とは異なり愛や赦しの思想を有しなかったが故に蹉跌した。

仏教の教えをとおして一神教の時代を総括すれば、仏教にとって「末法」と呼ぶべき時代といえる。仏教は世界宗教として先行していたが、一神教との布教争いに敗れ、仏教圏は大幅に縮少した。

悟りを求める仏教は出家をあるべき姿として、俗世間に背を向ける。戦う相手、克服すべき対象は、内なる小宇宙たる煩悩である。弱肉強食、闘争の時代には不向きな宗教が仏教である。

選択的な一神教と呼ばれる浄土真宗は、阿弥陀仏が一神教の神のように極楽浄土に救済する。仏教の説く厳しい修業により煩悩を克服せずとも、阿弥陀仏に祈るだけで救済してくれる変異した仏教である。

末法の時代には自力救済は望むべくも無い、不可能と達観したことが背景にある。

末法の時代に我が世の春を謳歌した宗教が宇宙船地球号の壁に衝突したことを、仏教側から解釈すれば末法の世が過ぎようとしている。宗教は正法の世に向け、舵を切らざるを得なくなった旨、解釈できる。

宇宙船地球号の時代の宗教はコペルニクス的転回を余儀なくされている。排他的に一神に所属させる宗教の頸木を脱し、神聖と信じられるものであれば、宗教の違いを問うことなく信仰する、教えを乞う時代へと移行しつつある。過渡期と捉えることができるのではないか。

現在世界を揺がす宗教に起因する紛争は、時代の転回とかかわりを有するように見える。

一神教は神が支配する宗教と要約できる。従うべき掟を定め、従わない者には罰を下す。福音を説く神は怒れる神でもある。

創造主である神は人を神のかたちに似せて創造し、「生めよふえよ　地に満ちよ　地を従わせよ　また海の魚と　地に動くすべての生き物を治めよ」、と命じた。

またイエスは「教え（福音）を宣べ伝える」よう命じている。信徒は神の言葉を背負い、万物の支配に向け、突き進んだ。

神への服従、帰依を説くなかでいつしか神の代理人として、神に取って代わる支配者に成り済まし、被造物たる身の程を忘れた。神ならぬ身の限界と、心得を忘失し、神の言葉のままに地を従わせ、生き物を治めるべく努めてきた。

科学という神の創造力の一端を身に付けたことから状況は劇的に変わり、支配力は地上に収まらないまでに拡大した。

しかし地球は神が創造した有限な世界、宇宙船地球号だった。飽くことのない支配欲、欲望の充足のための収奪の結果、宇宙船地球号の生存環境は、放置できないまでに悪化してしまった。

地球号の環境悪化を放置したまま、収奪を続ければ人類の生存をも左右しかねない大事を招きかねない旨の警鐘が鳴らされるまでに事態は深刻化している。

生めよ、ふえよとの神の命に従った結果が人口の激増である。

創造主のみが有する筈の創造力を科学の力によって我物にして以来、人口の増加に加速度がついた。二一世紀中には世界の人口は一〇〇億人にも達するとの予測も出されるほどの激増である。

人口の激増は生存環境を悪化させ、水や食料を求め争うことで環境は更に悪化するという悪循環に陥りかねない瀬戸際に立たされている。

神の命に背くことであるが、人口の抑制、コントロールが政策課題として浮上、取り組まざるを得なくなった。

生めよ、ふえよとの神の命に応えるように、生殖は生物最大の責務としてＤＮＡに刻印されている。しかし、人口の激増の結果、人は神の命のままに生めよ、ふえよに徹することは困難であると悟らざるを得なくなった。

性と生殖は一対であったが亀裂が生じた。快楽のみを性の役割とする者もでてきた。発情期がなくなったのは、このことと何らかの関係があるのではないだろうか。

子孫を残すため与えられた性ではあるが、神秘性を喪失した。人口がこれ以上増大することは、存続の危機を招きかねない時代が到来したからだ。

科学の誕生以前には考えられなかった新たな潮流である。既存の宗教、道徳では対応できない時代を迎えた。

あたかも人口の激増に呼応するかのように、キリスト教世界では神の命に反する筈の同性婚の法制化がニュースになり始めた。既に法制化された国もあるようだ。いずれ多くの国が跡を追うようになるだろう。

鎖国という閉鎖国家であった江戸時代、庶民は間引きで人口の増加に対処した。

同性婚は人口増加を招かない点では、間引きと同様に見做すことができる現象である。

宗教上かつてはタブーであった同性愛、同性婚が市民権を得るまでに至ったわけは、人口爆発に対応した生命の活動といえないだろうか。性同一障害も人口爆発に対応した現象と解釈できるのではないだろうか。

造化の妙としか呼びようのない何か、グレートサムシングが人口増加を放置しておけば、人の存続を危うくする大事を齎しかねないと危惧し、DNAに働きかけ、DNAを変異させた結果、同性婚等が市民権を得るまでに増加した。

生めよ、ふえよとの本能、神の命令に反している筈の同性婚が今や市民権を得るまでに増加したわけは、DNAの変異なしには説明が困難でないだろうか。

動物は生息する環境下で生存許容範囲を超えるまでに個体数が増加すれば存亡の危機を招きかねない。これに対し、人は人口を増やさない方策として同性婚を選択したといえないだろうか。

生めよ、ふえよと命じた神の言葉と、造化の妙の関与なしには説明困難な同性愛、同性婚の増加、両者の間に橋を架ける、繋ぐものは、種の生殖を司る遺伝子の変異以外に有り得るのだろうか。

それとも、科学技術の発達により人口増加に対応できる、神の言葉の変更、新たな啓示が下される必要はないのだろうか。

宇宙船地球号は飽くことを知らない人の欲望、或は支配衝動に突き動かされ、猪突猛進してきた人の活動により傷つき、病んでいる。このまま放置すれば人の存続を左右する大事が出来しかねない。

人の存続を左右しかねない大事を解決するには、欲望、支配衝動を制禦する能力を高めることも重要な選択肢の一つであり、宗教の出番である。今や宗教の最大の役割はこの問題に取り組むことでないだろうか。他の宗教と協調して取り組む時代を迎えた。排他的に所属させる宗教は、重大な岐路に立たされている。

煩悩克服を第一義として修業に励む仏教に学び、凡ての人が生まれながらにして有する仏性（霊性）を涵養することが人類の存続を左右する時代を迎えた。

煩悩(原罪)に翻弄される内なる小宇宙たる心の領域に、仏(神)

の言葉に従う、聞き分けることができるよう「仏性（霊性）」を目覚めさせ、成長させることが解決に至る正道であり宗教の役割である。

宗教の違いを超えて正法の時代に向け舵を切ることである。急がば回れ、迂遠の道のように見えるが仏性涵養こそが問題解決の正道である。各宗教は宗教の壁を超えて霊性の成長に資す活動に邁進しなければならない。

仏になるために利己的遺伝子の働きである煩悩（原罪）を抑制して仏性（霊性）を覚醒させると共に成長させることが遠回りのようであるが、近回りになる。

「衣食足りて礼節を知る」という、科学技術の発達は生活水準を向上させ、他者を押し退ける、犠牲にしなくても生存できることを可能にしただけでなく、教育水準の向上にも寄与する。修業する時間を持てるようになることも、正法の時代への道を拓く。

宗教の壁を超え、仏性、霊性の成長に努めることを宗教の本務にしなければならない時代が到来した。

正法の時代へ向け、流れ始めた潮流は、二千年紀を揺がす主潮になるだろう。

時代は大転換を始めているのだ。人類は新時代へ向け、大峠を超えて行かねばならない。大転換は宗教観のコペルニクス的転回なしには達成できない。

日本の宗教は、いささかの貢献ができるのではないだろうか。

科学技術の発達と一神教

世界を創造したと主張する唯一絶対の創造主を信仰する一神教徒（正典の民）が世界の大勢を占め、その価値観が世界を左右するようになって久しい。

しかし、キリスト教が齎した科学革命は神の宇宙創造を否定し、神話であることを明らかにした。

ニーチェがいみじくも喝破したように、「(創造主である）神は死んだ」、と科学は創造主の死亡診断書を提出した。世界は神の支配から解放され、科学が主宰する時代になった。近代はフランス革命並びに科学革命から始まったといえるだろう。

創造主の唯一絶対性は神話にすぎず、一神教が批判の対象にした宗教と同様に、信仰世界、観念世界の真実にすぎないことを、科学は疑念の余地なく明らかにした。

この結果、信仰を異にする者に対し、改宗を強要する客観的根拠、正当性の主張も神話と化した。宗権を是認する環境は漸く整いつつあるように見える。

科学が主宰する時代に己れが信仰する宗教のみが唯一にして最善、最高と信じたいのであれば、霊性（仏性）を向上させることをもって優劣の判定基準にする以外に方途はない。最善最高の宗教とは信仰がいわせたものであり、客観的根拠を示しようがないからだ。

宗教は森羅万象を神と関連づけ、世界は神の定めた秩序のもとにあると説明してきた。凡ては神の思し召しに因っているのだ。しかし、地動説を神の創造を否定するものだと決め付け、神の権威を笠に着て弾圧しても、地球が動くことを止めることはできなかった。

天動説と地動説を巡るカトリック教会と、科学者の対立からも明らかなように、信仰世界の真実と科学が明らかにした真実は、食い違っていることを隠し通せなくなった。

科学が主宰する時代の宗教は管掌分野以外に口を挟むべきではない。宇宙像を巡って科学と対立することは、宗教の権威を損うだけである。宗教は管掌する分野、特に霊性の成長に的を絞る。守備範囲を見直すべき秋を迎えている。が、創造主の啓示に拘束される限り見直しは困難だろう。本地垂迹説に倣い三位一体説の解釈を拡大変更する以外、対処の術があるとは思えない。

科学の所産であるワクチンは伝染病予防のため強制的に接種することが認められている。が、宗教は違う。己れが信仰する宗教が最善最高だと確信していようとも、強制すれば流血を伴う惨事を引き起こしかねない。宗教が持つ因果な特質、性といえよう。

そもそもワクチンを接種すれば伝染病を予防、命を救うことができる。これは誰もが否定しようのない厳粛なる事実である。しかし、異教、異端を信仰すれば地獄に堕ちる、我が宗教のみが魂を救うことができると説教されても、それが真実か、否かは証明できない。信じるか、信じないかである。

殉教しようとも信仰を捨てない人がいるように、信仰は己れの生命より重いのだ。然れば犠牲を最小限に抑えるには、人権に倣い、宗権を確立することである。宗権の確立によって、他の宗教を誹謗することは悪しきことだとの共通認識を涵養しなければならない。人を救う宗教が人を殺傷するのは本末転倒も甚しい。宗権が確立されない限り、宗教に起因する紛争は止まず、人権侵害もなくなることはないだろう。

宗教と科学は役割分担を明確にする。科学が解明できるものは何かと問うことで、科学の限界を明らかにし、科学に属するものは科学に返す。そのうえで宗教の役割を絞り込み、管掌範囲を明確にする。

科学と宗教は棲み分けることにより対立が解消され、平穏な社会を齎す。「言うは易く、行うは難し」、実行困難な道ではあるが、科学が主宰する時代における宗教の再生には不可欠である。

「狭き門から入れ」といわれる。神へ至る門、宗教の管掌範囲は魂、霊性、救済、神聖な存在（神仏）、葬礼にかかるものに限定することを神は容認し、祝福するのではないだろうか。

狭き門に見えようとも神に至る大道、大悟、救済に通じる希望の門にほかならない。人間存在にかかる道であり、宗教の存在意義を全うするに相応しい大門である。

宗教の究極の使命である救済に至る道が一つである筈はない。無限の愛と慈悲を持つ神が救済に至る道を一つの宗教に限定する筈はない。その旨主張することは宗教者のエゴにすぎない。

宗教が多種多様なのは神の意思とする方が、腑に落ちる。自力もあれば他力もある。信者に選択を委ねることが平和の礎となる。

地球外生命体と一神教

かつては想像世界の生物であった地球外生命体が、現実のものになろうとしている。

火星には生命体が存在した。存在しているのではないか、と科学による探査が始まった。また、太陽系以外の恒星にも惑星が存在することが確認された。

人類が生存する星、宇宙船地球号は銀河系の辺境に位置する太陽系に属する惑星の一つにすぎないことが明らかになった。

宇宙（コスモス）の観念は、毛虫が変態したかのように一変した。宇宙像の変遷は時代の変化を示すバロメーターといえよう。

世界を見る目が変われば宗教も変わらざるを得ない。物を見る、識別、判断するにあたり、その土台となる視点、パラダイムが変われば、それに拠って立つものも変わらざるを得なくなる。世界を創造した神の像も影響を受けざるを得ないのではないだろうか。

科学は宗教のコペルニクス的転回を支援している旨のメッセージを送っている、と私は捉えている。

科学と宗教は管掌する分野が違う以上、両立できる。

科学に属するものは科学に返し、管掌する分野にかかるものだけに専念しなければ、無用の軋轢、流血を招きかねない。

排他的に所属させるあまり流血を招いた宗教の歴史に学び、陰を直視することである。神の名のもとに教団の価値観を押し付け、強要したが故に起きた流血の歴史を鑑としなければならない。

宗教は変わらなければならない、できなければ宗教は時代においてきぼりにされる。

宗教への帰属意識が薄れ、最早帰依するほどの信仰心を有しない。しかし、宗教に拠ることなく生きて行こうとの覚悟までは固めていない。世俗化が進んだとはいえ、無神論者であると烙印を押されれば社会生活に差し障りが生じかねない。

神を信じる者である旨の世間体を取り繕うために信徒として留まっていてもそれは仮面にすぎず実態としては最早帰属意識を持たない「仮面信者」として末席に名を連ねているだけである。そのような信者が激増するだろう。

ＥＵにおけるキリスト教徒の教会離れは、そのことを示唆している。神が支配する筈の宗教圏においても地殻変動が生じているのではないだろうか。

創造主に帰依する、固執するあまり、科学が主宰する時代に同調できず背を向けた宗教に、信者は失望し、帰属意識を持てなくなった。

信仰の自由とは、宗教を信じない自由をも許容することで成立するからだ。

宗教の有り様（よう）、取り巻く環境が一変したにもかかわらず、それに応えようとしない宗教に対する無言の抗議、異議申立て、と解釈できる現象である。

日本国のように無宗教、宗教を信じない、と公言する者が少ないだけである。実態はほぼ同じと思われる。

科学が主宰する時代、何者も科学の成果を無視できない現代において、イスラム国に見られるように宗教への熱狂的な帰依が永続するとは思わない。

信仰無罪が神の意図するところとは思わない。神の被造物にすぎない者が神が創造した人をあやめることを神が許す筈はない。

宗教は変わらなければならない。さもなければ、既存の宗教への帰属意識を失った心に付け入ろうとする者が必ず出てくる。そのことが及ぼす悪影響は、既存の宗教への信仰と比較して遥かに性質（たち）が悪い、始末に負えないものになる。

鳥なき里のこうもりのようにカルトが跋扈するだろう。

太陽系が所属する銀河には数千億の恒星が存在し、宇宙には数千億の銀河があるといわれている。更には宇宙は一つではなく、数多あるとする説も唱えられるようになった。

無数の恒星があろうとも宇宙を支配する物理法則は同一である。ならば地球のみが生物の存在する唯一の星だと主張する者は、その科学的根拠、地球のみが例外的に生命を育んだとする論拠を提示しなければならない。

宇宙には生命が満ちている可能性を否定するには正典を論拠とする以外ないのでは。

地球外生命体の存在が確認された時、一神教は、如何に言い繕い、釈明に努めるのだろうか。

正典に啓示されている唯一の創造主に帰依する者のみが救済の対象になり得るとすれば、発見された星に住む知的生命体は死後、救済されないのか。創造主を知らないが故に罰せられるのか。

それらの星の知的生命体も信仰生活を送っている、神がいたならば一神教の説く唯一の創造主はそれを認めず罰を下すのだろうか。

それとも神は地球にしか存在しないのか。

正典に記されている創造主のみが真実の神と主張する者は、既存の神学では説明できず、立往生するだろう。

究極の存在は、呼称が違うだけで本質は同じとする本地垂迹説を援用する以外に、対応策はあるのだろうか。

当初は何事もなかったかのように無視できたとしても、いずれは正面から向かい合わざるを得なくなる。

他の宗教の神とは本質を異にする真実の神、創造主と誇り、他神否定の根拠としてきたが、信仰世界の真実、神話と認めざるを得なくなる。

一神教が宗教の最高形態とする信仰自体は揺がないとしても、創造主の唯一絶対性は信仰世界、観念世界の真実であることを、無視することができなくなる。

他の宗教を否定する論拠は信仰、信念のみであり、客観性、真実である物証は存在しないことを認めざるを得なくなる。

他神を否定する神は居場所を失い、観念世界に移住せざるを得なくなるだろう。

地球外生命体が確認された時に取り得る、キリスト教が拠って立つ神学は一神教の柔構造化、三位一体の神学の再解釈にかかっているように思われる。

三位一体説と本地垂迹説に橋を架けることがジレンマから解放される唯一の道、取り得る選択でないだろうか。

観念の遊戯と一蹴されそうだが、思考を巡らすだけで、創造主と雖も信仰の所産、信仰世界の真実、信仰が齎した神話であることが明瞭になる。

地球外生命体が確認された時に備えて、今から対応を検討しておかなければ、間に合わないのでは。

唯一の創造主を信仰し、他神を否定する宗教は否定する根拠を失う。価値観の劇変という大津波に押し流されるだろう。

唯一の創造主に排他的に所属させる宗教は、拠って立つ礎を喪失、危急存亡の秋を迎えざるを得ない。が、観念世界、信仰世界の真実と達観できるならば解決可能な問題である。

創造主に排他的に所属し、他の宗教は真の宗教ではないと信じていようとも、実態は他の宗教と同じと自覚できれば、解決できる危機である。

嵐の時代を迎えるであろう唯一の創造主への信仰は科学革命を起こし世界を変えた。

神の神たるゆえんは創造力にあるとする創造主の観念は、神の像の模範になった。神学を発展させ、科学を創出、世界を一変させた。

究極な存在とは何かという問いに対する本質を突いた洞察が、創造主の観念である。その観念が科学を誕生させ、創造力を人に齎した。

人は宗教がなくても生きて行けるが、科学が創出した技術に依存することなしには、生存できない、生存すら覚束無いのが人である。近代世界はキリスト教が構築したといえるだろう。

しかし、他神、他宗を否定するという副作用、影を伴っていた。

それればかりか、宇宙船地球号の壁にぶつかり、地球環境に赤信号が灯っている。この問題を解決しなければ先に進めない。二一世紀中に解決しなければならない喫緊の課題である。

科学が齎した問題の解決は科学に委ねるほかない。科学の進歩に頼らざるを得ない。

宇宙船地球号をより快適な環境になるよう改善して行くには、排除、否定する宗教の壁を超え、共存の宗教へ向け舵を取らねばならない。コペルニクス的転回を齎す新たな神学の構築が不可欠といえるのではないだろうか。

天壌無窮の神勅は、宇宙船地球号の時代の神の啓示といえないだろうか。神勅に従い、天壌の窮まりなき未来まで共に幸う星になるためには、神仏習合に倣い、共存する宗教に向けてコペルニクス的転回が避けられない。

共存する宗教へ向け、舵を取らねばならない。神が愛と寛容、赦しを啓示した意味の再検討が求められている。無限の神は宗教の壁を超えて愛と赦しを行うことを求めている、と捉える方が的を射た見解といえないだろうか。

更には科学の力が不可欠である。宗教と科学は神の分身として共に人を支えるものである。両者の均衡のとれた成長、発展こそが唯一の道である。

唯一の創造主を信仰する宗教とは対蹠的に神聖なものを信仰する宗教は、他神他宗を否定することなく成立する。宗教の共存を核心とする宗教であり、科学とも共存できる希望の宗教である。

創造主に排他的に帰依させる宗教が逆風を迎える、宗教を取り巻く環境が一変する世界にあって、思潮の変化に対応できる宗教が、神聖なものを信仰する日本教である。

神聖なものに関する信仰に関し、是非とも指摘、強調しておかねばならないことは、神（創造主）がいなければ凡てが許される旨の信念を表明する者がいるが事実無根であり、創造主への信仰告白にすぎないことである。

創造主への信仰を有しない、遅れた不合理な宗教を信仰しているとけなされることが多い日本の宗教は平穏な社会の構築に貢献してきた。神（創造主）がいなければ凡てが許される社会になる、といえないことは日本社会を観察すれば明らかである。

神聖なものとしての神、他神を排除しない宗教であるが故に社会秩序は維持できている。

神も仏もない無法な社会に堕すと憂慮するのは杞憂にすぎない。

一神教のみが宗教でないことを忘失しているが故に、このような発言ができるのだ。

第八章　宗教と救済

生命より重いもの

「生命は地球より重い」と主張する者がいるように、人にとって命より重いもの、大切なものは存在しない。

本能に刻み込まれた自明の理として、人の行動を「支配」してきた。「凡ては命あってのものだね」、と一般に認められてきた。併し乍ら、人はまた神の名のもと己れの生存を賭けて争ってきた。なかでも異教徒との戦いは聖戦とされ、死者は楽園で永遠の生命を保証されてきた。仏教でも不惜身命、仏の道のためであれば生命を惜しまない旨の覚悟が問われてきた。

生命は神（仏）の言葉より軽い、それほどまでに人に大きな影響を与えてきたのが、神であり、神の言葉とされる宗教の教えである。信徒にとって神の言葉は生命より重く権威があり従うべきものなのだ。

人の目が開かれ、死後の世界の存在は疑う余地のない真実と信じられた時代、神仏の言葉に背けば地獄に堕ちる旨の教えは、人を震え上らせ、従わせる原動力になった。

死後の世界にまで影響力を及ぼす神の本質について、対照的な二つの宗教、近代世界を主導してきたキリスト教の核心であり基軸でもある神学（三位一体説）並びに多神教とされる神道と神をたてない仏教を共に信仰する宗教、神仏習合（日本教）の核心であり基軸でもある神学（本地垂迹説）は、それぞれが帰依する神聖なものについてどのように把握し、説明してきたのだろうか。

宗教と神学

唯一の創造主に帰依する一神教であると言い募り、日本の宗教を批判しながらも、三位一体説を核心とするのがユダヤ教やイスラム教とは異質の一神教であるキリスト教の独自性である。

創造主である父なる神及び贖罪者キリストとして世に顕現した子なる神並びに信仰経験に顕示される聖霊なる神を、唯一の神の三つのペルソナとして把握するのが三位一体説である。三神であるが一神であると断言、他神とは本質を異にする唯一の神と主張して憚らない。

キリスト教は一神教であるがキリストに因って立つ。他の宗教の神とは比肩しようもない救済力を持つ贖罪神キリストを信仰の核心にしている。この点においてユダヤ教やイスラム教とは本質を異にする一神教である。それに加えて三位一体説の埒外に聖母マリアが存在し、神の母としてカトリック教会ではキリストに劣らぬほど信仰されてきた。

顕現する究極なものの本地（本質）は、人から見れば無限なものである以上、人はその本質について一端に触れ得るのみで全体像を把握することは原理上不可能といえる。

「群盲象を評す、まして神をや」である。人を超えた存在であるが故に信仰されてきた。不合理ゆえに我信ずが宗教である。合理を超えた存在であるために信じ、救済を希求するのが宗教固有といえる特質である。

宗教の説く神秘、神聖なものの像を信じることができなければ、縁なき衆生としてその門から立ち去るしか方途はない。

無限なものを知ることなど思いもよらぬ、有限な存在にすぎない人が人知の限りを尽した結果、辿り着いた結論たる解釈が、本地垂迹説であり、三位一体説と捉える方が的を射た評価と思われる。

一神教が究極なものについて創造主と洞察したことは、宗教史上画期的な発見だった。日本では究極なものについて神聖なものと捉える以上のことは成し得なかった。垂迹して顕現する神聖なものの本地は人には知り得ぬ神秘と捉え探求に乗り出すことはなかった。

しかし、究極なものは姿形（すがたかたち）を超えた存在であり、様々な姿形をとって顕現することを認めた点で画期的な発見であり、本地垂迹説と三位一体説は相似といえる神学である。

宗教の壁に囚われているが故に相似性が目に入らないだけである。先入観を持たない子どもが王様は裸だと見抜いたように、色目鏡を持たずに見れば見えてくる、理解できるのが本地垂迹説と三位一体説の相似性である。

目的が同じであるが故に同様の結論に達した、相似性が見られるのではないだろうか。

あいまい、不合理とけなされる日本教の核心である本地垂迹説と、宗教の最高形態と自負するキリスト教の核心である三位一体説は相似の関係にあるなどといえば、何を馬鹿なことをいう、こじつけだと一蹴されることだろう。が、その機能、働きに焦点を当てれば相似の観念といわざるを得ない。

宗教の相違に注目するより相似性を認める方が宗教の壁を超えることに貢献する。時代はそれを求めている。求めずにはおけない状況下におかれている。私はそう確信している。

神仏習合の核心をなす神学である本地垂迹説とは、「本地（本体）である仏、菩薩が、迷える衆生を救済するため仮に神の姿をとってこの世に顕現することであり、神と仏の本地は同じであるとする説」である。神仏習合が成ったのは本地垂迹説に因っている。

垂迹するものの本地を仏、菩薩に限定することなく、神聖なものの本地は、同じであるが故に宗教の壁を超えて信仰するのが日本教と呼ばれる信仰形態である。日本教とは神仏習合の発展形態といえる。

一神教と主張するキリスト教の核心である三位一体説は理解が困難な神学であるが故に、子なる神の本質を巡り、異なった解釈が避けられず、異端論争が起きる等、論争と弾圧の歴史を有する。

三位一体説について、「カトリック百科事典」は次のように説明している。

「一つに統一された三位一体の神のなかには、三つのペルソナ（位格）、父と子と聖霊があり、これら三つの位格は互いにはっきりと異なっている。たとえば、アタナシウス信条で、『父は神であり、子は神であり、聖霊も神である。しかし、三つの神がいるのではなく、一つの神がいるのである』といわれているように」と説明されている。

神は三つのペルソナを有するが、一神（垂迹説を適用すれば本地は同じ）なのだ。

「ペルソナ」というわかりにくい言葉は、「知性と意思を備えた独立の主体」を意味する語で日本では「位格」と訳されてきた。

全知全能の創造主は、人には不可能なことを矛盾することなく統一することができる。

波動と粒子の性質を同時に持つことは、それこそ矛盾しており不可能である。

しかし、神の威光、威容の表示に欠かせない。神の属性、顕現を告げる光は波動と粒子という矛盾する筈の性質を合わせ持ち、私達の世界を照らしている。

まして、本地というべき「神」は光以上の神秘である。不合理ゆえに我信ず、受け入れてこそキリスト教徒といえる。同じ一神教であるが、ユダヤ教やイスラム教とは性格を異にするキリスト教の独自性である。

しかし、一神教の元祖といえるユダヤ教及び創造主アッラーの絶対性を強調するイスラム教の信徒にとって三位一体説は、唯一の創造主という妥協の余地のない、核心である神の像に反している以上、ナンセンスといわざるを得ない。

これに反し、本地垂迹説を核心の神学とするが故に排他的に一神（一仏）に所属するよう強要しない。神と仏を同時に信仰して怪しまない国が神仏が習合する国、日本である。

本地垂迹説をプリズムに用いて三位一体説を分光すれば次のように捉えることができる。

歴史上の存在であるナザレのイエスを、救世主キリスト（子なる神）として、ユダヤ教の神（父なる神）に接木（習合）させ唯一の神としたから三位一体説は難解なのだ。

三位一体説は人を例にとり類推すればわかりやすい神学である。

創造主の絶対性を強調する一神教において、被造物にすぎない人を例として考察することを瀆神行為として忌避してきたから、難解、理解困難な神学になったのではないだろうか。

人は知性と意思を合わせ持つ独立の主体であり、多様な顔（ペルソナ）を有しているが、統一された人格を有する。

Aという男性は通常は父であり、夫であり、職業人という三つの顔を有する。これら三つの顔は互いにはっきりと異なっている。が、一つの男性の三つの顔であり、一人の男性が存在するだけである。

父はAであり、夫もAであり、職業人もAである。しかし三人のAが存在するわけではない。一人のAという男性が存在するだけである。

Aの三つの顔は、神の位格に相当すると捉えれば、三位一体説は理解可能な神学になるのではないだろうか。

人は神の似姿とされる。また、この世界は天上界を反映している、天上界を模したものだともいわれている。人は神の像を地上に下ろしたものと捉えれば、三位一体説は身近な神学になる。

父と子と聖霊は創造主の三つの位格であるが、一つの神が存在するとする三位一体説及び神仏は位格の異なる二つの神聖なものであるが、本地、本体は同じとする本地垂迹説とは、究極な存在は姿形を超えており、時や場所に囚われることなく顕現すると把握する一点に焦点を合わせれば類似の神学と呼べる。

宗教の形態を問うことなく本地垂迹説と三位一体説を類似の神学であると捉えることは荒唐無稽な解釈だと反発するのであれば、相似といえる神学でないだろうか。超越者を求める心は同じであるが、風土や歴史を反映して顕現する姿形が異なったと捉えるほうが、宗教の壁を超えることに繋る道である。

信仰経験に顕示される聖霊なる神は、日本では多神多仏として顕現し、本地垂迹説で解釈されてきた。

相違は創造主としての唯一性に固執するか、垂迹する究極のものの本地、本体は同じとしたが、三位一体説という観念の離れ技を知らなかったことに因るのではないだろうか。

創造主の観念が分水嶺として作用した結果、形態の違う宗教になったのではないのか。

淵源である超越者、神聖なものの神像はヒマラヤ山脈に発する大河の源流と同様に当初はそれほど掛け離れていなかったが進行方向が違うため時代を経るに伴い、相違が明瞭になった。

顕現する神聖なものの本地は同一であることに着目すれば、多神教的一神教の顔を持つのが日本教である。

形態の異なる多種多様な宗教が共存できるゆえんは本地垂迹説に因るのではないだろうか。多神多仏であるが本地は同じ、「一神」なのだ。

日本の神社には多くの神が合祀されている。このことに疑問を呈さない、不思議に思うことなく祀られているのは顕現する姿形は異なっていても垂迹する本地・本体は同一と信じているからだろう。

垂迹する究極のものの本地を創造主と同様に唯一と捉え得なかったことが分岐点になり、性格の異なる宗教になった。

アフリカを出発したヒトは、時を経て、「人種」とされる外見の相違が顕著になったが、人類の一員である点では同じである。

本地垂迹説と三位一体説は尊崇する神や神聖なものが、姿形を超えて顕現することを認めた点では相似といえる神学である。

宗教対立を克服するには相違に注目する以上に相似、似ていることに注目するほうが、対立を克服する重要な足掛りに成り得る。時代は宇宙船地球号の視点に立った神学を希求しており、宗教者は鋭意努力すべきなのだ。

異教、異端とは神の像の解釈が異なることを根拠に決め付けるものとは思わない。

歴史の試練を経て形成され、正統と認められた教え、真善美（よきもの）に誘い、霊性を高めることとは真逆の悪しき世界に誘導するカルトを指す言葉に限定すべきでないだろうか。

信仰の自由を標榜する時代における宗教の存在意義は、霊性の成長を助け、平和の礎になることにある筈だ。

排他的に所属させる宗教の教えに拘束されている、宗教の壁の中に安住する信者には、受け入れ難いかも知れない。しかし、宗教の壁は取っ払った方が、宗教の本旨に適い、時代の要請に応えることができる。

帰依する神にのみ排他的に所属し、尊崇するあまり、他神、他宗の神聖性を認めない宗教は時代の流れに逆向している、早急に卒業することが宗教に起因する紛争を抑制する道に通じる。

宇宙船地球号との認識に達した時代における宗教者の本務は共存を説くことである。

各地に分散した人が宇宙船地球号の中で、人類は一つとの認識に達したのと同様に、人とは不可分の宗教も、多くの宗教、宗派に分かれているが神の像の捉え方が相違しているだけであり、霊性を高める目標は同じと認識を改め、共存に向け舵を取る時代を迎えた。

宗教の違いに重点をおき、救済する力を持つ宗教は我が宗教のみだと強調する姿勢から卒業する秋を迎えている。否応もない、人は文明を後退させる。最悪の場合には核の冬を齎す核兵器を所持する以上、共存しなければならない。

自国の核兵器保持は是認しながら他国の核兵器所有を認めない政策は遠からず破綻するだろう。宗教も同じである。

本地垂迹説と三位一体説は、共に人知では窺い知ることのできない究極なものについて探求した結果、顕現する姿形は異なっていようとも、本地・本質は同じであるとの認識に達した。相違点は顕現する姿形であり、排他的に所属させるか、否かにすぎない。

神の像を独占することが原理的に不可能である以上、認め共存するしか方途はあり得ないことを、宇宙船地球号はあきらかにした。

人には知り得ない神秘について探求した結果、到達した結論は似たようなものだった。が、宗教の壁は相違点を重視し、類似する点には目をつぶり、排他的に所属させようと強要したことが宗教戦争を齎した。

究極なものはこの世界に属さない。世界はそのような存在を容れることはできない。有限な存在である人は、歴史や風土の中でしか存在し得ない以上、究極なものは神秘と呼ぶしかない。

子なる神キリストは聖母マリアから生れたとされる以上、マリアは神聖を帯びた聖なる存在と見做さざるを得ない。

一神教である以上、創造主以外に帰依する対象は存在しない筈だが、マリアは神の母として尊崇されてきた。

永遠の処女性、無原罪、昇天などのマリア信仰は、一神教の枠を超えた聖なる存在であることを裏付けるものである。

多神教徒から見ればマリアは女神と呼ぶしかない聖なる存在、神に等しい。

日本の宗教のように、神聖なものに関する信仰が宗教だと定義すれば、キリスト教は四神を神聖なものとして信仰する宗教だと解釈されても不思議でない構造を持つ宗教である。が、一神教と主張し、多神がいる宗教を批判してきた。

キリスト教は、尊崇する神聖なものを父と子と聖霊及びマリアに限定して信仰する宗教である。にもかかわらず一神教と主張している。

更にいえば、信仰経験に顕示された聖霊なる神は、多神教の神が顕現するのと重なる観念と呼べることから、キリスト教は一神教と言い募り、誇ってきたが、信者でない者にいわせれば、一神教的多神教と呼ばれても違和感を感じない、誠に端倪すべからざる宗教といえる構造を有している。

一神教の原理に忠実なユダヤ教やイスラム教の信徒に批判させれば、矛盾を内包した宗教と解釈される側面を有する宗教がキリスト教である。

しかし、一神教を取り巻く思潮の変化に対応できるうえ、一神教以外の宗教との対話を可能にする懐の深さを有する宗教でもある。

三位一体の神秘を巡り、キリスト教徒の認識が一変するような事態が生じれば父なる神に帰依する、或は贖罪神キリストに帰依するかの岐路に立たされる事態も想定可能な宗教がキリスト教である。

プロテスタントは、一神教の原理にカトリック以上に忠実であろうとする分派でないのか、一神教への先祖返りといえるだろう。

救済の一点のみで評価すれば、イエスへの帰依は、欣求浄土を希求する浄土真宗の阿弥陀如来への帰依と、相似の信仰に見える。

浄土真宗を選択的な一神教と呼ぶのも宜なる哉。

そもそも、一神教を信じることは多神教や仏教を信仰すること以上に優れた信仰、立派な称賛されるべき信仰なのか。我が神のみが尊い、真実の神であるとする信仰がいわせた信心の告白でないのか。

AとBとは出自や経験等、如何なる相違があろうとも平等であり、権利に違いがあろう筈はない。宗教も同じだと宗権を認める方が、宗教の本旨に適っている、と私は信じている。

本地垂迹説と三位一体説は、宗教の形態こそ異なるが、人知では知ることができない究極の存在を追求して止まない精神が齎した神学と捉えることができるのではないだろうか。

宗教史の最高峰、ベストアンドブライティストといえる東と西に分かれ、交わる筈のない宗教に属する宗教家の達した認識は似たようなものだった。

宗教が違う、信じる神が違うことを根拠にして否定するのは、人の限界を弁えない無知に基く瀆神行為にすぎない。

知り得ないものは、被造物の一員にすぎないことを自覚し、謙虚に受け入れるのが信仰者の責務となった。宇宙船地球号との認識から得られる結論でないだろうか。

科学が主宰する時代における宗教とは、異端や異教の観念から卒業した宗教であり、対立を止揚する宗教と捉えることが地上に平穏を齎す第一歩である。

本地垂迹説

本地垂迹説は、日本国の正統な信仰である「神仏習合」の核心をなす「神学」といえる。本地垂迹説を求め得なかったならば、神仏は習合できなかった。

習合を左右した神学が本地垂迹説である。

仏教受容により危救存亡の秋に遭遇した随神の道（神道）の苦境を打破、突破するための神学が求められ、採用された神学が本地垂迹説である。宗教史上の意義は、宗教の壁を超える神学が創出されたことにある。

仏教受容の結果、随神の道は世界宗教を受容した国の宗教と同様に、このまま手をこまねいて放置しておけば存続を左右しかねない危機のさ中にあった。五里霧中にさまようなか活路を見出したのが本地垂迹説である。

古代日本は先進文明を身に纏う、きらめき輝くばかりの仏教に魅了され、然したる軋轢もなく、世界宗教たる仏教を受容した。

仏教受容は日本国が先進文明に伍して存続して行くには避けてとおれない関門だった。

しかし、先進文明受容に伴う副作用が生じ、父祖から受け継ぎ、信仰されてきた神の権威が失墜する危機に直面した。

権威が失墜した神を従来と変わることなく信仰、斎き祀ることは抵抗を感じざるを得ない。畏み、畏み神祭する神聖な存在としての地位が揺いだ。

世界宗教を受容した国における土着宗教の運命と同様に、太古の昔から守り伝えられてきた民族宗教たる神祇信仰は、神が仏に救済を求めた話が伝えられられるほど権威を失墜した。このまま手をこまねく、為す術もないと傍観、放置していたならば歴史の闇、忘却の彼方に押し流されたことだろう。

しかし、神は死ななかった。仏教と習合するという他の宗教ではあり得ない離れ技を演じたことで生き延びることができた。

更には仏教を取り込み、消化する年月を経て、いつとはなく仏教を日本仏教に変容させてしまい、遂には日本教と呼ぶしかない独得の信仰、宗教の壁がなくなり、他宗教に対し寛容、柔軟な信仰・神仏習合は成った。

宗教の壁を突き崩した功績は一重に本地垂迹説にある。

仏教は神道と習合することで土着できた。何故か、神祇信仰を捨て、仏教に帰依することによって神を忘却の彼方に追い遣る決断ができなかったからだ。

神はあまりにも身近な存在であり、信仰を捨てることは己れを失うことでもあったから、神への信仰を捨てるに忍びなかった。

神祇信仰を捨てて顧みないことは、民族のアイデンティティを放棄することに通じるため、棄教できなかった。歴史を捨てるに等しいからだ。

一万年を超える悠久ともいえる縄文時代を経ていつとはなく成ったのが随神の道である。日々の生活は神と共にあった。神は日々の生活の糧を与えてくれる感謝すべき存在であるだけではない。畏み、畏み、斎き祀らねば罰を与えかねない誠に畏れ多い、畏怖すべき存在でもあった。

節目、節目に神を畏れ、敬い、祀ることは日々の生活と不可分だった。

随神の道は、神ともいえる大いなる自然の懐に抱かれ暮らす悠久の時のなかで、研ぎ済まされた感覚に則った信仰であり、四季折折に祭礼と行事をすることなく暮らすことは不可能だった。

仏教は神道が知らない死後の世界の救済論を有し、世界宗教として先進文明を布教に取り入れた抗しがたい吸引力を持つ宗教であったから受容され信仰を集めた。

併し乍ら神祇信仰を捨てて顧みないことは、アイデンティティ、自己を捨てることと同義であったから、出来かねていたところ、神と仏の本地、本質は同じとする垂迹説に出会い、愁眉を開き、活路を見出した。

当初、仏は蕃神、外国から渡来した神と受け止められていたほどで、仏の教え、仏教の本質を理解し、受容したわけではなかった。日本国にはなかった寺院建築、仏像、音楽及び壮厳な儀式に代表される先進文明に魅入られたから仏教は受容された。

垂迹説は姿形に囚われることなく顕現する神の本質を突いた神学であったから、違和感を抱くことなく信じることができ、時を経て神と仏の習合は成った。

仏教の受容とは仏に代表される先進文明の精華を導入することによって、日本文明を一段と高いレベルに引きあげることでもあった。　神仏の習合は大いなる果実を齎した。八幡大菩薩と呼ばれる八幡神は神仏習合を代表する神である。宗教の壁をなくした功績は神仏習合に帰せられる。

神は仏を知ることで祟る神、畏怖される神を超えることが可能になった。

神祇信仰と仏教が出会い、習合するなかで生じた不整合を解消するため試行錯誤することをとおして日本文明の核心が次第に形成されて行った。

他文明の精華は導入するが、日本文明の核心は守り抜くことが文明の継続性を維持するうえで不可欠であることを仏教受容をとおして学んだ。

神仏習合をとおして日本文明の核心が形成され、針路が定まった。

神仏習合が日本文明を育てたといえる。神仏習合なしに日本国はない。

神と仏の邂逅は、世界の宗教史上に稀れな幸運、奇蹟と評すべき出来事である。

キリスト教国になった日本がキリスト教版の「神神習合」を正統な宗教とする国、古き神々が生き延び、唯一の神と共存、習合する国になるには別の垂迹説、日本の神の本地は「唯一の創造主」であるとする神学が必要にして不可欠だが、排他的に所属させる唯一の創造主を戴く宗教には無理な注文である。キリスト教を受容した他の国と同様に正統な宗教が断絶した別の文明に変貌しただろう。しかし、唯一の創造主と神聖なものの本地を繋ぐ神学はあり得ると考えている。

宗教の断絶がない日本国は、歴史が断絶することなく継続している稀な国である。この事実に焦点を絞り考察すれば日本国は世界最古の国と主張できる。

仏教の東進の結果、今日の日本国がある。仏教との出会いは日本国の針路を方向づけた歴史的な事件だった。

一神教を受容した国では父祖伝来の信仰は失われ、神は神話や史書のなかで断片しか知りえぬ存在に成り果てた。が、仏教を受容した日本国に断絶はない。

神仏習合は信仰の断絶がなかったことを証明するものである。

父祖伝来の神への信仰を異教として否定、排斥し、信仰の歴史を断絶させるのが、一神教の歴史である。それに伴い歴史も断絶、全く別の国であるかのように変貌した。受容に伴い、一神教以前は異教の歴史と化した。

一神教の神は他の神が存在することを否定、排除、追放の号令をかけるため、古き神々は生き延びることができない。歴史の闇の彼方へと消え去った。

これに対し、神を立てない仏教は融和的な宗教であり、布教する土地の宗教、信仰を無毛に否定せず、布教に利用したが故に神々は生き延び、ついには神と仏が習合するという宗教上の奇蹟が起きた。

日本国の特色、独自性は世界にも稀れな継続力にある。縄文人の子孫は辺境に追い遣られ小数民族としてほそぼそと暮らしているわけではない。人々は縄文人の末裔、弥生人の末裔と自覚することはない。どちらに属しているかが問題になることはない。はっきりとはわからない。どちらでも構わない瑣末なことにすぎない。

縄文時代から信仰されてきた随神の道は仏教と習合はしたが、その本質を損われることなく引き継がれ、今も正統の地位を失っていない。神道は世界最古の宗教といえる。

東夷の国の歴史は、古代文明を生んだ国ほど古くはないが、継続力の故に国体は変ることなく続いている奇蹟の国である。

宗教、皇室が断絶することなく続いていることに着目すれば最古の国であり、他に類を見ない国でもある。

独自な宗教故に日本国には仲間となる国はない。孤独な国でもある。

日本国の独自性について夜郎自大になることを避けつつ、世界へアピールすることは、宗教の対立を超える神学構築に資することができる。

独自性が損なわれることなく発展した文明国が日本国である。歴史と継続性を考察するにあたりモデルとなる国である。

同様に宗教についても伝来の宗教を失うことなく世界宗教を受容した国である。発展史観に基づき、一神教が宗教の最終形態とすることに再考を促す国が日本国である。

その奇蹟の立役者は本地垂迹説である、と私は信じている。

三位一体説

キリスト教の核心をなす三位一体説は人として生れ育ったナザレのイエスの言葉に福音を見出し、イエスを経て神の国を希求する信仰が因となって誕生した。

ユダヤ教の神、創造主の力なしには、イエスを救世主として蘇らせることはなし得なかった。子なる神としてユダヤ教の創造主と習合できたが故に、ナザレのイエスは救世主(福音を告げる者)として復活できた。

イエスの言葉を神の言葉(ロゴス)と信じ、その福音を伝えんとする信仰がイエスをユダヤ教の創造主と習合させたが故にイエスは救世主として復活した。

人の罪、原罪を贖うために聖霊によって告知され、聖母マリアを介して人として生れ、十字架上で人の罪を背負い、苦難に満ちた生涯を終え、死後三日にして復活、昇天する。

このような神話は多神教の神には思いもよらぬことであり創造主のみがなし得る奇蹟である。釈迦が誕生に際し、天上天下唯我独尊といったことを髣髴させる。世界宗教の開祖には、並び無い権威が必要なのだろう。

創造主が君臨する宗教は凡てが神の思し召しにかかっている。最初の人アダムとイヴが神の命に背き禁を犯したために人は生まれながらにして原罪を負わされている。原罪を贖うことができるのは、それを課した創造主のみである。

釈迦は長く苦しい修業により煩悩を滅することで仏になった。しかし、一神教では神の関与なしには何事もなし得ない。神の子が誕生したのは原罪を贖うためである。

イエスの復活は、万物を創造したユダヤ教の神、創造主のみが為し得る奇蹟であり、神の子であることを証明している。

世界を創造したユダヤ教の神の権威なしには、ナザレのイエスを救世主キリストとして復活、蘇らせることは不可能だった。

イエスの復活は、創造主であるユダヤ教の神と、本質を同じくするが故に起きた奇蹟と信じさせる根拠になった。

イエスへの信仰は、十字架上で刑死したイエスを蘇らせ、人の罪を償い、救済する救世主と信じさせた。

何よりの証拠、「しるし」となるのが死からの復活である、不合理ゆえに我信ず、創造主の関与なしにはなし得ぬ奇蹟である。死から蘇った開祖はキリストのみである。創造主がいない宗教に成し得ることではない。

死からの復活を信じることができなければキリスト教徒足り得ない。自力では救済が不可能、神のみが救済能力を持つのが一神教の特色である。

神の国を求めて止まない信仰がイエスを復活させ、キリストとして信仰させた。

人として生れたイエスが子なる神キリストであることを証明するため、死からの復活という他の宗教には見られない復活の神話が求められ、三位一体説は誕生した。イエスの説いた福音が齎した奇蹟である。死から蘇った奇蹟は神の子であることを立証するものである。

一神教を信じる点では同じでも、ユダヤ教やイスラム教の信徒が、三位一体説を認めることは決してない。唯一の創造主という一神教の核心に反するからだ。

キリスト教は一神教の変種、或は新種と呼ぶべきだろう。

イエスのみを信仰してもよさそうなものであるが、ユダヤ教の創造主の権威によらずしてイエスはキリストとして復活できなかった。

律法主義のユダヤ教の教えに飽き足りず、神の国を渇望(かつぼう)する人々の教えを聞き入れ、顕現した神が、子なる神キリストである。

一神教は創造主が凡てを取り仕切る宗教であり、救済は創造主の専管事項であって、自力による救済はあり得ない、想定してない宗教である。予定説のように凡ては神の思召であることを強調して止まない宗教である。

神から与えられた律法を遵守させるユダヤ教の救済の教えは、自力を旨とする仏教と同様に、庶民には守ることが困難な教えである。ユダヤ教による救済は律法を遵守させる点では、自力を旨とする仏教の教えと似たような側面を持つ宗教といえる。

庶民には遵守し難い教えであるという一点に着目すれば、他力と自力、一神のみが君臨するユダヤ教と、神を立てない自力を旨とする仏教は重なっている。

既存の教えでは、救済されない、教えに飽き足りない人の渇望に応え顕現した子なる神キリスト並びに阿弥陀仏は、祈るだけで救済する神であり、仏である。

誰にでも実行可能な教えであるということではキリストと阿弥陀仏は重なっている。

戒律重視の「小乗仏教」から、「大乗仏教」が生まれ、阿弥陀仏という救済仏が顕現したこと、及び律法遵守を旨とするユダヤ教であるにもかかわらず、律法遵守を問うことなく救済する子なる神、贖罪神キリストが顕現したことは、軌を一にする、と解釈できるのではないだろうか。

神を立てない、救済は自力を旨とする仏教において、阿弥陀仏は南無阿弥陀仏と六字の名号を唱えるだけで極楽往生、救済する仏として顕現し、信仰を集めている。

一神教の影響を受けて顕現した仏なのではと思えてくる。

仏教とキリスト教とは、真逆といえるほど性格を異にする宗教である。が、宗教の最も崇高な使命である救済論を見れば庶民には実行困難な難題を課すことなく祈るだけで救済する点では阿弥陀仏とキリストは相似である。

親鸞は、阿弥陀仏の救済力について考えざるを得なかったが故に、教行信証を著わした。諸神諸菩薩諸仏とは異次元の救済力を持つ謂れを求めざるを得なかったからだ。

神学を発展させるのが一神一仏に帰依する宗教である。

阿弥陀仏とキリストは信仰風土が異なるため仏、或は神として顕現したが、煩悩、原罪の虜といえる人の願いに応えて顕現した点では同じといえる。

イギリスの作家キップリングは、「東と西は宇宙の終わるまで永遠に交わらない」旨の文明論に繋る有名な詩を残している。

しかし、文明の核心であり、うれしいにつけ、悲しいにつけ、人の支えになってきた宗教の核心といえる、「救済の神学」に共通したものが見られる。言い換えれば同じ次元に存在していることとに着目すれば、異なる解釈が可能になる。

信仰の核心が同次元にある東と西が交わらない筈はない。違いに拘っているから平行しているように見えるだけである。

宗教の核心である救済において、両者は同次元にあり交差する。東西の迷える羊（衆生）が救済を渇望した結果、願いに応じ顕現した救済を旨とする他力本願の神であり、仏である点では同じである。

宗教風土が異なるため顕現した姿形が相違しているだけで本地は同じである。相違点に焦点を絞った結果、交わらないと断言するのは、一面的な評価、それこそ群盲が象を評するのと同じといえるのではないのか。宗教の本質である救済に着目すれば、同じ本質を有する宗教が交わらない筈はないのだ。

宇宙の終わるまで永遠に交わらないと思われたほど違う東と西であるが、人のみが持つ宗教の核心である救済に的を絞れば同じ性質を有することは、宗教誕生の謎を解く鍵となるのではないだろうか。

救済という目標は同じであるが、そこへ導く救済者の像が相違しているだけである。

父なる神と子なる神の本質は同一とする神学が構築できれば、信仰経験のなかに顕示される聖霊なる神を位格の異なる神として取り込む神学の構築は、然したる飛躍、想像力を駆使するまでもなく構築できる。

偶像を厳禁する、人とは隔絶した、神を見た者は目がつぶれるとされるほど畏怖すべき神の像から、平穏を齎す神の像を渇望する信仰に応えるべく顕現した神は、聖霊なる神と呼ばれるようになった。三位一体の神は信仰が齎したといえよう。

聖母マリアは多神を信仰する者から見れば、女神にしか見えない神聖なものである。大地母神、母なる神を求めて止まない信仰の所産と捉える方が妥当、的を射た評価と呼べるのではないだろうか。

宗教の違いに拘泥することは排他的に所属させる宗教、一神教から見れば当然至極のことだろう。しかし、宇宙船地球号の時代には乗り超えるべき壁、旧来の陋習というべき宗教観といえないだろうか。

一神教が他の宗教より優れていると断じるのは　一神教のドグマが齎したものであり、一神教が広めた神話と呼ぶほうが宗教の本旨に適っている。

東は東、西は西を超えるのが宗教である。入定した空海は、弥勒菩薩降臨と時を同じくして高野山に現れ、救済に与かると信じられてきた、仏教版の復活と呼べるだろう。

空海にかかる伝承はキリストの奇蹟に通じるものがある。救済者を希求する心は、東西の違いを超えて奇蹟を求めて止まない。

不合理故に我信ず、人は超越者に縋り救済に与かりたいのだ。南無大師遍照金剛、同行二人は一神教にも通じる言葉である。

　厩戸皇子と呼ばれた聖徳太子の伝承、及び空海にかかる事蹟、伝承は日本にもキリスト教が伝来していたことを暗示している。但し、日本に伝えられたキリスト教は、伝来するまでに排他性を喪失した、アジアの信仰風土によって変質したキリスト教だろう。景(けい)教(キリスト教ネストリウス派)が唐で信仰されていた以上、日本に伝来していなかったと捉える方が不自然といえるだろう。同様に開封にユダヤ人が居住していたことが確かである以上、ユダヤ人は日本にも来ている。そう考えてもよいのではないか。

宗教による救済

　葬儀は概ね仏教が取り仕切っていることから窺えるように、仏教には死後の世界について明確な教えがあり、救済と一対だった。神道にも根の国、黄泉(よみ)の国の観念はあったが、未だ素朴な段階に止まっており仏教に対抗するには未熟すぎた。

　そのうえ神は死を穢れと不浄視し、排除する。この結果、仏教が葬礼、死後の世界を取り仕切るようになった。

　宗教は、葬礼を取り仕切る、霊魂の救済を司どるという重要な役割を担っているが日本では神式の葬礼は小数に止まっている。なぜか、死を不浄視する神道は魂の導師としての役割を果たし得なかったからだろう。この結果、神道は生者の世界の行事、祝事を担当、仏教は死後の世界、救済を担当するようになった。神と仏は宗教の役割を分担することで、宗教間の棲み分けがいつしかできた。

　本来は一つの宗教が担う役割を神道と仏教が分担するのが、神仏習合の国日本の特色といえる。日本教と呼ばれるわけは、他国に類例のない宗教の役割分担から生れたものだろう。

　統治に不可欠な権威と権力を、天皇と将軍に振り分け、分担することと軌を一にする。日本文明における二重構造の宗教版と呼べるだろう。

　本来は一つの宗教の役割を神道と仏教が分担している、日本の宗教を指して、不合理、あいまいと評する理由の一つはここにあるのだろう。が、そのような批判が的を射ているとは思わない。排他的に所属させる宗教と、排他的に所属することを真善美(よし)としない宗教との相違から生じたものであり、宗教の優劣とは無関係と捉えている。

　役割分担は非合理をも内包する神秘な存在である超越者への効果的な接近方法である。唯一の創造主が君臨するキリスト教にも三位一体説があり、子なる神キリストと聖霊なる神は役割分担をしていると解し得る聖なる存在である。

　無限な存在である創造主に対する祈り、接近方法が一つである筈はない。日本の宗教を不合理な宗教と決め付けるのは、排他的に所属させるのが宗教と捉えているからだろう。その根拠は神の啓示に拠っているとしても、それは我が神のみが尊崇に値する真の神だとする信仰の所産と捉える方が理に適っている。唯一の創造主を信仰する宗教が一つでないのを見ればわかりきったことである。

一神に排他的に所属するのが宗教の本来のあり方だとする世界では、神と仏を共に信仰して怪しまない日本の信仰は不合理であろうが、無限な存在に至る道程が一つである筈はない。無限にある筈だ。

宗教観の違いから生じたものであり日本の宗教を批判するのは、信仰する宗教が最善、最高だとする信念を表明しているだけである。

無限な神に至る道は無限にある筈、無限とまではいわないとしても宗教の数だけあると認識する方が真実を突いており、効果的なアプローチである。

宗教が時代と共に増加する。更には同じ宗教であっても様々な宗派に分裂して行くのは、信仰の本質、神へ至る道が一つではあり得ないが故に生じた現象だと肯定的に受け止めるべきなのだ。

超越者を一つの像に固定することは、救済に至る道を一つに絞ることであり、宗教の活力を削ぐことに通じると悟るべきなのだ。

神を立てない、「法灯明　自灯明」を旨とする仏教と、神が凡てを取り仕切る自灯明があり得ない、「予定説」を立てるキリスト教は、宗教という言葉で括ることができないほど異なっている。が、宗教の本務は救済並びに霊性を成長させることであると定義すれば、共に宗教と捉えることができる。

仏教は宗教ではなく思想、哲学と位置付ける学者もいるほどで、同じ宗教の範疇に入れてよいのかと思えるほど異なっている。にもかかわらず阿弥陀仏及びキリストは救済を専らにする。宗教の本務は救済であることを示すものだろう。

何故か。

生きることに精一杯で、煩悩、原罪に翻弄され、神仏の教えを守り通せない大衆の渇望に応え、顕現した仏であり、神であるからではないだろうか。

阿弥陀仏とキリストは、旧来の教えでは救済され難い大衆の祈りに応え顕現した。慈悲と愛、寛容故に顕現した神であり、仏である。救済仏であり、救済神なのだ。それ故に多くの人々に信仰されてきたのではないだろうか。

阿弥陀仏及びキリストは宗教の相違は本質的な問題でないことを示唆している。故に宗教が異なることを理由に争うことは、救済者の意に反することを、宗教の壁、聖職者の壁を超えて、世界の常識にすることが二一世紀に持ち越された課題である。

宗教が違う、宗派が違うだけで罪なき者の血が流されることを是認する超越者がいるとは思わない。愛と寛容、赦しを説く神(仏)の本質に反している。宗教を紛争の因にすることは宗教の本旨に反していることを、二一世紀の共通認識・原理として確立しなければならない。

救済へ至る道が一つの宗教のみに絞られる筈はない。多種多様な宗教があり、宗派に分かれているのはこのためである。

様々な悩みを抱えた人にとって、宗教、宗派は多いほど渇望が癒され、救われる道が増えることを意味している。この傾向は増大することはあっても減少することはないだろう。

宗教が時代の変化について行けないからこそ、宗教離れが起きていると捉える方が、的を射ているのではないだろうか。


無限の力を持つ創造主であるにもかかわらず、救済にあたっては垂迹説と共鳴するかのように三位一体の神として役割分担して顕現する。他の一神教とは異なるキリスト教の独自性である。にもかかわらず唯一の神を標榜し、一神教として多神の宗教を批判するのは、自家撞着である。唯我独尊にすぎない。

本地垂迹説及び三位一体説は、従来の信仰に飽き足りない。或は遵守できないため救済されることは困難と信じたことから救済力を持つ仏並にイエスを創造主と習合させることで誕生した。救済を求める心は東西を問わないことを示している。

信仰する神聖なものに救済されたい旨の願いに応えて成立したのが、本地垂迹説であり、三位一体説であるといえないだろうか。


二〇世紀を代表する哲学者であるヤスパースは、人類は第二の基軸時代に突入した旨、表明している。それほどの大変革の時代に私達は生きている。

世界を認識させているパラダイムが科学の精華を受けて一変すれば宗教も変わらざるを得ない。たとえ、その変化が旧来の教え、解釈と異なっていようとも変わるべきだし、それが神の命に反しているとは思わない。

古代世界が終ったように合理主義を標榜した近代も終焉を迎えようとしているのが、今、現代でないだろうか。時代は人の思惑を考慮することなく進んでいるのだ。

排他的に一神にのみ所属させる宗教の壁から解放され、科学が主宰する時代を反映した神学の構築が課題として浮上した。

本地垂迹説並に三位一体説は従来の価値観を否定した。が、時代の要請に応えるものであったから、今も核心をなす神学として の座を占めている。同様に宗教の壁を超え、宗教が共存できる神学の構築が時代の要請といえないだろうか。

神聖なものに関する信仰が宗教であると認識する日本人の宗教観は、今は世界の非常識であるが、時代の要請に応えることができる宗教観といえるだろう。

一神にのみ排他的に所属することを強要しない、神聖と信じるものに排他的に所属することなく信仰することを是とする宗教観は、遠からず世界の常識になり、正統の地位を獲得するだろう。
何故なら信仰の自由の到達点はそこに存するからだ。信仰の自由に反対する合理的な根拠がない以上、排他的に所属させる宗教は壁にぶつかるだろう。

排他的に所属させる宗教は、神の命を周知徹底させるために要請され、創出された観念であり、宗教に不可欠な要素とは思わない。

排他的に一神に所属することなく他宗をも信仰して怪しまない日本において、犯罪が多発していない、世界の中では少ない部類に属していることはそれを立証するものである。

神(創造主)がいなければ凡てが許されるとする信念の表白は、早とちりであることを示唆している。

一神教を標榜するキリスト教であるが、マリアに一心に祈る姿は、キリスト教徒でない、日本教徒である日本人にも違和感を抱かせることなく共感できる。

キリスト教にも神聖なものを信仰する土壌がある、と解釈することができるのではないだろうか。

異教、異端の観念から早急に卒業することが、地上に平穏を齎す。それは愛と寛容、赦しを説く神の意に適うことであり、神はそれを喜び、祝福するだろう。

宇宙船地球号との認識に達したにもかかわらず、人は宗教の壁、国家の壁等に分断されて暮らすことを余儀なくされている。壁が齎しかねない最大の脅威が核戦争である。偏見や憎悪から解放されなければ人類の存続を揺るがしかねない大事を齎す。宗教の壁、他宗教に対する偏見から解放されることが重要な選択肢になる。

「宗教から始めよ」である。

天国と地獄

各教団は、我が教団が最も優れていることを強調するあまり、我が教団の「神」に帰依すれば死後、「天国」に行くことができる。が、他の教団の信徒は救済されない旨、説いてきた。

言いたいこと、主張の主旨は、その教団が約束する天国には行けないことを意味しているだけであり、それ以上のものではない。同趣旨の説教、主張は凡て宗教の壁が齎した主張にすぎない。カルトが勧誘にあたりするのと同様の脅しを受けてもひるむことはない。

何故なら、「天国」は教団の数だけ存在する。怯えることはない。

信仰の報いは、煩悩、原罪から解放される、安心立命の境地、四苦八苦から解放されることに存するからだ。地獄に堕る旨の言葉は、「嘘も方便」、布教の手段にすぎない。

仏教の教えを学べば明瞭になる。

阿弥陀仏に帰依している門徒は、南無阿弥陀仏と念仏を唱えるだけで死後、極楽浄土に往生できる。浄土門という往生への道を辿り、極楽往生できると説かれている。

浄土とは煩悩の拘束から解放された清浄な仏国土で、仏、菩薩の住所であり、二五〇億あると説かれている。阿弥陀仏が主宰する極楽浄土はその一つである。

極楽浄土に往生できる者は、阿弥陀仏の誓願を信じ、南無阿弥陀仏と念仏を唱え、阿弥陀仏に救済を祈願する者だけである。

キリスト教徒が極楽浄土に往生することはない。しかし、キリスト教徒は、キリスト教の神が主宰する神の国に再生するので、危惧することは何もない。

逆もまた真で、異教徒がキリスト教の煉獄に堕ちることはない。異教徒には異教徒の神がおり、救済してくれる。

神とは真善美を象徴する神聖なものであり、霊性の成長に伴い神の像も変化せざるを得ない。神の像の変遷に伴い、救済論も変化するのは当然至極といえよう。

私は　これからの世界は「昨日までの世界」以上に、大転換の時代になると捉えている。

科学の発展に伴う新たな世界観の誕生は、物の見方、捉え方に決定的な影響を及ぼさずにはおかない。この結果、本来、保守的な性格を持つ宗教と雖も変らざるを得なくなる。精神革命が起きたとされる基軸時代同様の変化を宗教に齎すだろう。

宗教は否応もなく科学が齎す世界に対応して行かざるを得ない。科学の発達は宗教界にコペルニクス的転回を促している。従来の教えに安住できない時代が到来する。いや既に到来しているというべきだろう。群盲である私達には渦中にあることが自覚され難いだけである。

宗教が違うことを根拠に、地獄に堕す神が存在すると考えるのは無限の能力を持ち、真善美を司る神の本質に反している。生前の行為に基づき判断するならまだしも信徒か、否かで審判を下すことは、愛と慈悲、寛容を説く神の本質に反している。

我が神のみが尊崇に値する真実の神であり、他の神は違うとする旧来の信仰（陋習）から出た為にする言葉であり、似非宗教的な発言というべきである。

布教のための「嘘も方便」に属する言葉でありそれ以上のもの、宗教の本旨に則った言葉ではない。例えその旨の言葉を説く人が心から信じていようとも、現在においては正当化される言葉ではない。平穏な世界の構築に反する信念である。

宗教を信じない無神論者は死後の世界を否定する以上、地獄に堕ちる旨の脅しは効果がない。迷信にすぎないと一蹴、反発するだけである。

排他的に特定の宗教に所属させるが故に、帰依する宗教にしか目が届かない。その結果、他の宗教を謗っているにすぎない。

世界には神を立てない仏教を始め、多神教、一神教等、様々な宗教がある。更には各宗教は多くの宗派に分かれている。が、宗教が違うにもかかわらず、殺生をするな、嘘をつくな等、一致するものが多いことに関心を抱く、目を向けようとはしない。その価値がないと思い込まされている。

天国や地獄に止まらず、信徒が守らねばならない道徳規範にも共通するものが多いことに関心を抱く、知りたいと知的関心を示すことは、宗教が持つ陰ともいえる宗教の壁から解放されることに繋る。

地球は宗教が違うだけの理由で争うには、狭すぎる星になってしまった。異教、異端の観念から早急に解放されなければ争いは終らないだろう。

宗教に起因する紛争に終止符を打つことが、宗教の権威を回復する、平和な世界に通じる道である。

宗教の壁を超える新たな啓示が下されるまで待つ余裕、時間があるとは思わない。神の啓示を待つことなく、人の手で解決しなければならない課題である。

人の手で宗教の壁を超える神学を構築せざるを得ない秋を迎えている。

神は宗教の壁を超える神学の構築を、被造物たる人間による神を畏れぬ不遜な行為として激怒し、罰を下すとは思えない。逆に神は人が成長したことを慶び、祝福するのではないだろうか。

無限の愛と慈悲を持つ創造主が、宗教にこだわる筈はない。

人は仏性を持つ、或は神の似姿である以上、神の本質を反映する霊性（仏性）の有無によって人を評価し、審判を下す筈だ。

神は宗教を超える神学を構築できるまでに成長したことを歓迎し、祝福するだろう。

イスラム教では、コーランを最終の啓示と位置づけている、その意味するところは、コーランが最終の啓示であるが故に、神の意向を最も強く反映している、最も優れた啓示であることを意味するだけだろうか。

人は神の被造物、奴隷であり、人は自由意思を持たないのだろうか。キリスト教にも予定説があるが近代化の先頭に立っている。参考にならないだろうか。

コーラン以降は、コーランを基にして人が定めよ、と人の成長に伴う自主性を認めた。霊性の成長を促すために最終の啓示とした、と捉えることは神を畏れぬ解釈だろうか。

創造主は被造物であるが、人を愛するが故に神に似せて創造し、動物には認めていない自由意思という特権を与えた。人の主体性を認めたが故に、「ホモ・サピエンス（知性ある人）」を創造したとは解し得ないのか。

神は人の一人だちを歓迎する。ほんの一端にすぎないとはいえ神の創造力を手に入れた科学の誕生は、それを証しているといえないのだろうか。

神は人を被造物として創造したが、自由意思を認めるまでに慈愛の眼差しを注ぎ、自立を促していると捉えることは許されないのだろうか。

神の啓示を受け継ぐ神学を構築するよう促すために、最終の啓示としたのではないのか。

人はホモ・サピエンス（知性ある人）とされる以上、そのように理解できるのではないのか。自由意思を持たない人は、動物と同じでないのか。慈愛遍く神の意思と受け止める方が、的を射ているように思われる。

信仰無罪、主権は創造主たるアッラーに属している旨、怒号、暴力を行使する人がいるが、「復讐するは我にあり」、神の専管事項である。被造物である人が、神の創造したものを毀損して許される筈はない。

このことに如何に早く気付くか、気付かせるかによって世界の平安は左右される。核兵器の存在する世界における喫緊の課題である。

第九章　日本史を方向づけた神仏習合

麦踏文明と仏教受容

東夷と蔑まれてきた極東の島国、文明の辺境に位置する日本国は麦踏される麦のような特質を有する国柄である。

逆境に遭遇する、試練に晒され叩かれる都度、それをバネにして乗り超えてきた。踏まれることによって体質が改善され、見違えるほど逞しく成長した。他文明からの挑戦といえる事態に直面し、応戦に成功したといえるだろう。

日本文明が持たない文明の精華たる文物に遭遇すれば皇室を先頭に朝野を挙げて導入に向け、突き進む。

導入に際し、今までの日本国はなかったとばかりに大真面目になって自己否定し、導入に没頭し、歴史を顧みることはなかった。文物導入を最優先するあまり、歴史を否定することをも厭わなかった。

明治以降を見ても、日本人種改良論や、日本語を廃止し、外国語を公用語にせよ、俳句は第二芸術等々、後世から見れば噴飯物の主張をれっきとした知識人が大真面目に臆面もなく主張して憚らなかった。罷通った国である。

導入が凡てに優先される空気が社会に漲り溢れていたが故に批判が的を射ているかどうかについて問われることはなかった。

結果論とはいえ、導入の障害になるものを排除し、徹底を図るとともに、スピードをあげる効果を齎したのではなかったか。

文明の辺境に位置する日本国において、導入に携わってきたエリートは文物の導入を最優先するあまり、自己否定を厭わなかった。

東夷の国は安全を考慮することなく導入できた。導入しなかったものは奴隷や宦官、てんそく等、日本文明にあわない、自然に反すると捉えられたもののみである。

アイデンティティの喪失を怖れることなく導入できる国柄は天与の賜物である。

他文明の精華である文物の受容に際し、消化できるか、否かを考慮することなく導入に努めてきた。

見方を変えれば潜在能力に自信を持っている、自信を有するが故に導入に努めたといえなくもない。

自己否定までして導入一辺倒になるが、一段落すると憑き物が落ちたかのように日本的なもの、固有なものが復活するのが、古代における中国文明導入以来見られる日本国固有といえる歴史である。

その淵源は東夷と蔑まれた東海の列島に因っている。外国の文物は、物、書物として伝わる以上の影響力を及ぼし得なかった。

軍事力を誇示する剥き出しの脅威でなかったが故に可能だった。

自己否定までして導入するため粉骨砕身するが、その一方でアジアの博物館と呼ばれる事実が示すように本国では喪われた文物が残存する逆説の国でもある。

万世一系の皇統に代表される如く類い稀れな継続力を有する逆説の国が日本国固有の特性、国柄である。

文物の導入に際し見られる軽薄さと、類例のない継続力が共存する二重構造の国が日本国である。

日本文明は他文明の精華を吸収、或は習合することでより強化されて復活する。

その過程で保持する価値がないもの、消滅すべきものは消えて行く。

異文化との出会いは、日本文明を豊かにし強化するだけでなく活性化させる原動力でもある。取り込み、吸収する能力に自信を持つが故に可能だった。

東夷と蔑すまれた東海の辺境、かつ、粟散国だと卑下するにもかかわらず多数の人口を擁するが故に可能なことだった。東夷と呼ばれる環境が日本国に幸いした。日本国にとっては蔑称ではなく誉め言葉というべきだろう。

東夷との蔑称は天動説同様に事実を反映しない観念であり、儒教の偏狭さを示す言葉にすぎない。

儒教とは中華帝国を太陽とする天動説と捉えることができよう。華夷秩序護持が何よりも優先される国柄である。

自己同一性、アイデンティティの喪失を危惧することなく、他文明の精華たる文物を導入できた和魂漢才、和魂洋才の国柄が、このような奇蹟を齎した。東海の列島は容易なことでは侵攻できない。侵攻の口実にされるかも知れないとの不安を抱くことなく文物を受容、導入できた。新参者は脅威になるには数が少なすぎた。

更には居住者はよそ者ではない。気心の知れた氏族ばかりである。いつとは知れぬ昔から列島に居住し、交流してきたから価値観を異にする異人、よそ者と警戒する必要はなかった。

東夷の国の住人は列島に暮らすなかでいつしかなった天壌無窮の神勅を奉じる同胞(はらから)であるが故に、後顧の憂なく受容が可能だった。大陸国家では夢にも描けぬ贅沢な環境で共に暮らしてきた。

一度、来航すれば本国、本貫とは切り離され、土着せざるを得ない東夷の国である。列島内で暮らす以上、共存せざるを得ないのだ。外国と内通する第五列の存在を考慮、危険視することなく導入できる類い稀れな国柄の故に可能だった。

安全を何よりも重視せざるを得ない大陸の国とは異なり、安全を考慮することなく暮らして行ける贅沢が許された環境、大陸からの侵攻が困難な人口の多い山国であることは、一人我が日本の幸運といえよう。

地上に永続を保証されるものは存在しない、科学技術の発達は自然の障害を克服した。問題が生じたのは外圧を受け開国せざるを得なくなってからである。

脱亜入欧し、西欧の文物導入の決断をしたことに伴い問題が生じた。文物を介しての影響力の行使ではない、剥き出しの力に直面せざるを得なくなった。免疫を持たず、列島内で時間をかけて消化するゆとりもなかったため、ぶっつけ本番で臨まざるを得なかった。

東アジアとの交流と同様の感覚で対処したため、笑顔の背後に隠された真意を見抜けなかった、とりわけソビエト連邦の誕生により、共産主義に共鳴するあまり、ソビエト連邦を祖国と奉じる者が続出した。

ソビエト連邦崩壊後は共産主義への幻想を放棄せざるを得なくなった筈だが、その事実を直視する勇気を持たない者があまりにも多く、姿勢を改めることができず堕性に流されている。共産中国への幻想も所得較差、環境悪化、侵略行為が明らかになるに伴い、急速に萎み、脱亜論が見直される事態を招いた。脱亜論とは中国、半島の国とは一歩、距離を置く、同文同種を否定することを意味する論説である。

最後のあがきが、外国勢力と結託し、日本を貶しめる行為である。何故これほどまでに事実に基かない幻想の史観によって所属する国を糾弾して恥じないのか理解に苦しむ。

反日行動を共にする国では決して許されることがない行為であるが、正義の行為と信じ込み、自国を誹謗中傷することを悔い改めようとしない。

己れを卑しくするだけの醜い行為に努めても、自己満足以外に得るものは何もない。油断大敵であるが、彼等は消滅の道を辿っている。

自画像を喪失した彼等は然したる根拠もなく外国に迎合、日本国を貶めた「貶日（へんにち）の輩（やから）」として歴史に記録されるだろう。

歴史を鑑とするためには、彼等の為したことを彼等の言葉で記録し、後世の戒めとしなければならない。

水に流し、無かったことにすることは同じ誤ちを繰り返すだけである。歴史を鑑とするには事実に基づいた記録を残すことである。

仏教受容は、麦踏文明と呼ぶべき日本文明を立ち上げた、嚆矢と呼ぶべき事件だった。

日本文明が異文明の精華を導入する際の祖型といえるのが神仏習合を齎した仏教受容である。

仏教受容は、日本文明の進路を定めた歴史的事件と総括できる。

仏教受容という歴史的決断は、天皇の同意なしにはあり得なかった。また、仏教の日本土着には聖徳太子の存在が欠かせない。

キリスト教国の例に倣えば　日本国を仏教国にした聖人が聖徳太子である。

日本史を左右する、方向を定めた仏教は、朝鮮半島経由で伝来した中国化した仏教、漢字に翻訳された仏典を有する仏教であるが、中国原産ではない。

現世重視の中国文明とは違う文明の所産、現世よりは悟りを得て、輪廻世界から解脱することを目指し修業に努める天竺生れの宗教である。

中国文明とは異なった性格を有する文明が存在することを仏教受容をとおして知ったことは、日本文明にとって幸いだった。

日本国にとって、「青い鳥」としての外国は、唐、天竺で代表されることになった。

文明導入の祖型　神仏習合

儒教文明圏からは東夷と蔑すまれた日本国は、中華と誇った先進文明を導入する旨の歴史的決断を下し、導入に努めた。

中華文明の精華を導入することで日本文明を活性化させ、一段と高いレベルに引き上げるべく邁進した。

しかし、聖徳太子が隋の煬帝に国書で示したように、矜持を失うことなく自主的な判断で文物を精選して導入した。

聖徳太子が国書で、「日出る処の天子、書を日没する処の天子に致す。恙無きや！」と記したことは、日本国を代表する聖徳太子の気概を示すものである。

煬帝はこれを悦ばず、「蛮夷の書　無礼なる者有り、復た以って聞するなかれ」と、隋書倭国伝は伝えている。

東夷の国であるからこのような中華帝国から見れば無礼というしかない振舞いが見逃された。無礼を咎め、兵を差し向け制裁を加えようにも実行不可能だったからだ。

主体性をもって導入できたが故に奴隷や宦官のように国柄の変更、日本文明を変質させかねさせない文物の導入は、断固として拒絶することができた。随神の道、信仰がフィルターとして機能した。

随神の道に反し、天壌無窮の神勅に悖るものは受け入れることができない。そのようなものは導入してはならない。日本文明の有り様、禁忌に触れるからだ。

東夷と蔑すまれた辺境の島国であることが、このような無謀ともいえる振舞いを可能にした。朝鮮半島では許されない行動の自由を、天与のものとして保持していたから可能だった。

物理的手段を取れない以上、中華帝国は目を瞑らざるを得なかった。

日本文明が先進文明を導入するに際しての祖型、モデルになったのが、仏教受容であり、中国文明の導入といえるだろう。

神道が正統な地位を喪わず、朝廷の在り方も本質的な改変を被らなかったのは目的が文明の利器たる文物の導入にあり、限定できた。更には朝廷が保守勢力を代表し、文物の導入に反対するようなことがなかった。率先して導入に努めたからでもある。

和魂漢才は国柄を変更させかねない文物の導入に際してフィルターとして機能、日本文明にとって好ましくないものを遮断した。

そのようなことが可能だったのは、長い縄文時代を経て醸成された列島住民の一体感・価値観なしにはあり得なかった。萌芽状態とはいえても、自然に反しないことを真善美（よし）とする観念は成立していた。反するものは導入してはならないのだ。

仏教のない日本、漢字のない日本は異種の日本である。それほどの影響を受けても、中華文明とは一線を画し、自主性を喪失させることなく導入に努めたが故に、日本固有のものは損なわれることなく存続し、今日の日本がある。

日本国を先進文明に伍す国にするためには、文明の利器たる中華の文物の導入が不可欠だった。このため朝野を挙げて導入に邁進した。導入は胚胎期にあった日本文明にとって初めての試練でもあった。

なかでも仏教受容は魂を左右するものである以上、単なる文明の利器たる文物の導入とは質を異にする永続的な衝撃を与えずにはおかなかった。それ故に仏教が中華を誇る文明の所産でなかったことは、日本文明にとって僥倖だった。

本地垂迹説により神仏は習合できた。民族宗教たる神道が世界宗教である仏教と共存できたことは、日本にのみ許された僥倖だった。現代にまで及ぶ日本国の礎、核心としての機能を果たしてきた。

仏教の受容は天皇の意向を無視してはあり得ず、聖徳太子に見られるように皇室は、仏教受容を先導した主役であった。

天皇はまた祭祀王として神道の祭祀を司どった。仏教に帰依しつつも、祭祀をも取り仕きるのが排他的に所属することを真善美（よし）としない日本国の国柄であり、天皇はその代表である。

宗教とは排他的に所属することなく神聖なものを信仰することだ、と認識する日本社会の常識を身をもって示すのが天皇である。

天皇と神仏習合は日本文明を理解するうえで欠くことのできないキーワードといえよう。

日本国を揺す大事に際しては、必ず天皇が関与することも仏教受容で明瞭になり、今日に至っている。

遣隋使、遣唐使の派遣による中華文明の導入、明治維新、昭和に入り、開戦から戦争終結に至るまで、日本史を左右する歴史の節目に際し、天皇は主役を演じてきた。

日本史上の三大変革とは大化の改進、明治維新、戦後の変革とされるが、いずれも天皇が主役、或は天皇の関与なしにはあり得なかった。

仏教受容当初、神道は先進文明を代表する仏教に圧倒された。八幡大菩薩とも呼ばれる八幡神は養老四年（七二〇）の隼人の乱鎮圧に際し殺生した罪を贖い、隼人の霊を鎮めるため仏に救済を求め仏教に帰依した。放生会はそのために始められたと伝えられている。

神が仏に救いを求めた話が伝えられているほど神道は危機的状況にあった。世界宗教受容後の父祖伝来の宗教の例に漏れず、神は権威を喪失し、消滅の道を辿っているかのように見えた。

しかし、神は仏と習合することで危機を脱し、更には仏教を日本仏教に変容することに成功した。巻き返しに成功したといえるだろう。

神仏習合は異文明受容に際し、後世の鑑となると共に、受容能力に自信を抱かせた。

固有の信仰である随神の道を護持せんとする決意は、神と仏の本地、本質は同じとする本地垂迹説として実を結び、神仏が習合する奇蹟を齎した。

神は仏と習合することで正統の地位を喪うことなく生き延びただけでなく、神仏習合は日本文明の核心の地位を獲得、喪うことはなかった。

先進文明の精華である仏教は受容するが、父祖伝来の信仰であり、アイデンティティの核心である随神の道は、「仏教を信じ、神道を尊ぶ」ことで守られた。

仏教を日本化し、土着させた神仏習合の経験は、文明受容に際しての祖型、鑑として、歴史の範例になり、今日に至っている。

新しいものに興味を示す好奇心の強い国民性は、神仏習合することで仏教受容、土着に成功した自信が淵源となっているのではないだろうか。

先進文明の精華は受容するが、日本文明の核心、基軸になるものは守り抜くことで、国体の変革を阻止した嚆矢が神仏習合である。

国体護持の戦略は文明導入に際しての祖型、モデルとなり、その後の文明受容に際しても受け継がれるべき祖法になった。

神（創造主）への帰依を第一義とするキリスト教は、身分秩序を厳守することで成り立っている封建社会の脅威になりかねない。国体を脅かすと受け止められたが故に、鎖国までしてキリスト教を禁圧した。

江戸時代を経ることで時を稼いだ。

天下泰平の世が続き、商工業が発達したことから、士農工商を定めた身分秩序は揺ぎ始めた。幕末には福澤諭吉が「（封建）門閥制度は親の仇」とまで回顧したように、身分秩序の護持に拠って立つ封建秩序を維持することは困難になっていた。それに加えて外圧が高まり、植民地主義の脅威に直面した。

社会、体制を一新させることが時代の要請であった。勤皇を選択するか、佐幕を選択するかの路線闘争の結果、勤皇を選択し、天皇のもと国難に対処することになった。

外圧を利用し、大政奉還することで、一気に四民平等の社会を実現したのが、明治維新である。

東夷の国として列島で暮らしてきた国民の一体感、天壌無窮の神勅が齎した共に生きることで幸う国になろうとの国民的合意が、内戦を最小限の犠牲にとどめる、押さえ込むことを可能にした。

江戸時代を経ることでキリスト教の導入に耐え得る国へと変貌をとげていたため、解禁に伴う混乱は然したるものではなかった。何故、鎖国、踏絵までしてキリスト教を禁圧したのか、不思議に思えるほどで脅威であるよりはキリスト教が齎した文化に魅了された。

キリスト教解禁により、日本文明が知らなかった宗教を受容したことは、知識階級に多大な影響を与え、日本文明を豊かにした。

しかし、日本国はキリスト教国にはならなかった。キリスト教徒は依然として小数者にすぎない。

日本国は、宗教を変えることなく西洋文明の精華を導入することに成功した。

西欧文明に栄光を齎した最も先進的な宗教と確信して止まないキリスト教だが、遅れた異教の国、神仏習合のようなあいまい、不合理な宗教を信仰する日本国において然したる改宗者を獲得できなかったことは列強にとって大きな誤算、謎だろう。

広大な南北アメリカ大陸をキリスト教圏にすることに成功した。

アジアにおいてもフィリッピンをキリスト教国にすることに成功した。大韓民国もその後を追っている。宗教を否定する共産中国であるが、いずれその跡を追うだろう。「聖典」を有する儒教は神秘な存在としての天を崇める。キリスト教になじむ、親和性を有するのだ。しかし、そのキリスト教は儒教の影響が色濃い、儒教化したキリスト教になるだろう。韓国における受容の実態、太平天国の乱の指導者洪秀全の行動はそのことを示唆するものである。仏教受容の先例もある。中国化しない限り大衆は拒否するだろう。神仏習合と同様に儒基（基督（キリスト））習合した、キリスト教といえるかどうか疑われるキリスト教になるだろう。

しかし、仏教国とは言い切れない、イスラム教国でもない。怪しい仏教国、神仏習合のような不合理、あいまいな遅れた宗教を信じる日本国においてキリスト教の布教は成功しなかった。不可解、謎だろう。

日本国がキリスト教国になる。或は布教に成功し、キリスト教徒が激増するような事態が生じていたならば、昭和の孤立は避けられた、違ったものになったのだろうか。歴史の謎といえよう。

列強の圧力を受けたとはいえ、キリスト教の解禁を然したる混乱もなく成功させただけでなく、日本文明を窒息させかねなかった植民地主義の虎口を脱することを可能にした明治維新とは、如何なる変革、革命だったのだろうか。

近年、明治維新の限界をうんぬんする者がいるが、歴史を語る資格のない者による妄説にすぎない。

問題は、明治憲法が齎した非常時の国体を平時の国体に復するだけのことだった。明治維新の変革と比較すれば然したる難事ではなかった筈だ。陰しか見ないからこのような妄説（もうせつ）を唱えて憚らないのだ。

昭和の失敗は幻想のなかにしか存在しない国体観念に囚われたことにある。ファンタジーのなかにしか存在しない国体を本来の国体と誤認し、天皇機関説を否定したことが大日本帝国を崩壊させた真因である。二重構造を一元化しようとしたことが蹉跌を齎した。

憲法は時代にあわせ改正しなければ、国を滅すこともあることを示している、その程度の変革もできないほど、日本国は駄目な国なのか。

法である憲法は正典になり得ないことを理解できなかった。

憲法と雖も法であることを見逃したことが大日本帝国を崩壊に導いた。同様に日本国憲法を平和憲法と神聖視することは前車の轍を踏むことになりかねないと危惧している。

明治維新は、日本は駄目な国ではなく、変革できる国であることを示している。戦後の変革も同じである。問題は固定観念に縛られ憲法を正典視した結果、自縄自縛、選択の幅をせばめたことから生じたものである。

世界史に稀れな変革　明治維新

三谷博氏は「明治維新とナショナリズム」（山川出版社）で明治維新は世界史の中でも最大規模の変革の一つであるにもかかわらず、最小限の犠牲で為し遂げたと記している。このことについて私は天上無窮の神勅が「神話」でなく生命力を有していたが故に奇蹟を齎したと捉えている。対蹠的なのがブルジョワ革命と評価した労農派と封建制の残存を主張した講座派の間の日本資本主義論争である。日本だけがいかにして近代化できたかを問うことなくガラパゴス的な論争に明け暮れた。平和憲法、非武装中立を主張する人々はその後継者である。

「明治維新は大規模な革命であった。それは単なる政権の移動や政権の変革ではなかった。社会関係の基本構造も大きく変革されたのである。統治身分の武士身分が解体されると同時に、被差別身分も国制上は廃止された。華族として再組織された若干を除く、すべての身分が、身分制に伴う差別と特権の体系から、個人を単位とする平等と自由競争の体系の中へ放出されたのである。武家や被差別身分だけでなく、盲人も按摩という生業の独占や非課税特権を剥奪され、政府の保護なしに自らの活計を立てねばならなくなった。この自由化の革命は世界史の中でも最も大規模で急激な変革の一つであった。

他方、維新の過程で生じた犠牲者は、比較するとかなり少なかった。維新において政治的原因により死亡したのが確実なのは、王政復古直後の戊辰内乱で約八二〇〇人である。その一〇年後の西南動乱で約一万一五〇〇人、その他小規模な戦闘や刑死によるものが約二五〇〇人、合わせて約二万二二〇〇人である。実際の数字は多く見た場合でも三万人内外ではないかと思われる。これに対し、人口が維新期日本の八〇%強（二七〇〇万人）であった大革命のフランスでは、内乱で約六〇万人、処刑で約五万人、対外戦争で四〇万人（ナポレオン戦争まで入れると一四〇万人）、合計一〇〇万人を超える死者が出た。流血の規模が二桁上回ったのである。ロシアや中国の革命の場合は、三桁違うのではないだろうか。」

（平成三十年十二月二十一日　読売新聞）

同趣旨のことをフランスの日本史学者ピエール・スイル氏は次のように述べている。

「私は世襲身分の廃止がはるかに重要だと考えます。維新は革命です。「Meiji Revolution」とすべきです。フランス革命やロシア革命はおびただしい犠牲者を出しましたが、維新の犠牲者は極めて少ない・明治革命は虐殺に至ることなく、社会を土台から完全に変えられることも示したのです。

日本の近代化は西洋化ではありません。日本人が儒教の考え方を捉え直し、新たな意味を与え、鍛え上げて、「近代」を構築したのです。西洋は長らく自己中心主義につかり、「近代」は西洋独自の概念で、西洋型の近代しかないと自負してきました。日本は身をもって西洋を相対化し、「近代」が幾つもあることを最初に証明したのです。」

何がこのような奇蹟を起こす原動力になったのか。最小限の犠牲で最大限の変革を可能にした推進力は何だったのか。

明治維新のような「世界史の中でも最も大規模で急激な変革」であっても「行矢（さきくませ）」との神勅並びに「和をもって貴しとなす」と命じた一七条の憲法が拘束力を持ち遵守されてきた歴史を有するが故に最小限の犠牲で最大限の変革が可能になったと捉えている。そのように理解しない限り、最小限の犠牲で最大限の成果をあげた明治維新は解明できない。世界史にも稀れなできごとといえる。

維新の変革が成功したわけは天壌無窮の神勅が齎した国民の

一体感の故である、と解釈するしかない歴史の謎である。

大政奉還が実現したわけは神勅（神話）が生命力を有していた、一神教世界とは異なり異教世界のできごとではなかったからである。佐幕の徒も神勅を奉じていたが故に正面衝突にならずに王政復古は成った。

中国革命と比較すれば理解が容易になる、わかりやすい。甚大な犠牲を伴った革命の結果、中国の変革はどの程度成ったのか。文化大革命後、どん底にまで落ち込んだ中華人民共和国は共産党支配に終止符を打ちかねない苦境に陥った。窮余の策とはいえ、共産党専制国家であるにもかかわらず木に竹を接いだかのような社会主義市場経済を採用した。

外国資本を導入することで「世界第二位」の経済大国へと急成長した。しかし、これ以上放置できないまでに国土の荒廃や社会の歪が増大している。これらのことは共産党が訴え、国民の支持を得た公約、約束に反しているのでないのか。

何よりも重要、無視できない共産党の公約違反は、共産主義国家建設に失敗したことである。社会の基軸、核心ではあるが、負の遺産でもある父系の血統第一主義（宗族制度）を改め共産主義を核心とした社会を建設できなかった。

共産主義を国体とした共産党は絶対的な権力を掌握しているにもかかわらず、宗族制度を卒業できなかった。人治を卒業し、法治の国への移行は完了していない。

中国共産党統治下の中国は、革命の犠牲に比して不十分な成果しかあげられなかった。時代を考慮すれば中華民国のように経済以外の分野でも大きな成果をあげることができた筈である。

共産主義のイデオロギーに基づき中華人民共和国を建国した筈だが、かつての中華帝国とさしたる違いのない国家に成り果てた。

共産主義国家の看板は掲げているが、易姓革命による王朝交代と本質的な相違は見られない。皇帝と科挙により選抜された官吏に代わり、中国共産党が支配している違いだけである。

都市戸籍と農村戸籍が併存する共産国家などある筈はないのだ。

犠牲の大きさに比して、なお革命の成果の方が大であったと後世の史家は総括するだろうか。中華民国を見れば疑問を抱かない方がおかしい。

人民からわら一本盗らないと中国の宣伝に努めた人は何を見ていたのか。プロパガンダに踊らされ、共産主義（反民主主義）の走狗になっただけでないのか。

判断を誤ったことについて如何なる釈明、反省をしたのか、聞いたことがない。

日本においては西欧文明の導入に際し、障害になる士農工商の身分制と差別に伴う特権を廃止することに成功した。この結果として明治維新は成功した革命となり、今日の日本国がある。

既得権を放棄させたものは従来のように身分制度を存続させれば、独立自尊の国体は守れないとの危機意識にほかならない。その危機感は国民相互の一体感、共にこの列島で生きて「幸はう」との合意が齎したものである。それでも不平士族の乱は防ぎ得なかった。既得権を喪う際には反乱を起こすほどの反発を生まずには済まされないのが、人の性である。

しかし、士族の乱は明治政府を倒す力にはなり得なかった。なぜなら日本国が置かれている苦境、難局を打開、切り開くイデオロギー、方策を提示できなかったからだ。武士の特権を守れとの主張だけでは国民の共感を呼ぶことは不可能だった。

列島内で共存することで三系統のＤＮＡを守り抜こう、共存することで幸う国になろうとの合意は、「天壌無窮の神勅」として語り継がれ、危機意識をバネにして顕在化する。

植民地にされた国、苦しくはそれに近い状態に陥った国がどれほど悲惨な状況になるかを身につまされる、痛感されられたことが引金になった。

このままでは独立自尊の国体を守り抜くことは不可能だと確信したことから生じた危機感が、明治維新の原動力であり推進力でもあった。危機感は阿片戦争が引き金となって生れたものである。

既得権にこだわる、執着すれば幕藩体制の刷新はおろか、西欧文明の導入も不可能になり、遂には独立自尊の国として存続できない状況に陥りかねないと痛感したが故に、武士は統治身分に伴う特権を放棄した。

既得権より優先されるべきものが、独立自尊の国体であり、その淵源たる天壌無窮の神勅だった。

江戸時代は世界史においても誇るべき特色を持った時代だった。

一つは元和偃武以降、天下泰平の世が続き、凡そ三〇〇年にわたり平和を謳歌できたことである。その間、社会は着実に前進した。士農工商の身分差別に喘ぐ停滞した社会、眠ったような社会ではなかった。

経済の実権は武士から町人の手にわたったにもかかわらず、社会混乱を招かず平和を維持できた。

明治維新の成功は、江戸時代の遺産の賜物である。

今一つは支配者である武士が時を経るに従い困窮したことである。困窮したにもかかわらず、武士は食わねど高楊枝とうそぶき、矜持を失わなかった。江戸時代は法治国家の域に達していたのだ。

世界の国々に比較して苛斂誅求したわけではない。それでは開国に対処する体力を持てなかっただろう。世界一ともいわれる識字率を達成したのが江戸時代である。（前述の読売新聞でピエール・スイリ氏は「維新前後の識字率は四～六割。一八世紀のフランスよりはるかに高い」と述べている。）

李氏朝鮮とは本質的な違いを有する武士が支配する封建国家だった。儒教国とは国体が全く違っていたが故に、西欧の力に屈せず、維新の変革がなった。共にこの列島で生きて行こうとの合意が、暗黙のうちに共有されていたことが不可能を可能にした。

困窮した武士階級にとって武士身分に伴う特権は然したる価値のあるものではなくなっていたからでもあろう。

日本国は独立自尊の国として存続できるか、否かの危機、瀬戸際に立たされる都度、危機感をバネにして最小限の犠牲を払うだけで、一段と高いレベルに移行してきた。

危機感が共有され、一丸となって危機突破に取り組むことができたからである。

敗戦後の改革を見れば、然したる洞察力を持たずとも理解できることである。

占領軍の力だけで戦後の改革ができた筈はないことは、世界の多くの国々の失敗の事例が示しているとおりである。見えないのは暗黒史観に囚われ目に入らない。見ようともしないからにすぎない。

明治維新と同様、外圧を利用して一気に社会改革を図った。農地解放、普通選挙にしろ、戦前から取り組んできたから、然したる混乱もなく実施できた。

戦前から取り組んでおり、施策を受けて芽を出し、成長していたが故に成果を挙げることができた。

種蒔から始めるのとは本質的な違いがあるのだ。多くの国で改革が然したる成果を挙げられずにいるのとは全く異なっている。

多大な犠牲、流血にひるむことなく、共産革命を成功させ、貧富の差がない平等な社会の建設を公約した旧ソビエト連邦、中華人民共和国、北朝鮮民主主義人民共和国の特権階級を見れば、社会変革が如何に困難であるかを理解できる筈だ。

現在の中華人民共和国を見れば、毛沢東は今一度革命が必要だと、怒り心頭に発することだろう。中国には今も共産党は存在しているが、変質した共産党であり、共産主義国家とはとてもいえそうにない。

儒教国家が共産主義の衣を纏い蘇った、ゾンビのような中華帝国が中華人民共和国の正体である。

これに反し日本国においては、随神の道が育んできた一体感、共に列島で暮らして幸うとの合意、天壌無窮の神勅として実を結んだ民族の合意が社会の変革を可能にした。

過去の遺産を遅れたものとして切り捨てて顧りみないよりは、包摂して乗り越える方が、より良い結果が得られることを日本の歴史は示唆しているのではないだろうか。

その代表例が神仏習合である。

革命に反対していると称して、流血を正当化する「修羅の革命」は、いずれ無理が表面化し破綻する。革命の名のもと、切り捨てたものから復讐される。旧ソ連の破綻はその見本である。中国、北朝鮮も遠からずその後を追うだろう。

共産国家建設の設計図には人間性に悖る致命的な瑕疵がある。エリートが支配する共産党に排他的に所属させ、異論を認めない。一党独裁の共産党専制国家は欠陥を是正できない。絶対権力は絶対に腐敗するが故に永続できない。他の王朝と同じ運命を辿るだろう。

中国共産党は成長を急ぐあまり環境の悪化、社会の劣化に臆することなく改革を進めたつけを必ず支払わされる。更には日本の朝鮮、台湾統治よりは遥かに苛酷なチベット、ウイグル支配、都市戸籍と農村戸籍を区別する身分社会、極限にまで拡大した貧富の差、いずれも共産主義の大義に反しているだけでなく、時代の潮流にも逆行する国体に堕してしまった。

このまま中国共産党の支配が永続するようなことがあろう筈はない。剛構造の支配を変えることなく、力をもって抑え込めば抑え込むほど反動は大きくなるだろう。

そもそも中国共産党は二一世紀においても中国を統治する正統性を保持しているのだろうか。私は疑問に思っている。

司馬遷は伯夷伝において「天道は是か非か」と問うた。私は毛沢東や金日成がその地位を喪うことなく大往生したばかりか、死後も国家の核心として祀られていること以上に、天道の是非を問うものはないと考えている。

中国共産党は国民党との内戦に勝利したことで、易姓革命を国体とする中国における統治の正統性を獲得、政権の座についた。多大な犠牲、国内の流血をものともせず、共産国家の建設に向け、驀進した。反革命分子の一掃に二〇〇〇万人を超える犠牲者を出したとする資料も見られるほどだ。日本とは対照的な国である。

放伐を専らにする易姓革命の国柄であるから、ここまでは支配の正統性を喪失したとはいえないだろう。が、今では中国共産党は徳を失っており、中国統治の正統性を喪失している、と私は断言する。

何故なら、二〇〇〇万人から五〇〇〇万人にも達すると取り沙汰される大躍進政策の破綻による餓死者、第一次世界大戦の戦死者を上回り、一国の人口にも匹敵する死者を失政により出しているからだ。

更には中国を内戦状態に陥らせた文化大革命による実数不詳、一億人に達するともいわれる死傷者、それこそ数え切れないほどの犠牲者を出したことにより、統治の正統性を喪失した。天安門事件による死傷者も追加できるだろう。

このような天地に悖る行為をしでかした中国共産党に中国統

治の正統性があろう筈はない。天道は是か非か、と問うに値する。(天道とは自然法則とは性質を異にする、民主主義のように、あるべき像を問うことで、よりよきものにしていくものである。あるべき社会を問い、試行錯誤するなかでよりよきものになって行くものでないだろうか。)

如何なる政体であれ、これほどの犠牲者を出しながら統治の正統性を保持することはあり得ない。共産主義者が主張しているように、共産主義が歴史の到達点であり、科学であればなおさらのことである。

まして、これらの犠牲者は天災などではなく中国共産党の失政による人災であり、言い逃れる術はない。

中国共産党は統治の正統性を主張する「徳」を失って久しい。軍事力を掌握しているから放伐されていないだけである。

初心忘るべからざる、中国共産党は革命の原点に立ち戻り変革に取り組むことができるのか。困難なようだ。困難というよりは既得権を死守する覚悟を固めているように見える。

凄惨な結果に終った文化大革命以降、中国共産党は最早統治の正統性を喪っている、と認識したが故に共産主義を捨てた。共産主義国家ではあり得ない奇策、社会主義市場経済(国家資本主義)を導入した。外国資本を導入し、経済成長することで国民の支持を贖った。

文化大革命により極度に疲弊した国内経済を自力で再建することは最早不可能、中国共産党に残された時間はないと判断した結果、中国共産党は生き残るため社会主義市場経済を選択した。当然のことながら経済成長を続けることができなくなれば、体制は危機に陥る。

中国共産党はこのことを熟知しているが故に、毛沢東時代には見られなかった抗日戦の勝利者と喧伝するようになった。

国府との内戦を切り抜け、勝利に導いた類いまれな状況把握力及び喧伝力は未だ健在、端倪すべからざる能力を駆使してプロパガンダ、工作に努めている。

しかし、大日本帝国と戦ったのは国民党であって中国共産党ではない。中国共産党は漁夫の利を得たにすぎない。中国共産党が如何に喧伝能力、政治工作に卓越した伎倆を有していようとも、真実に基づかずに統治の正統性を騙る政策をいつまでも続けることができる筈はない。

中国国民を騙し通せるわけがない。中国国民を馬鹿だと思っているのだろう。しかし、愚民政策に永続力はない。永くは持たないだろう。まして今は二一世紀、情報革命のただ中にあり、情報を国民に隠しとおせる筈はない。

他の民主主義国家のように、選挙によって選ばれた代表が政権を担当する本来の意味での「中華人民共和国」へと自己変革できるのだろうか。その時は共産主義国家とは呼べまい。国体が変わったと評すべきだろう。

中国国民のため、日本国民のためにも、そのような変革、軟着陸に成功することを、切に祈ってやまない。

かつて共産主義が人々の心を掴んだわけは共産主義が約束した世界、貧富の差のない、平等な社会を築くとの訴えが、世界の人々を魅了したからである。その理想に燃えた人々の献身的犠牲で革命は成った。共産主義は真善美(よきもの)を代表する輝きあふれる存在だった。生命を賭す価値があると信じられていた。

が、それはまやかしの約束にすぎないことが露呈、隠しおおせなくなり、ソビエト連邦は崩壊した。

ソビエト連邦を先達とする共産主義国家は建前にすぎなかったにしろ、共産主義国家建設の理想を掲げていた。しかし、共産社会の建設に失敗した。共産主義者が批判してやまなかった資本主義国家以上に窮屈、お粗末な社会を構築した結果、ソビエト連邦は崩壊した。

現在の共産主義国家は、かつてのように資本主義の限界を超える制度、更には市民に呼びかける理想を示していない。力をもって統治しているだけである。

中国共産党が掲げるもので世界の人々に夢と希望を齎すものがあるだろうか。あるのは反面教師としての役割だけである。

人権抑圧であり、植民地支配であり、極端な所得の格差、更には限界に達した環境汚染、武力の誇示、威嚇だけである。

更にいえば、世界第二位と称する経済力の誇示と、そのおこぼれ、分け前に与かれるという誘いだけである。

しかし、これほど国土、社会が劣化して、なおかつ経済成長を続けることは可能だろうか。権力による強制的、見かけ倒しの成長は後に大きなつけとなって中国を苦しめることだろう。

フランス革命は自由、平等、博愛（友愛）の旗を掲げ、歴史を変えた。近代に入り世界の覇権を握った国は、武力、経済力に止まらず、議会制度やアメリカン・ドリームのように他国が羨むもの、学び見倣うものを持っていたから指導力を発揮できた。

そのようなものを持たずに「中華の夢」を騙っても、他国は鼻白むだけである。最早共産主義国家とはいえず、中華帝国に先祖返りしている。二一世紀に中華帝国の野望が実現する筈はない。

北朝鮮にいたっては論外である。李氏朝鮮へと先祖返りしたかのような「金氏北朝鮮」が、二一世紀を生き抜ける筈はない。土台からして腐っているからだ。いずれ自滅するか、白骨林のように立ち枯れるだろう。

中国や北朝鮮を支持し、喧伝に努めた人達が理解し、共鳴したわけを知りたいものだ。リアリズムがあれば然したる洞察力がなくても見える筈だが見えるものが見えなかった。日本の「リベラル」は共産主義を騙る圧制者に寛容、理解を示す。彼等は民主主義者ではないのだろう。

フェイクニュースで国民を惑わした彼等には己れの信条を国

民に説明する責務がある。

地球は宇宙船地球号と呼ぶべき星であることが明らかになった世界では共に生きて行くしか方途はない。天壌無窮の神勅は凡ての国に該当する。世界は日本化の進行を基調に、行きつ戻りつしながら進んで行くことだろう。

日本の経験は世界のお役に立てるのではないだろうか。

言霊の幸う国

天壌無窮の神勅として神話に語り継がれてきた列島住民の合意は自然に頼り暮らしてきた縄文時代を経て誕生した。随神の道は悠久の縄文時代に血肉と化し、祭式、行事なしに暮らすことはできなかった。宗教というよりは習俗、であると指適した人もいたほどである。

高層ビルに神社が祀られていることが示唆するように世界宗教を受容した国では疾うの昔に喪われた「神」への信仰が今も生きている。新旧が違和感を覚えることなく併存する国が日本である。

仏教受容に際し、随神の道を守り抜こうとの決意が神と仏を習合させる奇蹟を齎した。

必要は発明の母、神道を護持する決意が本地垂迹説となって実を結び、世界宗教である仏教と民族宗教である神道を習合させた。

中華の精華である文物の導入に際し採用された政策は西欧の文物を導入するため脱亜入欧した明治時代、鑑とする歴史であった。

和魂洋才とは和魂漢才の明治版にほかならい。儒教を国是とする国からは東夷の国と蔑すまれたが、歴史を経て形成された国柄に誇りと自負を持っていたが故に可能だった。矜持なしにできる筈はない。

小中華と誇った国とは路線、国是が背反するが故に半島の国は反日なのだろう。自主路線を選択できたのは東夷の地の賜物といえる。誇りこそすれ卑下することはない。儒教の価値観に囚われるあまり、視点が固定され、想像力が働らかないことを笑うだけである。

導入に努めた当初は中国文明に圧倒され、揺籃期の日本文明は窒息するかに見えた。しかし、仮名の創出により息を吹き返し、独自の文化、価値観を喪失することなく日本文明は成長できた。

文明の独自性を保持できたのは、東夷の地であることを活用できたからである。更には随神の道と不可分、一体である言霊の助けがあったからでもある。

平安時代に女流文学が世界に先駆けて花と聞いたのは仮名の賜物である。

その仮名は言霊の助けなしには生まれ得なかった。日本文明にとって言霊を宿らせる文字が必要不可欠だったが故に仮名は創出された。仮名は言霊が生んだ子どもであり、日本文明育ての親といえるだろう。

言霊信仰が仮名を誕生させ、仮名が日本文明を成長させる原動力になった。

「磯城島（しきしま）の日本（やまと）の国は言霊（ことだま）の助くる国ぞ真幸（まさき）くありこそ」と歌われたように日本国には「言霊の幸はふ国」との信仰があった。

歌は言霊の賜物であるが故に天地を動かし、鬼神をも和（やわら）げる力を持つと信じられてきた。

「和歌の前では平等」であるとの観念は言霊信仰を有するが故に誕生した。万葉集が天皇を始め、市井の庶民に至る列島各地の住民の歌を集め、編まれているのは言霊信仰によっている。神（言霊）の下では平等なのだ。

真名と呼ばれた漢字だが言霊を宿らせることはできなかった。漢字は文明を伝える道具であり、担い手である男子が使用する男文字とされたが、随神の道が齎した言霊を宿らせることは不可能だった。

万葉集が漢字の音訓を借用して日本語の音を表記する万葉仮名で記されているのは、言霊信仰の賜物である。万葉仮名は漢字の表音文字化への試み、嚆矢といえよう。

世界に先駆けて花と開いた平安朝の女流文学は、女文字とされる仮名がなければ誕生し得なかった。漢字を使いこなすには長期にわたる習練が欠かせない。そのうえ濃やかな感性を表現するには不適当な文字である。まして言霊を宿らせることは不可能である。

漢字は一字一音が単語の意味を表す表意文字であり、異国の文字であるが故に言霊を宿らせる力はない。

仮名は言霊を宿らせる、言霊を呼び寄せるために創出された文字である。まさに必要は発明の母といえよう。

随神の道を守り伝えようとの決意が本地垂迹説として実を結び神と仏は習合した。言霊の加護を求める信仰が仮名を生み、仮名が日本文明を守り、成長させた。

両者はともに信仰の所産であり、「神国日本」と自称するのはむべなるかな。

信仰は合理主義ではなし得ないことを可能にする力を有していることを示すものである。

仮名が創出されたことによって源氏物語に代表される平安朝の女流文学が誕生した。

天照大神、女帝、平安朝の女流作家は武家社会とは異なる日本社会の姿を示している。武家社会が続き、更には開国から敗戦に至る歴史から男社会の国と見られてきたが、表面的な事実にすぎない。底流には母なるもの、女性的な価値観が厳として流れ、日本文明の基層を成している。二重構造の国日本の原則は貫徹している。男社会と断定するのは偏頗、早計にすぎる判断といわざるを得ない。原始女性は太陽であった。女性なしには夜も昼も明けない国が日本国である。天壌無窮の神勅は両性の協調を命じているのだ。

神官が神前で祭りの趣旨などを読み上る祝詞(のりと)は漢文体では書かれず、漢字の音訓を借りた日本語の表記法である宣名体で記されている。体言（名詞、代名詞、数詞の総称）、用言（動詞、形容詞、形容動詞の総称）の語幹などは普通の大きさの漢字で書かれ、助詞、助動詞などは一字一音の万葉仮名で小書きされており、漢字仮名まじり文の源流とされている。まさに信仰が言霊を宿らせる表記法を求め、誕生させた。言霊信仰の賜物が仮名である。

神祇信仰が日本文明を守り、育てたと評価しても過言ではないだろう。

漢文体では言霊の助けを得られないため、漢字の音訓を借りた宣命体が生れた。仮名の誕生はその延長線上にある。言霊信仰なしに仮名の誕生はなかった。半島の国と同様の国になっていただろう。

言霊信仰なしに日本文明の自立はなかった。東夷の国として中華文明の末席に名を連ねていたことだろう。

言霊信仰は中華文明に属していない、独自の文明であることを言わず語らずであるが立証している。まさに「言霊の助くる国、言霊の幸はふ国」が、「磯城島の日本の国」である。言霊信仰があったが故に仮名が創出され、日本文明は損われることなく成長できた。

幾多の試練を乗り越え、歴史が断絶したことのない、類例のない継続力を持つ国として存続できたのは、「言霊の幸はふ東夷の国」だったことが因である。

言霊信仰から生れた仮名があったから漢字仮名混じり文が成立、その結果、日本文明は中国文明から独立できた。

信仰は時として合理主義では乗り越えることができない壁を超えることができることを示す恰好の事例といえるだろう。

平安朝文学は日本文明が世界史に登場した嚆矢と評すべきものであるが、仮名の誕生なしにはあり得なかった。神祇信仰があったが故に自立できた。さもなければ半島同様の国になっていただろう。

日本のみならず世界においても宗教は文明の母といえるだろう。建築、音楽、詩（文学）、彫刻、絵画、儀礼等は神を讃えたい、神的世界に一歩でも近づきたい旨の信仰がなければ別のもの、貧しいレベルに止まっていたことだろう。

文明は宗教に因って刻印されている。宗教が違えば文明が違い、行動様式も異ならざるを得ない。動物でいえば種が違うのだ。

日本文明の自立には神祇信仰、とりわけ言霊信仰が必要にして不可欠だった。宗教は文明に決定的な影響を及ぼさずにはおかない。

言霊など不合理だと捉える向には外国発の日本語をめぐる発言、評価を紹介したい。

馬渕睦夫氏は、「新装版国難の正体」（ビジネス社）で次のように記している。

「日本語がまさしく言霊であることを、私はウクライナで実感したことがあります。……（略）出版記念のレセプションを日本大使公邸で開催し、タラシューク元外務大臣はじめ政府関係者や外交団、日本文化研究者などを集めて、彼女（コステンコ元駐日大使夫人、有名な詩人で、日本滞在中の詩をまとめ出版）の詩の中の一節をウクライナ語、英語、日本語でそれぞれ朗読して聴いてもらいました。郎読の後挨拶したタラシューク大臣は『自分は日本語はまったく分からないが、日本語の郎読を聴いて涙が出てきてしまった』と感想を述べてくれました。日本語の意味はわからなくても、日本語の響きそのものが大臣の心を打ったのです。まさに、言霊です。」

鈴木孝夫氏は、「日本の感性が世界を変える　言語生態学的文明論」（新潮新書）の第二章で、「日本語のタタミゼ効果を知っていますか」として、アメリカの人類学者ハーバート・パッシヨン氏の言葉を紹介している。

「フランス語を話すと、実際にはそういうことはないかもしれないが、自分が頭脳明晰、論争好きで、説得上手になったように思え、同時に口先ばかりの逆説的で意表をつく人間になったような気になる。フランス語はどちらかというと“口説き”に力量を発揮する言葉のようである。

しかし、スペイン語に切り替えると、また別人のようになる。正しいリズム、イントネーションを保とうとして、私の身振りは、メキシコ人そのものになってしまう。内に力がみなぎり、自分が“男のなかの男”になったような錯覚に陥る。かなり高圧的、独断的になるが、その反面詩人にもなる、俗っぽくもなるし、快楽的になる場合もある。

ところが、日本語を話すたびに、自分はこんなにも礼儀正しい人間になれるものかと、自分で驚いてしまう。こういうことは、英語を話すときは一度も感じたことはない。」

日本語への批判は、日本の宗教への批判と同様に、ヨーロッパ語系の言語環境で育った人達が彼等の視点、物差をもとにして日本語をあいまい、遅れていると決め付け、レッテルを貼っているだけでないのか。

視点を変えれば優れた特質を持つ言語が日本語である。批判はヨーロッパ優位思想の下での評価にすぎない。しかし、それを真に受け、日本語を貶める日本人がいることも、日本の宗教への批判と同様に軽視してはならない厳然たる事実である。

神道と仏教は本来、性格がまったく異なる宗教である。しかし、神は仏が垂迹したもので本地（本質）は同じであるとする本地垂迹説と呼ばれる神学によって神と仏は習合した。このため二者択一を迫られることなく両宗教を信仰できた。

宗教とは一神（一仏）に排他的に所属するものであるという世界における宗教の通念は、日本では通用しない。

本地垂迹説は特定の宗教に排他的に所属することなく信仰することを可能にした。

神仏を共に信仰して怪しまない宗教観は、一神にのみ排他的に帰依することが宗教だと信じる世界の常識、通念に反しているが故に、不合理、あいまいな宗教だと批判されてきた。

しかし、排他的に信仰させることがないため宗教戦争とは無縁の宗教であり、平穏な国日本の礎になっている。

平穏を齎す宗教が不合理、遅れている筈はない。優れた宗教と捉えるべきなのだ。偏見の壁の中に囚われているため、長所を短所として評価している。評価基準に問題がある、と反論すべきなのだ。

日本語もあいまい、遅れていると指摘されてきた、不合理、あいまいな言葉を使用したが故に敗戦を招いた。公用語は外国語にすべきだとまで日本の知識人は酷評した。それほど日本語は宗教と同様に酷評されてきた。そのうえ国際化に乗り遅れる、おいてきぼりを食うとして英語教育の強化をうんぬんする声もかまびすしい。

が、この問題も歴史を鑑とすれば問題の本質が見えてくる。

英語も漢字同様に使いこなすものであり、それ以上ではない。

魂を入れる日本語は日本人には不可欠である。日本語あっての日本国である。

日本国は「言霊の幸はふ国」であり、日本語を軽視することは日本の長所を捨てることであり、衰亡と破滅に至る道にほかならない。角を矯めようとして牛を殺すような愚行を犯すことは厳として戒しめるべきことである。

個性を殺すことが世界に貢献する道である筈はない。日本は日本であることが世界へ貢献する道である。

日本の特質を活かすことが世界の成長、発展に貢献する正道である。

世界は日本の登場を待っているのだ。期待に応えねばならない。二一世紀日本の責務として取り組むべき道である。「平和憲法」に相応しい日本の取るべき道でもある。

「和製漢語」同様に、「和製英語」で貢献できる国になることを世界は日本に求めているのだ。卑下する理由は何もない。

日本は期待に値するものを保持している、と矜持を持つべきなのだ。

日本語によって貢献できる国になることが、日本国の「明白なる天命」と心得、倦まずたゆまず努力を続け、継続力をこれまで以上に発揮することが日本国の生きる道である。

そもそも日本語はあいまい、不合理な言葉なのだろうか。日本の宗教への批判と同様に、ヨーロッパの言語を基準、物差として遅れていると批判しているだけでないのか。

異なった風土・歴史の中で営まれる暮らしを反映するが故に地上には多くの言語があるのではないのか。ヨーロッパの物差をもとに批判し、事足りるのだろうか。群盲が象を評するのと同様に日本語の一側面だけをもとに評価をくだしたものにすぎない

日本を批判することが知識人の責務と捉えてきたからだろう。しかし、私は国民に夢と希望を抱かせることこそ知識人本来の役割と捉えている。使命を履き違えているといえよう。

増田悦佐氏が、「内向きの世界帝国　日本の時代がやってくる」（NTT出版）で次のように記していることは、的を射た評価といえないだろうか。

「日本人は実態さえうまくいっていれば、それをどんなことばで言い表すかなんてどうでもいいと思っている。だから、日本語は一語一句にこだわる法律の条文や契約書向きの言葉ではない。主語述語の区別や、ことば一つひとつの定義がしっかりしたインド・ヨーロッパ語系の言語は、ことばそのものをメシのタネにする弁護士や会計士には非常に便利でも、ことばで表現するモノのほうをメシのタネにする理工系の商売には、じつは不便なことばなのだ。

だが、その反面、エンジニアたちがああでもない、こうでもないと機械をいじりながら、どうすればいちばんスムースにある工程が運ぶことができるかというような、直感とか感触とかに頼る会話にはとても向いている。意外に感じる人が多いだろうが、ヨーロッパ語は文科向き、日本語は理科系向きのことばなのだ。

たとえば、日本の工場労働者たちは、熱で液状になったもののことはすべて『お湯』と表現する。だから、溶鉱炉の中で灼熱しているドロドロの鉄についても、『湯加減が悪いから、もう少し火をくべよう』とか、『もう少し冷ましておこう』とか言う。インド・ヨーロッパ語系の言葉でも表現できないことはないが、ずっともって回った複雑な構文になってしまうだろう。」と述べている。

この言葉を実証すると思われる数値がある。総務省が発表した「科学技術研究調査」（平成二五年）に拠れば、平成二四年度に日本が特許等で稼いだ金額は、約二兆七二〇〇億円、これに対し、外国に支払った特許等の金額は約四五〇〇億円、約二兆二七〇〇億円の黒字である。アメリカから一兆三〇〇億円の特許等の収入に対し、支払った額は三三〇〇億円、七〇〇〇億円の黒字である。同様にイギリス、ドイツ、フランスに対しても黒字になっている。中国、韓国に対してはいうまでもなく圧倒的な黒字である。

因に特許収入の一位はアメリカ、二位は日本、三位はイギリス

である。日本はアメリカの八割程度で、国民一人当たりでは日本の方が大きい。四位のドイツは日本の三分の一以下にすぎない。

あいまい、不合理な日本語を公用語とする国が近代国家を建設、運営できるなどあり得るだろうか。科学技術分野の実績も同じである。あいまい、不合理な言語を使用する者が特許権を得るような発明ができる筈はないのに、そのことを指摘しようとはしない。

視野狭窄か、受け売りがいわせているのであろう。日本の宗教に対する批判と同様に、日本語への批判は西欧優位思想に囚われ、他の視点への目が届かないことが因である。

日本語のあいまいとされる性質は、インド・ヨーロッパ語系の言語のように、言葉の定義を明確にして伝える必要がなかった。必要に迫られなかったが故に生じたものにすぎないのではないだろうか。

共にこの狭い島国で肩を寄せ合って生活、共存して行かざるを得ない国柄であるが故に生じたと捉える方が実態を踏まえている。的を射た評価といえないだろうか。

外地には容易なことでは行けぬ列島の住民は、言葉や表現を明確にすることで利害が対立し、角を突き合わせて生きるよりは、あいまいな言葉、玉虫色に解釈できる表現の方が、反発を生じないため結果的には互いの利益になることを交流をとおして学んだ。この結果、日本語はインド・ヨーロッパ語系の言語が辿った道を選択しなかっただけでないのか。

やわらかな京都弁はそれを裏付けているように思われる。外交文書が玉虫色の表現を採用するのと同様なことが、日本語の表現に見られると解釈するのは的外れだろうか。

更に増田悦佐氏は、「一九七〇〜八〇年代にかけて、日本文化、日本文明に関するエッセイを書きつづけていたリック・ケネディというアメリカ人がいる。とくにインド・ヨーロッパ語系の言語環境で育った人たちが『あいまいで原始的な言語』と決めつける傾向が強い日本語について、『日本語のあいまいさが創造性をはぐくむ』とか、『日本語は将来、英語と並んで世界の二大言語になる』というような鋭い観察をした人だ」、と否定的に捉えられることが多い日本語について、欠点とされたものが長所となる旨の従来とは全く異なった見解を紹介している。

卓見でないのか。

クールジャパンは、現在起きていること、これから起きるであろうことを、予見する言葉といえないだろうか。

あいまいで原始的な日本語への批判は、日本の宗教への批判と軌を一にした批判であり、西欧の視点を評価基準にした一側面の真実を突いているだけである。それこそ群盲象を評すの日本語版というべきでないのか。

西欧の優位、卓越性に疑念を抱いたことがない故に西欧を基準にして批判しているにすぎず、それ以上のものではない。

宗教と同じように言語にも個性があり、長所と短所は表裏一体になっているのが私達の住む世界である。

西欧の言語を基準に評価すれば欠点が目立つが、西欧の言語とは違っていることが評価される時代がまもなく到来する。

日本語への評価が様変りするのは、指呼の間にある。西欧が生んだ合理思想や創造主への信仰だけではやって行けない時代の幕が開けようとしている。宇宙船地球号の時代には長所とされていた性格が、限界をあらわにする、それだけではやって行けなくなる。

日本語を話せば礼儀正しい人間になれるのは、理性や論理性を磨く以上に、感性や情趣を表現することを優先した島国の故である、共にこの列島で暮らして生くための智恵と解釈する方が的を射ている。真実を突いた評価といえないだろうか。

宇宙船地球号との世界観は、世界は日本化せざるを得ないことを示すものである。

日本語は宇宙船地球号、地球が日本列島のような孤島、一種の閉鎖空間と化して行くこれからの世界において、求められる言語機能を有しているのではないだろうか。

悲観、否定する必要はないのが、日本語の未来であり、可能性である。

科学が、非線形、複雑系を究明する時代には「日本語のあいまいさが創造性をはぐくむ」ことに通じる。特許収入が急増している、ノーベル賞受賞者は自然科学三部門で二〇一九年には二四人達しアメリカに次いで二位になった。中国や韓国などアジアの国々を寄せつけないのはもちろんのこと、かつては仰ぎ見たイギリス、ドイツ、フランスと比較して遜色はないまで増大したことはその予兆である。

日本の宗教、言語への批判は一神教の価値観、創造主である神を最高位に置き、理路整然と体系化され、創造主からの距離を基準に優劣を決める価値観が齎したものである。

しかし、最早一神教の価値観のみで世界を律することは困難になった。時代は一神教の価値観だけでは把握できなくなり、新たな価値観を求めざるを得なくなった。

二一世紀以降の世界は、一神教の価値大系にはなじまない、包摂できないものを求めている。日本語は脚光を浴びる言語になるだろう。

日本への理解、関心は激増して行くだろう。日本文明は新たな思潮が齎す時代の潮流に乗ることができる文明であるからだ。

長らく中華と誇る大文明の影響下にあった日本の知識人は後進国たる日本に外国文明の精華を翻訳紹介することをもって、自己に課せられた聖なる使命と信じてきた。「蕃所調書」の役人に擬してきたといえるだろう。

書物を通して伝えられた知識を、その国の真実を反映していると信じて疑わず、紹介する国に傾倒する性癖を有しており、そのことに疑問を持つことはなかった。

釈迦を慕うあまりインド渡航を企てた明恵、中国崇拝のあまり物徂徠と名乗った荻生徂徠等、枚挙にいとまがない。

日本国のベストアンドブライティストと呼べる人すらそうだった。まして、その他の「インテリ」はいうまでもない。書物をとおして得た知識を金科玉条とし、鑑とする国とは相違しているから日本は遅れている、不合理だと日本を批判して倦むことがなかった。

開国後はいうに及ばず、戦後においても顕著であった。相違は共産中国が新たなモデル、権威の座に加わったくらいである。

しかし、彼等の時代は終った。今は残照を残すのみである。彼等はソビエト連邦の崩壊と連動するかのように権威を喪失した。

現実には存在しないプロパガンダを真に受け真実と思い込み、持て囃すと共に日本を遅れていると批判する一方でモデルと仰ぎ見た国の陰には目を背け、見ようとはしなかった。書かれたもの、プロパガンダを真に受け得た知識であるが故に素直に信じることを可能にした国柄、東海の粟散国意識が齎した偏りといえよう。儒者の末裔であるインテリの致命的な弱点である。

「粟散国」日本を大航海時代のヨーロッパは如何に捉え、理解していたのだろうか。

平川新氏は「戦国日本と大航海時代　秀吉・家康・政宗の外交戦略」（中公新書）で、「日本はなぜ『世界最強』スペインの植民地にならなかったのか」と問い、次のように記している。

「……東アジアにおける華夷秩序の序列の問題としてみると、日本は従的な存在ということになる。

しかし、ヨーロッパ人は日本をそのようにみてはいなかった。『小中華』論のように明国のミニチュアや亜流とみなしていたわけではなく、明国と並ぶ『帝国』"Imperio"として日本を評価していた。少くともアジア的な中華思想を基準にした見方とは、異質な評価手法だといってよい。しかもそれは中国のように中華を自称するのではなく、他称としての「帝国」評価だった。」　略

「なぜ日本は植民地にならなかったのか。その素朴な問いに対する答えも、ここにあった。当時の日本は、世界のなかでも軍事パワーと政治パワーが突出した存在であった。」と記している。

今や仰ぎ見るモデルとなる国はない。天上の国はそれぞれ長所短所を有する地上の国になった。然も庶民も気軽に外国旅行できる時代が到来、直接見聞できるようになり、現実が露呈した。外国の権威を笠に着たインテリの出番はなくなり、権威は地に堕ちた。

庶民は文明の利器、文物を受け入れ、敬意を表したが魂は奪わ

れなかった。李氏朝鮮とは相違して儒教は教養、学問以上のものにはなり得なかった。更にはキリスト教徒が今だに人口の一パーセント程度にすぎないことは、神仏習合を核心とした信仰が揺がなかった、魂は奪われなかったことを意味している。

しかし、キリスト教徒は少数派であるが、キリスト教への関心はすこぶる高い。信者が少ないからといって無視して済ますことができない存在感を有している。

キリスト教関係の翻訳書並びに日本流に解説した書籍はそれこそ引きも切らずに出版されていることは、キリスト教への関心の高さを立証するものである。

何故、キリスト教国でもないのにこれほどの関心を集めているのか。日本の宗教には見られない創造主を知りたい、知ることをとおして神聖なものの本地を求めているからだろう。

キリスト教への関心の高さを立証するのが聖書の売上げである。アメリカ、イギリスについで世界で三番目に多いといわれるほど読まれている。

キリスト教徒は人口の一パーセント程度の国がである。外国から見れば謎としか見えないだろう。

聖書の購読数は創造主と神聖なものの間に橋を架ける、習合する第一歩になるのではないか、と捉え得るのではないだろうか。

平安朝文学は日本文明が世界史に登場する先駆けになったが、それを可能にしたものは文明を構築する核心である宗教が齎したもの、言霊の力によっている。随神の道の成せる業である。

女文字である仮名を使って書かれた漢字一辺倒ではない、平安朝の女流文学は日本文明と中国文明とは別の文明であることを立証するものである。

自己を表現できる自前の文字を得たことによって中国文明に呑み込まれることなく、漢字を自家薬籠中のものにすることができた。

仮名の発明は中国文明に対する独立宣言と評価できる日本史上における革命である。

独自の道を進むことができたのは、仮名の賜物であり、東夷の国が齎した果実である。

仮名の創出により漢字仮名混じり文が、日本文明の正統な表記法として定着した。訓読みは仮名の創出により普及した。漢字の表音文字化の試みが根付いたものである。

音読みと訓読みの併用は二重構造の国、日本の文字版である。朝鮮、ベトナムなど漢字を受容した国では、日本のように可能な凡ての漢字に音読みに止まらず、訓読みが存在する国はない。仮名にあたるものを持たなかったからだ。

今では、両国は漢字を捨て、ハングル、クオック・グーと呼ばれる表音文字を使用している。中国においても簡体字を採用している。漢字の賞味期限が過ぎたから起きたことでないだろうか。

表意文字である漢字は、凝集力、持続力の強い文字と呼べよう。言葉は生きており、時代と共に変化して行くものであるが、意味を伝える漢字は時の進行を止める、遅らせるという表音文字が持たない力を有している。

中国文明の特色とされる尚古主義は、儒教のみならず、漢字の使用にもよっているのではないだろうか。

中国は分裂と統一を繰り返してきたが、再統一を齎した主な要因は、文明を伝える文字が表意文字である漢字を使用してきたことと深い関連があるのではないだろうか。

表音文字を使用していたならばローマ帝国同様に再統一は困難だったのではないか。言葉が通じなくても意思疎通が可能な漢字の力によって再統一は可能になった。

中華帝国の栄光は漢字によって伝えられ、守られてきた。漢字あっての中華帝国である。

中国文明の影響力を断つには華夷秩序の守護神というべき漢字を捨てるしかない。このため朝鮮、ベトナムでは漢字を捨て、独自の文字を採用した。

理解できることではあるが、韓国ではハングル専用により自国の古典を読みこなせなくなっている。ハングル専用は文化を枯渇、劣化させる道に通じている。時と共に韓国の文化は活力を失うだろう。

最近の韓国の振舞いを見れば、ハングル専用が文化を毀損させ、国民性を劣化させていると判断せざるを得ない。

一度捨てた漢字は表音文字のようには身につかない。日本と同様に漢字ハングル混じり文の方が、韓国にとって賢い、有益な選択だったのではないだろうか。

ハングル専用が韓国に与えた悪影響は、後世の歴史家の評価を待たずとも、明らかでないだろうか。

漢字仮名混じり文を選択した日本の方が、的を射た判断だったといえるのでは。文化の枯渇 断絶を招くことがないうえ、両者の長所を活かすことができる。素早く意味を把握できるだけでなく、濃やかな表現、正確な表現を可能にする表記法である。

日本国は漢字を導入したが、仮名の創出により漢字一辺倒の国にはならなかった。仮名は習得が容易な文字であり、国民の識字率を向上させ、文化を国民全般のものにできた。このため文明の断絶は避けられ、独自性を保持できた。今日の日本国は仮名の賜物でもある。

今後ともアジアの博物館と称される特質を受け継いで行かねばならないが、特に困難な課題を背負い込んだと気負う必要はない。今までどおりやって行けばよいのだ。

父祖から引き継がれ、守ってきたもの、天壌無窮の神勅を奉じ、誠実に事にあたるだけである。日本人には帝国は似合わない。墓穴を掘るだけである。敗戦の教訓といえる。

独立自尊の国として存続して行くため、明治国家は脱亜入欧を決断、西欧キリスト教文明が育んだ文物の導入に突き進んだ。漢字と仮名を併用していることは受容を容易にした。漢字の造語力を活用し、翻訳に努めたため国民に普及させることができた。

中華帝国の意向を問うことなく、日本国の一存で脱亜入欧の決断を下した。先人の努力によって朝鮮が持たない行動の自由を有していたが故に可能だった。

東夷の地は独立自尊を真善美（よし）とする国柄を齎したからである。東夷の国という地理上の優位を活用することで独立自尊の国柄を保持できた。

華夷秩序からの離脱は聖徳太子以来の日本国の国是といえる。聖徳太子が随の煬帝にあてた国書で、冊封体制からの離脱を宣言したことに始り、明と貿易するため「日本国王　臣源」と称した足利義満を除き、踏襲されてきた。

先人の努力の結果、半島の国とは相違して中華帝国が使用する元号を使わず、天皇が定めた元号を使用してきた。

暦も、中華帝国の皇帝が定めた正朔を奉じることなく、日本独自の太陰太陽暦を使用した。

文字は漢字専用ではなく、仮名を創出し、漢字仮名混じり文を使用してきた。

貨幣についても国内で鋳造、賄い、中国依存から自立した。

宗教は漢字に翻訳された仏教を受容したが、神仏習合を正統な信仰として信仰してきた。更には仏教は独自色を強め中国からの影響を脱した。中国からの影響は習俗に残っているが、その影響力は限定されたものである。

中国文明圏から離脱し、独自の文明圏の構築に努めてきた。脱亜入欧はその仕上げ、離脱を確認した以上の事件ではない。

皇帝専制で科挙により選抜された官吏により統治する中華帝国とは相違して、武士が統治する「封建制度」を国体としてきた。これと似た制度は西欧にしか見られないと評価されていることも、日本文明は中国文明とは別種の文明であることを立証するものである。

華夷秩序からの離脱は路線闘争になり得なかった。確認行為にすぎなかったからだ。

中国文明からの離脱が路線闘争になり、国を滅ぼした李氏朝鮮とは本質的な相違がある。中国、韓国との外交がしっくり行かないのは、儒教国家とは価値観を共有しないからだ。文明を異にする国だと認識できず、儒教の価値観を押しつけてくるから共存共栄の精神が育たない。

独自な文明を構築する核になったのは宗教である。天壌無窮の神勅を育んだ随神の道を捨てることなく仏教と習合した信仰が日本文明の核心になっている。

そのような贅沢が許されたのは、東夷の国、東海の列島という天与の賜物であり、一人我が日本の幸運といえる。

翻訳国家日本

明治政府が採用した脱亜入欧政策は、他に選択の余地のない決断だった。

欧米諸国が植民地獲得に鎬を削っていた時代に、植民地にされることなく欧米の国に伍して独立自尊の国として存続して行くためには、西欧に覇権を齎した文物を導入、彼等の武器を我物にすることで対抗する以外に方策はなかった。失敗すれば独立自尊の国の歴史は終る。アジア・アフリカ地域の多くの国のように植民地、若しくはそれに近い国に堕しかねない、ギリギリの選択だった。

中国文明の導入は先進文明に伍して存続するためには避けられない道だったが、武力による威嚇、脅威下の選択ではなかった。自主的な選択だった。

脱亜入欧は武力の誇示、開国を強要された結果、余儀なく選択せざるを得なかった。半強制下の選択だった。

「ザンギリ頭をたたいて見れば文明開化の音がする」といわれたように、脱亜入欧政策は庶民の生活までも一変させた。

産業革命を為し遂げた西欧文明は圧倒的な力を背景に、抗（あらが）う手立てもない津波のような勢いで押し寄せてきた。東夷の地であったが故に保持できた独立自尊の国柄を誇った「神国日本」は植民地の列に向け、押し流されるかに見えた。

脱亜入欧は飛んで火に入る夏の虫、それこそ清水の舞台から飛び下りるような、それでいて避けることのできない、失敗が許されない選択だった。

天下泰平を齎した鎖国から一転、肉食獣がひしめく力のみがものをいうジャングルというべき国際社会にほうり出されたのが開国後の日本国である。

しかし、またもや歴史を経て培われた智恵、漢字を受容したことで身につけた漢字の造語力を活用することで植民地化の危機、虎口を脱することに成功した。

自家薬籠中のものとした漢字の造語力を活用し、西欧文明の精華である文物を翻訳を通して我物にすることができた。

適当な言葉がなければ和製漢語をつくり、翻訳することで急場を凌ぐことができた。

翻訳したとはいえ自分の言葉で近代化に取り組むことができた御蔭で最悪の事態に陥ることなく、独立自尊の国として存続できた。

哲学、科学等の言葉は明治前期の啓蒙思想家西周が、翻訳する言葉がなかったことから創出した和製漢語である。

漢字の造語力を活用して、哲学から科学に至る西洋文明の精華を日本語に翻訳して移植することで、西欧の力に対抗できる文物の導入に成功した。

先人の努力の御蔭で、私達は日本語でこれらの精華を学ぶことができる。このことはアジア・アフリカの多くの国では叶えられぬ夢である。学ぼうにも自国語で書かれた文献は見当らない。外国語で学ばざるを得ない。自国語で学ぶことは日本人にとって当り前のことであるが、そのような国は多くない。学んだ知識を国民のものにするには言葉という大きな壁を乗超えねばならない。

日本は翻訳大国である。異国の文化を学んできた日本には経済のことであり、翻訳できる語彙があった。なければ漢字の力を借りて和製漢語に翻訳した。

これらのことは一朝一夕にできることではない。先人の努力の賜物である。貪欲なまでの知識欲の御陰であり、歴史を経て培われた果実である。東夷の国であることが幸いした、地の利を活用できたが故に可能だった。

西岡昌紀氏は、ＷＩＬＬの二〇一四年一二月号でこの間のことを次のように記している。

「かつて医学生だった頃、私は解剖学の図譜（アトラス）を読むことに夢中になった時期がある。（略）

そしてその際に感嘆したことは、まさしく『星の数ほど』無数にある人体の部分を表すラテン語の名前が全て、完璧に日本語に訳されているという事実だった。それは驚くばかりに系統的で、理路整然とした翻訳の体系であった。しかも、ラテン語が表す個々の名の意味が見事に漢字で表わされているのである。これらの訳語は、幕末から明治時代にかけての日本人たちが、いかに漢字に使い馴れていたかを私に痛感させた。そして、それらの日本人たちが医学のみならず、数学や物理学や化学、さらには経済学などもそうだったのかもしれないが、欧米で生まれ、発展した近代科学の諸概念を私たちに母国語である日本語の一部にしてしまったことの功績に心を打たれずにはいられなかった。」

翻訳の成果は合理的な思惟、理詰めに拠って成ったものであっても、言霊を信じる、信仰を淵源としていると思われる。言霊を宿らせる文字を求めたが故に可能になったのではないだろうか。うわべだけの合理性、整合性を求めるだけではよく成し得ることではない。

中国から受容した漢字を使って、西欧の文物を翻訳するため創出した和製漢語をもって、中国・朝鮮に「恩返し」できた。

「中華人民共和国」の「人民」や「共和国」は、日本人が翻訳に際し、創出した和製漢語である。

共産党が支配する中華人民共和国の核心である「共産主義」も和製漢語である。

中国が使用している西洋の概念は、基本的には日本人が翻訳したものである。中国で使用されている社会科学、人民科学方面の用語の凡そ七割は、和製漢語、日本から輸入した言葉といわれている。半島の国はそれ以上でないのか。

李氏朝鮮には表音文字ハングルは存在したが両班の使う文字ではなかった。諺文（オンモン）（ハングルの旧称）はそれを証明している。基本的には漢字一辺倒といえる国だった。漢字専用の国といえるが日本以上に漢字を使いこなしたわけではない。朝鮮製漢語で中国に恩返しができるほどの実績を挙げることはできなかった。

小中華と誇るあまり儒教一辺倒の事大主義の国だった。その結果、激変する国際情勢、西力東漸の時代と把握できず、時代に取り残され国を喪った。

韓国が鑑とする史実はここにある筈だ。しかし、鑑とする歴史と認識できず日本批判に明け暮れている。国体の中身を取違えた戦前の日本と同様の失敗を韓国に齎すだろう。

ハングル専用により漢字を読めなくなった結果、自国の歴史を記した文献の読解が困難になった。鑑がくもった状態といえる。

また、鑑とする歴史は儒教の価値観を批判することなく受け入れる以上、歴史というよりはファンタジーである。

史実を反映しない歴史を鑑とすることは、危機を招く、災の因となる。帝国日本が国体を取り違えたのと同様の事態に陥りかねない。

ハングル専用は文化を枯渇させ、国民性を劣化させずにはおかないだろう。

反日を国是とした韓国が得るものは何か、一時しのぎの自己満足でしかない。韓国は友を失うことになるだろう。日本を貶め、批判したからといって韓国が偉くなれる筈はない。国家の品格を貶める、己れを卑しくするだけである。

中国は父であり、韓国は兄であり、日本は弟である旨の言葉は、独善（ひとりよがり）の自己満足、自惚（うぬぼ）れにすぎない。早急に卒業することから韓国の未来は開けてくる。

日本国においても、大日本帝国憲法下の天皇像を正統な天皇像、国体と誤認し、国を誤った歴史を鑑とし、日本国憲法を平和憲法とする幻想から解放され、防衛できる国になる。そのうえでリアリズムに立った国家戦略を構築することが喫緊の課題である。

昭和に入り日本国民が迷走した。国民性が劣化したとしか思えない振舞いは国民性にあわない天皇像の無理無体な押付、強要により齎されたものでなかったか。体質にあわない国体が国民性を劣化させたと考えられる。

国家と主体性

東夷と蔑すまれた東海の列島であるが故に護持できた独立自尊の国柄は、産業革命を為し遂げたことで世界を席倦した西欧の力に直面、独立自尊の国として存続できるか、否かの瀬戸際に立たされた。

植民地に堕しかねない未曾有の危機に如何に対応するかを巡

り、勤皇を選択するか、佐幕かの路線闘争が勃発、勤皇で決着、大政奉還された。禁中並公家諸法度が示すように江戸時代天皇は政治的には無力であったが形式上、将軍は天皇から大政を委任され統治権を行使した。形式建前が歴史を動かした。形式が内容を左右したといえるだろう。

天壌無窮の神勅を体現するが故に古代から断絶することなく継承されてきた天皇へ、「大政奉還」し、幕藩体制下設けられた諸制度を一新する道を選択し危機脱出を図った。

明治元年三月一四日、明治天皇は「五箇条の御誓文」を宣布、御一新の心構え、新政の基本方針を明らかにし、これを国是として「協心努力」するよう命じた。

一　広く会議を興し万機公論に決すべし
一　上下心を一にして盛に経論を行うべし
一　官武一途庶民に至る迄各其志を遂げ人心をして倦まざらしめんことを要す
一　旧来の陋習を破り天地の公道に基くべし
一　知識を世界に求め大に皇基を振起すべし

この方針に基づき、「上下心を一にして」、「協心努力」したから維新の変革は成功し、植民地主義の虎口を脱することができた。昭和維新は五箇条の御誓文の精神に反するものであったが故に失敗した。

成功体験は野郎自大にし、学歴秀才が国政を壟断（ろうだん）、国を誤った方向に導いた結果、開闢以来、未曾有の敗戦を招いた。

新政府は五箇条の御誓文に基づいて、知識を世界に求めるため脱亜入欧、西欧に覇権を齎した文明の利器を導入する政策を採用すると共に、天地の公道に基づくべき国内体制を一新した。覇権を可能にした力の源泉たる産業革命の精華を我物にすることで西欧に対応できる力を手に入れるべく粉骨砕身した。

天下泰平の世が続いた幕藩体制下の日本国は、産業革命の衝撃に耐え得る社会になっていたが故に可能な政策だった。課題は産業革命が齎した文明の利器を如何にす早く身に付けるかにかかっていた。

外国からの干渉、容喙を排するため独立護持の政治思想として国家神道を創出、主体性を喪失することなく「上下心を一つ」にして西欧の文物の導入に努めた。教育勅語も同様の趣旨で下賜された。私は小学校入学以前の子どの頃、近所の老人から教育勅語を聞かされたことがある。それほど徹底的に教育した。如何に危機意識が高かったかを示すものである。また神武天皇以降の全天皇名を暗誦して聞かされたこともある。

努力は日露戦争の勝利となって実を結び、当座の危機を凌ぐことができた。問題は日露戦争後、張り詰めた緊張が弛緩するに伴い発生した。

緊張が緩むとともにリアリズムが失われ、観念論が浮上した。

観念論は近代化の成果たる明治憲法を、法の限界を無視し神聖視させた。法にすぎない憲法を不磨の大典と位置付け、改憲の道を封じた。

明治憲法が齎した天皇主権は危機を乗り切るための急場凌ぎの便法、方便にすぎなかった。が、法の限界を無視し、宗教の正典であるかのように不磨の大典と呼ばれた。この結果、憲法は法の外の「法」、正典と化し、自由な論争を封じた。法はどれほど大事なもの、遵守すべきものであろうとも法でしかない。時代と共に改められるべきものである。にもかかわらず、正典視したことは大日本帝国の致命傷になった。

正典と化した憲法を遵守せよとの圧力に負けて天皇機関を否定するという国家生存戦略上、致命的な選択をし敗戦を招いた。

国家存立の基盤、核心を、歴史を反映しない虚構の天皇像の上においたため、現実に即応した柔軟な施策がとれなくなった結果が、敗戦である。

国際問題を処するに際し、リアリズムをもって事にあたることなく幻想の国体、ファンタジー史観に囚われる余り観念論に振り回され身動きのできない国に堕した結果が敗戦である。

独立自尊の国として存続するためには、天皇の名のもと団結し、文明の利器を導入するリアリズムが不可欠だった。

欧化主義は祖法に背く、神国日本の国体に悖るものだ等の観念論に囚われなかったことが明治維新を成功に導いた。植民地主義の脅威を乗り切ることが凡てに優先されることを国民が等しく理解していたからである。

昭和の敗北は憲法を正典化したことが真因である。正典化した憲法がリアリズムを喪失させた。不磨の大典と正典視された結果、大日本帝国憲法を時代にあわせ改正できなくなった。

非常時にのみ機能する国体に固執、国策を誤った方向に導いたことが未曾有の敗戦に至った真因である。

軍服を着て白馬に乗った天皇の御真影は、刀（武、権力）を捨て、菊（文、権威）を選択した伝統的な天皇像に反している。皇帝と化した天皇像は異質な天皇像というしかない。が、維新が成功した因は危機に対応できる天皇像を示すことができたことにある。

天皇像の変革なしには維新の変革は成功したか疑しい、蹉跌したことだろう。伝統的な天皇像を時代にあわせ変えるリアリズムを明治国家は有していた。植民地主義化の脅威のもと天皇像を変革できなければ西欧の力に対応できないことを見抜いていた。

天皇像の変革なしには独立自尊の国体は保持できないとの危機感が、天皇像を変革させた。伝統的な天皇像以上に独立国として生き残るというリアリズムを優先させたから変革が可能になった。

更には宗教が保守勢力の牙城にならなかったことも幸いした。

一神教の核心たる創造主が存在しない宗教圏であるが故に正典を有しなかった。創造主が下した、変更することを許されず、神の言葉として従うことのみを求められる正典を有しなかったことが幸いした。

日本の宗教は保守勢力の牙城になりかねない正典を持ち得ない。正典を有さないことは不幸中の幸いだった。

イスラム世界が近代化に苦悶しているのは、正典と整合性を有する近代化が困難なためである。政教分離が困難な宗教なのだ。

キリスト教を信仰する西欧が近代化の先頭を切り、ユダヤ教の国イスラエルもその後を追っている。神が支配する一神教だが宗教は必ずしも近代化と矛盾するわけではない。両立が可能なことを示している。

偉大なイスラム文明の復興はこの事実を直視することから始まるのではないだろうか。

アッラーがイスラム文明の栄光を望まぬ筈はない。キリスト教、ユダヤ教にできてイスラム教にできない筈はない。

伝統的な価値観に囚われ、近代化に反対する保守勢力の抵抗をかわす唯一の方策が、天皇像の変革だった。天皇はそれほどの権威を有していたのだ。

モロッコから日本まで西欧文明を導入し、改革に取り組んだ国はあったが、日本を除き悉く失敗した。祖法に反するとして伝統墨守に狂奔する勢力は、宗教を拠所として近代化に反対した。宗教の権威を笠に着て反対したため、保守勢力を抑え込むことができなかった。

勢い改革は中途半端にならざるを得なかった。十分な成果を挙げられなかっただけでなく、内部抗争で列強への抵抗力を弱めた。そこを付け込まれ、植民地にされた。

西欧文明を主体性をもって導入することこそが、植民地化を回避する唯一の道だった。保守勢力の抵抗に屈し中途半端な改革しかなし得なかったことが禍根を残した。臓器移植を伴う外科手術と同様に伝統文化が拒絶反応を示し、機能不全に陥った。植民地化はその帰結である。

分裂を招かない近代化の方途を見出し得なかったが故に蹉跌した。この時代、異文明の導入はそれほど困難だった。

アイデンティティを喪失することを怖れるあまり、改革をためらった結果、植民地にされた。

日本国は軍服を着て白馬に跨った天皇の写真を国民に公開することによって、拒絶反応を克服することに成功した。私は各農家の座敷に白馬に跨った天皇の御真影が掲げられていたことを記憶している。

日本文明を一身で体現する、国民統合の生きた象徴といえる天皇が、率先して西欧文明を受容する姿勢を国民に示したが故に、神風連の乱から西南の役に至る、維新の変革に反対する不平士族の乱を平定、鎮圧できた。国民が同調しなかったから可能だった。国民は導入以外に独立自尊の国を守る道はないと覚悟を固めていたから反乱に同調しなかった。

武を捨てた伝統の天皇像とは相違する、白馬に跨った天皇を見せることで、幕藩体制刷新に伴う改革への抵抗を最小限に押え込むことができ、改革が頓挫する大事には至らなかった。

白馬に跨った天皇は翻訳版の天皇像と評すべきもので、西欧文明の導入を万難を排しても推進するという決意の表明でもあった。国民は天皇とともに導入する決意を固めた。

天壌無窮の神勅に従いこの列島で生きて行くには他に方策はないと確信していたからである。植民地にされた国の惨状を避けるには、西欧の力を我物にする以外に方策はなかったのだ。

「天皇より始めよ」、欧化政策断行の象徴が白馬に誇った天皇である。

明治維新を成功させた要因の一つは宗教が変革の抵抗勢力にならなかったからである。それ以上に重要なのは日本文明を一身で示す天皇が国民に導入の姿勢を明示したことにある。一人我が日本の僥倖だった。

国民が見せた不撓不屈の精神、努力なしに達成できる筈はない。が、それにもまして天与の幸運を活かすことができたからでもある。

かつては西欧化することなく近代化は困難だと捉えられていた。近代化と西洋化は一体だった。欧米以外の国で近代化が困難だったわけは、この障害を乗り越えることができなかったからだ。

しかし、日本の成功により近代化と西欧化を別個のものとして切り離し、近代化に取り組むことが可能になった。

日本国が脱亜入欧し、西欧文明の精華を導入するまでは西欧化することなく近代化することは、ラクダが針の穴を通り抜けるように困難なことだった。

しかし、日本は西洋化することなく近代化できることを実証した。この結果、多くの国は近代化へ向け離陸することができた。日本国の功積と誇ってよい。

昭和の失敗は、天佑に拠ることを失念し、己れの能力を過信、野郎自大に陥ったことにある。成功したことでのぼせあがり、客観的な評価ができなくなり、リアリズムを喪失したことにある。白人国家に伍す目標は正しかったが初心を忘れてしまった。

敗戦に終った大東亜戦争であるが、天壌無窮の神勅を体現する日本国の核心、万世一系の皇統を護持することに成功した。このため敗戦に伴う混乱、社会秩序の崩壊を最小限に食い止めることに成功し、復興がなった。

天皇の権威、御稜威(みいつ)により秩序ある降伏ができたことが奇蹟の復興を齎した。

更にいえば敗戦の結果、権威を担う本来の天皇像に復帰できたことにある。正統の国体に復帰できたことが、国民の遺る気、活力を引き出した。

国民は日本国の正統は守られたと安堵し、心置きなく改革と復興に向け乗り出すことができた。

敗戦の結果とはいえ、瑞穂の国として、「一所懸命」に守ってきた田畑を、流血の惨事を伴うことなく、極く安価で小作人に配分できたことは、天壌無窮の神勅が未曾有の敗戦にもかかわらず、権威を失なわなかった、国民の一体感は革命を起こすため日本を貶め、腐した左翼勢力の跳梁跋扈にもかかわらず失われなかったことを示すものである。

世界に見られない継続力は未曾有の敗戦にもかかわらず失われなかった。

受容の当初は圧倒され、日本文明は衰亡するかに見えながらも、日本国の核心になっているものを守り抜く政策を踏襲することで、明治維新に続く第二の変革である戦後の変革は成功、奇蹟ともいえる復興を遂げ、経済大国として再建された。

歴史を鑑としたことが成功の秘訣だった。占領軍の権威、力のみでできるわけがない、占領軍という外圧を利用したから血の代償を払わずに成功した。明治維新に倣った、踏襲したといえよう。

世界各国における変革が失敗、或は中途半端で終ったことからも明らかなように、変革は容易には成功しない。

人は伝統的な価値観によって生きている。上から目線で、半ば強制的に民主主義を押しつけても機能するとは限らない。

伝統は時代遅れで、合理的でないと否定しても、人の入れ替えができない以上、払拭できる筈はない。

歴史と伝統の重みを知らないアメリカはその力を軽視してきたから失敗を重ねている。ネイティブアメリカンを駆逐することができた時代は疾うの昔に終っている。明白な天命を有すると信じるが故にこのようなことができるのだろう。

新大陸で国家を建設する感覚で実現できる筈はない。押しつけの改革は角を矯めて牛を殺すような政策であるが故に反発を受け、失敗する。

過去の遺産を活かすことで成功した日本に学ぶことが成功の秘鑰（ひやく）である。

ユダヤ人はユダヤ教を文字どおり生命を賭して守り抜いたことで、ユダヤ人としてのアイゼンティティを失うことなく生き延び、イスラエルを建国できた。創造主に選ばれた民であるという確信、矜持に支えられ、信仰を捨てなかったことが建国に繋った。

主体性を貫ぬく決意なしには守るべきものは守れない。異文明の衝撃を最小限の犠牲で凌ぎ、国体を護持できたのは仏教を受容しながらも神道を尊ぶ歴史を鑑としたが故に可能だった。

日本の経験と成功は、発展途上国が先進文明を導入する際のモデルに成り得る。

先進文明の受容は祖法に背き、アイデンティティを失わせる因となると怖れ、受容をためらうことは時代においてきぼりをくうか、植民地同様の国に成り下がるだけである。

先進文明が齎すものは忌避できない。運命として受け止め、順応するしかない。

犠牲を最小限に食い止めるには、国家にとって守るべきものを特定し、死守するとの決意のもと、主体性をもって受容し、乗り切るしか術はない。

その対応で国家、国民の力量が試される。その衝撃に耐え得る国のみが文明に伍して生存する国の一翼を担うことができる。

日本の経験、失敗と成功の歴史はそのことを示唆している。

一神教との習合

神仏習合の神学として本地垂迹説が誕生したにもかかわらず、日本の宗教は外見に囚われることなく様々な姿形を仮りて顕現する神聖なものの「本地」についての考察に乗り出すことはなかった。

本地は人の知り得ぬ神秘として今もなお未知、不明なままであり、啓示する一神教の神、創造主とは本質的な相違がある。

日本教の今後について思うところを記せば本地である究極なものとは何かについての探求に乗り出す時節が到来したと判断している。

聖書が米英に次いで読まれているわけは、一神教における究極的な存在である創造主を介して、啓示することなく顕現する神聖なものの本地、本質に迫る補助線にしようとしている。探求に向けての準備作業、と捉えることができるのではないだろうか。

何故なら知りたいと求めて止まないのが人の本性と捉えているからである。創造主が支配する一神教を知ったことにより、本地垂迹説が説く本地、究極なものについての探求が始められると判断している。

「わたしは　有って有る者」と自らを啓示したユダヤ教の神、ヤーヴェの並び無い権威は何を因としているのか、由来するのか。

無から世界を創り出した創造力に因って生れたものでないだろうか。創造主と呼ばれるゆえんである。万物の生の親であることが権威の源である。神前法後、凡ては創造主に起因する。仏教の法前仏後とは真逆である。

神道は、一神教の神の専売特許ともいえる創造力を咀嚼できる。その力を有している。

何故なら、世界を無から創造したとは説かれていないが、日本列島は神が創造したと神話に記されている以上、創造力、産む力を有することは明らかである。創造主はいないが天地万物を産み出す霊妙な力を持つ産霊の神は存在している。

また、天地開闢の始めに八百万の神に先駆けて高天原に現れた造化の三神にかかる神話が存在する以上、創造力を有する神が存在することは否定できないからだ。

一神教が説く「創造主」は存在しないが、創造力を有する神はいる。因に天之御中主の神は渡来神道では世界の主宰神と位置付けられ、万物主宰の絶対神として一神教の創造主同様の神に比定されている。

万物を産み出す創造力を有する産霊（むすび）の神は　八百万の神の一員である以上、唯一の創造主とは本質を異にしている。

記紀神話に創造主のようには捉えられていないとしても創造する神が記されている以上記紀神話を発展させ新たな神の像を創出することは神話に抵触しない、不可能でないことを示唆している。

その動きは既に始まっており、金光教や天理教は神道版の一神教を志向し、布教活動を行っているように見える。

本地垂迹する力の根源、本質は何に由来するかと問うことが一神教との習合の出発点になる。

一にして多、多にして一の神が神道の神である。

垂迹して顕現する神聖なものの本地・本質は同じである以上、三位一体説を援用、敷衍して説明すれば唯一といえなくもないのが神道の神である。三位一体説を知らなかったが故に顕現する神を信仰してきた。垂迹して顕現する神を信仰する以上、他の神を否定できない。三位一体説を承知していれば、別の展開、発展があったのではないだろうか。

だが歴史はそのように展開しなかった。しかし、創造主の観念を知ったことで、本地の探求に乗り出す時節が到来した。（創造主たる）神は死んだとされるが、神聖なものの本地は探求する価値があるのではないだろうか。

三身仏と三位一体説

本地垂迹説を神仏習合の神学とするにもかかわらず　垂迹する究極の存在の本地、本体について一神教の創造主のような観念を有しない。日本の宗教は究極なものの探求には向かわなかった。このことが日本の宗教の進路を左右した。

神が国土を創出したとする観念にまでは到達できたが、世界は神が無から創造したとする観念にまでは到り得なかった。

自然になる、湧くように生れてくる造化の妙の働きを、唯一の創造主の働きと認識する観念は思いも寄らぬものであり想像だにできなかった。

唯一の創造主の顕現は奇蹟と呼べるだろう。神の関与なしには到達できない観念と思えてくる。

唯一の創造主との観念は超越的な存在である神の本質を突いていたが故に説得力があり、一神教は世界各地で信仰されるようになり宗教界の主流になることができた。宗教界に君臨する宗教は一神教といえるだろう。

創造主の観念は神の本質を突いた。的を射たが故に一神教は宗教界を席捲した。世界を創造した神に抗することができる神が存在する筈はないのだ。

神を立てない仏教には創造主は存在しない。が、独自の世界観、哲学を有しており教典は数多存在する。

仏教の受容をとおして仏の世界に魅了され、その探究、思索に心を奪われてしまった。その結果、垂迹して顕現する究極な存在への探求が疎かになったことが流れを決した。

神と仏は本地が同じである以上、改めて探求に乗り出す必要はない。神道が思いもよらなかった思想、哲理を持つ仏教と役割分担し、探求、思索は仏教に任せれば済むことである。

また、自然そのものを神とし、顕現する神秘な存在を崇め、信仰する神道にとって、神は畏み、畏み、祭祀を執り行わなければ祟りかねない、誠に畏れ多い畏怖すべきものである。探求することは神の尊厳を損う瀆神行為であり、祟られかねないと危惧したが故に、探求することを憚かったからでもあろう。

これに対し、「有ってある者」である創造主を信仰するキリスト教にとって自然は神そのものではない。神が創造したものである。しかも人の下に位置づけられている。探求に支障はなかった。神が創造した自然を知りたいと希求することは信仰に支えられており、後年、科学となって結実した。神の似姿である人は自然より上位にいるから可能だった。

これに対し仏教は成仏するための教えである。仏教は「世界を有って有るもの」として認識するため創造に触れることはない。成仏に向け修業する教えである。

人は仏になれる存在なのだ。探求の目は内なる小宇宙、煩悩の克服に向けられた。創造主は仏教世界には存在しない。

「ダルマ」と認識された変わることのない法、真理、軌範、理法等の語意を含有するが、人格神と呼ばれるようなものではない。

ダルマの観念は持つが創造主を有しない宗教が仏教である。が、仏教にもキリスト教の三位一体説に比定できるものがあるといえば驚かれることだろう。

大乗仏教は仏には三身があると説いている。法身仏、報身仏、応身仏である。三身の仏は父なる神、子なる神、神聖なる神と呼ばれる三位一体の神に比定できる観念であり、仏の働きを三身にわけて説明している。

釈迦のように衆生を救うために顕現した仏を、応身仏と呼んでいる。

阿弥陀仏のように衆生済度、救済の願を立て、人の身には永遠ともいえる多劫の修業の報いとして、救済する力という仏徳の顕れた仏を報身仏と呼んでいる。

また、全宇宙に欠けることなく遍在している仏の真身（本体）を法身仏と呼んでいる。

宗教の性格が異なるため、唯一の仏との観念を有しないが、仏教版の三位一体説と呼んでも差し支えないだろう。

創造主の観念を有せず、世界を有って有るものと認識する仏教であるが、核心である仏に三身があると説いている。

世界を無から創造したとする観念は有しないが、核心をなす仏の働きに相似ともいえる解釈が見られる。

更には、ダルマ（法　真理　理法）が肉体の形をとり顕現したのが釈迦だとすれば、イエスの受肉と似た観念といえるだろう。

宗教の壁に囚われることなく、教義の違いを超えて顕れる相似の観念に注目する方が、宗教の壁が齎す悲惨な状況を回避できるのではないだろうか。

救済を希求して止まない心は異教、異端の観念を超え普遍的に認められるが故に似たような現象が見られるのではないだろうか。

キリスト教と仏教を分断するものは、一神教が説く創造主は無から存在する一切のものを創造したが故に、それを無に帰すことをも神の権限だとする。が、仏教はそのような観念を有しないことである。そのような観念は、仏の本質に反している。一神教の神とは違い、仏は創造主ではない。世界を無に帰すような仏は仏教には存在し得ない。

土から取られたのだから、ちりだからちりに還る旨の言葉が仏の口から出ることはあり得ない。

「法前仏後」が仏教、「神前法後」が一神教である。法をも創造するのが一神教の神、創造主である。

世界創造に触れることなく成仏を志向し、善き人生を送れと説くのが仏教である。

創造主は、「わたしは　有って有る者」と自己を啓示した全能の存在である。しかし、仏教にとって、「世界は、有って有るもの」であり、創造には関与していない。

世界をあるものとして受け入れ、法を知り、解脱を説くのが仏教である。

両者は管轄する世界が違う以上、紛争を生む要因はない。

創造主による無からの創造は、「ゼロの発見」と同様の歴史的な発見であり、一神教となり、宗教世界を一変させた。更には科学をも生み、神の力を手に入れたことで神の死を齎した。

日本はキリスト教徒が世界でも稀れなほど少ない国である。何が原因でこのような謎ともいえる信仰形態を持つ国になったのだろうか。

キリスト教信者が小数に止まっている理由（わけ）は、創造主の観念、世界を創造したと啓示した神に対する違和感でないだろうか。

神道の価値観をとおして見れば造化の妙の働きは信じることはできても、人格神とされる唯一の創造主を奉じることはできない。荒唐無稽な話であり信仰の対象にはなり得ない。

創造主の観念が信仰の障害になっている。唯一の創造主という一神教の核心を信じられない以上、キリスト教に帰依することはできない。

更には人は神の被造物だとする観念に、ついて行けない、同意できないからだろう。

人は被造物などではない。天道、造化の妙が生んだ神の子であると信じているからだ。それ故に仏教で説くように悟れば仏になることが可能であり、神聖な存在として神社に祀られる人もいる。

人は被造物だとする観念は、日本人の常識に反している。生命は神から動物まで連なっている。日本には始祖は神であったとする伝承を持つ家系が今も存在する。

ギリシァ神話は断絶しているが、日本では神話は生きている。また因果応報を説く仏教では死後、動物に生まれ変ることもあり得る。

猫に仏性ありやと問う信仰風土では、人とは異次元世界にいる、世界を滅すこともあり得る唯一絶対の創造主は不自然な存在であり、信じることができない観念なのだ。

神道では創造力を持つ神以外にも数多の神がいる。唯一の神が凡てを主宰する宗教は不自然、それこそ信じられないのだ。

本居宣長が古事記伝で、「抑、迦微とは、古の御典等に見えたる諸々の神たちを始めて、其を祀れる社に座御霊をも申し、また人はさらにも言ず獣木草のたぐい、海山など、そのほか何にまれ尋常ならずすぐれたる徳のありて可畏き者を迦微とは言うなり。」、と記したように神にかかる雑多な観念が整理統合、昇華されることなく伝えられている。

自然の働きをとおして神の顕現を見たから、神の像は多彩なのだ。

日本人の宗教観では、神聖なもの（尋常ならずすぐれたる徳のありて可畏き者）は、人とは断絶していない。故に人が神として祀られることもあれば、生き仏として拝まれることもあり得る。

唯一の創造主を信仰する宗教圏においても、悪魔とそれに従う眷族がいる。悪はこの世に厳として存在する以上、それを無視しては宗教が成り立たないからだ。彼等は神に敵対する存在として位置付けられている。

しかし、一神教世界では被造物たる人は、聖人には成れても神になることはあり得ない。それでは一神教が成り立たない。

一神教の神は日本の宗教風土にはなじまない、創造主たる神の像に違和感を抱くからだろう。

更には阿弥陀仏のように救済を専らにする仏もいるため救世主キリストに帰依して救済を祈る必要もない。このため日本国は、世界でも稀れなほどキリスト教徒が少ない。まして他の一神教の信者はいうまでもなく小数である。

一神教では神と神が創造した被造物の間には超えられない断絶がある。神像を刻むことすら偶像として厳禁するのが一神教の神である。

日本人にとって、一神教は不自然な宗教に見えるが故に、信者を獲得できなかったのではないだろうか。

日本では自然に反する、不自然と思われるものは忌避されるのだ。

ユダヤ教やイスラム教徒から見れば、イエスは神の言葉を預る預言者であっても、それ以上のものではあり得ない。ムハンマド同様に人である。三位一体説は、一神教の根本原理、核心である神の唯一性に反しており、到底認められるものではない、認めれば一神教足り得ない。

唯一の創造主であるからこそ比類のない権威を有しているのだ。啓典の民として他の宗教の信者とは区別するが、神の像が違う以上、同調できない。

預言者が預った神の言葉を記した啓典を正典として信仰の核心にするのが一神教である。核心である神の像について正典の解釈が異なればプロテスタントのように別の宗派として別れざるを得ない。

旧約聖書を正典に位置づけるユダヤ教、キリスト教、イスラム教であるが、固有の正典により創造主の像に相違、食い違いがある以上、啓典の民とはいえても、別の宗教にならざるを得ない。

正典に排他的に所属させるのが一神教の特性であるが故に、宗教が絡む紛争から卒業できない。唯一の創造主に帰依する一神教徒は啓典の民と称しても、正典の相違から生じる断絶は容易なことでは埋めようがない。

「旧約聖書」を正典とする点では同じであっても異なる正典を持つ以上、神の像はそれぞれが固有とする正典にあわせ、違って行かざるを得ない。

神の像が相違する以上、ルーツを同じくする宗教であっても差異が生じ、歳月とともに違いは大きくなる。正典に排他的に所属させる宗教である以上、正典の違いは超え難い壁になって立ち塞がる。

唯一の創造主への帰依を説きながらも、神の像は固有の正典によって異なるため信仰現場では一つになれない。同種であるが故にいがみ合うのが一神教の性である。

排他的に所属させるため違う神の像を容認できない。神の像の解釈が異なることは宗教、宗派が違うことであり、争う理由になる。排他的に所属させる限り避けられないのではないだろうか。

神の言葉の解釈権を誰が持つかを巡り、妥協も協調もできないのが、排他的に所属させる宗教の因果な特質である。

神を立てない宗教である仏教には「正典」にあたる経典はない。

お経と聖書、コーランは聖なる教えとしては同じでも位置付けは全く異なる。仏教には正典の観念はない。

仏教では経典の冒頭には、「如是我聞」と書かれている。「私はこのように聞いた」ことを意味する言葉である。

仏典は数多存在しているが、仏から聞いた、聞かされた言葉を記している点では同じである。

仏教の特色は、仏の声を聞いた、聞いたと称する者は、誰でも経典を書くことができることである。このため膨大な数の経典を有しているだけでなく、偽典も存在する。

理屈からいえば今後とも仏の声を聞いた者は経典を書くことがタブーでないのが仏教の特色である。

悟り、仏になるための教えであり、経典によって趣旨が違っても怪しまない。人を見て法を説くことを是認するからである。極端にいえば仏になれればよい。経典を問わないのが仏教である。

正典が存在しないためインドから日本に至る間に仏教は変わった。「小乗仏教」から「大乗仏教」が生まれ、日本においても変質した。仏教が土着のため変質したのが鎌倉新仏教である。

一神教では正典に記された神の言葉は、人が変更することも、新たに付け加えることも許されない。人が手を加えたものは正典足り得ない。新たな啓示が下らない限り変更はあり得ない 被造物たる人は創造主の言葉にただ従うことが許されているだけである。

排他的に所属させる宗教は正典が違えば別の宗教にならざるを得ないのだ。

キリスト教の「新約聖書」、イスラム教の「コーラン」が意味するのは教えの核心である正典が違えば別の宗教にならざるを得ないということである。

一神教の正典に該当するものを有しないのが仏教である。「法華経・妙法蓮華教」が、最高の経典とされても、多くの経典の中で最高、第一の経典というだけであり、聖書やコーラン足り得ない。

釈迦が説いたと権威づけられても創造主がいない、悟りを得て解脱することを志向する仏教は正典を持ち得ない。

仏の声を聞いた者は誰でも経典を書くことを是認する仏教に、一神教の正典にあたる経典はあり得ない。仏典は仏になるためのノウハウは書かれているが、経典を読み、実行したとしても仏になれると保証されているわけではない。

阿弥陀仏が南無阿弥陀仏と念仏を唱える者は誰でも救済する願を立てたのは、仏教史における革命といえる。日本において最も信徒が多いのは祈れば誰でも往生できると保証したからだろう。

救済の一点に限定すれば浄土系仏教は一神教化された仏教といえなくもない。選択された一神教と評されるのもむべなるかな。

経典と正典は聖なる書である点は同じであっても、説く趣旨は全く異なることから反発する理由はない。排他的に所属する宗教を最善最高と信じる信仰が否定的な見解を生じさせているだけである。

神の言葉を記した正典を有していても、被造物たる人は創造主の極く一端にのみ触れ得る、一端しか知り得ない以上、解釈は時代や風土、更には人によって違う、異ならざるを得ない。解釈権を独占できれば地上において神の代理人として絶大な力を行使できる。それこそ宗教改革以前のローマ教皇を遥かに凌ぐ力と権威を一神教世界に及ぼすことができる。

解釈権の独占を容認できない以上、唯一の創造主を奉じていても解釈を巡って争わざるを得ない、宗権の確立、凡ての宗教は人権同様に尊重される旨の合意が確立されなければ、このジレンマから解放されない。

各宗教は、互いに神聖なものを信仰する同士として認め合う以外に方途はない。

そもそも信仰に二股は許されないとして、特定の宗教に排他的に所属させることが神の意思であり、世界の信仰者の常識となっているが、信仰の本質を突いているのだろうか。

宗教戦争の淵源になっているだけでないのか。排他的に所属させる限り平穏はない。

無限な神の全貌を人が把握できる筈はない。群盲が象を評するようなものである。そのことを自覚し、他宗に謙虚に接するべきでないのか。

「人　神を評す」を座右の銘とすることが信仰者の責務となった時代に我々は生きていると自覚すべきなのだ。

宗教と科学

宗教が説いてきた世界像に異を唱えたのが科学である。カトリック教会は新たな世界像を提示した科学者を神の教えに反するとして宗教裁判に付し迫害した。

しかし、科学は宗教の敵ではない。神の創造した世界を究明したいがために生れたのが科学である。科学の登場以前には宗教の独壇場だった。

宗教と科学は神を知りたい、神秘に与かりたいがために人が求め、誕生した。目指す方向は違っているが誕生の起源、動機は同じといえる。

科学の役割は創造の神秘、神の力の源を探求するだけではない。無神論者が批判して止まない宗教にかかる迷信、誤謬を明らかにし、誤りを正すことも科学の役割である。

逆に、科学の暴走を糺(ただ)し、正しい道に戻るよう提言するのが、宗教の役割である。宗教と科学は互いに補完的役割を担っている。

宗教は形而上の世界を、科学は形而下の世界を管掌しており、探求の方向が正反対、違う以上、本来ならば対立する理由がない。

神の似姿としての人が、神の像、創造の神秘とそのゆえんを知りたいと求める、人にのみ与えられた根源的欲求から生れたのが宗教であり、科学である。

宗教と科学は両両相俟って人の原像、理想像ともいうべき神に近付くことが可能になる。

科学と宗教は互いの至らぬ所を補い合い、助け合う掛け替えのない仲間、同士というべき間柄にあり、地上に平安を齎すためには協力が欠かせない。

超越者である神を知りたい旨の動機は同じであっても探求する方向が違っているため争う理由はない。協調することでより神に近付くことが可能になり成果を挙げることができる。

宗教と科学は共存共栄の関係にある。

宗教が凡てを取り仕切った時代には科学者は異議申立てをする信仰なき不逞（ふてい）の輩（やから）と思われ弾圧された。しかし、そのような行動は過去の陋習であり、克服されねばならない迷信である。

年長の兄たる宗教が年端の行かぬ弟たる科学を指導監督した時代は疾うの昔に終っている。対立はその自覚がない、認識が足りないことから生じたものである。両者は協調できるし、協力しなければならない。

神は世界を分化、発展するように設計した。宗教と科学と雖も例外ではない。宗教と科学は協力することが神の意に叶い、調和のとれた世界の構築に繋る。そのことは神の祝福を受け、神に近付くことでもある。

人間の成長に欠くことができないものが宗教であり、科学である。宗教と科学は人の成長に必要不可欠な両輪を成すものといえる。

両者の協調が欠けた進歩は調和と安定を欠く跛行の進歩であり、歪となって世界を揺がさずにはおかない。

宗教と科学は神を知ることで人の繁栄に寄与するために誕生した。争うことは誕生の本旨に反している。

宗教と科学は被造物であるが、神の似姿として創造した人への愛、慈悲故に与えられたものである以上、人を苦しめる、傷つけることに使うべきものではない。神の御心に反していると認識すべきなのだ。

宗教と科学は物心両面にわたり人間を神に近付かせるために生れたことを忘れてはならない。

初心忘るべからざる、誕生目的からの逸脱は人を傷つけ、苦しめるだけである。

人口の急増、環境破壊等、人類が直面している難関は科学の力なしに突破できるようなものではない。

人は科学の持つ力を濫用することなく活用できるよう全力を挙げなければならない。宗教はそのことに協力できる筈だ。

人は科学に背を向けることはできない。人の愚かさの故に核戦争を起こした人類が存亡の危機に瀕し、前途に光明を失い、神も仏もない世界に陥らぬよう宗教と科学は二人三脚で人類が直面する大峠を超えて行かねばならない。

人は科学の発達により生活環境を改善してきた。その結果、欲望も際限なく膨らみ、かつては夢にも思わなかった生活が可能になった。生きるか死ぬかの選択を迫られた時代とは違い、欲望の充足もほどほどにするように迫られる時代を迎えたのではないだろうか。

欲望コントロールのためには宗教の役割が不可欠である。宗教と雖も時代の変化を反映して拡大、変更を加えなければならない。我が神のみが尊いのではない。欲望をコントロールできる宗教が歓迎される時代になるだろう。

宗教の存在意義はここにあるとする認識が時代の主潮になるだろう。

第一〇章　宗教の誕生

自由意思と宗教の誕生

宗教はいずこより来たりて、那辺に向かおうとしているのだろうか。

何が端緒になって宗教は誕生し、人に対しかくも大きな影響力を及ぼすようになったのだろうか。

人類史の新紀元、「宇宙船地球号」の時代における宗教の役割、存在意義について考察し、思うところを記した。

宗教は人がホモ・サピエンス（知性有る人）と呼ばれる「自由意思」を有する動物になったことが因となって誕生した。

知性有る人は、目に見える世界、森羅万象の背後にその因となる目には見えない世界、万物の淵源が存在することを知り、生きるためのよすが(縁)と捉え、その力にすがり祈るようになった。宗教の源といえるだろう。源から溢れ出た精が形をなして宗教になった。

ネアンデルタール人が住んだ洞窟の発掘調査の結果、胎児のように丸まった姿で発見された骨の周囲から花の花粉が発見された。この発見によってネアンデルタール人は死者に花を手向けていた。即ちネアンデルタール人は葬礼を行っていたと推測され、二〇一二年、再調査した結果、埋葬が確認された。

埋葬し、花を手向けていたことは葬礼を執り行っていたことを示す物証である。

死後の世界に思いを馳せ、鎮魂、死者の国で安んじて暮らすよう祈る儀礼は宗教の源流の一つであり、今も宗教儀礼の核心をなしている。ネアンデルタール人ですらそうだった。まして、ホモ・サピエンスをやである。ネアンデルタール人とホモ・サピエンスの混血が確認されている以上、単なる臆則とは思わない。

ホモ・サピエンスは認知革命によって誕生した。突然変異によって出現したもので、情報を蓄積、抽象化して捉え、伝える能力を手に入れた。

人のみが通過した、動物界から離脱させる因になったのが認知革命である。獲得した知性は本能の拘束力、軛を緩め、遂には「自由意思」と呼ばれる行動の自由を得た。が、それは動物の行動を支配する生存戦略、本能の命ずるがままに生きることを困難にさせるジレンマと抱合せ、抱え込むことでもあった。

人は群をなして行動する。集団生活を営む以上、自分勝手な行動は許されない。容認することは群に無法状態を招く。パニックを起こし無秩序に陥り群は分裂し、争いが頻発する。本能によらない自由意思による行動は、行動様式が共有されていないため他者との軋轢を招かざるを得ない。獲得した知性を自己の欲望のおもむくままに活用すれば争いは避けられず群は崩壊する。

各自が自分勝手に行動してもブレーキがかからないようでは種の絶滅を招きかねない。

自由意思によって行動することは自然が定めた「法」ともいえる本能の埒外に踏出したことである。そこは本能の支配が及ばない新領域、無法地帯であり放置できない。早急に秩序回復を図る。新たな行動様式の確立が種の存続にとって必要不可決になった。

自由意思が齎した行動の自由獲得は自然界には存在しない埒外の行動を顕在化させた。放置したままでは生命体にとって至上の価値である種の存続を危うくする。人の学習、感情、言語を司どる大脳新皮質が生得的な反応系の埒外にある行動を制禦する機能を求め、活動を始め、今も継続されている。

知性の成長、発展に伴う行動の自由拡大は新たな行動様式を必要不可欠なものにした。知性を有する人が他者を考慮することなく勝手に行動すれば、人の存続を左右する大事が出来しかねないからだ。

種の存続をかけて新たな行動様式を確立する司令塔として宗教は誕生した。

本能の管掌外の行動を制禦することが人の存続にとって最大の課題であったが故に宗教の力は、時を経るに伴い増大し、権威ある教えと化し、人の上に君臨するに至った。

無神論者からは迷信、不合理と指摘、批判される負の側面を有しながらも、その教えが尊重されてきたわけは、人の存続に必要にして不可欠だったからだ。

人は己れの至らなさを自覚しているが故に宗教は求められ誕生した。

人は動物のカテゴリーから離脱、知性を活用し生存方法を改善してきた。動物のように本能に従い生きるよりは知性を活用して生存する道を選択した。その結果、新たな難題が生じた。

ホモ・サピエンスたる人が生存に際し、障害になりかねない大事が自己の生存、利益をいの一番にする掟、他者を無視、犠牲にしても己れの利益第一に徹する、生存条件の最適化を図るよう遺伝子にプログラムされていることである。

知性有る人にとって他者を考慮せず利己的遺伝子の命ずるがままに行動すれば衝突は避けられず、争いが常態と化す。利己的遺伝子を制禦することが存続を左右する大事になった。宗教が影響力を拡大強化させ、永続性を獲得したわけは、一重に利己的遺伝子を抑制、制禦する能力の獲得が人の存続にとって必要不可欠だったからだ。

地上の生物は造化の妙と呼ぶしかない神秘、大宇宙の活動によって誕生した。生物の誕生は「神」の関与があったとしか捉えられない奇蹟、宇宙の神秘といえよう。

誕生したばかりの生物は分裂することで個体数を維持、増殖を図る未だ死を知らぬ生物であった。このままでは永劫回帰するだけであり進化もなければ分化もない。

生物を誕生させた何かは永劫回帰するだけの生物に飽き足りない思いを抱き、生物が進化、或は分化するようDNAに働きかけた。その結果、地球は多種多様な生物が満ちた宇宙のオアシス、宇宙船地球号と呼ぶべき星になった。

生物の誕生は宇宙意思のあらわれ、宇宙は生物を欲したが故に生物を誕生させ、今もDNAへの働きかけは続いている。

「生めよ　ふえよ　地に満ちよ」とは宇宙意思を活写した言葉といえよう。

分裂することによって増殖する生物は、死を知らないだけでなく進化することもなければ分化も知らない。永劫回帰するだけである。

生物が進化、或は分化するには個体の死が必要不可欠だった。死に抗って個体数を維持増殖するためには「子」をもうけるしかない。子孫を残すため異なるDNAが結合することによって変異が生じた。

変異した生物は適者生存により淘汰された。極く短かい寿命しか与えられていない人にとって、永遠ともいえる永い試行錯誤の時を経て、新たな生物と呼ぶしかない異ったDNAを持つ多種多様な生物が誕生した。その結果が生物が満ちた星、宇宙船地球号である。

生物の進化、分化を促進するために選択されたのが死である。生物は死ぬようにプログラムされている以上、死を嘆き恐れても始まらない。不可避のものとして受け入れるしかない。

生物を誕生、進化させた造化の妙、或は大いなる何かは、地球を生物が満ちた星にするだけでは満足しなかった。更に生みの親たる宇宙の神秘を知ろうとする知的生命体を欲した。

宇宙意思たる「天道」はものをいわぬが故に、宇宙の働きを理解、賛美する知的生命体を求め、ホモ・サピエンスは誕生した。

天道は知的生命体を欲し求めたが故に　知性を高める方向に進化を促し、人を誕生させた。そのように捉えることができる謎である。

生物の誕生は宇宙意思の発露であり、天道の働きたる造化の妙の所産と呼ぶしかない神秘である。その活動は今も続いている。

宗教的な発想によらずに生物の誕生を考察すれば天道の働きによっている。しかし私達は単なる物理法則、自然現象の結果、生物は誕生したと認めたくない。神秘な存在が関与したと信じ、権威づけようとしているのだろう。

無限ともいえる試行錯誤、変異による新種誕生を経て、生存戦略として知性を活用することで自然界に適応、繁栄を図ろうとする生物が出現した。

認知革命と呼ばれる劇的な変化、目に見えないものを理解、相手に伝える能力を獲得した人は神の祝福を受けて誕生した万物の霊長と自負し、自然界に君臨すべく活動を始めた。

ホモ・サピエンスたる人は誕生の意義を問わずには済まされないのだ。

北極から南極に至る地球の環境に適応する生物が誕生し、地球は生物の宝庫と化した。生めよ、ふえよ　地に満ちよとの神の言葉は成就したといえよう。

しかし、科学が明らかにしたように生物は聖書に記載されているような形で創造主が創造したものではない。創造主の栄光を称えるための神話といえよう。

永劫ともいえる時の流れのなかで生物は誕生した。環境に適応し子孫を残すため無限ともいえる試行錯誤による変異の結果が生物が満ちた星、宇宙船地球号の誕生である。

「創造主」の観念は、「天道・造化の妙」の働きについて考察を重ねた結果、到達した結論と呼ぶべきもので宇宙意思の代名詞といえるだろう。

誕生から分化、進化を続ける生物史をとおして導かれる結論は凡ての生物は繋っており、宇宙船地球号と運命を共にする乗員と呼ぶべきだろう。

科学が主宰する時代における人、ホモ・サピエンスの存在意義は地球号の船長の役割を果たすことである、と捉えることが宇宙意思に適う、神の祝福に値する生き方でないだろうか。

創造主の実在はさておき、宇宙は意思を持っており、大いなる目的のもと生めよ、ふえよ、地に満ちよとばかりに、生物を誕生させ、あらゆる環境に適応できるよう進化、或は分化させているように思われてならない。

造化の妙の活動は今も止むことなく続いている、創造主は今も活動を続けていることになる。創造にかかる物差は人には長すぎる、大きすぎるため目に入らない、実感できないだけである。

宇宙は生物を欲している。生物は、地球以外にも存在していると捉える方が自然、実態に即しているのではないだろうか。

何故なら宇宙を支配する物理法則が同じである以上、地球のみが生物の存在する唯一の星だと決め付けるのは論拠に乏しい、科学的でないといわざるえない。

生物が誕生、環境に適応し、子孫を残すために進化、或は分化してきた永遠ともいえる時のなかでの試行錯誤を経て、新たな選択、知性を高めることで生存を有利にしようと試みる生物が誕生した。

環境に順応する以外に生存する術を知らなかった生物界における革命が、ホモ・サピエンスの誕生である。

人は知性を活用することで自然の暴虐に耐え生き延びることができた。宇宙意思は生存に資するため知性を活用する道を選択した人を歓迎、祝福したと解釈できるだろう。

創造主たる宇宙意思は、宇宙を統べる法則を賛美探求する生物を欲したが故に人は誕生した。人が神の似姿と自負するのは神の創造力、天道の働きを理解する知性を有しているからだろう。

しかし、神ならぬ人が知性の獲得により自由意思を授かったことは真善美（よきこと）ばかりではなかった。悪をなす自由、能力をも手に入れた。

動物が生存をとおして獲得した法ともいえる本能のままに生きられぬ、従うことができなくなった人は新たな行動様式を求めざるを得なくなったが故に宗教は誕生した。

生物が進化、或は環境に適応できるように分化して行くなかで、高い知性を生存のために活用する人が誕生したことは、生物界にとって前例のない画期的な事件であった。

神たる自然界の変化に存続を左右されないよう脳内に蓄積した情報をネットワーク化し、自然界に存在しないものをつくり生存に資する能力を身につけた。自然災害に対応できたのは認知革命の賜物である。

自然が与えた環境に適応する、適応するなかでより環境に順応できるよう身体構造を変える以外に生存の術を知らなかった動物界において適応するだけでなく知性を活用すれば、生存に資することを日々の活動をとおして学んだ。学習能力を有する人が誕生した。

「予定説」では誰が救済されるか、否かは神が一方的に決めている。凡ては神の意思・思し召しに掛っており人は自由意思を有しないとされてきた。予定説とは唯一絶対の創造主から演繹されたドグマであり創造主の絶対性の主張、帰依の表明といえよう。孫悟空のように自由に大空を飛び回っているように見えても創造主の掌から抜け出すことはできないことを信条にしている。

日本人には信じ難いドグマである。これに対し自由意思とは前述したように本能に縛られる動物とは行動原理が質的に異なることを指して、人は行動の自由がある旨主張するものである。

人は知能を有したが故に自立、行動の自由を得た。知性を活用し、世界に君臨、食物連鎖の頂点に立ち、他の生物を意のままに利用している。言葉を操り、道具をつくることを身につけ、遂には科学革命を起こし神を殺した。

人の視点で捉えたものであり、神の隔絶性を説く予定説とは視点、捉え方が違う。人の目で捉えるのか、神の目で捉えるかの相違である。

創造主の絶対性を突き詰めたドグマが予定説であるが、現実を観察し得た知識、技術の蓄積を背景に導き出した説ではない。創造主の隔絶性を強調する神学である。

生物誕生以降、何度か生物種の大絶滅があった。約六五〇〇万年前にも恐龍やアンモナイトが絶滅する事件が起きている。予定説はこれらの大絶滅を如何に説明するのか。神の似姿たる人を主役にする神の意思とでも主張するのだろうか。

自然に適応して生きるしかなかった長い時を経て、自然界には一定の法則、秩序があることを知り、活用することで生存に資することを知った動物が人である。

更には自然に働きかけ、活用すれば自然から授かる果実は一段と大きくなり、自然界の豊凶に左右されることなく生きていけることを知った。

本能のままに生きることしか知らない動物は自然界の変化に適応できなければ、種の絶滅を招くしかない。そのような動物界にあって自然に働きかける、或は火の使用に見られるように自然現象を人間の生存に利用する人の出現は、動物界に革命を起こしたといえるだろう。

万物の霊長と自負する人の誕生である。

生存を自然に依存する以外に存続の術を知らなかった動物界において人は知性を活用することを知り離脱、独立した。ホモ・サピエンスと呼ばれるゆえんである。

しかし、生存を通し獲得した「法」ともいえる「本能」に従い生きることを止め、存続のため知性を活用する道を選択した結果、深刻な問題が生じた。

解決のため試行錯誤を重ね、四苦八苦、悪戦苦闘しているのが人である。

動物界から新たな領域に踏み出したが故に負わねばならない代償、十字架といえる。

誕生したばかりの生物にとって最大の課題は生き残り、子孫を残すことに尽きる。

原初の生物にとって生き残ることは凡てに優先する難題だった。他のことに目を向ける余裕などあろう筈はなかった。

「利己的遺伝子」と呼ばれているように生物は個体の保全、存続を最優先に行動するようDNAにプログラムされており、終始一貫した行動原理、生物の核心をなしている。生き残り、子孫を残すことを何にもまして優先するようDNAにプログラムされている。

生き残り、子孫を残すことが生きる理由、生存目的と化しており、善悪がない、知らないのが生物本来の姿である。

これに対し人は何故か、知性を高めることにより自然に伍して生きて行く道を生存戦略として採用した。

他の動物のように本能に従い生きるよりは、知性を高め自然を利用するほうが生存確率を高めること知った動物が万物の霊長、人になった。

突然変異の結果、起きたことだろう。が、ものをいわぬ天道が、その働きを理解し賛美する生物を欲し、ＤＮＡに働きかけたが故にホモ・サピエンスは誕生したとしか思えぬ奇蹟である。

人の生きる道は定まった。爪も牙も持たない人が生存競争に勝ち残り存続するには頭、知性を活用するしか生存の手立てはなかった。

本能に従い生きる動物界から離脱したが故に新たな問題が生じ、今もって解決されていない。放置すれば種の存続を左右する大事を招きかねない。が、最早本能によって生きることもできないジレンマに陥り、生存のため悪戦苦闘しているのが人である。

ジレンマから解放される新たな行動様式を求めたが故に宗教は誕生した。

知性が高まるに伴い学習によらない生得的な反応系である「本能」の拘束力、軛が緩くなり徐々に本能によらず行動する能力、自由に裁量できる余地が生じ、拡大した。

本能によらない行動範囲が拡大した結果、「自由意思」と呼ばれる、他の動物が有しない行動の自由を獲得するに至った。

生物は何時、如何なる場所でも利己的遺伝子の命ずるがままに個体保全、生存に有利なように行動している。本能として確立されている生得的な反応系、本能の枠内で生き残りに有利なように行動している。

孫悟空は觔斗雲に乗って自由に大空を飛び回っているかのように見えてもお釈迦様の掌の外に飛び出せなかったように利己的遺伝子も本能という掌から飛び出すことはできない。

自然を観察すれば理解できるように動物の本能は自然界の秩序のなかに組み込まれており、本能のままに行動しても自然界の秩序を揺すことはない。

利己的遺伝子は、子孫を残すという本能の監督下、指揮のもとに活動しており利己的な生存活動が自然界の秩序を毀損することはない。秩序を乱すことは己れの生存を危うくし種の絶滅を招く。

が、狂ったサルとも呼ばれる人は自由意思を持ったことにより、本能のままには生きられず、自然界の秩序の枠からはみ出す、収まることができなくなった。

自由意思の獲得は本能の拘束力を緩めたが、そのことは即、本能の拘束下にある利己的遺伝子の軛を緩める、自由に行動できる活動の余地を拡げることでもあった。

利己的遺伝子が自由に活動する余地を拡大、自然界の秩序の外に飛び出した結果、「悪」は誕生した。

大地母神の定めた掟たる本能の支配から解放され自立したが、

それに代る新たな行動様式、秩序の用意はできていなかった。このため利己的遺伝子を制禦するものが存在しなくなったことから煩悩・原罪と呼ばれるものが暴走を始めた。

悪の誕生である。

自由意思が悪を齎した。

悪は利己的遺伝子が本能の支配から解放されたことに伴う負の代償と呼ぶべきものである。

悪とは本能の拘束が緩んだ利己的遺伝子を制禦する能力を身につける前に自由意思を獲得したことから生じたものである。いわば自由意思の獲得に伴い生じた陰といえるだろう。

利己的遺伝子の暴走を食い止めなければ種の存続を左右する大事になりかねない。が、知性を有する人は最早動物には戻れない、悪を抱き、悪と共に生きるしか生存の術はない。人の存続のため新たな行動様式を身につけることが喫緊の課題となり宗教は誕生した。

利己的遺伝子の暴走は本能統治下の動物界の秩序を揺すだけでは済まない。その矛先は同種である人にも向けられる。

殺人の始まりである。自由意思を持ったが故にカインは神の命に反し、弟アベルを殺した。悪を抱き、悪とともに生きることを宿命づけられた。

神たる自然界の秩序（本能）に従えなくなった結果、起きたことである。動物界を支配する法、秩序に安住できなくなり飛び出した結果、起きたことを聖書の視点で記している。

自由意思を持つことは出来たが、人はそれを使いこなせず振り回されている。世界には他者が存在する以上、利己的遺伝子の命ずるがままに他者を無視し、欲望にかられて自分勝手に行動してよかろう筈はないのだ。新たな行動様式が求められ宗教は誕生した。

本能の拘束から解放され自由に行動できるようになったことは海図のない航海に向け、出航するような冒険だった。

人類の飛躍の可能性だけでなく、存続をも左右しかねない危機に遭遇しかねない。絶滅の危機と隣り合わせなのが自由意思を有した結果、齎された悪、利己的遺伝子の暴走である。

動物が子孫を残そうとする行動は本能の枠内にあり、抑制機能が備わっている。

縄張り争いや、発情期にメスを巡って争っても、ＤＮＡを残すためであって殺すことが目的でないが故に、自然界の秩序、均衡を破るような事態には至らない。

そもそも種の絶滅に繋りかねない争いをする能力を持ち合わせておらず、種の存続と本能の間に齟齬はない。

しかし、自由意思を持った人は本能のままに生きることができなくなった反面、動物が持たない行動の自由を獲得した。

自然界に成立していた「法」、境界を越えたことから波紋が生じ、知性の増大に伴い自然界に影響を及ぼすレベルにまで達した。狼は羊を捕食するが、狼、羊、草は共棲関係にあり、自然界の秩序を乱すことはない。

自由意思を獲得したことで境界を超えた人は、他の生物を生存に必要とする以上に、前後の見境もなく殺し、絶滅に追い遣りかねない、自然界の異端児、狂ったサルである。

自然界の秩序のなかには見られない、存在しない「悪（敵）」を退治、抹殺するため知恵を絞ることをも正当化し悪びれることはない。

目的を達成するため道具をつくることを身に付け、挙げ句のはてには何かに取り憑かれたかのように敵の絶滅を図るだけでなく、正当化して怪しまない。

そのうえ生存に必要不可欠な環境まで破壊する。自然界の秩序、調和を乱す最も危険で凶悪な知性を持つ動物が人である。

利己的遺伝子を制禦することなく煩悩、原罪の命ずるがままに行動する。更に能力を高めることは、絶滅への道をひた走りに走るような危険と隣合せである。

ブレーキのない車を運転するような危険を伴う。種の存続への障害、絶滅に繋りかねない大事をも引き起こしかねない危険な道である。

他者を考慮することのない利己的遺伝子に使嗾される煩悩、原罪に発する行動は、「種の存続」という至上命令に反しているため抑制、制禦するよう方向転換を余儀なくされた。

人の存続を賭けて利己的遺伝子を抑制、制禦する能力の獲得に向けて大きく舵を切らざるを得なくなった。

利己的遺伝子の命ずるがままに行動するようでは生き残れないと悟り、生存戦略を転換せざるを得ない状況に追い込まれたからだろう。個体数が激減、絶滅の危機に瀕していると自覚した結果、ギリギリの選択を余儀なくされたと考えざるを得ない。

種の存続を図る、ホモ・サピエンス絶滅の危機を回避するために生まれたのが利己的遺伝子の活動を抑制、制禦する遺伝子（霊性、仏性）である。神は霊性の求めに応え顕現した。新たな行動様式を命じる戦略家が神であり、それを伝えるメッセンジャーが宗教である。

霊性の誕生により人の生存意義は変わってしまった。個体の存続が何にもまして優先されるべき生き方といえなくなった。

利己的遺伝子の命ずるがままに個体の生存を最優先させる生き方から、煩悩、原罪を制禦するため欲望を押え、他者と協調、共存するため日常活動を一変させる生き方を採用した。

霊性は知性を有する動物である人が、生き残りを賭けて利己的遺伝子を抑制、制禦するために採用した、生存戦略のコペルニクス的転回によって誕生した。

人が霊性を有するようになったことは、本能に従って生きる動物界から離脱したことを示す指標であり、生命の歴史上画期的な出来事といえる。
自然の定めた法を超え、自分の足で立つことであり、親であるる自然からの自立といえる。

霊性は自由意思を獲得したことから生じた悪を制禦するためにホモ・サピエンスが求め、誕生させた生存戦略の核心である。

宗教に悪を抑制する能力があるのは、宗教は霊性の求めによって悪（利己的遺伝子の活動たる煩悩、原罪）を制禦するため求められ、誕生したからである。

生物の歴史の新紀元が霊性の誕生である。霊性を持ち、霊性に従って生きてこそ、人として生きたといえる。

霊性は何時、誕生したのだろうか。
イラク北部のシャニダール洞窟の発掘調査が参考になる。
この調査から複数のネアンデルタール人の人骨が発見された。
その人骨には骨折が治癒した痕跡や、怪我をかばい行動した結果、生じた摩耗の残る骨が発見されてた。

この事実を根拠に怪我の治療や負傷者の看護といった観念を有していたと推測された。健常者に助けられ生存できたのだ。困った者は助けねばならないとする観念が霊性の源である。この源から涌き出した精が結実し、成長発展して霊性となり、宗教の核心を形成している。

また、死者に花を手向けていたと推測されることは葬礼を行っていたことを窺わせる。宗教と葬礼について考察する時、参考となるのが仏教である。仏教誕生当時、仏教は葬礼とは無縁であった。仏教は宗教というよりは思想　哲学と説く学者もいるほどで釈迦の創始した仏教は葬礼にかかわらなかった。悟りを得る修業を優先させた。が、日本では葬式仏教と揶揄されるように葬礼は仏教の核心といえる仏事と化している。信者が求めたからだ。仏教は煩悩を克服するための教えといえるが、葬礼にかかわるようになって宗教になった。宗教の必要十分条件を満たしたといえよう。

人は神の似姿とされるのは神が霊性の目指すところ、モデルと認識されたからでないだろうか。

宗教は神（仏）の教えに従って生きることで、利己的遺伝子の活動を弱め、制禦しようとする教えといえるだろう。本能の働きを補完する新たな行動様式の誕生である。

宗教は天国と地獄というアメとムチを生み出し、利己的遺伝子を制禦する手立てを創出した。

迷信は模索する過程で生まれた鬼子・鬼胎と呼べるだろう。
仏教的見地から説明すれば、仏とは利己的遺伝子の所産である煩悩を克服した人に対する尊称である。

地獄に堕ちる旨の教えは神（仏）の定めた教え（行動様式）を徹底させ、従わせるため誕生した。

天国（浄土）は神仏の教えを守ったことに対する褒章である。

利己的遺伝子を制禦することで霊性を成長させ、モデルとなる神仏の像に近付かせるためである。

しかし、神仏についての明確な像が存在するわけではない。神仏の像は瞑想や思索、或は修業を通して遭遇した像から明らかになって行く。その過程で神の像を巡る争いが宗教戦争を招いた。

神の像の最悪のモデルがカルトである。神の像を巡り犠牲になった人が数多いるのは、神の像の相違が齎した悲劇、宗教の陰である。

いわば信者の犠牲をとおして神の像は徐々に明からになってきた。

宗教史に大転換の時代が見られるのは神の像の見直しから起きたことでないだろうか。遅々とした歩みであるが、観念世界に住む神の像は徐々に明らかになってきた。霊性の成長に伴い、神の像も変化して行かざるを得ないのだ。

創造主の観念は超越者を求める様々な試行錯誤の一つといえよう。超越者の像の正鵠を射たため宗教世界の主流になった。

神を立てない仏教であるが、仏性(霊性)を育むため修業する、或は地獄、極楽を説いて、大衆教化に努めた。

世界宗教と呼ばれる宗教は、その教えが普遍的であるため国境、民族の壁を超えて信仰され、人類の進路を左右する影響力を及ぼすに至った。

宇宙船地球号の時代には宗教も変わらざるを得ない。民族や国家の繁栄を約束する宗教から卒業する秋が到来した。宗教の壁を超えて世界平和に寄与する神の像、神学が今日ほど求められている時代はかつてなかった。

科学技術の発達により共存以外、ホモ・サピエンス存続の道はないからだ。

霊性の成長に寄与する神学の確立に向けて、人類の叡智を結集することが喫緊の課題として浮上した。そのための努力は行われているが、日暮れて道遠しである。

何故なら排他的に所属させる宗教の壁は厚く、一進一退の状況が続いているからだ。

宇宙船地球号の時代には国家や宗教の壁を超えて協調することが必要不可欠である。しかし、頭、理屈ではわかっていても思惑や利害得失が絡み、中途半端で終っている。

排他的に一神に所属するが故に救済されんがために神の命に服すよう努力する。その一方で宗教の壁を超えなければ宗教に起因する紛争は終らない。二律背反というべき事態に陥っている。

このジレンマを超えるには宗教とは排他的に所属するものであるとの通念、常識を打破するしか道はない。人は神の全体像を把握し得ないと認め、宗教とは各自が神聖と考えるものを排他的に所属することなく信仰することだ、と宗教観のコペルニクス的転回を図ることが解決に至る道である。

日本の宗教観に学ぶことが宗教の壁を超える第一歩になる。

神への信仰が仏教に帰依する障害にならない神仏習合の歴史に学ぶことである。

排他的に所属し、信仰することが宗教と捉える人達からは、あいまい、不合理だと批判されてきた日本の宗教だが、その御蔭で日本には宗教戦争はなかった。

宗教戦争を齎すことがあろうとも一神に排他的に所属することが宗教の本旨に適っているのだろうか。世界を創造したとする創造主の啓示が神話でなく、真実ならば是とすることは理解できる。しかし、科学が主宰する時代には天動説同様、正しいといえないのではないか。他神他宗を否定することは宗教の本旨に反していると捉える方が的を射ているのではないだろうか。

宗教の出自は絶滅の危機に瀕した人類が、利己的遺伝子を制禦するために、霊性を成長させることで危機を凌ごうとしたものである。

利己的遺伝子の所産である煩悩、原罪を抑制、制禦するため霊性を成長させることが新たな生存戦略になったが故に宗教は誕生した。

然るに宗教が紛争の因となり、流血にまで至るのは、誕生の趣旨を履き違えているとしか思えない。

霊性を成長させるため求められ、誕生した宗教が紛争を齎すことは宗教の本旨に反していることを世界の常識、原理にしなければ、問題は解決しない。

信仰があれば真善美とされる時代は終った。迂遠のようであるが、宗教とは何かについて科学の到達した知見をもとに正面から再検討する時代が到来した。本質的な解決に至る道でないだろうか。

人間と動物を別つものが「自由意思」である。

知性を活用する生存戦略を選択したことが自由意思を齎し、自由意思が悪を生んだ。悪は人の存続を左右しかねないと悟ったが故に、制禦するため霊性が求められ、霊性は煩悩、原罪を制禦するため宗教を創出した。

ならば宗教が紛争の温床となってよかろう筈はない。

利己的遺伝子制禦の戦略家が神（仏）であり、その教え（行動様式）を教化の手段とし、信徒に伝え実践させるのが宗教である。両者は一体であり司令塔として活動している。

宗教が齎す紛争は神、宗教の権威を甚しく毀損する。信仰があれば許される、義とされる観念は宇宙船地球号の時代には過去のもの、乗り込えねばならない陋習と化している。中身が問われる時代になったのだ。

霊性は極く最近誕生したばかりの新参者である。利己的遺伝子を抑制、制禦する能力は未熟な段階にあり、今後の成長に俟つところが大きい。

霊性の成長に併せ、行動様式も変化、成長して行かねばならないが、力不足のため十全には利己的遺伝子を制禦できない、成長途上にあるからだ。

頭では煩悩を抑える必要性は理解していても、利己的遺伝子を完全には制禦できない。「わかっちゃいるけど止められない」旨の言葉は、霊性が十全には成長していないため煩悩、原罪の活動を抑え切れないことを自覚しているからこそ発せられる言葉である。

霊性の成長を俟つことなく、科学技術は日進月歩で進んでいる。最悪の場合には核兵器が使用され人の存続が左右される事態も想定可能なまでに事態は逼迫している。

霊性と科学技術の均衡のとれた発展を求める声は高まっているが、言葉だけに止まっている。科学技術はそのような声を考慮することなく発展を続けている。更に加速度を増しており、憂慮すべき事態に陥っている。一刻の猶予も許されない状況下におかれている。

霊性の成長と併行して価値観も変わらざるを得ない。神の教を霊性の成長に併せ、変革する。変革したドグマについての新たな神学が求められている。それは宗教の有り様にも影響を与えずにはおかない。

科学技術の発達は固定観念を打ち砕かざるを得ない。柔軟な信仰、排他的に所属することを求めない宗教が脚光を浴びるようになる。

新たな価値観を宗教にフィードバックさせ、煩悩、原罪を制禦する力を強化させる。これを際限なく繰返すことで利己的遺伝子を馴化させる、利己的遺伝子を制御する能力は、馴化を経ることで強化される。

制禦する力は未だ十分とはいえないが、制禦能力は極く緩やかであっても増している。

霊性の誕生は宗教をとおして煩悩、原罪を制禦する力を増大させた。教育の力も無視できないとしても、宗教の存在、特に世界宗教と呼ばれる宗教が説く愛や慈悲が人を動かしてきたからだ。

利己的遺伝子の立場から評価すれば自己の存続より優先されるべきものは存在しない。しかし、凡ての人が自己の存続のみを考え、行動すれば、「合成の誤謬」がもとで人の存続を左右する大事を引き起しかねない。このため宗教は神の命令として欲望を抑え、行動する人を称賛し、天国で永遠の生命が与えられる旨、救済を説いてきた。

神の言葉を遵守することは永遠の生命を得る道であり、この世での生活よりも優先されるべしとの観念は、時代と共に成長した、殉教者はそれを示す指標といえる。

生命を賭して守るべきものは神の言葉のみならず、平等、博愛等の観念にまで及ぶようになった。霊性の成長を示すものである。

今はまだ未熟な段階にあるが自己保存本能に従って生きる動物から、霊性の指示に従い生きる方向に舵を切った成果といえよう。

人としての歴史は、霊性の誕生から始まったと捉えることができるだろう。

煩悩　原罪とは利己的遺伝子の活動に対し、宗教の人間観をもとに命名されたものである。利己的遺伝子を抑制、制禦することが宗教の存在意義であり、人の存続にとって最優先課題であるとの洞察が克服すべき対象を特定した。

因に煩悩とは利己的遺伝子の活動に対し、仏教の視点、問題意識から命名されたものであり、煩悩を克服することを修業目的にしている。克服できた人は仏と呼ばれる。

一方、原罪とは神が己れの姿に似せて造られた、罪とは無縁である筈の人が、何故悪を知り、罪を犯すのかという謎、創造主に因る一神教の問題意識の所産である。神の禁を犯したからだと悪の起源を一神教的に説明した。しかし、自由意思を有するから神の命に背いたと捉えるべきでないのか。予定説に従えば悪も人を成長させるため神の予定にあげられているものであろう。が、悪とは知性の増大に伴い、本能の軛が緩んだ結果、行動の自由を獲得した負の代償である。

自由意思を獲得した結果、悪をなす自由も得た。自由意思の陰ともいえるのが、悪である。自然界、動物に悪はあるのかと補助線を引くことが理解の助けになる。

「知性有る人であるが故に有する自由意思というパンドラの箱には、煩悩、原罪だけでなく、霊性という希望も入っていた。」

霊性が誕生した結果、利己的遺伝子を制禦する方途が拓かれ、種の絶滅に至る危機から脱出できただけでなく、知性が生んだ技術の力によって生物界に君臨できた。

宗教は霊性の成長を促進し、霊性もまた更なる高みを目指し、利己的遺伝子に対する制禦能力を高めることが、人と宗教との間柄、宗教誕生の淵源である。両者は両両相俟って成長する間柄にある。

世界宗教の誕生から推測すれば宗教にも、閾値と呼ぶに相応しい変革の時代があるのではないだろうか。神（仏）の観念がコペルニクス的転回をし、新たな信仰の時代を迎え、宗教観は一変する。

同様に霊性も何かをきっかけとして急速に成長する余地を残している。回心とはそのようなことでないだろうか。

この事実は人に勇気と希望を与える。結果が出ないと中途で投げ出すことなく努力を重ねればよき果実を齎すことを示唆しているからだ。

煩悩、原罪に囚われ生きるしかない人であるが希望を失うことなく努力を続ければ、結果はついてくる。よき報いがある。例え結果を出せなくても意義ある人生でないだろうか。

神の像は霊性の成長に伴い変革して行かざるを得ない。宗教史が示唆するとおりである。世界宗教の誕生は画期的なものであったがそれで終了した、これ以上の発展はないと決めつけることは早計だろう。

神（創造主）が定め、与え賜うたものであるから、人は従うべきで触れてはならないと不可侵性を強調して固定させることは霊性の成長を阻害するだけでなく、宗教間の対立を煽ることになりかねない。

霊性は誕生したばかりであるため完成にはほど遠い段階にある。

霊性は未だ未熟な状態にあるため不都合なこともしでかす。宗教の出自を顧みることなく自己主張し、宗教間の対立を煽ることもある。利己的遺伝子を抑制、制御する能力は成長途上にあるといわざるを得ない。が、悲観し、希望を失うことはない。

何故なら煩悩、原罪は生物の本性と別ち難く結びついているから制御することが困難なのだ。

釈迦が悟（さと）りに至った道程（みちのり）と同様に長く苦しい時を経なければ到達できない。

数十億年にわたり生物の行動を支配してきた利己的遺伝子を抑制、制御できるようになるには想応の時間が必要なのだ。希望を失わずに努力を続けることである。

霊性の誕生から完成に至る道は、ＤＮＡに書き込まれた利己的遺伝子のプログラムを書替えることだと考えれば理解が容易になる。

長い、長い時間を経て、修正につぐ修正を重ねてプログラムはよりよいものになって行く。完成に至る道に近道はない。努力を継続することが正道である。

「人はパンだけで生きているのではない。神の言葉によって生きる」旨の言葉は、神（仏）の言葉を聞き分ける霊性がなければ人として生きたといえないことを示している。

動物と人を別つものが霊性であり、宗教である。それは生きる希望であり、赦しの源でもある。人が長い時を経て手に入れた果実である。

霊性、宗教、人は種の存続と成長、繁栄のために三位一体の間柄にある。

宗教は迷信と呼ぶしかない不合理な一面を有しながらも信仰が絶えなかったわけは、人の存続、成長に不可欠だからである。

宗教は希望の源であるが故に人は宗教に帰依して生きてきたのではないだろうか。

群盲と宗教

姿形を超越した神聖なものに関わる宗教について云々することは、群盲が象を評すのと同様の難事である。多神教、一神教、仏教と分類しても、形を見ての評価であり、心にかかわる宗教の説明としては不十分である。

個別に見れば尊崇する神聖なもの、超越者について多種多様に捉える宗教があるうえ、魂の救済に至る道もそれぞれ違う。更には宗派に分かれており一概に定義できるようなものではない、宗教と分類されているが歴史と風土を反映して種々様々な宗教が厳存すると認めざるを得ない。

各宗教が尊崇する、信仰の対象となる「神聖なもの」は、姿形(すがたかたち)に囚われない超越者である。顕現するかたちは無論のこと、捉え方も違うため神の像は群盲が象を評する以上の難事、全体像は捉え得ない。神聖なものと捉えるしかない。

超越者、神聖なものへの帰依を核心にするのが宗教であるが超越者、無限な存在を知ることは有限な人にとって原理的に不可能である以上、せいぜい群盲程度の評価しかできない。このことを常識にすることが宗教共存の第一歩、再生に通じる道である。超越者の全体像を捉えた宗教は存在し得ないのだ。我が神だけが真実の神、最善最高だとの発言は帰依する宗教への信仰告白と捉えるほうが的を射ている。

超越者の意に応える生き方、真善美に適う行動様式を説くのが宗教であると捉えることが宇宙船地球号時代の信仰でないだろうか。

宗教とは何かについて最大公約数的に捉えれば、真善美を象徴する神聖なものに帰依することであり、その教え、行動様式に従い日常生活を送ることと捉えられよう。

神聖なものとして尊崇されている「諸神諸菩薩諸仏」は無限なものの一端を捉えたものにすぎない。我が宗教は神の全体像を反映している旨主張する者は「群盲神を評す」であり、瀆神行為というしかない。信者に向けての喧伝というべきだろう。

神、神聖なものの全体像は人には知り得ない神秘と割り切り、他の宗教に学ぶことが、宇宙船地球号の時代における敬虔な信仰である。

一神にのみ帰依し、他の宗教を軽んじることは己れの信じる神の像を固定する、無限の存在に枠を嵌めようとする瀆神行為だ、とコペルニクス的転回を図ることが、宗教の壁を超えることであり、神の祝福を受けるに値する。

宗教の違い、或は解釈の違いを理由として争い、殺戮にまで至ることは、己れを無限な存在の代理人として行動することであり、人の限界を弁えない行為と批判しなければならない。

宗教の本旨に悖る行為であり、神の祝福に値する筈はない。そのような観念から早急に卒業することが、二一世紀宗教界の課題である。

各宗教は宗教の壁を超えて霊性の成長に向けて切磋琢磨することが、狭くなった世界における宗教の新たな行動原理になった。

宗教間の協調ができず、旧態依然として宗教の違いを理由として争うことは、信仰心を毀損させ、神も仏もない世界に陥る因である。

神の名を口実に神に反対するのと同じだと自覚することが求められている。

宗教間の対立、紛争は宗教の尊厳を貶めるだけであり、宗教に距離をおく人を増大させ、無神論者を喜ばせるだけである。

「（創造主である）神がいなければ凡てが許される」旨の言葉は信仰告白にすぎない。一神教以外の宗教が目に入らない、倣りがいわせた言葉であり、事実に反している。

「霊性（仏性）を有しなければ凡てが許される」と改めるべきである。

日本の宗教からも明らかなように、創造主である神がいなくても道徳が廃れ、悪がはびこるとは限らない。

一神教だけが宗教ではない。神を立てない仏教もあれば、多神を信仰する宗教もある。更には神を否定する共産主義国家もあるが、凡てが許される国に堕しているとはいえない。

他の宗教の教化への取り組み、努力が目に入らない、他の宗教を宗教と認知しないが故に、このような発言ができるのだろう。

また、神の否定と犯罪の増加が不可分なほど結び付いているわけでもない。信仰を持たない善人もいれば、神を信じる悪人もいる。

共産主義国家は宗教を否定したが、宗教の負の側面、陰を重視するあまり宗教がなければ迷信から解放されると信じたのだろう。共産主義が掲げた「神話」にすぎない。宗教の否定に見合う果実を得ることは叶わなかった。しかし、凡てが許される社会になったわけでもない。

各宗教は宗教間の対立、紛争という百害有って一利もない無益な対立から卒業することが神の意に適う信仰である。

宗教は何のためにあるのか、信仰されてきたのかという原点に立ち帰り、協調することが宇宙船地球号の時代の宗教の在り方でないだろうか。

宗教と教義

宗教にかかるものとして無視、省略することのできないものに「教義」「戒律」がある。宗教にとって必要不可欠なものと捉えられてきたが、日本はこの点でも特異な国である。

何故なら日本の宗教には教義、戒律はあるようであって無いともいえる状況下に置かれている、それこそ不合理、あいまいなまま放置されているからだ。

日本の宗教には一神教の神が下した啓示、律法等のように信者が帰依するに際し、課せられる信仰上の義務といえる、遵守しなければならない教義、戒律は存在しない。

神道には明文化されたものはない。教派神道にはあっても神道を代表しているわけではない。列島において悠久の時を経て自ずと宗教になったため明文化された教義、戒律はない。また、仰ぎ見て見倣うべき開祖もいない。しかし、随神の道と呼ばれているように人が歩くべき道、神を信仰する人間として守らねばならないものが全く存在しないわけではない。明文化されないまま放置されている。

厳しい戒律を有する仏教においても骨抜きにされており、葬式仏教と揶揄されているほどである。このため道徳教育はあっても宗教の関与は無きに等しい。

更には宗教など信じないと公言する人も数多存在している。唯物史観が華やかなりし頃、脚光を浴びていた時代には宗教は古いもの、信じる者は遅れている、不合理等の声がかまびすしく、宗教界は小さくなっていたほどだ。その傍で怪しげな新興宗教が雨後の筍の如く簇生した。既存の宗教が権威を喪失した時代を象徴する現象である。

にもかかわらず日本国は犯罪が少ない、平穏な国である。教義、戒律が信徒に説かれることは無きに等しい。が、殺すな、盗むな、嘘をつくな等々、神仏の命はあらかた遵守されている不思議な国である。

神がいなければ凡てが許される、道徳を守れとの神の命なしには達成できない世界の常識が通じない国が日本国である。このため信仰心の薄い国民だと自己卑下してきた。しかし、神の命は守られてきた。

何故か、日本の宗教は利己的遺伝子の活動を抑える、自己の欲望のままに生きる、行動することを禁じる宗教の核心は教育できたからだ。

宗教教育は無きに等しいが、お天道様は見ておられることを膚で感じ取ることができた。社寺や祠、石仏等、神聖なものを祀る施設が至る所に見られ、無意識のうちに心に語りかける形で教育できた。祭事や行事等、日々の暮らしをとおして神の遍在を直接、感じとれることが犯罪への抑止力になっている。

科学が主宰する時代における宗教の核心、規範のあり方について、再考する時代を迎えているのではないだろうか。

宗教は数多あり、信仰を巡り対立する一方で、実践面では共通するものが多い。この事実に着目し、宗教の壁を超える新たな神学の構築に乗り出すべき秋を迎えている。

科学の発達により明らかになった世界像は、宗教の壁を超える神学を構築するよう背中を押していると捉えることができる。

一神（一仏）に排他的に所属させる宗教から卒業し、神聖と信じるものに排他的に所属することなく信仰することを是とする神学（本地垂迹説）を評価、受容すべき時節が到来したのではないだろうか。

超越者の教えを特定の宗教が独占して説くことは不可能であるが故に多くの宗教、宗派があるのだ。

神について、人は凡て群盲と同様、存在の一端しか知り得ない以上、排他的に所属する理由、必然性はない。神の言葉を徹底させるための方弁にすぎない。

迷信、不合理と批判される一面を有しながらも、今もって宗教が厳として存在する理由、人が宗教を頼みとして生きてきたわけは、人は己れの至らなさを承知しているからだ。

煩悩、原罪を制禦しなければ生存を左右する大事を招きかねないとわかっているから信仰を捨てなかった。利己的遺伝子を制禦するには自己の能力のみを頼みにできない。超越者の力にすがる、助力を乞うことが不可欠と承知しているからだろう。自力救済できる人は多くはない、他力による救済を求めているから信仰を捨てなかった。

宗教は神の教え（行動様式）を信徒に伝え、実行に移す、守らせるために存在すると捉え得よう。

自由意思を獲得したことから本能の命じるままには生きることができなくなった人にとって欠くことのできない新たな行動様式を示すものが宗教である。

科学が主宰する時代に戒律、規範を遵守させるためには、臺（とう）が立った従来の解釈、説教を超える言葉をもって信徒に説かなければ心に届かない。そのためには科学の力を借りることも考慮すべきでないだろうか。科学は神の創造力を人が手に入れたものであり、神の言葉を伝えることができる筈だ。

神は死んだとされる、科学が主宰する時代の信仰は、最早素直に信じることが困難になったドグマを再構築しなければ説教は胸を打たず、人を従わせることはできない。科学の力を借りることをためらう理由はない筈だ。科学は神の分身なのだから。

宗教が説いてきた凡てが古くなったわけではない。旧態依然として変らぬ古い上着を脱ぎ捨てることなく、科学革命以前と同様の慣用句を用いて説教するから心に届かず説得力を失なった。素直に信じられなくなっているだけでないだろうか。

ホモ・サピエンスの存続にとって宗教は核心をなすものであり、信仰が失われたわけではない。再建は十分可能と信じている。

信仰が失なわれることは存続を左右する脅威を招きかねないと覚悟を固め、科学と協調すべく努めねばならない。

科学技術が発達すればするほど、全能感に囚われ、人は何でもできると信じる者が続出する。それは人類の生存を左右する大事を引き起こしかねない。

煩悩、原罪の虜といえる人にとって全能感に囚われることは己れを神の位置におくことであり、人の限界を忘失させかねない滅びに至る道である。有限な人には己れを超えた存在、超越者の目が不可欠なのだ。宗教を捨てて顧みないことは、反省の目を失うことであり思いもせぬ陥穽、抜き差ならない状況に陥りかねない。

宗教が厳として存在する世界よりも、宗教のない世界の方がましな世界とは思わない。共産主義の蹉跌が意味するのはこのことでないだろうか。

神は無限の存在と認識されてきた。被造物たる人に全容を把握できる筈はない。我が宗教は神の全体像を捉えた唯一の宗教であると説くことは人の限界を弁えない思い上がりと評するしかない。

人は神の言葉に従うことはできても代理人になることはできないことを失念し、己れを神の位置において他者を裁くことが許されるわけがない。

他の宗教も無限の神の教えを、その宗教なりに理解、咀嚼し、教化に努めていると捉えるべきなのだ。他宗の教えを軽んじることなく、敬意をもって接するよう説くことが宇宙船地球号の時代の宗教家の責務である。

他宗の信仰を否定、排除、弾圧することは宗教間の対立を煽るだけである。宇宙船地球号の平穏な航海を妨げる因であり神の祝福を得られる筈はない。このことを時代の常識にすることが世界に課せられた課題である。

教義や戒律を守らなければ地獄に堕ちる、前世の因果、祟(たた)りなどを持出し、脅迫することで信者を喰いものにし、利益を貪ぼろうとする者が跡を断たない。

彼等は宗教を利用することで利益を貪ろうとする輩であり信仰を説く者ではない。神の名を騙る者であり、怖れることはない。

信仰を持たない騙りの言動に脅かされるのは愚かなことである。信仰心が定まっていないから惑わされる、怖れることはない。

神の名を騙り、利用することで権威ある者と詐称し、権力を握ろうとする者が跡を断たない。信仰を持つだけで真善美(よし)といえない時代になってしまった。

霊性の向上に資するか否か、見極める見識が問われている。神聖なものは恐怖心を煽り立て、付け込むような行為とは無縁の存在である。するのは人である。そのような言動をする者が如何に説得力があるかのように見えても信用してはならない。

地獄に堕す宗教から霊性向上に資する宗教へとコペルニクス的転回を図ることが、科学が主宰する、宗教を否定する無神論者が跋扈する時代における宗教家の責務である。

何故なら地獄に堕す権威を持った人など存在しない。そのような主張をする者こそ、地獄が待っている、と捉えるべきなのだ。

彼等は信仰心を持たないからそのような言動ができるのだ。彼等は神に取って代わり、神の力を行使したいだけである。

徒に脅迫に脅え竦むのは幽霊に脅えるのと同じである。恐怖に囚われることなく見極めることが信仰を持つ者の心得になった。盲目的に信じ、従うことは正しい信仰とはいえなくなった。

教育が普及していない時代、生きることに追われ、他を顧みる余裕のない大衆を教導するため、悪いことをすれば地獄に堕ちる旨、説教した。いわば啓蒙するための方弁と捉える方が自然であり、的を射ている。

科学が主宰する時代における悪への抑止力は科学に基く手立てを講じ、霊性の向上に努めることである。

地獄は最早補完的役割しか果せない時代になってしまった。宗教を否定、弾圧した共産主義国家を例に取るまでもない、地獄に堕ちる旨の説教は昔日の面影もないほど権威を失ない、信徒の心に届かなくなっている。この傾向は強まることはあっても弱まることはないだろう。

時代に想応しい悪への抑止力は宗教に基いていることは無論のこと、科学が達成した成果と矛盾しないものでなければ、信者の心には届かない。

神は死んではおらず、人と共にあり、見守っていることを実感できる説教である。

霊性の向上が、人の生存と存続に必要不可欠であることを悟らせ、霊性の向上に向け、取り組む意欲を掻き立てる説教でなければならない。

世界の多くの地域ではかつてほど教会や寺を訪れる人は多くない。減少しているわけは科学が主宰する時代に応えてくれる説教を説くことがなく、旧態依然として変りばえしない説教しかできないことにある。このため心に届かず人を動かすことができず、足が遠のいているのだ。私はそのように理解している。

宗教の陰に目を奪われ、宗教を否定、弾圧し、地上に労働者の天国を築こうとした共産主義国家は約束を果せず、信仰の自由がある国家以上の実績を挙げられず自滅した。

共産党が支配する国家は今も厳として存在している。だが、そこに共産主義はない。権力保持のため共産主義と称しているにすぎない。共産主義は権力保持の道具と化している。

共産主義国家の自滅は無神論に拠って神を追放し、神に代わるものとして啓蒙思想に基き理性、合理精神を神の座に据えたことに由来する。しかし、理性は神に取って代われるほど優れたものではなかったが故に挫折した。否定に急なあまり、宗教は何のために存在するかについて、本質に触れた議論、検討を怠った結果、自滅した。

更には革命を輸出するため軍備に持てる力を傾注した。軍備偏重は成果よりも負担が大きかった政策であり活力を喪失させた。

理性、合理的精神の限界である。適用範囲、理性の限界を無視し、強要したため蹉跌した。

科学の進歩、発達を受け、澎湃として起きた理性への信仰ともいうべき、過剰なまでの理性一辺倒から生じた理性万能論、旧来の陋習を一掃する革命への熱情は、理性を具備した人間には凡てが可能である旨の幻想、万能感を抱かせた。が、それは幻想にすぎなかった。蹉跌したわけは理性を過剰なまでに重視した理性一辺倒の政策の結果である。

理性万能論の賞味期限は短かくすぐに底が割れ、ぼろを出す。「神」でない人が到達した理性のレベルは未だ未熟で適用範囲が限られている。しかし、理性を万能神であるかのよう見誤ったが故の蹉跌である。

理性の力で利己的遺伝子を抑制、制禦できる水準にまで人は達していなかった。共産主義は理性を神と遇したが故に蹉跌した。理性は霊性の監督下にあってこそ真価を発揮することが可能になる。この冷厳な事実が明らかになったのが、戦争と革命の世紀である二〇世紀である。

理性を活かす道は霊性の指揮のもとで理性を働かせることである。頭のよい犯罪者の存在は、理性の限界を示すものである。

霊性の役割を理性が果たせるのであれば問題は生じなかった。しかし、理性と霊性は誕生の経緯も、目的も違う以上、理性は霊性に取って代わることはできない。できるとすれば神のように全知全能になったときであるが、それは夢想のなかでのみ可能、人のよく成し得ることではない。

理性一辺倒は利己的遺伝子を再び活性化させる危険な道である。理性は期待された役割を果たせなかったから共産主義は破綻した。同じ悲劇を再現する愚かな行為と笑うべきものである。理性への過剰なまでの期待が幻想にすぎなかったことは、二〇世紀を回顧、歴史を振り返れば一目瞭然である。

理性は天国への鍵ではなかった。理性だけで地上に労働者の天国、理性を創造主とする神の国を建設することは不可能だった。理性のみで地上に神の国を建設できるほど人は優れていなかった。苦渋をもって振返るべき厳粛な事実である。

人は理性のみで生きてはいない。共産主義国の党官僚を見れば明らかである。

戦争と革命の世紀であった二〇世紀は否応なくそのことを再確認させた世紀と呼べよう。そのような大戦を二度までも経験したにもかかわらず、戦後すぐに冷戦が始まった。一度核戦争が起きれば文明の死を迎える旨の警告は杞憂といえなくなった。

核廃絶に取り組んでいるが廃絶できない。それどころか、核兵器を保有する国、開発に取り組む国は増大している。

冷戦は終結したが核戦争の悪夢は払拭されるどころか、現実のものになりかねない昨今である。

理性の賜物である科学技術の発達と併行して、霊性も成長、発達しなければ人類の生存を左右する大事を招きかねない。

宗教の本旨を理解できず、否定面にしか目が届かなかった結果が、共産主義国家の自滅である。

人は霊性を有しており宗教はそれを函養するものであることを理解せず、宗教を否定、党の観念（イデオロギー、主義主張）を絶対化し、人民に強要、排他的に従がわせ管理に努めた結果、こと志に反して自由を束縛する体制に堕した。しかし、反省することなく正当化し、人民の期待を裏切った。その結果、旧ソ連とその衛生国家は自滅した。

人は造化の妙の働きの結果として生存しているわけではない。神が創造した被造物と信じる者も依然として多数存在する。ゼロになることはないだろう。

神の創造を信じる者は、人は被造物であっても、自由意思という特権を有する神の似姿、万物の霊長である。神は霊性を成長させるため自由意思を賦与したと受け止め、邁進することについては肯定できるのではないだろうか。霊性を齎したのは神なのだから。

人に自由意思はないと信じる者は神の言葉に拳拳服膺する筈である。しかし、神の言葉の解釈は時代や環境、人によって異ならざるを得ず、神の正義を自己流に解釈して争いが絶えない。自由意思を認める宗教、宗派以上に神に祝福される社会を構築しているようには見えない。

霊性の成長を促進する社会、宗教こそが、地上に神の国を齎す。最終的には成功に至る道といえるだろう。宇宙船地球号の時代の課題を担い得る。科学が主宰する時代の宗教の存在意義はここに存すると信じている。

私には阿弥陀仏は一神教の影響を受けて顕現したように思われてならない。そもそも他の宗教の影響を受けない宗教など存在するのだろうか。

霊性の成長のため他の宗教に学ぶ、協調することに問題があろう筈はない。天動説的な宗教観は科学が主宰する時代に取残されるだろう、信仰があれば義とされる時代は終った。にもかかわらず古い宗教観を後生大事に守っているにすぎない。いわば旧来の陋習を後生大事に守っているだけである。

自画像の修復と宗教

未だ経験したことがない敗戦下での再出発を余儀なくされた日本国は大いなる成果を挙げた。世界最長の平均寿命と犯罪の少ない国の建設に成功した。独立自尊の国を志向する国のモデルが日本国だった。

しかし、二一世紀に入ったにもかかわらず、敗北が齎した後遺症を克服できず、自画像を毀損した状態で漂流を続けている。前述したピエール・スイリ氏の「日本はいつまで戦後なのか。戦後の終わりが見えません」旨の指摘を待つまでもなく異常なことである。

外国発の謂れのない批判と、それに呼応し日本を貶める人々の批判にびくついている。なかには外国勢力を介入させんがため、事実を歪曲、脚色までして御注進に励む醜い日本人もいる。自画像を毀損した戦後日本を代表する醜行であるが正しい行為と正当化、行ないを改める素振りも見せない。

唯物史観や敗戦後の洗脳工作を信じ、国民が拠って立つ価値観を否定、日本は悪い国だとすりこまれ自画像を毀損した結果、外国の走狗と化し、日本国を批判するため事実に反したフェイクニュースを世界に拡散させて憚らなかった。

毀損した自画像の修復なしに精神の自立はない。自立の鍵、核心をなすのが宗教である。神仏習合を核心とする日本の宗教は、本地垂迹説と呼ばれる宗教の壁を超える神学を拠所とするため一神に排他的に所属することを求めない宗教である。このため日本国は宗教戦争を経験したことがない。平和を齎す宗教を信仰している国である。

しかし、自立の核心となるべき宗教は一神教から不合理、遅れている等、批判されてきた。批判に対し反論を試みようともせず、一神教の呪縛にかかったまま催眠状態、惰眠を貪ったまま今日に至っている。

自画像の修復、確立のため率先して取り組むべきことは日本の宗教への謂れのない誹謗中傷から日本の宗教を解放することである。それに伴い自画像の修復は自からなる。

批判に対し反論しないことは、相手の批判を認めたことになるのが世界の常識であるにもかかわらず反論しなかった。

日本の知識人が本来の意味での知識人であれば反論すべきだった。しかし、日本の知識人は外国の知識を日本に伝えることを使命と心得ているため反論するどころか、逆に迎合、便乗し外国の権威を笠に着て日本を批判し、悦に入る人達が主流を占めてきた。

日本の「知識人」は日本を遅れている、不合理とけなすことで自画像毀損の一翼を担ってきた。日本の宗教に対しても遅れた、不合理な宗教として批判して倦むことがなかった。

彼等は日本社会の根無草であるが、大学やマスコミ、出版界に一大勢力を築き絶大な悪影響を及ぼした創造力なき人達である。このため国民に希望を与える情報は遮断してきた。能力を有しなかったからだ。

彼等は儒教国でない日本国の亜流儒者にすぎない。中国や北朝鮮を賛美したのはこのためである。精神構造が同じなのだ。

宗教こそが自立する精神の最終的な拠所であるだけでなく、霊性の成長に必要不可欠な糧である。「宗教から始めよ」である。

一神教の視点、価値観からは不合理、あいまい、遅れているなど、と批判されることが多い日本の宗教は前述したように視点を変え、宗教の本旨、使命を基準に考慮すれば遅れているどころか、むしろ一回り先行した宗教である。日本国は宗教先進国なのだ。

文明の衝突を招きかねない、排他的に一神に所属させる宗教の軛から解放されることが、二一世紀の課題である。

神聖とされるものに排他的に所属することなく信仰できる日本の宗教は宗教の壁を超える宗教である、と自信を持つべきなのだ。

先行した宗教であるとの自覚を持ち、世界に向け日本の宗教について発信、アピールして行けば、自画像は修復できる。

卑下することは何もない。宗教の壁を超えた宗教であると誇りをもって説明責任を果たせば道は拓かれ、世界平和に貢献できる。世界は一神教の価値観に囚われない宗教を待望している。日本の知識人は責務として取り組むべきだろう。

宗教が争いの因になることに対する疑問に日本の宗教は応答することができる。自信を持って取り組むべき価値ある仕事である。

事実に反する批判に脅え迎合、同調するばかりで効果的な反論を行なわなかったことが、今日の事態を招いた。積極的に反論することが自画像修復の道である。

日本国は誇りとするに足りるものを有していることを肝に銘じ、自分の足で立つべき秋である。

第一一章　「和をもって行矣（さきくませ）」

宗教先進国　日本の未来と可能性

前述したことと重複する箇所がなきにしもあらず。しかし、既述したことを要約、再説しつつ、日本国及び日本の宗教の未来と可能性について考察し思うところを記した。自画像修復の一助になることを期し敢てこの章を設けた。

歴史の継続力と宗教

日本の宗教の未来と可能性について結論を先に記せば、「宗教とは神聖なものに関する信仰である」旨の宗教観は、今後とも変わることなく受け継がれ正統の座を保持する。宗教観を一変させるような大事は出来しないだろう。更には宗教の壁が齎す宗教紛争に免疫を有する、神聖と信じるものに排他的に所属することなく信仰する宗教観は、一神にのみ排他的に所属させる宗教に対し影響力を及ぼすようになるだろう。

科学が主宰する時代に宗教が違うだけで争い、遂には流血にまで至る宗教に人々は違和感を抱くようになり、次第にそのような宗教に対し距離を置き、忌避するようになるだろう。

我が神、我が宗教が一番だとする宗教観は現実と妥協せざるを得なくなり、始めは処女の如く終りは脱兎の如く信仰世界の真実と化す。現実との妥協を余儀なくされるだろう。

ヨーロッパにおける教会離れは、観念世界へ移住させることで排他的に所属させる宗教から距離をおく第一歩、前触れと捉えている。

神聖と信じるものを信仰、帰依はするが、排他的には所属しない宗教観は、あいまい、不合理とけなされてきた。しかし、排他的に所属しないことが長所になる時代が到来した。何故か、宗教の相違から生じる価値観の相剋が文明の対立を齎すことを危惧せざるを得ない世界では対立を超える宗教及び神学を求めざるを得ないからだ。

世界は日本で本地垂迹説が求められたのと同様の状況下におかれている。いくばくもなく世界は排他的に所属させることが宗教固有の性格、在り方とする宗教観から解放される。排他的に所属することを真善美(よし)としない宗教が存在することに気付かざるを得なくなる。

宗教観のコペルニクス的転回と呼ぶべき大事件が出来する。

転回が齎す影響は、単に所属している宗教の軛から解放されるに止まらない。神仏習合に見られるように、他の宗教も宗権を持つ宗教であると認め、共存する。更には他の宗教に学ぶべきものは学ぶ。日本の宗教の跡を追うようになる。

宗教とは排他的に所属するものではなく霊性を成長させるためにあるとする宗教観が市民権を得るだろう。

日本の宗教は一神教の価値観では不合理、あいまいといえるが、注目せざるを得なくなる。信仰の自由は、神聖と信じるものを信仰するが排他的に所属させない宗教の背中を押している。無視することはできなくなる。

宗教の対立を超えた世界を齎す神聖なものに関する信仰は宗教の本旨、時代の要請に適っており、今後とも変わることなく信仰される。更には世界標準といえる宗教観となり、世界の宗教界に影響を及ぼすようになるだろう。

何故か、宗教戦争を卒業する、宗教の壁を超えることが喫緊の課題となって久しい。が、排他的に所属させる限り、宗教の壁を超えることは困難と認めざるを得なくなるからだ。

唯一の創造主を信じ、無償の愛を説く一方で、他神、他宗を誹謗するのは、他の宗教を信仰する者にいわせれば、愛に限界を設けることと同じであり、言動に一貫性がない。

愛よりは宗教への帰属が優先されることを示しており、対立を解消できない。

無限の力を持つ創造主が宗教にこだわる筈はない。壁は人間がつくっている。地球は宇宙船地球号と呼ぶべき星であることが明白になった二一世紀現在、卒業する潮時を迎えたと認識すべきでないだろうか。

排他的に所属させることなく神道と仏教を併せ信仰、所属して怪しまない本地垂迹説を核心とする日本の宗教を偏見に囚われることなく観察すれば排他的に所属させなくても宗教は存続でき、宗教の役割を果たせることを否定できなくなる。

一神一仏に帰依しても、諸神諸菩薩諸仏を軽んじないのが日本の宗教である。宇宙船地球号の時代に相応しい宗教観といえる。

神聖とされるものは固定した神の像を持たない。垂迹して顕現するが、その本地について啓示することはなかった。神の像は信仰経験をとおして希求するしかない。主体性は人に委ねられている。

また、創造主が啓示した正典を有しないことから神の名のもとに他神、他宗を否定できない。宗教の共存を核心とする宗教である。

宗教戦争がなかったゆえんは本地垂迹説を核心とするからだ。宗教に起因する紛争抑止が喫緊の課題である世界では学ぶに値する。

固有な宗教である随神の道（神道）と世界宗教と呼ばれる仏教は、垂迹説の御蔭で宗教の壁を超え習合できた。本地垂迹説によって、神と仏は互に尊崇すべき存在であると認めたが故に神仏が習合する奇蹟が起きた。

神仏習合の結果、宗教の断絶がない、民族宗教と世界宗教が共存する世界に稀れな国となった。

この歴史は学ぶに値する。何故なら宗教の相違から起きる宗教戦争を卒業しているが故に、見倣わざるを得なくなるからだ。

多くの国では固有の宗教は世界宗教との布教争いに敗れ断絶した。父祖から伝えられてきた宗教であるが世界宗教の吸引力に抗う術を持たず歴史の闇に呑まれ異教としてかすかな痕跡を残すのみである。

日本国においてはいつとも知れぬ遙か昔から信仰されてきた神道は世界宗教である仏教と遭遇したが、仏教と習合することで危機を脱した。神道の本質を失うことなくしなやかで強い信仰として今も信仰されている。

日本教・神聖なものに関する信仰は、一神教からは不合理、あいまいと批判されてきたが、今後とも正統の座は揺ぎそうにない。

何故か、世界を席捲した一神教、なかでも近世以降宗教界に君臨してきたキリスト教は日本では然したる信者を獲得できなかった。この状況が劇的に変わるようなことは起こりそうにない。日本の宗教を圧倒する宗教が出現する可能性は無きに等しいからだ。

批判されることが多い日本の宗教であるが、古代からの信仰が今も正統の座を保持していることは世界宗教に劣らない、世界宗教が持たない長所を持っていたが故に可能だったと捉える方が、的を射た評価といえないだろうか。世界の宗教史における奇蹟と呼べるだろう。神聖なものを歴史を通して学ぶだけでない、日々の暮らしをとおして膚に感じ取ることができたが故に神道は存続できた。

神聖なものを信仰するが故に他宗教が信仰する神（神聖なもの）を貶めることはない。日本の信仰風土に適っていると捉えれば、「神聖なもの」として受容できる。

その過程で排他的に所属させる宗教の牙を抜いて信仰する。牙を抜くことが宗教の本質、神聖性を毀損するなどとは考えもしない。

神聖なものの座に加えるに際し、不可欠なものは神聖性のみである。神聖なものは無限の顔を持っている、一つに絞るほうがおかしいと信じているからだ。

日本の宗教観は宗教戦争への免疫を有するが故に世界の宗教は日本の宗教観に学び、参考にすれば良き果実が得られるだろう。排他的に所属するばかりが宗教ではない。神聖なものとして諸神諸菩薩諸仏を容認するほうが、宗教戦争の要因となるよりは弊害が少ないのではないだろうか。

農業革命以前、定住に至らない狩猟採集段階の世界は、風土による相違はあろうとも押し並べて不可思議、神秘な力を持つ神を信じており、文明の型が異なるといえるほどの相違はなかった。多神を信じる同種の宗教だった。

農業革命により定住が始まり、神殿が建てられ、時を経て国が形成され正統とされる神が祀られるようになった。この結果、宗教の相違は時と共に鮮明になって行き、帰依する神の名のもとに争うようになった。

神殿と文明の関係について、泉靖一氏は「はじめに神殿ありき」と発したという。

大貫良夫、加藤泰建、関雄二各氏編集の「古代アンデス　神殿から始まる文明」（朝日出版社）の調査報告を紹介しよう。

「日本調査団が終止一貫して取り組んできたテーマとは、アンデス文明初期の社会の動態であった。この時期をアンデス考古学上、文明の母体が形成されたという意味で形成期と呼ぶ。それがいつごろか、諸説あるが、本書では紀元前三〇〇〇年から西暦紀元前後ごろと設定している。本書で詳述されるように、形成期では宗教に比重が置かれ、神殿がいくつも築かれた。このことはユーラシア大陸など旧大陸の文明とは異なる点である。よってペルー、日本をはじめとしてアメリカ合衆国、ドイツなど、この時代を研究するチームは、つねに神殿の発掘に明け暮れてきたといっても過言ではない。

中でも、日本調査団が発掘してきた遺跡は、常にアンデス考古学の編年や理論的枠組みを大きく揺さぶるものであった。土器が作られるよりも前に築かれた神殿の発見、そして一握りの人びとが余剰生産物を独占し、権力をふるうことがまだなかった、いわば富が平等にいきわたっていた時代でさえも、神殿を建設し、更新していった様態が明らかにされた。

とくに後者の神殿更新こそが、その後、社会内部の格差などを生み出し、灌漑などの集約農業とそれにともなう余剰生産物など経済面での発展を促したとする理論を生み出した。この考えは、単にアンデス文明にとどまらず、文明の成立に経済基盤の確立が先であるとする旧大陸の文明観を打破するほどの斬新さを持ち合わせている。本書で、その全貌が明らかにされることであろう。」

祭祀センターとしての神殿は政治統一に不可欠な施設でもある。アンデスの神殿発掘は、宗教は文明の形成を左右することを立証するものである。

他神を認めない一神教が歴史の主役として登場して以来、宗教が文明に与える影響力が鮮明になり、時が拍車をかけた。

宗教は文明の型を決め、魂を入れるという、他には真似のできない能力を持つことから、相違は時を経て大きくなり神の名のもと、争うようになった。

マックス・ヴェーバーが、「宗教に注目すると歴史に現れたさまざまな社会現象を見事に分析できる」旨、記しているように文明を構築するに際し、最大の影響力を及ぼすのが宗教である。

代表的な文明である西欧文明、イスラム文明、ヒンズー文明、中国文明を分つ最大の要因は宗教の違いにある。

文明の担い手である国家は宗教とは切っても切れない間柄にあり、存続には神の支持が不可欠だった。このため神殿を建て、祭祀を執り仕切ってきた。

宗教と政治を分離しなければならなかったわけは宗教と政治は生成の目的が異なるにもかかわらず、分離し難いほど癒着していたからである。結び付きが如何に強固、重要であろうとも分離せざるを得なかった。

生成の目的が異なるものは、どれほど利害が一致していようとも分離しなければならない。癒着が極れば取り返しのつかない事態、両者の存在意義を毀損する。

祭政一致は宗教の純粋性を損なう。一方、世俗を司る政治は宗教の容喙を受けるなど、互いに好ましくない影響を及ぼし合い、社会の平穏を損なう。

時代が進み、人が神から自立すればするほど、政治と宗教の癒着に伴う弊害は大きくなる。放置することが困難になり、遂には分離せざるを得なくなった。

しかし、甚大な犠牲なしには実現しなかった。現代においても政教は分離されているが、完全に分離しているとはいえない。選挙において見られように建前と現実が食い違っている。

国家は宗教の違いによって発展の方向が異なってくる。宗教は魂にかかわるが故に世界の見方、捉え方を左右し、ひいては国家の発展にも影響を及ぼさずにはおかない。政教分離しなければ政治は主体性を失う。

日本国は宗教並びに文明の両面にわたり特異な国である。一文明一国家であり、排他的に宗教に所属することなく複数の宗教を信仰して怪しまない。神仏習合を正統な信仰とする国家である。

日本教と呼べる信仰を正統とする、仲間といえる国がない孤独な国である。このため何かにつけ、実態とは相違した批判を浴びてきた。

神道と呼ばれる固有の民族宗教を今も正統としているに止まらず、更には神道は仏教と習合した。神仏習合は日本文明の核心をなしており、世界でも類を見ない稀有な国柄である。宗教とは排他的に所属させるものであるとの世界の宗教観とは相違しているため、あらぬ誤解を受けてきた。

固有の姿形をとることなく顕現する神について、神道はキリスト教の聖霊のようにペルソナと捉えることができなかった。が、顕現する姿形は異なろうとも本地を同じくする神聖なものとして信仰してきた。

神聖なものに関する信仰が宗教だとの観念を有しなければ、神仏が習合することは困難だっただろう。神仏習合を正統な信仰としたが故に宗教戦争とは無縁の歴史を有する。

宗教戦争に免疫を有する宗教観は宇宙船地球号の時代に相応しい、求められる宗教の有り様である。日本の宗教は遅れている旨の批判とは真逆の進んだ宗教であり、誇りにしてよい。

戦争に負ければ皆殺しにされる。或は奴隷にされ、多くの部族、種族が歴史の闇の中へと消えて行った。

宗教も同様の運命に遭遇した。敗者は勝者の宗教を強要され、敗者の信仰した宗教は信者がいなくなり、消滅せざるを得なかった。超越者、不死の存在を信仰する宗教であるが、人から見れば死んだも同然である。宗教も、信者と運命を共にしたといえるだろう。

世界史は神々の戦いの舞台であり、敗れた側が信仰した宗教は存続できなかった。世界史に見られる厳しい現実である。しかし、日本国はそのような歴史を有しない稀有な国である。

平地の狭少な山国であるにもかかわらず出アフリカ三グループのＤＮＡを伝える人々の末裔が今も現存する。他の国では歴史の中に埋もれ顧みようともしないものが厳として存在する、地上に類を見ない国柄である。

三系統のＤＮＡを伝える末裔が存続できたことに伴い、彼等が信仰してきた神々も生き延びることができた。今も神道は日本国の正統の地位を保持している。

信仰の自由や人権尊重の観念がなかった時代に守り通せた信仰が、これからの時代において守り通せない筈はない。

世界宗教である仏教やキリスト教の受容、更には合理主義の洗礼及び神を否定する唯物論の攻勢に耐えた宗教である。守り通せない、消え失せると捉える方が不自然、おかしい。

宗教とは神聖なものに関する信仰だとする宗教観は今後とも受け継がれる。また、世界は日本の宗教観を受容する。何故なら宗教の壁を超える宗教観として無視できなくなるからだ。宗教の壁を超えることが二一世紀最大の課題である以上、向い合わざるを得なくなる。

排他的に所属させる宗教の今後を占うに際しては浄土真宗の歴史が参考になる。浄土信宗は仏教の一宗派であるが選択的な一神教と呼ぶことが可能な宗教である。門徒は阿弥陀仏に排他的に所属し、神祇不拝を標榜し、神に祈ることはなかった。しかし、中興の祖蓮如は、「諸神諸菩薩諸仏を軽んずべからざる」と門徒に説き聞かせ、諸神諸菩薩諸仏と共存する道を選択した。

我が家は浄土真宗の門徒である。私は子どもの頃、家には仏檀はあるが神棚がないのを不思議に思っていた。その理由について誰からも聞かされたことはなかった。

成人後、浄土真宗の教義を知り、その理由がわかった。しかし、宗教とは神聖なものに関する信仰だと捉える日本社会の通念を疑ったことはなく、神社に参拝することに抵抗はない。更には一神教からも学ぶことは多多あると考えている。しかし、排他的に所属させる宗教には違和感を抱いている。

因に私が生れ育った部落は江戸時代初期に、禅宗から部落毎、浄土真宗に宗旨替えしたようだ。

江戸時代、キリスト教は禁圧されていたが、キリスト教を国教とする国以上に、信仰現場は自由だった。各宗派は信徒を得ようと自由に活動できた。

一神教は浄土真宗の辿った道を進むだろう。一つの宗教が神の像を独占することは不可能である以上、信仰の自由が標榜される時代において排他的に所属させる宗教の軛は、緩まざるを得ない。そのことは宗教に起因する紛争を抑止することに通じる。

宗教とは神聖なものに関する信仰だとする宗教観は、創造主の観念と同様に宗教の本質を突いた観念といえよう。また、愛と寛容を旨とする宗教に相応しい。かつ宗教の平和共存を齎す宗教観でもある。このため受け継がれ、正統の座を保持できた。

日本の宗教を否定し、排他的に一神に所属させるキリスト教からの挑戦を受けても宗教観が揺がなかったわけは宗教の本旨に適っていたからだ。

日本の宗教を否定したキリスト教であるが、日本ではキリストは神聖なものの座に加えられ、日本教の一翼を担うに至った。

宗教とは神聖なものに関する信仰だとする宗教観は宗教の平和共存を齎すが故に、世界は日本の後を追うだろう。

日本国の歴史を要約すれば、東海に位置する列島の国であるが故に儒教国からは東夷と蔑すまれた。しかし、辺境にあることが幸いし安全を齎し、平穏な環境のもとで生成、発達した幸運な文明といえるだろう。

外国から多くのものを受容したが、和魂漢才、和魂洋才の言葉が示すように主体性をもって受容したため、独自性を損うことなく発展できた。

独自性を守る決意は宗教にまで及び、神仏習合として実を結び、今も日本国の正統な信仰の座を占めており　揺ぐ気配もない。

平穏な国柄を維持できた幸運は継続力を養い、歴史を経て蓄積された智恵は断絶することなく伝えられてきた。アジアの博物館と称される程で、生誕の地では失なわれた文物が今も日本国では見ることができ、日本国の底力になっている。

大乗仏教を伝える数少ない国であることが示すように継続力は宗教にまで及んでいる。継続は力なりを体現している国が日本国である。今後とも変えてはならない、保持すべき国柄といえないだろうか。

継続力は宗教（世界宗教である仏教を受容しても神仏習合することで正統の地位を喪なわなかった神道）、及び皇室（万世一系の皇統と称される歴史の断絶がない国柄）、並びに血統（三系統のDNAを伝える末裔の現存）に代表される。

三者は三位一体というべき関係にあり、互いに結びつき、協力することで継続力の核心を構成している。

神道は祭祀王というべき天皇と不可分、天皇は随神の道を代表する存在であり、万世一系の皇統は断絶のない平穏な歴史のみならず、三系統のＤＮＡを伝える末裔の存続を保証する権威として今もその地位は盤石である。

仏教受容後も神を祀る人は迫害されることなく、神道は仏教と共存した。宗教戦争がなかったが故にジェノサイドはなく末裔は存続できた。

三島由紀夫が、「天皇とは世襲であることにおいて一般の大統領とは区別され、祭祀の一点において世界の世俗君主たちと区別される」旨、述べていることは、継続力を体現する天皇の独自性を示すものである。政治が祭り事と呼ばれた時代から断絶することなく続いてきた。日本国の継続力を象徴するのが天皇である。

象徴天皇は日本の歴史を反映しており、敗戦下の混乱、貧困のなか平穏な社会を維持できたのは天皇の存在にある。

比類のない継続力を有する万世一系の皇統は天壌無窮の神勅を体現するが故に存続できた。一身でその国の歴史を体現する天皇は、他の文明圏から見れば存在する筈はない、死すべき人にとってあり得べからざる存在といえるだろう。誤解されるわけである。

しかし、天皇は日本文明、日本国の歴史を体現している。国家のみならず文化、伝統の核心をなし君臨してきた。

「現人神（あらひとがみ、あきつかみ、あきつみかみ　人間の姿をかりてこの世に現れた神）」、と受け止められてきたのはゆえなきことではない。神聖なものを尊崇する宗教観を背景とするが故に可能だった。

地上で比較しうるのはローマ教皇のみであろう。しかし、教皇は世襲ではない以上、血の継続力を有しない。

天壌無窮の神勅を体現する神聖にして侵すべからざる存在であるが故に、世俗の支配者と雖も皇室を廃止し、新たな王朝を建てようとはしなかった。できなかった。そのような野心を持つと疑われた者は未然に取り除かれた。何故なら中国のように易姓革命の国、動乱の大地と化し、神勅に反する国になるからだ。

万世一系の皇統存続のわけは合理的思惟のみでは解明できない謎、神話が背景にある。宗教のみが有する力で守られてきた。「行矣（幸くませ）」との祝福、子子孫孫に至るまでこの列島で幸せに暮らそうとの民族の合意が神話になり、守られてきたからだ。

天壌無窮の神勅は、神話とは「人格化された集団的願望」と説明するフランスの学者Ｅ・ドゥッテの説を裏付けるものである。

危機の時代に意識され、団結の核になり得るのは皇室を差し置いて存在しない。英雄を待望しなくても天皇の名のもとに団結できる。歴史を経て形成された民族の叡知を結集したというべきシステムである。

継続力は万世一系の天皇の君臨が齎した。応神天皇五世の孫とされる継体天皇の即位は、天皇の存在が列島の平安を保証すると信じられてきたが故に可能だった。万世一系の天皇は平穏な国柄を支える基軸的制度、日本国の核心であるが故に守られてきた。

日本国は天皇とともにあるのだ。今後ともないがしろにすることができない日本国の核心である。強運な日本国は皇室の存在に拠っており、今後とも守り通さねばならない民族の宝ともいえるシステムである。

万世一系の皇統を核心にすることで独自性を失なうことなく、日本国が存続できたことを要約した言葉が、「国体」であり、主体性を貫ぬくための拠所になってきた。

昭和に入り、軍部によって恣意的に使用、悪用されたため手垢がついてしまった。戦後は「軍国日本」を象徴する言葉として定着したかのように見受けられる。

明治維新以降の歴史を否定したい人達にとって、国体と軍国日本はセットになった観念、否定すべき歴史と化している。

戦争に導いた悪しき観念、日本の後進性を象徴する言葉である旨、敗戦後、国民を洗脳すべく刷込みに全力を傾注してきた。共産主義国家になることが歴史の必然、正義と思い込んできたからとしか思えぬ愚かな行為といえるだろう。

日の丸、君が代を忌避させようと努めてきたのと同根、特定の史観に立脚した政治活動である。「唯物史観の婢」として歴史を恣意的に悪意をもって解釈し、大衆を煽ってきた。彼等は故意に問題を擦り替えている。批判、追求すべきは軍部の専横を齎した要因の筈であるが、「天皇制」を諸悪の根源として排撃に努めてきた。

明治以降の歴史を一方的に否定すべきものと断じ、歴史の解釈権を独占しているかのように否定に努めてきた。政治的意図を隠し、群盲象を評するのと同様の批判を、唯物史観の権威を笠に着て行なってきた。社会主義国は善であり、日本的なものは悪だとする固定観念の刷込みは政治的動機に基づいた批判であり、学問の名に値しない。

敗戦国とはいえ何故これほどまでに猖獗を極めたのか理解に苦しむ。歴史の趨勢とのプロパガンダに付和雷同、右往左往しただけでないのか。臆病者なのだ。

英国ＢＢＣ放送が二〇〇六年以降、実施してきた「主要国の影響に関する国際世論調査」によれば、日本国の国家としての好感度は世界で最も高いグループに属している。

世界は日本を評価していることを率直に認め、日本の果たすべき役割について考察し、宇宙船地球号の時代における役割を果たすべく努めねばならない。

国体とは天皇の御稜成のもと平穏な国柄を維持、世界にも稀れな継続力を齎した歴史に対する洞察から生れた感謝の意を表す言葉である。本来は軍国日本とは何ら関係がない、むしろ植民地主義に対抗して主体性を貫くため生れた言葉と解釈すべきものである。

昭和に入り軍部は権力を奪取するために国体の観念を悪用した。戦後は左翼が権力を奪取する方便として使用してきた。

敗戦並びに唯物史観に洗脳され、明治以降の歴史を評価できず否定する。日本を信じられない旨、発言する者が跡を断たない。所属する国への愛情のかけらもなく、事実を歪曲してまで所属する国を貶め、否定する輩には虚無の世界が待ち受けている。

戦争の敗北により自画像を毀損、共産主義への幻想、憧憬に囚われたが故に誹謗できた。旧ソ連、中国、北朝鮮の実像が明らかになっても洗脳状態から覚めることなく誹謗中傷を続け、反省する素振りも見せない。

反省能力が欠除しているわけは判断を誤ったことを認めることができない。怯懦の故に自己の判断は正しかったと信じたいがため、現実を無視して虚妄の世界に生きているからだ。知識人と自負してきたが、事実に基づかず、愛情を持たない批判は己れを卑しくするだけでなく天に唾する行為でもある。彼等は日本史に悪名を記されることでそのつけを払わされるだろう。

国体の本来の意味は、万世一系の皇統に象徴される日本国の独自性、継続力を自覚した言葉であり、そのような国が植民地に堕す筈はないと己れに言い聞かせ、奮い起たせようと図ったことに由来する。

神国及び国体とは国家存亡の危機に瀕した時代に強調される言葉であり、軍国日本がルーツではない。ルーツは植民地主義の脅威とする方が真実を突いている。批判は坊主憎ければ袈裟まで憎いの類にすぎない。

皇室は姓を有しない。列島に居住する凡ての氏族を代表するが故に姓を持たない。中国文明の核心である宗族制度を反面教師として成立した。氏族の利益を代表する限り、万世一系の皇統はあり得ないからだ。

易姓革命に倣った王朝の交代がなかったわけは天壌無窮の神勅を体現する権威として君臨できた。権力の行使は時代の覇者に委ね、祭祀を司ることによって神聖性を保持できたからだ。

国体とは日本国の国柄が一変するような歴史を有しない、万邦無比の国家であることを自負する言葉である。中華の観念と同様のお国自慢の言葉にすぎない。

お国自慢は中華意識と同様に多くの国に見られるものであり、軍国主義に結び付ける類の言葉ではない。日本国のお国自慢は歴史を反映して独得なだけである。仲間を持たない孤立しやすい国柄を示す言葉でもある。何かにつけ批判を浴びるのはこのためである。

中華人民共和国は礼楽制度、儒教秩序を社会の核心に据える人治の中華帝国であった中国を政権奪取のためのプロパガンダ、建前であったとしても、啓蒙思想により偏見、迷信を打破する合理主義、階級や搾取がない共産党が統治する共産主義国家として建国された。

しかし、儒教の生命力、価値観は共産主義の理念を圧倒、ゾンビのように蘇り、共産主義と癒着、中華帝国として再び近隣諸国を睥睨するに至った。儒教と共産主義が合体したキメラ国家が中華人民共和国の正体である。

ゾンビのように蘇った中華帝国を、「一衣帯水」、「同文同種」の国として隣国に持つことから何かと批判される。

基本的価値観を共有しないだけでない。日本国の存在そのものが中華帝国の価値観を否定するものであり、何かと目障りだからでもある。日本への批判は中華帝国の悲鳴と受け止め冷静に対処することが長い目で見れば真の友好策である。

万邦無比の国体とは、別の表現をすれば「誤解を招きかねない国」と同義である。日本国は世界の国々の理解と共感を得られるよう努力することが欠かせない。通常の国以上に理解を得るよう努力しなければならない。にもかかわらず誤解を解くよう歴史の事実に立脚した反論がなされていない。逆にそれを利用、迎合する人が闊歩してきた。

反論しないことは批判を認めたことになるのが国際社会である。事実に反することに対しては、世界に通じる、誤解を解く言葉で反論できる能力を涵養しなければならない。

知識人はそのために存在しているのではないのか。逆に告げ口をする知識人が「良心的、進歩的な知識人」とされてきた。自画像を毀損、のみならず毀損させた日本人を代表するのが進歩的知識人である。

誤解による批判は日本国の名誉と尊厳を左右する事柄と認識し、気概をもって是正に取り組むことが喫緊の課題になって久しい。そのことに無頓着だったことは国民の油断といえる。真の知識人、賢者と呼ぶに値する人がおらず国民を啓発できなかった。

日本の宗教、価値観を世界に通じる言葉で発信・アピールすることは労多くして実りのない徒労ではない。世界は旧来の価値観に代わる新たな価値観を求めており、日本はそれに応え得るものを有している。尚古主義に囚われた儒教国家にできることではない。

中華人民共和国が主張していることは、かつて中華帝国が保持していた威信、並びに朝貢を受けてきた時代と同様の国際的地位を認めよということにほかならない。時代錯誤の主張である。第二次世界大戦以前の力がものをいう世界に戻せという主張にすぎない。二一世紀世界には存続不能、新たな紛争を齎す主張にすぎない。威信を回復したければ世界に冠たる文明国になることである。

前述したピエール・スイリ氏は『日本の特殊さは『先駆、前衛であること』に移った。もう一つがソフトパワー・日本の文化・

美・食・漫画――。『ソフトパワーを持つ国はまれ。中国は皆無です』。」と述べている。傾聴に値する言葉であり、世界は日本の発言を待っていることを立証する言葉でもある。

国体と同様に戦後、罵詈雑言を浴び、悪評の海に沈んでいる言葉に、「神国日本」がある。本来の意味は神道が正統の宗教であることを指す言葉であり、キリスト教国、イスラム国家、仏教国と同種の言葉である。

神国日本とは、日本の国柄を一言で要約する言葉である。軍部の恣意的な使用により、戦後は「軍国日本」を指す言葉と同意語になり、使用がタブーな言葉に成り果てた。

宗教界の本流に位置するキリスト教を受容した国からは、得体の知れない多神を信仰する宗教と受け止められ、批判を浴びているが、「異教」に対する偏見が生んだ評価にすぎない。

神国日本の本来の意味は、歴史が断絶したことがない、父祖伝来の宗教である神道が今もなお信仰されているのは、神の加護があったからだとする矜持がいわせた言葉である。

排他的に一神に所属することを求めるキリスト教を受容したため、父祖伝来の多神教と決別した国からは、胡散臭い宗教国だと誤解され、軍国主義とオーバーラップさせ批判されている。

しかし、神道は教義や戒律を記した正典を有しない。神の前で赤誠の心をもって畏み、畏み祀る宗教であり、軍国日本に結び付けるのは政治的思惑を秘めた発言と反論すべきなのだ。

更には遅れた宗教とする偏見から生じたものであり、信仰の自由を標榜する時代にそぐわない。偏見が生んだ「差別意識」に他ならない。

父祖伝来の宗教、固有の宗教を今も信仰するに止まらず、神を立てない仏教と習合した宗教（日本教）は、彼等が信仰する排他的に所属させ、二股をかけることをタブーとする宗教観によって、宗教の本道を踏み外していると認識されたにすぎない。

遅れた不合理とされる宗教だが、宗教戦争とは無縁、他宗を蔑視しない宗教である。従来の宗教観に拠る限り批判はまぬがれ難いだろう。しかし、そのような宗教観から卒業することが宗教に起因する紛争解決の第一歩と反論しなければならない。

宗教を同じくする国を持たない孤立した国が日本国である。

一神教の価値観に基づき日本国の宗教をあいまい、不合理とする国に向けて日本の宗教について説明、誤解を解くことが日本国並びに日本の宗教への理解を得る正道である。

一神教の価値観からはあいまい、不合理と評価するしかない宗教を信じる国が、犯罪が少なく平穏なのは比較する物差に瑕疵がある、歪んでいるのでは、と指摘、反論すべきなのだ。

宗教の存在意義を果たしている宗教を、不合理、あいまい、遅れた宗教と決めつけるのは評価基準が間違っていると反論・アピールすべきなのだ。

更には日本国には奴隷制度がなく宗教戦争がなかったこともアピールしなければならない。宗教戦争ほど宗教の権威を毀損するものはないからだ。歴史が示しているように排他的に所属する限り紛争の火種は尽きない。

宗教の壁を超えた、宗教戦争とは無縁であり、かつ平穏な社会構築に資する宗教が、遅れた、不合理な宗教との評価はおかしいと反論すべきなのだ。

排他的に所属する宗教の価値観を基準にして他宗教を批判することから卒業し、霊性の成長のため互いに競い合うべき秋でないのか。

宇宙船地球号の時代の宗教は、ステレオタイプ化した既存の宗教観に囚われず霊性の涵養、成長に努めてこそ、宗教の責務を果たした、と評価すべき秋を迎えている、と主張すべきなのだ。

神国日本とは、万世一系の皇統に代表されるように王朝が断絶したことがない、更には宗教も途絶えたことがない国、奇蹟と呼べる継続力を有する国が植民地にされる筈はない。神の加護、祝福があったからだとの矜持から生れた。いわば己れに言い聞かせるための言葉であり、危機感が齎した言葉でもある。

元寇に際し神風が吹き荒れ、元の艦船を沈めたことは神の加護の賜物と信じさせた。幸運な歴史を有する旨、己れに言い聞かせる言葉である。

この観念は平時にあっては伏流水のように意識下に潜んでいるが、危機に際して浮上、顕在化する。独立自尊の国柄を守る守護神と評価できる言葉である。

神国日本とは、神の祝福、加護なしにはあり得ない歴史を誇る言葉であるが故に、神への感謝、畏敬の念が失せれば、夜郎自大に陥りかねない言葉でもある。

明治に入り、植民地主義の脅威が現実のものになった時、万邦無比の国体を有する「神国日本」が植民地にされる筈はない。日本国の歴史はそのことを明示している、と国民に言い聞かせ、奮い立たせる因になった言葉である。

日露戦争を切り抜け、第一次世界大戦に参戦、勝者の側についた御蔭で世界五大国の席に列したことから驕りが生じた。

驕りは神への感謝の念を失わせ、虚栄心に囚われた。植民地主義という怪物と戦ううちに怪物が憑依した。

その結果　夜郎自大な国になり、他文明の精華を謙虚に学ぶ、日本文明の長所を見失い、独善に囚われ、遂には軍部の暴走を招いた。明治時代にあったリアリズムは驕りが生んだ虚栄心と共に失われてしまった。

問題の本質はここにある。なすべきことは何がリアリズムを喪失させたかについて真摯に追求し、善後策を講じることである。

それは天皇機関説を放棄させた勢力の擡頭を阻止できなかったことによって齎された。軍部は天皇機関説をだしに使いクーデターに成功した。国体の変更をもくろむ勢力は「国体の本義」を擦り替えることで権力の奪取に成功した。帝国の核心である天皇の名を騙り、ありもしない国体を強要、挙げ句のはてに開闢以来の敗戦を齎した。この結果、日本人の自画像は甚しく毀損した。

今も毀損した自画像は修復されていない。知識人は国民に勇気と希望を回復するよう努めるどころか、逆に批判に便乗、傷口に塩をすりこんできた。

唯物史観に拠って敗戦の原因を曲解し、「天皇制」を罵倒した。革命に利用するためである。彼等は戦後論壇の主流を占め、世論形成にあたり甚大な影響力を発揮した。

日本国を貶めるため悪意を込めたフェイクな歴史像を、唯物史観の権威を笠に着てプロパガンダに努めた。左派だけでなく占領軍も加担し、偏向した歴史を、敗戦により自画像を毀損した国民に刷込んだ。その効果はてきめんであり、今もその後遺症、痛手から回復していない。

保守の良識が反論すべきだった。が、占領下の特殊事情と、軍の圧力に屈し、天皇機関説を否定、敗北に導いたことから敗戦責任を取らされ権威を喪失した保守、体制側の反論は説得力を持ち得なかった。敗戦に導いた勢力は皇室を尊崇する保守ではなく、革新将校、革新官僚を装う隠れ共産党員、又は国家資本主義者であって、天皇の権威を隠蓑にしたことに国民は気付かなかった。辺境が齎した初心（うぶ）な国民性のためだろう。

革新勢力が跳梁跋扈し洗脳に努めた結果、虚心坦懐に歴史に向き合うことができなくなった。国民は依然として洗脳が解けず催眠状態におかれている。何か事あるごとに事実を押し曲げて針小棒大に右傾化、軍国化等と「報導」する勢力が外国と結託し、日本を貶しめるフェイクニュース・ネガティブキャンペーンに右往左往させられてきた。

反省は人だけができる特権であり、反省なくして前進はない。しかし、失敗を悔いるあまり自国の歴史を貶めることは間違いである。世界の歴史は愚行と失敗の歴史といえるが、それを乗り越えてきた。愚行に拘泥するあまり、前進するエネルギーを枯渇させることは更なる愚行を重ねるのと同じである。

国体が護持されたのと同様の幸運は、宗教にも見られるのではないだろうか。

神道が今も日本国の正統な宗教であること並びに宗教戦争とは無縁の神仏習合の国であることは一人、我が日本の幸運である。東夷の国の宗教は排他的に所属させることを真善美（よし）としないことから幸運を得た。神道が世界宗教である仏教と共存できたことは、宗教にも運、不運があることを示唆している。

神道は、仏教、儒教、道教の影響は受けはしたが神道の核心である神聖なものへの信仰は守りぬいた。外国から渡来した宗教を知り、学ぶことで他宗教には見られない神道の独自性を自覚、深めることが可能になった。

しかし、「神道は変わった。変質した」といわれるような影響は受けなかった。「神聖なものに関する信仰」を宗教と認識する日本教の核心は揺らぐことなく守り通した。

儒教、道教、仏教からの影響は神道の信仰、神観念を深化させたが、神道が変質したといわれるような影響は受けなかった。とりわけ仏教の受容により存続が危ぶまれるほどの危機に陥ったが本地垂迹説によって活路を見出し、仏教と習合、棲み分けすることで独自性を保持できた。

世界の宗教史を繙けば世界宗教である仏教の受容により民族宗教である神道は傍流に追い遣られ、宗教界における正統の地位を失ない権威を失墜、遂には宗教として認められなくなり忘れられた宗教と化してもおかしくなかった。幸いにして日本に渡来した仏教は一神教ではなく、多神多仏を容認する宗教だった。このため神道は仏教と習合することが可能になり、正統な宗教として存続できた。世界の宗教史上の奇蹟と呼べるだろう。

神聖なものに排他的に所属することなく信仰する神道は、宗教の本旨に適った宗教であるが故に強い生命力を有し、信仰されてきたといえるだろう。

遅れた宗教、宗教とは呼べない習俗、或は未開とされる宗教が、長らく正統の地位を保持できる筈はない。宗教を蔑視する幕藩体制の御用学者たる儒者及びその弟子である武士並にその思想上の末裔たるインテリが相応の権威を有してきた日本において、「怪力乱神」を語る神道が先祖伝来の宗教というだけで信仰されたと捉える方がおかしい。国民を蔑視しているからできることである。

信仰されるに値する優れた長所を持つが故に信仰されてきたと解釈する方が的を射ている、本質を突いているのではないだろうか。構えることなく自然体で信仰できる宗教であるが故に信仰されてきた。神道を遅れた宗教であると卑下する理由はない。むしろ誇りとしてよい宗教である。

世界の宗教史における奇蹟とは、ユダヤ人が迫害と流浪の歴史を余儀なくされたにもかかわらずユダヤ教への帰依を止めなかったことであり、日本人が今も神道を正統な宗教として信仰していることである。

神道とユダヤ教は「真逆」と評するしかない性格を持つ宗教であるが、神に祝福されたが故に信仰されてきた、と解釈できる宗教であり、宗教史上の奇蹟といえよう。

性格が全く異る宗教であるにもかかわらず、両宗教を神が祝福したことは何を意味しているのだろうか。人はこの事実を如何に解釈すれば的を射ることができるのだろうか。

私は神の御心に適った宗教であるが故に祝福された、と理解している。信仰する宗教が違うことを理由に異教、或は異端として排除する、神の名のもとに戦うことは、神の意に反していることを示すものが神道とユダヤ教の歴史、とアピールするべきでないだろうか。

宗教が違うことに起因する紛争はいずれ神の怒りを買う、ノアの箱舟の神話に見られるような災厄を招くだろう。

宗教家には不本意だろうが、神にとって宗教の相違は問題とするに足りない瑣事であることを示すため神道とユダヤ教を祝福したといえないだろうか。

神が容認できないのは神の名を騙り、人を悪しき世界に導くカルトである。

神は信仰を有するから祝福するのではない。信仰をとおして神聖なものを知り、霊性を高めるよう努める。神の教えを学び、己れを向上させるが故に祝福する、と受け止めるべきでないだろうか。

神は無限な存在、超越者である以上、特定の宗教が神の全容を捉え反映しているとして、宗教を代表できる筈はないのだ。

各宗教は霊性を高めるために存在すると認識し共通の目標のため協調することが、宇宙船地球号と認識できるまでに成長した人にとって、神の祝福に値する。宗教の壁を超える宗教を神は祝福するのではないだろうか。

神聖なものに関する信仰とは対極の位置にあるのが、排他的に一神（一仏）にのみ所属させる宗教である。

排他的に所属させる宗教が社会の基軸である国では古き神は排除され、今日では神話や物語のなかでのみ語られる存在に成り果てた。信仰は断絶したといえる。それはまた、歴史が断絶したことでもある。異教の時代は、彼等の歴史ではない。

戦国時代キリスト教は布教を許され、その価値観によって日本の宗教を批判、攻撃するようになった。しかし、神聖なものに関する信仰を宗教だと認識する日本の宗教観は揺がなかった。

フランシスコ・ザビエルによってキリスト教の布教（一五四九年）が始まってから、はや数百年が経過したがキリスト教徒は人口の高々一パーセント程度にすぎない。

キリスト教は江戸時代には禁圧されたが、明治以降は圧倒的な影響力を有する西欧文明の影響下におかれた。戦後は強固なキリスト教国であるアメリカに占領され、アメリカなしには夜も日も明けぬ圧倒的な影響を受けた。私は高校時代、学校をとおして聖書の頒布を受けた覚えがある。

しかし、キリスト教徒はさして増えなかった。キリスト教徒が激増し、大きな影響力を持つに至った韓国とは信仰風土に本質的な相違があることは明らかである。

今後ともこの状況が劇的に変わるようなことが起きるとは思わない。これほど強い生命力を持つ宗教、神聖なものに関する信仰が失なわれると考えるのは困難である。

創造主を唯一の神聖なものとして他神を否定する一神教だが、日本では排他性を喪失し、神聖なものとして信仰されている。何故なら創造主も神聖なものであることに相違ないので排他性を無視、神聖なものとして信仰されている。

本地垂迹説に見られるように、垂迹して顕現する神聖なものの本地たる神像を日本人は把握し得なかった。正統とされる神の像を有しないが故に三位一体の神学を持つキリスト教の核心、キリストを神聖なものとして受け入れることができた。

排他的にキリスト教に所属する者には不本意であろうが、キリストは神聖なものの座に加えられ宗教界を豊かにした。

仏教は神道と習合することで土着した。排他的に所属させる創造主を信仰する宗教と雖も、仏教と同様な形でしか土着できない。現にそのようになっているのではないだろうか。

何故なら日本人には人格神とされる創造主を理解できないからだ。ダルマや天道は理解できても、無から一切を創造した一神教の神が人格神であり、更には他の神を認めないことは理解の外にある。このため啓典の民に下された正典は仏教の教典と同様にしか理解できない。

日本の神が国土をつくったのと、創造主による創造は創造でも天と地ほどの違いがある。創造主による創造を理解することは日本人には困難である。神前法後、法をも創造するのが一神教の神であるが、日本人には理解困難な神の像である。

芥川龍之介が「神々の微笑」のなかで、「この国には山にも森にも、あるいは家々の並んだ町にも、何か不思議な力が潜(ひそ)んでおります。そうしてそれが冥々(めいめい)のうちに、私の使命を妨げております」と記した「不思議な力」の正体は、神聖なものに関する信仰を宗教と捉え、排他的に所属することなく神仏を信仰する宗教観が創造主の観念を腐蝕させることを指しているように思われる。

淵源は列島の島々は神が関与しているとしか思えない不思議な力、「かつて木や草は人と同じように話をしていた時代があった」と神話に記されている神秘な活力を持つ土地柄の故だろう。

神は今も国造りを中断することなく続行している。そのように感じざるを得ないのが日本列島である。

遠藤周作が「沈黙」のなかで「沼地のような風土」と嘆息したことも同じことを指している。草木がものをいう日本の風土は一神教になじまない。違和感を覚えずにはおかないのが、排他的に一神に所属することを拒否する宗教観である。究極の存在が人格神である筈はないのだ。

一神教の神を風化させ、絶対性、排他性を取り除かせる不思議な力、沼地のような風土の正体は神聖なものに関する信仰こそが、宗教であるとの観念が、圧倒的な力、影響力を有するキリスト教文明に遭遇しても揺がなかったことにある。創造主への違和感である。

げに日本教と呼ばれるゆえんである。

この観念は宗教の壁に由来する紛争が絶えない世界の解毒剤になり得るのではないだろうか。

創造主の観念は科学が主宰する時代には、信仰世界の真実・神話と達観すべきなのだ。

神聖なものに関する信仰について強調しておかねばならないことは、一神（一仏）への絶対的帰依を否定するものではないことである。

絶対的に帰依していても、他神他仏を軽んじない。神聖なものとして認めることである。

神聖なものに関する信仰を宗教と捉える宗教観は信仰の自由を齎す、日本に宗教戦争がないのは他者の信仰を軽んじない。否定することなく他宗を認めるからだ。

宇宙船地球号の時代に想応しい宗教観といえないだろうか。

神聖なものを宗教の壁を超えて信仰する日本教の未来について三位一体説に因って考察すれば次のようにいえるのではないだろうか。

神道、仏教、キリスト教はいずれも神聖なものの教えを説く宗教である。三つの宗教のペルソナはそれぞれ異なっている。しかし、本地は同じ、顕現する姿形が異なる一つの神聖なるものがいる。日本の宗教の有り様である。

一文明一国家の国

日本国は宗教を同じくする国を持たない一文明一国家の国である。このことを別の言葉で表現すれば、「孤立が日本国の宿命」であることをも意味している。

孤立は東夷と呼ばれた環境、他国との交流が困難な位置にあることが淵源であり、宗教を始め価値観を共有する国がないことが拍車をかけた。

しかし、孤立を意識することはなかった。むしろ他国の侵攻が容易でないが故に華夷秩序に反する独立自尊の国として存続できたことを神の加護と捉え神国日本と誇ってきた。

神国日本として歴史の断絶がない、万世一系の皇統が君臨する国柄、易姓革命の国とは国体が違うことを誇り、日出る国として自国の都合で大陸と交流してきた。

孤立を恐れるようになったのは開国以降である。西力東漸の時代を乗り切るため否応なく開国し　西洋化（近代化）に取り組まざるを得なくなった明治以降のことである。

鎖国が可能な一国で完結できた国柄は、開国と共に終った。科学革命後の欧米諸国は鎖国を可能にした海の障壁、万里の波涛を克服、黒船を率いて来航、開国を強要した。

四杯の黒船は太平の眠りを覚ましただけではない、一国平和主義の世が終ったことを周知させた。最早過去の政策では独立自尊の国体は守れない、と新たな世界への適応を余儀なくされ、脱亜入欧した。

明治政府は脱亜入欧を新たな国家戦略として選択した。中華文明の影響下にあったとはいえ独自の文明を構築してきた日本国は、脱亜入欧、国家戦略の転換というべき決断をするにあたりためらうことはなかった。

日本国にとって何よりも優先されるべき国策は、独立自尊の国として存続することだった。中国、朝鮮から文物は導入したが両国との関係は必ずしも円滑だったわけではない。

華夷秩序の一員になることは、日出る国として大陸とは一線を画す国是に背くことになるためしっくりとは行かなかった。しかし、中華帝国は日本国を華夷秩序の一員と見做してきた。両国の認識の相違は軋轢を生まずにはおかなかった。

極東、東アジアの片隅に位置するという地理的条件、及び大陸から文物を導入した歴史を背景に中国、朝鮮は中国を盟主とする「華夷秩序」のなかに、日本国も当然包含されていると捉えてきた。そのうえで中華、小中華の国とは格の違う「東夷」の国と位置付け、蔑視した。認識の相違が禍根を残した。

上下関係護持を核心とする儒教倫理を日本国に適用し、「中国は父であり、朝鮮は兄であり、日本は弟である」と決め付け、疑うことはなかった。

東夷の国たる身の程を弁えずに華夷秩序を無視、勝手に脱亜入欧し、西欧の力を我物にして中国、朝鮮に屈辱を与えたことを儒教国家は断じて容認できない。千年恨の源である。反日は国是として、事有るごとに噴出する。

儒教の価値観を基に国際関係を構築する姿勢から卒業しない限り、反日の国是は今後とも継続されると覚悟しておかねばならない。

儒教国とは違い、日本国は儒教を核心とする国ではない。神仏習合を核心とする万世一系の皇統を戴く国である。儒教は封建秩序維持の思想、体制教学であり、処生訓、学問にすぎない。易姓革命の国とは水に油の国である。

日本国を違った文明の国と認識できないことが反日政策を正当化し、通常の外交関係を結ぶ障害になっている。更には反日は政権延命の道具としても使われている。

儒教の価値観に囚われているから摩擦が絶えない。日本国は儒教文明に属していないことを容認できず批判してきた。

儒教に基く価値観は近代世界に適応できない、反しているが故に近代に入り苦難の道を余儀なくされたことを認めることができない。体質と化しているが故に客観的に把握できない国柄である。

日本国を華夷秩序の一員と位置付け、仁義道徳を弁えない倭国として目下の国とするファンタジーは、麻薬のような快感を与えるのであろう。麻薬の誘惑を断ち切ろうとはしない。このためリアリズムを喪失し国策を誤ったことから目を背けている。遠からず、リアリズムを喪失したつけを再度払わざるを得なくなる。憂慮すべき事態に陥るだろう。

儒教の価値観から卒業しない限り、過去の二の舞を演じるような国難に遭遇するだろう。

日本国の自画像は、中華帝国の皇帝と肩を並べる万世一系の天皇が君臨する日出る国である、易姓革命の国とは真逆の国である。

この断絶が摩擦を生む元凶である。華夷秩序に拠って立つ中華帝国は対等な国際関係を想定していない。儒教に基づく価値観から解放されない限り摩擦は続くと覚悟し距離を置く、是是非非主義で対応することが無難な道である。

相手の立場に配慮し、妥協すればするほど自国の正統性が裏付けられたと自信を深め、更なる無理難題を押し付けてくる。中華の礼を知らぬ東夷の国に儒教の礼を教えることは正義であり、責務なのだ。

日本はこの事実を肝に銘じて行動しなければならない。

日本にとって華夷秩序を押し付けてくる中国、朝鮮との交流は居場所がない、居心地の悪いものでしかなかった。遣唐使を廃止して以来、千年もの間、正式な国交が結ばれなかったのはこのためである。

明治に入り、「アジアよ　さようなら」とばかりに脱亜入欧し、華夷秩序から正式に離脱した。その決断は居場所がなかっただけに容易な選択だった。

脱亜にあたりアジアの孤児になるなどの危惧を抱くことはなかった。むしろ脱亜入欧をためらうことによって、植民地主義の餌食にされることを危惧したが故の決断だった。

太陰太陽暦を廃止し、太陽暦を採用したのは、華夷秩序からの離脱を対外的に表明する政治的儀式でもあった。太陽暦の方が暦として優れている、合理的であったから選択したことは勿論だが、脱亜入欧を対外的に表明する政治上の決断でもあった。

華夷秩序に安住し小中華であることを真善美（よし）とした李氏朝鮮は日本に倣い華夷秩序から離脱する決断ができず、旧套墨守を誇るあまり時代の変化に対応できず亡国を招いた。離脱は日清戦争後の東アジアの秩序の激変を受け、ようやく実現したものにすぎない。

李氏朝鮮にとって華夷秩序からの離脱が如何に困難だったかを示すものである。

政治はリアリズムに徹すべきものであるが、中華帝国は儒教によった上下の価値観を押し付け、従わせることが外交だと認識し、朝鮮は嬉嬉としてそれを受け入れ、小中華と誇った結果、時代の荒波に呑み込まれてしまった。

昭和に入り、華夷秩序に代わる大東亜共栄圏という東亜新秩序の確立を目指し大陸に干渉したが中華帝国の反発を招いただけで逆効果だった。

共通の価値観を有しない、文明を異にする国に対し新秩序の確立を強要する戦略は、致命的な失敗を招かずにおかなかった。間違った制度設計、戦略に基づいていたからだ。

日中戦争から大東亜戦争に至る日本の孤立は大日本帝国の戦略が時代錯誤であったことに起因する。植民地解放が時代の要請であったにもかかわらず東亜新秩序を押し付けた。近代化に先行した傲りが目をくもらせ、リアリズムを喪失させた。

日本国の中国文明理解は書物を通して得た表面的な知識にすぎなかったから中国人の心を捉え得ず失敗した。

キリスト教文明の圧倒的な影響のもと、文明を同じくする国を持たない一国一文明の国の失敗との観点からの究明も欠かせないのではないだろうか。歴史を鑑とするには多面的な視点なしに、鑑は鑑足り得ない。


維新の変革が一区切りついた後に日本国の舵取を託された要路の大官は学業成績が優秀なだけで胆力も洞察力も有しない凡庸な人物にすぎなかった。

彼等に国家の運営を委ねたのは致命的な戦略上のあやまちだった。高等文官試験は日本の科挙試験、日本にも科挙制度が採用されたと評することができる。明治の変革は彼等と真逆の人材だったから成功したことを、成功体験のなかで見失なった。


大日本帝国を代表して国益を主張すべき責任を有する要路の大官及び知識人は外国に向け、主張、説得する言葉を有しなかったことが日本国の孤立を一層深めた。

このことを端的に示すのが、第一次世界大戦後の一九一九年に開催されたパリ講和条約に際しての日本代表団の行動である。

大日本帝国は米英仏伊と共に凡ての重要事項を決める各国二名参加の「カウンシル・オブテン」のメンバーとしての地位を得た。しかし、西園寺公望代表以下の日本全権団は、明治以降日本国民の努力の結果、与えられた発言の場を活用できなかった。

このため、「沈黙のパートナー」と酷評された。ジョン・M・ケインズは日本全権団について、「日本人は坐り続けている。体を強張らせて、そこで何が起こっているかが分かっていないかのように、ほかの惑星の出来事が演じられているかのように」とまで酷評した。

岡倉天心の時代より発信力・アピール能力は低下していたと疑わざるを得ないほど、説明能力が低かった。中国が代表として招かれていたのであれば全く違っていたのではないだろうか。

日本国が自己主張できない、説明能力が低いことについて、チャーチルも同様の趣旨のことを記している。

日本は主張すべきものを持っていた。にもかかわらず説得はおろか、自己主張すら満足にできなかった。「人種差別撤廃」にかかる日本の提案は歴史的なものだった。しかし、実現できず人種差別への取り組みは第二次世界大戦後に先送りされ、大きな禍根を残した。

そのうえ日本国民は日本全権団がこのようなていたらくであったことを全く知らされていなかった。その後の国際交渉においても日本国は相手の説得はおろか、国民への説明責任を果たし得なかった。国民は怒りを募らせ欲求不満に陥り、暴発した。

命もいらぬ、名もいらぬと生命を賭した明治維新の志士とは異なって学業成績が優秀なだけで交渉力も胆力もない、怯懦な者を指導的な地位につけたことから生じた戦略上のあやまちだった。

第二次世界大戦後、世界の潮流は植民地が消滅するなど劇的に変わり、新たな時代の幕が上がった。新たな時代に相応しい、国造りに協力できるものを日本国は有しており、世界に向けアピールすると共に国造りに協力しなければならない。努めることが宇宙船地球号の時代の責務といえる。

一国一文明の理解され難い日本文明であるが、そのような時代は終った。宇宙船地球号の時代、激変する価値観は津波のごとく押寄せてくる。この波を乗り切るために最適なものを保持しているのが日本文明である。矜持をもってアピールすれば道は開かれる。

日本文明について発信することは日本国の責務と覚悟して行動すべき時節が到来した。

日本国は安全を世界に依存する以上、安全な世界構築のため力を惜しんではならない　憲法の理念を活かすことであり率先して行うべきものである。

近年、世界各国における調査によると、日本国は最も信頼される国の一つと評価されている。戦後における日本国の活動に対する評価である以上に、日本文明への期待感が高まっていることを示すものでもある。期待に応えるべく活動しなければならない。

イスラエルとアラブ諸国の対立、更には同じイスラム教を奉じているにもかかわらず、宗派が違うだけで流血を伴う紛争が絶えない。愛と慈悲を説く宗教であるにもかかわらず、争いが日常化しているのは一神教文明の限界を示すものである。

排他的に特定の宗教、宗派に帰依させる限り争いは避けられないだろう。これに対し、一神教文明に属しない日本国では宗教戦争はなかった。神聖とされるものを排他的に所属することなく信仰する文明だからである。

平穏な国として日本文明への関心が高まっている。期待に応えることが宇宙船地球号の時代の責務である。それはまた、天壌無窮の神勅、日本国の国是実現に至る道でもある。

宇宙船地球号とは世界が運命共同体になったことを意味しており、互いに協力して生きる以外に選択肢はない。

更に敷衍して述べれば三系統のＤＮＡを持つ末裔の存続は、日本人とは無縁な外国の出来事とはいえないことを示すものでもある。

出アフリカ後、環境に適応して暮らすなかで生活様式も外見も違ってきたが私達は親類なのだ。三系統のＤＮＡの存続はそのことを裏付けている。平穏な世界構築のため力を惜しむべきではない。

日本国は反省が足りない旨の中傷は、儒教国からの日本を貶めようとする為にする誹謗、中傷にすぎない。それに迎合する知識人が社会に大きく根を張っていることが日本国の弱点である。

上下関係を基軸に据える儒教国家にとって、日本国を弟とする観念はよほど居心地がよいのだろう。自傷行為であるにもかかわらず安住するばかりで卒業しようとはしない。

「華夷秩序は天動説」であると理解すれば理解が容易になり問題点がはっきりする。

世界の中心には太陽というべき不動の大国、中華帝国が厳として存在している。朝貢が示すように小国は帝国の引力に引き寄せられ、あたかも衛星であるかのように動かされてきた。中華帝国は朝貢国に恩恵を施す太陽であり、皇帝は衛星国に中華の文物を下賜する天子と自負してきた。

時代に逆行する自画像が変らない限り、行動も変らないだろう。

天命を受けた皇帝は、「普天の下、王土に非ざるは莫く、率土の浜、王臣に非ざるはなし（天下のものはすべて帝王の領土でないものはない。国の果てまで帝王の家来でないものはない）」との世界観を保持してきた。

世界は大国であれ、小国であれ、平等な国家として存在していることを理解しようともせず、中華帝国の夢を追い、軋轢を起こす。事実に基づかない批判、悪口雑言は中国を卑しくするだけなのに止めようとはせず、力で押し切ろうとするから周辺国と軋轢が絶えない、が、そのことを反省する素振りも見せず、居丈高になる。

帝国の国境はゴムのようなもので中華帝国の勢いが盛んな時は外に向かって膨張することを当然視している。領土拡大は皇帝の責務といえるだろう。

東夷の国に対する儒教文明の優越は最早、過去のものである。しかし、尚古主義の中国はそれを無視する。事実に立脚したものではないことに薄薄気付き、自信を喪失しているが故に弱みを見せまいとして居丈高になり、力を誇示する。更には悪口雑言する醜態を晒らしている。

中華人民共和国は共産主義国家として建国された筈だが批判、追放した筈の儒教の価値観を克服できず、儒教は共産主義と合体、一周遅れの中華帝国、キメラ国家となって復活した。

無謀と評価するしかない大躍進政策の失敗に懲りることなく、更なる愚行たる文化大革命を強行した結果、共産主義の夢は潰えた。社会主義市場経済と称して共産主義を捨て、過去の栄光に縋った。

儒教の価値観に囚われるあまり自縄自縛状態に陥り、苦杯を喫した歴史から解放する旨愛国心を鼓吹、プロパガンダに成功したが故に中国共産党は放伐に成功、中華人民共和国を建国できた。

しかし、建国の志を忘れ　乗り越えた筈の儒教の価値観を周辺国に押し付けるために力の行使も辞さない旨威嚇している。

一周遅れの帝国主義は時代にそぐわない、中国の威信を損なうだけである。

ゾンビと化した中華帝国に明るい未来があるとは思わない。中華人民共和国は時代の潮流に逆らう異形な中華帝国として距離をおいて対処するしかない。

東夷の国に対する事実を歪曲した批判を、見苦しいと内心では思っている者も、当然存在する筈である。しかし、そのような声は報道されないし、弾圧される。

ソビエト連邦の崩壊により共産主義が敗北したことを反面教師として研究、強硬策で乗り切れると判断したのだろう。しかし、中華帝国の栄光を押立てた硬直した政策で解決できる問題ではない。強行策は天に唾するのと同様の政策にしかなり得ないだろう。

共産主義を捨て中華帝国を志向する中華人民共和国にとって、平和国家を標榜する日本国の存在は、野望実現の障害になるのであろう。事有るごとに批判中傷して憚らない。

事実に基づいた批判ではなく、日本が目障りな故に批判している。遅れた東夷の国との幻想史観、破棄した筈の華夷秩序を基に批判している。

儒教の価値観は事実よりも重い。価値観を強要することが帝国の使命なのだ。政治　経済が壁にぶちあたり、これ以上のごり押しは不可能と悟るまで強硬策を続けるだろう。日本国民の反発を買うだけの批判を続けるのは空しくならないのか、不思議に思えてくる。

法治よりは人治、華夷秩序に拠って立つ中華帝国は、法の下の平等とは両立できない国である。そのうえ上下の身分秩序、華夷秩序を維持するためには事実を無視しても恥じることはない。華夷秩序の護持を何よりも優先する国柄である。

儒教の価値観が通用しない国との外交で、適用しても得るものはない。一時的には利に引かれ賛同を得ても、金の切れ目が縁の切れ目になるだろう。

朱子学（儒教）が体制を支える御用思想、体制教学として採用されていなければ、その価値観が社会の核心になっていなければ、東アジアの歴史は燦然と輝いていたことだろう。

朱子学が存在していなければ東アジアはＥＵのようになれただろうに。

中華人民共和国を盟主とする華夷秩序の再建は二一世紀の潮流に反するが故に成功する筈はない。「儒教帝国」に未来はない。

歴史の趨勢に逆らっているからだ。日本国は挑発に乗らず、帝国の崩壊に伴う被害を最小限に食い止めるよう努めるしかない。

　支配者である中国共産党と中国国民を分離して、中国国民の理解を得るよう努めねばならない。情報化の時代である。手段はある筈だ。

中国、韓国からの旅行者数の推移を見れば表層の反日以外の流れがあることが窺われる。悲観することはない。真面目に向き合うことから真の友誼は生まれる。

　儒教国家が日本国を目の敵とするのは、華夷秩序に反する異端児であるに止まらない。東夷の国にすぎない小日本が脱亜入欧し、あまつさえ父たる中華帝国、兄たる小中華の国の尊厳を傷つけたことが許せない。

　更には戦争に敗れたにもかかわらず経済大国として再建されたことを容認できない。宗家のメンツが傷つけられたからだ。

　その恨みは千年恨というほど深い。儒教国家を卒業しない限り、今後とも続くと覚悟しておかねばならない。

　恨を生む大地に愛や寛容の心は育たない。儒教が齎した幻想の価値観に固執すればするほど自国の尊厳を傷つけることを理解しようともしない。その結果、誰もいなくなる。友好国を失うだろう。

　中華人民共和国は儒教を敵対視する共産主義国家として建国された。建国当初、儒教は批判の的だった。しかし、儒教の呪い、価値観から離脱できなかった。大国化するに伴い華夷意識が復活した。その代償として高いつけを支払わされることだろう。

　徳川幕府は朱子学を幕藩体制を支えるイデオロギーとして採用した。このため日本国を儒教国家と捉えた者もいた。しかし、徳川日本は儒教国家ではない。皇帝の下、科挙で選抜された官吏が支配する国ではない。武士が支配する封建国家である。これに近い体制としては西欧の中世国家のみといわれている。

　朱子学は中華帝国護持の体制教学、社会秩序を維持する御用思想である。宇宙船地球号の時代には適用できない。早急に卒業することが平和に資する。


　宗教は説教をとおして社会秩序を守るよう説くことで社会の安寧に寄与する教えでもある。このため統治の任に与る者は様々な便宜を与えてきた。宗教は保守的でもあるのだ。

　保守的であるが故に宗教に起因する対立、紛争は止みそうにない。中東ではルーツを同じくする一神教でありながら融和できず、対立が続いている。対立は信仰する神の御心、教えに反している筈だが、排他的に一神に所属するが故に歯止めが掛からない。

　世界は唯一の神のもと、理路整然と統一された秩序、価値体系に一元化するには複雑すぎる、神でない人には不可能である。この厳粛な事実を軽視して力をもって一つにしようとするから紛争が尽きない。

排他的に所属、信仰する神を絶対視するあまり、現実には幅があり、一律には対応できないことを認めることができない。神は偉大だが被造物たる人は迷える子羊同然の存在にすぎない。この厳粛な事実を無視して他者の信仰を否定、強要するから紛争が絶えない。

神仏習合を基軸とする日本の宗教は、排他的に所属させないが故に一神教の価値観ではあいまい、不合理と批判せざるを得ない宗教である。あいまいであるが故に宗教に起因する紛争はなかった。また、一神教に対する主潮の変化の影響を被ることもない。垂迹して顕現する神聖なものは姿形を超越しており特定の姿をとって顕現することはない。更には一神だけを排他的に信仰するよう強要しない宗教であり、複数の宗教に所属、信仰することは禁忌ではない。

他宗教の神も、神聖なものに相違ないので排除しない。他の宗教を異教、異端として排除する必要がないため宗教戦争には至らない。

あいまい、不合理と批判を浴びる神聖なものに関する信仰は、宗教の壁を超える宗教であるが故に評価される。評価せざるを得ない時代を迎えている。

宗教対立から卒業できない排他的に所属させる宗教は、修正する程度では間に合わない。評価基準、宗教観をコペルニクス的転回せざるを得ない状況に遭遇、日本の宗教を評価せざるを得なくなるだろう。

アニメ、漫画に代表される日本のソフトパワーに対する関心の高まりは、一神教文明に属さない日本文明への関心の高まりを示す指標に見える。一神教文明の価値観に染められていない子ども達から始まっていることは、時代の転換を示す予兆と評価できるのではないだろうか。

従来の価値観に囚われない、感受性が豊かで柔軟な思考力を持つ子ども達への、日本文明の影響力が高まっていることから生じた現象と捉え得る。

「三つ子の魂百まで」、「子どもは大人の父である」といわれるように、子ども時代に培われた価値観は、その後の人生を左右せずにはおかない。

一文明一国家といわれる仲間を持たない、孤立した日本文明であるが、子ども達が成人後の世界では、日本文明への理解と関心は一段と高まっていることだろう。

これからの世界は、一神教文明の束縛、価値観から解放されて、「他神軽んずべからざる」、「他文明軽んずべからざる」が共有される世界にならざるを得ない。

世界の平穏はこの一点にかかっている。日本文明の出番は必ずある。

科学の発達に伴う新たな価値観は、自分達だけが神に選ばれた、救済される者は我が宗教を信じる者だけだ等の「神話」、はっきりいえば迷信を打ち砕かずにはおかない。

見掛け、外見はどれほど違って見えようとも、人類は一つの種であり、地球の生命は共通の祖先を持つことが明白となった世界では、自分達だけが特別に神に選ばれたとする信念は、神話であり今や妄想と化しており捨てざるを得なくなった。

科学の発達に伴う価値観の激変は新たな大潮流になる。価値観の激変という潮流は大津波になって、逆らおうとする既存の価値観を押し流すだろう。

既存の価値観に囚われ対応できなければ時代においてきぼりにされる。価値観の激変という津波にさらわれ、名誉ある地位を保持できなくなるだろう。

科学の発達の結果、神の教えとされてきたものが否定されることへの反発がいかに強かろうとも時代は彼等をおいて進むだろう。科学が主宰する世界で暮らしている以上、科学を拠所、依存して生活せざるを得ないのだ。

観念世界では、「我が神のみが尊い真の神である」と信じていても、現実世界では科学の世話にならざるを得ない。いずれ、科学に立脚した新たな価値観に向かい合わざるを得なくなる。

紆余曲折はあっても科学に基づいた価値観が世界を動かして行く。地動説や進化論を巡る歴史が示すとおりである。

問題は従来の観念論に囚われた伝統墨守勢力が反撃するなかで理性を失った激情が世界を突き動かし、破滅に至る道を選択する、その危険性を軽視し、対応を誤ることである。

歴史を鑑とすれば宗教や科学に基づくと信じられた観念、根拠なき熱狂、限界を忘れた万能感により齎された悲劇が数多見られる。このことを軽視してはならない。一つ間違えば文明の退歩、或は破滅に繋りかねない。

核兵器が累卵する危うき世界のただ中で私達は暮らしていることを肝に銘じ行動しなければならない。人類は核兵器の廃絶に取り組んできたが実現できず、所有国は増大する徴候すら見せている。核兵器と共存せざるを得ない厳しい現実に直面している。

科学は文明を退化、破滅させる力を人に与えてしまった。神の敵を倒すことは聖なる義務と確信、熱狂に囚われ歴史を退行させるような愚行を、神の名で遂行することを神が容認する筈はない、神に代わって力を行使したい、己れを神に擬す瀆神行為であって、断じて信仰に拠るものではない。

科学の発達の結果、宗教の役割は変わらざるを得なくなった。戦いに際し、勝利の願いに応え敵を滅し勝利を齎す、志気を鼓舞、正当化する宗教から卒業することが、宗教にかかわる者の責務になった。

宇宙船地球号の時代における宗教の役割は霊性の成長に資す

ることを責務とし、教化に努めることでないだろうか。

宗教は宇宙船地球号の平穏な航海を助けるだけでなく科学の暴走に歯止めをかける。更には倫理の面で許されない研究を抑止するなど、霊性の向上に資する科学のあるべき像を提示し、より良き世界の構築に向けて科学と協調しなければならなくなった。

心に訴える力を持つ宗教の出番である。

科学の成果を、宇宙船地球号の平穏な航海にとって必要か、否か、地球号をより良き世界に導くものであるかなど、科学が問わない価値について問うことが、宗教の新たな責務、存在理由となった。

宗教の管掌範囲は霊性の向上、霊魂の救済に止まらず、「神に祝福される世界とはいかなる世界か」について、問うことが新たな役割となって浮上した。

神聖なものに関する信仰は、神聖なものの像が不分明であり、かつ正典を持たないが故に科学に対する抵抗勢力足り得なかった。

一神教における創造主のように、神聖なものの神像を問うことが可能な時代を迎えた。

神聖なものに関する信仰を宗教と捉える宗教観は科学と協調できる。科学が到達した成果を反映することで神聖なものの像、神聖なものとは如何なる存在かが次第に明瞭になって行く。科学の更なる発展に伴い、神聖なものの像を修正することは禁忌ではない。

神聖なものに関する信仰は正典を有しないが故に神の像は示されていない。科学の成果を反映し、より良き像を追い求めることを祝福する宗教である。

神聖なものに関する信仰を宗教と捉える宗教観は科学と協調することでより良き世界の構築に貢献できる。未来に向け開かれた宗教である。

宗教とは神聖なものに関する信仰と捉えることは、宗教に排他的に所属することを忌避させる。

日本国には「アニミズム」から一神教まで雑多といえるほど多種多様な宗教が混在、信仰されてきた。にもかかわらず、宗教戦争がなかったわけは神聖なものに関する信仰を宗教と捉える宗教観の賜物である。このため、アニミズムに通じる観念、並びに造化の妙に神を見る信仰を始め、仏教から一神教までもが、対立することなく信仰されてきた。「宗教の博物館」ともいえる国が日本国である。

宗教の壁を超える、宗教戦争に免疫を持つ宗教、日本教を世界に向けアピールする時節を迎えている。

外国（とつくに）には日本国にはない理想境があると信じてきた東夷の国から卒業することを、今日ほど求められている時代はかつてなかった。

青い鳥は日本にいる。神聖なものに関する信仰がそれである。宇宙船地球号の時代に相応しいパラダイムの構築に日本国も積極的に参加すべき秋を迎えているのではないだろうか。

神聖なものに関する信仰と知識人

神と仏を共に信仰して怪しむことがなかった日本人の宗教観に対し、批判が浴びせられるようになったのは、排他的に一神にのみ所属させる異質の宗教、キリスト教の伝来以降である。宗教観が真逆の宗教が存在するなど、東夷の国の人々は想像だにしていなかった。

キリスト教の布教が許可されたことにより、日本の宗教は始めて本格的な批判に晒されるようになり、論争が始まった。しかし、徳川幕府はキリスト教が幕藩体制の脅威になりかねないことを危惧し、キリスト教の布教を厳禁した。このため、宗教間の本格的な論争には至らず、開国後の明治時代まで持越された。

明治に入りキリスト教の禁圧が解かれ、布教が再開された。政府は西欧文明の導入移植並びに国内体制の一新に精一杯で他を顧みる余裕はなかった。更にはキリスト教の布教に熱心な欧米の圧力を受け布教を認めた政府には日本の宗教に対する批判に反論する意思はもとより能力も持ち合わせていなかった。

日本の宗教もキリスト教の批判に対し、反論できなかった。何故なら日本の宗教は異教との本格的な宗教論争を経験したことがないだけでなく、キリスト教の教義への理解もなかったからだ。

大政奉還に伴い幕藩体制に終止符が打たれ、宗教政策は一変した。最大の影響を被ったのが仏教である。キリスト教禁圧の要であった宗門改が廃止され仏教は特権を失なった。

政府は民族意識を高揚させるため神道を重視、優遇した。廃仏毀釈を受けた仏教は対応に追われ、キリスト教からの批判に対し反論どころではなかった。また江戸時代、幕府に優遇され、行政の一翼を担わされた仏教は葬式仏教と化し、世俗化しており、宗教としてのエネルギーを喪失していた。

一方、神道は教義・教典を持たない。反撃する神学を有しないため、キリスト教の批判に対し沈黙で応じるしかなかった。

キリスト教の布教にとって千載一遇といえる絶好の機会は二度訪れた。開国後と敗戦後である。しかし、一度ならず二度までキリスト教は好機、チャンスを活かせなかった。

創造主の観念を理解できない日本人はキリスト教を受容しなかった。

西欧文明の栄光を担うキリスト教は、明治以降の日本国に大きな影響を与えはしたが、キリスト教は信徒の獲得には然したる成果、実績をあげ得なかった。

西欧文明に栄光を齎したキリスト教だが、日本の宗教の壁は厚かった。むしろ、布教が始められた戦国時代の方が勢いがあった。

一神にのみ排他的に所属させるキリスト教は神聖なものへの信仰を宗教と捉え、排他的に所属することを真善美（よし）としない日本の宗教風土に適応できなかった。

日本人は他神他仏を否定する創造主を理解できない。理解できない宗教の信者になる筈はない。二一世紀に入ったが状態は全く変わっていない。

日本人の宗教観では宗教が紛争の要因になることを理解できない。他者への愛と寛容を説くのが宗教だと信じているからだ。それは当然、他の宗教にも適用されるべきものである。

科学が主宰する時代とはいえ宗教の役割が終ったわけではない。宗教世界を豊饒の地とするには一神教だけが宗教でないことを受け入れる、日本の宗教観に学ぶことである。

キリスト教の価値観に基づく日本の宗教に対する批判に対し、神聖なものへの信仰を宗教と捉えてきた日本の宗教について理解が得られるよう世界に向けアピールする。一神教世界、特にキリスト教世界に理解できる言葉で説明することが知識人の本来の役割、責務の筈だ。

排他的に所属させなくても宗教の役割を果たせるのが日本の宗教である、とアピールすることは宗教の壁に囚われている世界のお役に立てる、平和に寄与する行為でもある。

外国の文物を日本国に紹介、外来の権威を笠に着て日本を批判するばかりが知識人の役割である筈はない。

異文化に属す者に理解できる言葉をもって日本の宗教について説明、理解させることができてこそ真の知識人と呼ぶに相応しい。国境、宗教、文明の壁を超える言葉によって、壁をなくすよう努めてこそ知識人として責務を果たしたといえる。

更には国民を勇気づけ、希望を齎すために知識人は存在する。そのように努めてこそ知識人の使命を果たせ、国民の信頼を得ることができ、その言葉は権威あるものになる。

しかし、日本の知識人は責務といえる役割を果たそうとはしなかった。

知識人の存在理由は国民に勇気と希望を与え、他者への説明責任を果たすことだと認識できず、外国からの批判に同調、便乗し、日本を批判する安易な道を選択した。日本を批判することによって知識人の責務を果たせると捉えてきた。

宗教はもとより、国の在り方、庶民の暮らしに至るまで、何かにつけ、欧米や共産主義国家の尺度、価値観を金科玉条と捉え、日本は遅れている、不合理と批判、誇るばかりで国民に希望と勇気を与える責務を放擲して恬（てん）として恥じることはなかった。

国内で批判が通用しなくなった後には外国勢力と結託、或は国際機関を利用して批判に努めてきた。日本社会が多くの欠点を有することは否定しようもない厳然たる事実である。しかし、世界最長の平均寿命と犯罪の少ない社会の建設を為し遂げた国が批判されるほど欠点だらけの筈はない。にもかかわらず、何故、所属する国に対しかくまで憎悪をむき出し掻き立てるのか理解に苦しむ。

知識人の権威が失墜したのは成長を齎す批判ではなく、外来の権威によったただの悪口雑言にすぎなかったから、胸を打たず国民に見捨てられた。

知識人が本来の役割を果たしていれば、日本国民は自画像を毀損することはなかった。外国からの批判に脅え、己れを失うような醜態をさらけ出すようなことはなかっただろう。

時代の限界を超えられなかった点では情状酌量の余地はあるだろう。しかし　真の問題は知識人の役割、使命について履き違えていたことにある。

知識人の批判は愛の鞭ではなく、優越感をあらわにし、国民を見下しただけだった。

国民の成長の糧になる批判を提示できなかったから権威を失墜させた。彼等こそが「醜い日本人」を代表している。

日本は遅れているから外国に学ばねばならないと信じ、その信念のもと彼我の相違を考慮することなく日本批判に終始した。後進国意識に囚われていたため、日本国の国柄について世界に向けアピールしなければならないとする姿勢はもとより言葉を持たなかった。

しかし、宇宙船地球号の時代である以上、先進国、後進国を問わず、理解を得られるよう努力すべきでないのか。日本のように孤立した文明であればあるほど理解を得られるよう努めるべきなのだ。

日本の知識人は李氏朝鮮の儒者と同様の精神構造を持つ人達である。大文明の周辺に位置する国の知識人に見受けられる態度、振舞いである。尚古主義で創造力なき人達である。彼等は断じて民主主義を信奉する者ではない。

日本国の運営に責任を有した者は国家の独立を死守するため、改革に取り組んだ。長い鎖国の中で生じた遅れを取戻すべく開国、脱亜入欧し、西欧の文物導入に努めた。

急激な欧化主義が後進国意識、負犬根性を醸成、因われることを憂慮した政府は愛国心を鼓舞するため天皇の権威を利用した。教育勅語、国家神道を創出、国民教育に努めた。私は小学校に入学前後の子ども時代、「皇祖皇宗…」と近所の老人が教育勅語を暗唱するのを聞かされた。それほど徹底して国民意識を函養すべく啓発に努めた。

知識人の態度が異なっていれば速成の体制イデオロギーは不用であり、昭和に入り天皇機関説をめぐり迷走するようなことはなかっただろう。

国家の運営に与かった者は知識人であるよりは実務者、権力者として行動した。

運営に与かれなかった知識人は欧米文化を光背とする権威ある者として行動し、日本の現状を批判した。

知識階級が二つの型に分裂したことは近代化を優先せざるを得なかった近代日本の悲劇が典型的に見られる箇所である。

実務に携わらない知識人は、欧米の権威を笠に着て日本を批判することで優越感を示し、国民を見下した。末は博士か大臣か、或は博士か大将かといわれる権威を有していたのに、優越感に囚われ国民の共感を得ることができず孤立した。明治の変革が一段落、一息つくとともに緊張が弛緩した。その後におきた路線闘争というべき天皇機関説等、国家の命運を左右しかねない大事に際し、上から目線で批判し国民と共に歩まなかったが故に大衆の熱狂に対し為す術もなかった。

更に悪いことには激情に駆られた大衆に対し、正論を貫く勇気を持ち合わせていないに止まらず、何が本質的な問題であるかを見抜く能力・洞察力を持ち合わせていなかったことである。私は東大法学部の教官は何故、美濃部機関説擁護のため結束、立ち上がらなかったのか、不思議でならない。

戦後は大日本帝国を破滅させた軍部への批判がかまびすしいが何が彼等を暴走させたのか、何故国民は法治主義を逸脱した軍部を支援したのかについての研究が尽されていないように思われてならない。

とりわけ深刻な問題はソビエト連邦の誕生に伴い生れた共産主義への幻想、心酔が知識人層に蔓延し国策を誤らせたことに対する研究が不十分なことである。古傷に触られたくないのだろう。学者にあるまじき態度である。

革新官僚、革新将校を始め、大学、マスコミ等に隠れ共産主義者（国家資本主義者）が蔓延、一大勢力を占め、彼等の策謀、画策により軍は檜舞台に立つことができ、国策を誤まった方向に誘導させたのではなかったのか。

真相を国民の前に明らかにしてこそ真の知識人といえる。

天皇機関説を巡る路線闘争に際し、なすべきことは一致団結して天皇機関説を守り抜くことが必要にして不可欠だった。しかし、問題の重大性を認識することができなかったばかりか、国体主義者の暴力に屈し沈黙、傍観した。

天皇機関説が否定された結果、大日本帝国は脳死状態、最終責任を取る者がいなくなり、統帥権干犯と怒号する軍部に実権を奪われ、翻弄された。大日本帝国の法治主義は死に追いやられた。丸山真男が説いた「無責任の体系」とは天皇機関説の否定によって齎されたものであり、憲法の欠陥から生じた。

日本社会は知識人が理想、モデルとした欧米諸国とは違う構造を持つが故に対策も違わざるを得ないことがわからない。そのことを自覚し対策を提示する能力を持たず、欧米、或は共産国を見倣えと闇雲に批判するばかりで適切な対応策を示せなかった。このため国民の心に届かず、孤立を余儀なくされた。

華族制度は日本国が欧米とは違う社会であることを示す恰好の事例である。皇室の藩屏として設置された筈だが機能しなかった。

昭和天皇の意向を忖度し全華族が一致団結、天皇機関説を死守すべく奔走していれば、或は天皇機関説を守り通すことは可能だった。天皇機関説が護持されていたならば、統帥権干犯の声は挙がらず、内閣は正常に機能し、戦争は防げなかったとしても、無様な負け戦にはならなかったのでは、と歴史に思いを馳せる。

大東亜戦争の敗北、大日本帝国の崩壊を齎したものは何だったのか。

天皇機関説の否定であり、「真珠湾の奇襲攻撃」の二点に集約されると私は捉えている。取り返しのつかない、帝国の存続を左右した戦略上のあやまちだった。作戦の失敗は多々あっても、それは戦術上の失敗であり致命傷といえるものではなかった。作戦上の失敗は挽回可能であるが、戦略の錯誤は設計を誤った建物を建築するのと同じであり国の崩壊を招かざるを得ない。

要路の大官並びに華族は存在意義を賭け身命を賭して天皇機関説を死守すべきだった。あまつさえ真珠湾奇襲攻撃という敗戦を招く愚策・悪手に打つ手を持たなかった。

軍事的には真珠湾攻撃はアメリカにとって「ビンタ」をはられ鼻血を出した程度の打撃でしかなかった。が、「ジャップ」によるスネークアタック（卑怯な騙し討ち）としてアメリカ国民を心底激昂させ容赦のない報復を招いた。得たものよりも喪ったものの方が遥かに大きい、大日本帝国に敗戦を齎した戦略上のあやまちだった。

事実に基づかず願望、幻想の上に構築された作戦だったが故に大局を誤り、敗戦を招いた。

華族が皇室の藩屏たる責務を果たさなかったことに拘るわけは、昭和二〇年代から三〇年代始めにかけて殿様の末裔等、華族に連なる者が知事や国会議員に当選していたことに注目するからだ。戦前の権威は凡て否定された戦後社会において当選できた。戦前の華族は戦後とは比較にならない権威ある存在として制度的にも保証されていた。このため或は天皇機関説に反対する不逞の輩を阻止できたのでは、と死んだ子の歳を数えるように歴史をシミュレーション、仮想するからだ。

大日本帝国の命運を左右する大事に際し、藩屏たる責務を果たさなかったことは存在意義を否定するあやまちだった。

敗戦の結果、天皇機関説を否定させた幻想の国体から解放され、本来の正統な国体に復帰、日本国は奇蹟の復興を遂げた。

経済大国となったことに伴い、「追いつき、追いこせ」をスローガンとした時代は終った。

日本国は新たな国是を求めねばならない時代を迎えた。これと併行するかのように中国文明に属すると見られていた日本文明であるが、中国文明とは異質の文明であることが次第に認知されるようになった。

日本文明の擡頭に伴い日本は遅れている旨批判することを自己に課せられた使命と信じてきた知識人は存在意義を失ない、居場所をなくした。そのことを自覚できない、幻想の価値観によって活動してきた輩の最後のあがきが外国勢力と結託し日本を貶める行為である。日本国を道連れに抱合心中を図っているように見える、どうしてここまで所属する国を憎悪するのか理解できない。

進歩的知識人と呼ばれた人達は民主主義を信じていたのか。信じていたのであれば何故一党独裁の共産主義のプロパガンダを鵜呑にし称賛して止まなかったのか、語る責務がある。

彼等は時代に取り残されておいてきぼりを喰った。中国、韓国と連携しての日本批判、国連の機関を利用した反日活動は最終局面を迎えたことを示している。

日本を貶めることに存在意義を賭けた輩の振舞は見苦しく汚ない。あがけばあがくほど権威を失い居場所がなくなるだけではない。時の審判を受ける、自画像を喪失した醜い日本人の代表として歴史に名を止めるだろう。彼等の行動を記録し後世に伝えねばならない。

進歩的知識人の役割は終ったが日本文明を世界に向けアピールする知識人本来の役割は果たさねばならない。課題として残されている。

日本国は自国をアピールする能力があまりにも低い。グローバル化した世界にあって日本の国柄を知ってもらうことが不可欠であり、積極的に行なわねばならない。

孤立した文明であるが故に世界に向け、日本文明についてアピール、説明責任を果たさねばならない。遅れ馳せながらではあっても、本格的に取り組み、理解を求める努力を、日本国の新たな国是として取り組まなければあらぬ誤解を招きかねない。反日を国是とする国のプロパガンダに負けることは許されない。

世界の主流である一神教文明の理解を得られるよう一般の人々に理解できる言葉で説明する能力を身に付け、説明できてこそ知識人といえる。

世界は日本が説明責任を果たすことを待ち望んでいるのだ。従来の価値観からの批判、反撃はあるだろう。しかし、いくばくも無く、受け入れられる。袋小路に陥った世界が求めているからだ。日本文明に期待を寄せる声は、日増しに大きくなり高まっていくだろう。

自虐史観の洗礼を浴び自画像を毀損したが本来の自画像を取戻すことだろう。

宗教の壁を超える宗教

一神一仏に排他的に所属することなく神と仏を共に信仰して怪しまなかった日本人の信仰、宗教観について、キリスト教からの批判に呼応するかのように、「あいまい、不合理な宗教」と口を極めて罵倒、批判したのが、欧米を神棚に挙げて拝む西洋かぶれの知識人である。

しかし、欧米崇拝による受け売りの批判にすぎなかったから国民の心に届かなかった。今も神仏習合は日本の正統な信仰であり、日本教と呼ぶ人もいる。

遅れた、不合理な日本の宗教への批判はかまびすしいほどだったが庶民の信仰に影響を与えることはなかった。進んだ宗教である筈のキリスト教の信者は依然として小数に止まっている。口をすっぱくするほど日本の宗教を批判した人達は、血で血を洗う宗教戦争を知らなかったのだろうか。

本地垂迹する日本では宗教戦争は起きなかった。宗教戦争を起こしてまで一神に排他的に所属させる宗教を信じる価値はあるのだろうか。日本の宗教への批判は、宗教の本質を突いたものではなく一側面の批判にすぎなかったから、国民の心を捉え得なかった。

対蹠的なのが蓮如である。阿弥陀仏のみを選択し排他的に所属する浄土真宗の門徒は、「神祇不拝」を標榜、他神他仏に祈ることを拒否した。このことを憂慮した蓮如は、「諸神諸菩薩諸仏を軽んずべからざる」と繰返し、繰返し、門徒に説いて聞かせた。

蓮如がこのような説教で門徒を説き伏せたのは神聖なものへの信仰を宗教と捉える日本人の宗教観を真善美（よし）とした、是認したからでないだろうか。

阿弥陀仏に帰依した選択的な一神教徒であろうとも他の宗教、宗派を認めない、批判することは本地垂迹説に拠って立つ日本の宗教を否定する行為であり、日本教の戒律、原則に反している。長い目で見れば浄土真宗の利益にならないと洞察したが故に、門徒を説き伏せた。

特定の宗教に排他的に所属する、信仰に二股をかけることを禁忌とすることが世界の常識、固定観念になっている。

世界の常識に反し、神聖と考えるものを宗教の壁を超えて信仰する宗教が存在するなど、夢にも思ったことがない人々は遅れた、不合理な宗教だと捉えざるを得ないのだろう。

しかし、本地垂迹説は三位一体説と相似の神学である。垂迹して顕現する究極のものを創造主のように一神として捉え得なかったことが分水嶺になった。

日本の神社には複数の神が合祀されているのは珍しくないが不思議に思わないのは、顕現する神の像は異なっていようとも本地垂迹説に拠りその本地は同じと信じているからでないだろうか。多神として顕現するが本地は同じあるから矛盾していると捉えない。

排他的に創造主に帰依する者は日本の宗教を多神を信仰する遅れた宗教、創造主に否定された宗教と捉えた。更には仏教をも信仰する異形な宗教と認識せざるを得なかったからだろう。

彼等の先祖もかつては多神教を信じた。しかし、一神教の受容に伴い棄教した。創造主は他神、他宗を否定するが故に古き神々は追放された。しかし、人が神の全容を捉え得る筈はないと知れば無毛に否定する理由はない筈だ。

愛と赦しを説く教えであるにもかかわらず宗教紛争が絶えないのは排他的に所属させる宗教の負の側面である。

流血の紛争を齎そうとも排他的に所属する宗教観を変えない、拘る価値があるのだろうか。宗教の本旨に適った宗教の捉え方だろうか。

そもそも唯一の創造主は神話であり、科学によって証明された客観的な存在ではない。信仰世界の真実である。

唯一の創造主に帰依する宗教のみが真実の宗教であることを立証する客観的な証拠はない。神の言葉に従っているだけである。唯一の創造主に帰依する旨の信仰告白と呼べるものであり、他の宗教の信者に強要できる類のものではない。

比類なき唯一の創造主の教えであるが故に従がわざるを得ない。神の言葉を徹底させるために求められた神の像といえる。仏教で説く「方便」と同種と捉える方が的を射ている、真実に近いのではないだろうか。

本地垂迹説を核心にする宗教を信じてきた信徒は、子どもが生れた時には宮参りをし、神に子どもの健やかな成長を祈願する。無事成長し結婚するに際してはキリスト教会で結婚式を挙げる者が多くなった。人生を締めくくる葬儀は仏式で行うのが一般的である。人生の節目に際し祈願するに想応しい神聖なものを選んで祈願する。

本地である究極なものは特定の形をとることなく状況に想応しい姿で顕現すると信じてきたから祈願する神の像が違うことを奇妙に思わない。森羅万象の個別な働きに神の顕現を見たが、顕現する究極の存在の本地を創造主のように捉え得なかったことが背景にある。

神聖なものは創造主とは性格を異にする隠れた神であり、啓示することはない。そのため正典を有しない。本地垂迹説を核心とするが故に特定の姿形をとることなく時代や風土等にあわせ顕現する神聖なものを信じてきた。顕現する神の像は異なっていても本地は同じであると捉えてきたから違うことを矛盾とは受け取らない。働きに応じて神の像が変わるのが神聖なものを信仰する宗教の特色である。神社に多くの神が合祀されていても違和感を抱かないのは本地は同じと信じているからだろう。

一神教徒からは奇妙に見えるだろうが不合理と卑下することはない。合理主義の観点に立てば三位一体説こそ不合理の極みである。不合理故に我信ずは宗教の本質に基づいている。日本では本地垂迹説がこれにあたる。

垂迹して顕現する究極のものの本地は人には捉え得ない神秘と信じているだけである。

論理を超越した神秘なものであるが故に、自然法則のなかでしか生きられない人から信仰されてきた。救済されるよう祈り、人は生きてきた。一神教とは違い明確な神の像を持つ創造主を知らなかったことから生れた相違といえよう。

垂迹して顕現する究極な存在の本地は同じであることに着目すれば、日本教の信徒は無意識の一神教徒といえなくもない。

垂迹して顕現する究極なものの本地を問うことよりも、顕現する神聖なもの、多神多仏に目を奪われた結果、一神教とは異なる宗教になり、日本教と呼ばれるようになった。

キリスト教は一神教であると主張しているが、三柱の神がいる。三柱の神は位格は違うが一神であると三位一体説を援用して主張して憚らない。キリストは人として生れたが神であると主張している。更にはイエスの生みの親マリアは、神の母として多神教徒から見れば女神であるかのように信仰されてきた。

三位一体説が成立するのであれば、本地垂迹説を否定するのは矛盾である。創造主を信仰するあまり、他神他宗を否定しているにすぎない。創造主の観念の有無により違う型の宗教になった。一神教の誕生は宗教界の奇跡といえるだろう。

論理を超えているが故に信仰されてきた神聖なものを他の宗教であることを理由に否定するのは、我が神のみを真実の神とする信仰の所産、宗教の壁が齎したものであり、宗教が生んだ偏見、迷信の類である。

自然法則を超えた神秘なものであるが故に救済する力を信じ、救済を祈るのが宗教である。信じられないのであれば無宗教、無神論者になることである。

論理的には無神論の方が首尾一貫している。

宗教は霊性を向上させ、救済に与かれる旨信じられてきたが故に、無神論者が指摘するような陰を有していようとも、人は信仰を捨てなかった。

時代と共に神聖なものに縋る、力を借りずとも霊性を向上させる能力は増大して行く。それに伴い信仰のあり方も変わらざるを得ない。創造主は観念世界に移住する、距離をおく者が増大するだろう。

創造主への信仰は正統な宗教であるが、他の宗教は違う旨言い募るのは、信仰する神に排他的に所属する旨の信仰告白と捉える方が的を射ているのではないだろうか。

それこそ宗教がつくる壁のなかに囚われている、宗教の囚人というべきでないのか。

宇宙船地球号の時代には卒業すべき宗教観と捉える方が的を射ている。

日本人の信仰を不合理、あいまいと批判してきた人達は父祖伝来の宗教を捨て一神教に帰依したのだろうか。改宗したのであれば信者は増大している筈だが。口先だけ、自己の知識を誇る、見せびらかすため批判しただけでないのか。

神聖なものに関する信仰と一神教

唯一の創造主を尊崇する宗教に排他的に所属させ信仰することを強要する宗教と、神聖なものを宗教に囚われることなく信仰する宗教とは、どこがどのように異なっているのだろうか。

両宗教は、「神聖なもの」を信仰する点では同じである。相違点は神聖なものは排他的に所属することを求めず、唯一の神像を有しない。更には啓示しないことである。

神聖なものは、「わたしは　有って有る者」と啓示した人格神的な神の像を有しない。

垂迹して顕現する究極なものは人には見ることも知ることもできない、定まった姿形をとることなく顕現する神秘な存在である。唯一の創造主とは異なり、啓示し、神像を示すことはない。

仏教で説くダルマ（法　真理　理法等の意）同様に人格を超えた存在である。いわば見えざる神と捉えるしかない存在である。

教団において信仰の核心、行動の基準として公認された批判を許されない権威を有する正典に排他的に所属させる宗教のみが真っ当な宗教であると認識する者にとって、日本の宗教は正典を有しないことから生じる至らなさ、不合理、あいまいさを内包する遅れた宗教と評さざるを得ない側面を有している。

日本人は宗教を誤解している、宗教とは何たるかを理解していない旨の批判が浴びせられることは避けようがない。

しかし、これらの批判は宗教の定義が違うことから生じた批判である。

神聖と信じられるものであれば排他的に所属することなく信仰できる日本の宗教が理解できない、否定的にしか評価できないことから生じた批判にすぎない。

排他的に所属させる宗教のみが宗教であると定義すれば、排他的に所属させない宗教は宗教ではなく信仰の一形態としか評価されない。日本人は宗教であるから信仰しているわけではない。神聖と信じているから信仰してきたことになり、遅れた不合理な宗教といわざるを得ない。

宗教に重きをおかない点では信仰心の薄い国民といえる。宗教など信じない旨公言する者が続出するのは故なきことではない。もともと宗教という言葉は開国までなかった国である。

教団によって従うよう義務づけられた正典或いは経典に排他的に所属させるのが宗教であるとの宗教観に基づく批判は、そのような観念を有しない日本人には馬の耳に念仏であり、心に届かないから聞き流し、宗教観を改めようとはしない。

創造主の観念を有しない宗教圏では、神の言葉を伝える正典であっても、仏教の経典と同様にしか理解できない。特定の経典を重んじ排他的に所属しなければ救済されないと説く宗派はあるが経典と正典は本質的に異なるものである。仏教版一神教の一宗派といえよう。

唯一の創造主の啓示であるが故にその教えは有無をいわさぬ絶対的なものであり、人は神の言葉に従うだけである。神の言葉に従うことが救済の道であり、他に道はない。

神の言葉への疑問が生じ、従うことができなくなれば信仰を捨てるしかない。無神論者になって宗教を否定する。もしくは他の宗教の信徒になるしかない。

創造主への信仰を有するか、否かで信仰の形態が異なる。しかし、そのことと、宗教の優劣に関係があるとは思わない。

人には個性があり性格が違うことは自明の理である。同様に宗教にも個性があり性格が違うと捉えれば理解できるのではないだろうか。

凡ての人は法の下の平等、人権を持っているように宗教も宗権を持つべきなのだ。多種多様な宗教が存在する方が信者のためになる、救済に与かれるのではないだろうか。

時代と共に宗教や宗派が増大するのは、信者の願望に応えるため生じた現象でないのか。

科学によって明らかにされた事実に反する宗教のドグマは修正されるべきだが、創造主の啓示を正典とする宗教には困難である。

ドグマを修正する、解釈を変更することは別の宗教、或は宗派になることを意味しているからだ。解釈の相違は争いを招く、一神教の歴史は流血の歴史でもあることはそれを立証するものである。

これに対し、神聖なものに関する信仰を宗教と捉える宗教観を持つ宗教圏では困難ではない。何故なら科学に反するものは神聖なものではないからである。科学とは創造主の創造力を人間の手で解明したものであり、反するものは神の教え足り得ないのだ。

神聖なものは無限な存在であり科学をも包摂しているので科学に反することが判明した時点でメッキが剥げ、信仰の対象から除外される。

神に属すると信じられた神秘は人の知恵、自然に働きかけ利用する能力の増大に伴い減少する。しかし、決してゼロになることはない。科学がどれほど進もうとも森羅万象のすべてを知ることは達成不能な夢である。

ゼロにはなり得ないが人の成長に伴い、神聖なものの像は除々にではあるが、明らかになって行く。

神聖なものの像は霊性の成長にあわせ変わらざるを得ず次第に明瞭になって行く。啓示された創造主の像と食い違いが生じることもあろうが、無限な存在に対する死すべきものの限界と割り切り、より正確な像への探求を止むことなく続行する。

不合理、あいまいとけなされてきた日本の宗教は神の像が創造主のように正典に定められていないが故に、変化に対応できる。今後、世界の宗教を襲うであろう潮流の変化に対応できる。更には科学とも共存できる宗教である。

神聖なものの像は時代と共に明らかになって行く。神聖なものに関する信仰の特色は変化に対応可能な宗教である。日本の宗教は遅れた宗教などではない。時代を先取りした宗教である。この事実に誇りを持つべきなのだ。宗教戦争とは無縁な宗教を遅れた宗教と判定する宗教観こそが遅れているのだ。

日本の宗教は平和を齎す進んだ宗教である、と自覚することは、毀損した自画像を再び健全な像に回復させることだろう。これから人類が迎えざるを得ない大峠を越えるに際し貢献できる。

宗権を認める宗教

一神教が宗教界の本流として多神教を圧倒したわけは、創造主の観念が神の本質を突いていたからだろう。超越者として認識されてはいたが漠然とした神の像しか示せなかった多神教に対し、神とは一切を創造した創造主であるとする主張が強い説得力を持っていた。神の像を、多神教以上に的確に把握、提示したことに拠っている。一方、仏教は殺生を戒める平和主義、現世とは距離を置く宗教であり一神教の布教に抗し得なかった。

創造主との観念はゼロの発見と同様に、宗教界に新紀元を画するものだった。一神教の信徒が宗教界の大勢を占めるに至ったわけは創造主との観念が抗しがたい魅力、吸引力を有していたからだろう。

神聖なものへの信仰が宗教であるとの宗教観も、宗教の本質を突いている。何故なら凡ての宗教は神聖なものを信仰の核心に据えており、それなしには宗教足り得ないからだ。

しかし、神聖なものは創造主のように唯一の存在と主張することはなく、神の像についても啓示せず沈黙を守っている。神聖なものの神像は人が求めるものである。神の像は修正に次ぐ修正を経て漸く明らかになって行く。神の像は神聖とされているだけで自明でない。何が神聖であるかは人が明らかにしなければならない。

神の像は人が求めるものであるため、科学の発達に伴い神の像を修正できる。科学が示す世界像が正典に記されていることと矛盾していることを理由に、神の教えに反するとして否定することのない宗教である。

排他的に信仰することを強要する正典を持つ宗教とは異なり、神聖なものに関する信仰は正典を有しないため排他的に所属、信仰させることなく神聖と信じるものを自由に信仰することができる。この結果、日本では多神教や一神教だけでなく仏教各宗派も平和裡に共存している。

日本国において宗教戦争がなかったわけは神聖なものへの信仰が宗教であると捉えているからだ。異端、異教として排除するような正典を持ち得ないのが神聖なものへの信仰の核心である。

多種多様な宗教及び宗派が説く神聖なものの像は異なっていても、尊崇すべき神聖なものである点では同じであり、神の像を巡って争う必要はない。

神聖なものは無限な存在であるが故に多種多様な解釈ができる。神道の神は八百万と呼ばれるほど数多存在する。しかし、争うことなく神々が共存できたわけは互いに神聖なものとして宗権を認めたからだ。また顕現する神の像は違っても本地（本質）は同じと信じているから違いは問題にならない。

顕現する神の像を特定できないため神聖なものの本地は同一である、と神学的に説明したのが本地垂迹説である。

キリスト教の三位一体説にあたる核心たる神学であり、宗教の壁を取り払い平和を齎す。宇宙船地球号の時代に想応しい信仰である。

神聖なものへの信仰は神仏習合に見られるように宗教の違いを問うことなく信仰することを可能にする。神聖なものは棲み分け、共存することを真善美（よし）とする宗教であるが故に一神教とも共存できる。

日本人は顕現する神聖なものの像が異なることについて違和感を持たない。神と仏の本地（本質）は同じとする本地垂迹説は、神仏の像の相違を容認できる。像は異なろうとも共に神聖な尊崇すべきものなのであり、本地は同じと信じているからだ。

神聖なものに関する信仰は排他的に所属させる宗教とは異なり対立を招かないが故に宗教戦争とは無縁である。宗教の壁を打破、平和共存を齎す。宇宙船地球号の時代に想応しい宗教観といえる。

宗教の違いを理由として争うことは過去の信仰形態である。他者の信仰を否定しないことが信仰の自由を標榜する時代のあるべき宗教である。

宗教の相違に起因する争いは宗教の本旨に反していることを二一世紀の行動原理、規範にするよう宗教者は奮闘すべきなのだ。宇宙船地球号時代における殉教とは、宗教の壁を超えるため闘った犠牲者に奉げるものへとコペルニクス的転回を図るべきでないだろうか。

日本では雑多といえるほど多くの宗教が共存していることについて、先に引用した「日本宗教の世界」のなかで、著者のH・バイロン・エアハート氏は次のように記している。

「大学院で始めて日本の宗教について研究しはじめたとき、私を当惑させ、驚かせたのは、日本宗教の多様さであった。どうして、こんなに多くの宗教が同じ国で共存することができたのであろう。」

私は、排他的に所属させない、即ち「宗教とは神聖なものに関する信仰」との観念を共有するが故に、各宗教は共存できた。宗教共存の神学が本地垂迹説であると捉えている。

唯一の創造主とは異なり、神聖なものは姿形に囚われることなく顕現する。一にして多、多にして一なのが神聖なものの神像である。顕現する像の相違は問題にならない。

各宗教は神聖なものが顕現した像を、神の像とすることはできるが、唯一の像として独占できない。神聖なものを特定できない以上、独占できるわけがない。神聖なものは無限である以上、固有の像を有しない。

神聖なものの究極の像、本地は人が知ることができない神秘である。特定の宗教が独占、代表できる類のものではない。

他の宗教、或は新たに生れた宗教、外来の宗教であろうとも信者が神聖なものの神像を捉えていると確信すれば受け入れることができる。新たな神の像は宗教界を豊かにする。争う理由はなに一つない。

宗教に起因する紛争が起きるのは神の像を固定し、他の宗教が説く神の像を否定するからだ。これに対し、神聖なものに関する信仰とは宗権が宗教のなかに組み込まれた新紀元を画する宗教であり、地上に平和を齎す。

宗教紛争が絶えない世界において、参考に値するものを有する宗教と認め、見倣うべきでないだろうか。

私は帰依する宗教が違う、正典の解釈が相違していることを理由に争う時代は終った、と捉えている。

不合理、あいまいとされる雑多な宗教を信仰する日本では神の像が相違していることを理由に争い、流血を招くことはない。本地垂迹説により、本地は同じと認識することで宗権を是認しているからだ。宇宙船地球号の時代に相応しい宗教といえる。

私が日本を宗教先進国であると主張するわけは、宗教戦争を卒業した宗教であり、排他的に所属させなくても、凡てが許される世界にはならず、犯罪が少ない平穏な国であるからだ。

宗教の本旨に適った宗教であるから犯罪が少ない。遅れた不合理な宗教に達成できる筈はない。

正典、神学が整備されていること以上に、重視すべきことでないだろうか。

平和を齎す宗教

神聖なものに関する信仰を宗教と捉える宗教観は異教、異端の観念に囚われ難い長所を有する信仰である。宗教間の紛争に免疫を有することから宇宙船地球号の時代に相応しい宗教観といえる。

特定の宗教に排他的に所属させる宗教とは異なり、神仏習合に見られるように複数の宗教を信仰することはタブーではない。

宗教の壁を超えて神聖と信じる宗教を信仰することができる。他神他宗を否定しないが故に宗教の違いが宗教戦争を招くことはない。

神聖と信じることができれば例え異国の神であろうと信仰できる。このため日本では異国の神が数多祀られている。

キリスト教は日本の宗教を否定し、厳しく批判、神社仏閣を破壊した。日本の宗教はかつて経験したことがない、想像だにしなかった批判、否定の嵐に遭遇した。キリスト教と仏教との間に神学論争が始まった。

また、キリシタン大名は外国勢力との結託を危惧させ、警戒心を抱かせた。

江戸時代に入り政治判断によってキリスト教は禁圧されたことから宗教を巡る神学論争、紛争は中断され、信者は隠れキリシタンとして潜伏することを余儀なくされた。

ヨーロッパにおける最大の宗教戦争である三〇年戦争（一六一八～一六四八）と政治弾圧である島原の乱（一六三七～一六三八）は同時代の事件である。

ヨーロッパ諸国は異邦伝導のために世界各地に押しかけ、アメリカ大陸に見られるようにキリスト教を強要した。そのため、伝来の宗教は見る影もない存在に成り果てた。

キリスト教の布教に対し実力行使を辞さなかったヨーロッパ諸国が、国内で神道や仏教の布教を認めたとは思えない。認めるくらいなら世界各地で実力に訴えキリスト教を強要する、或は同じキリスト教を信仰しているにもかかわらず、正典の解釈が違うだけで血で血を洗う宗教戦争を起こす筈はない。

「領主の宗教が領民の宗教」であったことは、領民には信仰の自由がなかったことを意味している。

日本においてはキリスト教は禁圧され、檀家制度が設けられていたとはいえ、宗旨の変更は認められていた。神道、仏教はそれぞれの宗派に分かれ自由に布教活動をすることができた。

許されなかったのは、他宗、他神を否定するキリスト教や、日蓮宗の信徒以外の者から施しを受けず、信者でない者の供養を施さないとする日蓮宗の一派である不受不施派くらいである。

因に、三〇年戦争の死者は約七〇〇万人、宗教戦争ではない島原の乱の死者は約二万五千人といわれている。二桁も死者数が違う。宗教戦争の容赦のない残虐性を示すものである。

排他的に所属させる宗教では帰依する神のみが真実の神である。異教や異端を排除することは神の御心に適うと信じられたが故に残虐窮まりない戦争になり、長期化した。被害が甚大なものになることは避けられなかった。

三〇年戦争が信仰の自由への第一歩になったのは歴史の皮肉というしかない。互いに殺し合うことに疲れた。殺し合いを経て、神の名のもとに殺し合うことへの疑念が生じたからだろう。

異教、異端を否定する熱狂的な信仰は、ひいきの引き倒し、宗教を否定、死に追い遣るものであり、無神論のほうが遥かにましというべきでないのか。神の名を騙り、神を否定するのが宗教戦争である。

ダライ・ラマは宗教に生じた新たな潮流について次のように述べている。

「これまでは、宗教活動といえば、儀礼であるとか、自分の信仰を深く探求することだとか、その信仰を祝い歌い上げることであるとかいった、狭い意味でとられることが多かった。ところが今日の世界で、ほかの宗教に改宗などしないでも、自分の宗教とは異なるほかの宗教の信仰や儀礼に対して、共感と敬意を持って接する態度が取れるようになり、人間の宗教活動にはこうした新しい要素が加わってきた。」(「ダライ・ラマ　イエスを語る」　角川書店)

つまり、宗教にかかる新たな潮流は、神聖なものに関する信仰を宗教と捉える日本の宗教観に近づいている、といえるのではないだろうか。

蓮如(一四一五~一四九五)から実に五〇〇年程を経て、宗教観はこの発言に見られるまでに成長した。

世俗化の進展に伴い、人間が劣化した旨言い囃す向きもあるが霊性は劣化などしていない。新たな潮流に対応すべく活動中である。否定は目の付け所が違う、暗黒面、陰に注目するあまり視野狭窄に陥っているだけでないのか。

群盲が象を評するのと同様に一側面のみに注目し、凡てであるかのように判断するからかかる発言をするのだ。

「人間の宗教活動にこうした新しい要素が加わってきた」、が、それは先進社会に見られる現象であり、原理、世界標準とまで認知されているわけではない。世界では今だに帰依する神、排他的に所属する神だけが唯一の神、真の神と信じ込み、行動する輩が一大勢力を占め、政治上無視できないほど巨大な発言力を有している。

帰依する神への信仰を貫くためには生命を捨て、テロを実行する人が数多いる。その行動力を軽視、侮ってはならない。

また、多数意見を反映する「投票民主主義」が、彼等を政治勢力として擡頭させていることも、目を背けてはならない厳然たる事実である。多数意見が正しいとは限らないのだ。

権力を握るため宗教を利用する政治家や、排他的に所属する宗教を盲信する政治家がいることから宗教に起因する紛争が止むことは、当面望めそうにない。むしろ宗派対立が激化している国もあるほどで、誠に憂慮すべき状況下に置かれている。

宗教は自画像を確立し主体性をもって判断、行動するに際し、核心となる教えであるが故に宗教批判は自己を否定される以上の激情を招かずにはおかない。実力行使を伴う激しい反発を引き起こす。

所属するもの、出自が異なっていようとも、人は人権を持つ者として斉しく尊重されねばならないことは原理になっている。同様に宗教も、宗教の形態、神の像が異なろうとも、斉しく「宗権」を持つと認め、尊重されることが世界中で原理として確立されなければ、宗教は惨事を引き起す温床になりかねない。

宗教にかかる惨たらしい歴史を経て宗教に起因する争いを回避する政策として信仰の自由は確立された。にもかかわらず再びそのような惨事を引き起こせば、最早、神を信じることができない者、宗教に距離をおく者が続出するだろう。

宗教の死を招く争いが宗教戦争である。

信仰の自由は宗権の確立と一対となって始めて本格的に機能する態のものであることを、軽視したが故に宗教に起因する紛争は止まない。信仰の自由は他宗を信仰する自由と表裏一体、宗権の確立が礎になる。

私たちは己れが帰依する宗教が最善最高だと信じていようとも、他者が信仰する宗教も信者にとって最善最高なのだと認めることを求められている。

宇宙船地球号の時代の信仰は、互いの宗教を尊重することだと自覚し、行動で示す。他者の信仰する宗教に関心を持つことは霊性を豊かにすることに通じる道でもある。

蓮如が説いて聞かせた「諸神諸菩薩諸仏を軽んずべからざる」とは宗権を認めた言葉であり、平和を齎す信仰のあるべき姿である。

信仰の自由は他者の信仰への理解と思い遣りなしには本物にならない。

自己の信じる神のみが信仰に値する真の神であり、宗教である旨の観念から一日も早く卒業しなければ宗教紛争は終息しないだろう。

自己の持つ権利は他者と共有しなければ、不平等感が募りいつしか爆発する。宗教とて同様である。宗権を確立すべきなのだ。

「宗教とは神聖なものに関する信仰」との定義は宗教の壁を超えることを可能にする。諸神諸菩薩諸仏の教えを学ぶことによって、信者の信仰は拡充強化される。一つの宗教が超越者の全体像を十全に捉え得る筈はないのだ。壁に囚われているから見えないだけである。

地球を宇宙船地球号と認識するまでに成長した人は他者の信仰を尊重することなしに、平穏な社会は構築できないことを理解できる筈だ。

異教、異端に学ぶものなどない旨の言葉は、排他的に所属させる宗教の囚人であることを言わず語らずであっても示しており、宗教対立の温床になっている。愛と寛容を説く神が排他的に所属させることで異教、異端を生み紛争の温床になることを望んでいるとは思わない。神の教えに反すると認定する宗教は、霊性の成長を妨げるカルトに限定することが平穏を齎す。

科学技術の発達に伴い、地球は小さな星になり、一つの経済圏になった。信仰世界においても、神聖なものを信仰するのが宗教だとの観念を共有することで一つになるべきでないだろうか。

宗教離れが生じるわけは排他的に所属させる宗教に対する違和感が温床になっている。科学が主宰する時代には科学の精華を反映した教えでなければ人の心を捉えることはできない。その結果として生じた現象でないだろうか。

宗教に拘束されない神聖なものに関する信仰は時代を先取りしており、宇宙船地球号の時代の信仰と呼べるもので、宗教観のコペルニクス的転回といえる。宗教も天動説から地動説へと転回すべきなのだ。


宗教と倫理道徳は別ち難く結びついているため、「神(創造主)がいなければ凡てが許される」旨表明する者がいるが、杞憂であることは日本の社会並びに宗教を観察すれば明らかになる。排他的に所属させるため宗教紛争に繋りかねない宗教よりは弊害が少ないのではないだろうか。

信仰に二股は許されない旨の言葉が説得力を持ったのは特定の宗教に排他的に帰依させることが神の教えを周知徹底させるために効果的であると信じられたからだろう。その神が創造主であればその教えは絶対的なものになり徹底できる。


社会秩序の維持が困難な時代のなごりである。しかし、創造主に排他的に帰依しなくても、倫理道徳を守れるまでに人の霊性は成長しているのではないだろうか。神の教えを守らなければ地獄に堕ちる旨の教えは、科学が主宰する時代にはかつての力を持ちようがない。地獄を強調しなくても、人がおのずと守るようになる説教、神学の構築が問われているように思われる。

教育が大衆のものになっただけではない。教育手段も以前には考えられなかったほど多様になった。排他的に所属させることから生じる果実以上に、不利益の方が大きくなった、といえないだろうか。

一つの宗教のみが信仰される世界は恐ろしい。それこそ神も仏もない世界に至る道である。スターリンや毛沢東が意図した世界であり、他者の自由を認めない、自由意思を認めない世界になる。神が死んだと公言される時代には排他的に所属させる宗教から信徒は離れて行く。世界各地で起きている現象である。

宗教の壁に囚われているが故に神の名のもとあまりにも多くの無辜の血が流された事実を見過す、軽んじられてきたことが真因である。

宗教とは何のためにあるのかとの原点に立ち戻ることが今日ほど求められた時代はかつてなかった。

二一世紀世界は転換期を迎えているのではないだろうか。

群盲　神を評す

「我が神のみが信ずるに値する唯一の神」、と確信するが故に信仰に二股は許されず、排他的に所属させる。それに加え他神他宗を信じる者は救済されない旨、洗脳されたならば他の宗教からも学ばなければとの意欲は沸きようがない。

しかし、群盲象を評すといわれるように、被造物である人には象すら全容を捉えることは困難である。まして「神をや」といわざる得ない。各宗教は神の像の一端を捉えているだけである。他の宗教の説く神の像、神聖なものについて学ぶことは、神、神聖なものについての観念を深め、拡めることであり、霊性を向上させる推進力足り得る。

宗教の存在意義は魂の救済にあると長らく信じられてきた。しかし、宇宙船地球号の観念にまで至った現代における宗教の責務は霊性を成長させることにある旨、重心を移動させるべきでないのか。霊性の成長は救済に直結する道に他ならない。宗教の壁を超えて他の宗教の教えを知り見倣うことが神の教えに背く筈はない。

世界には多種多様な宗教（宗派）が数多あることの意義はここにあるのではないだろうか。

人間を超越した無限な存在の全容を、一つの宗教が把握していると主張することは、たとえ神から下された啓示を正典とする宗教であっても行き過ぎでないだろうか。人が無限な存在の全容を捉え得る筈はないのだ。正典の解釈ですら統一できない、異端や宗派が増大するのは理に適っているからである。神は分化するよう世界を創造したことを反映した現象である。

人は言葉の使用によって地上の生物の頂点に立つことができた。が、その言葉が人を傷つけ、貶める。言葉は神の全容を伝える力を有してはいない。舌足らずのため誤解や争いが生じるのを防ぎようがない。生活のために言葉を日常使用している者には理解できる筈だ　被造物たる人が関与するものに完全なものなど存在しない。存在するかのように主張するのは己れを神か、それに等しいものと見做す行為、傲岸不遜な主張である。異端や異教徒に対し残酷極まりない行為があったのはこのためである。信仰を有する者がすべきことではない。人に人権があるのと同様に宗教にも宗権があることを二一世紀の原理にしなければならない。

無限な存在である神に至る道が一つである筈はない。それこそ無限に存在する。限定することは神を有限な存在と見做しているのと同義である。

宗教史上の最高最善の人々に止まらず、神を信じた無数の人々の信仰から窺えることは神の前では何はともあれ敬虔であれということに尽きる。

霊性を有するが故に神の似姿と自称している人だが、神の像の一端しか捉え得ぬ以上、敬虔でなければならない。神の像は霊性の成長に伴い変化して行かざるを得ない。が、敬虔に祈る姿が変わることはないだろう。

人は祈るに際し謙虚であるべきだ。神に代わり、人を罰することは最も不敬な行為であることを常識にしなければならない。

有限な被造物である人が無限な神の像について断定、神の像が違うことを理由に異教、異端と決め付けることは群盲が象を評する以上に身の程を弁えぬ、神の教えに反する行為であることを原理にしなければならない。

神の像の捉え方、宗教観が異なることを避け得ぬ以上、異端、異教として否定することは人の限界を弁えない行為というしかない。

信仰を有する者は、「人　神を評す」を座右の銘として己れの信仰を絶対視することを戒めつつ、霊性の成長に努める。神、神聖なものについての観念を拡大深化するよう努めることが責務になった。

無神論者の宗教批判は、宗教の陰に対する批判と捉え前向きに対処する。神を否定する者の戯言と一言で切り捨て、無視しないことである。

宗教にも陰、負の側面があり、その一点にのみ光をあて容赦なく批判していると受け止めるべきである。無神論者の宗教批判は、科学が主宰する時代には的を射た面があったから共鳴する者を獲得できた。神を否定する輩と一概に否定すべきではない。成長の糧にすべきだろう。

日本宗教史において特筆大書に値する「神仏習合」が実現したわけは、神道は仏教の教え、仏を神聖なものとして受容できた。一方、先進文明を代表する仏教も神道を遅れた宗教として無毛に否定しなかった。宗権を認め、布教に有効として活用できたからである。神道の長所を認識できたが故に習合した。

神道と仏教は互いに神聖なものを信仰する宗教として、至らぬところを補い合うことができたから習合が成った。

必要は発明の母といわれる。本地垂迹説は神と仏を共に神聖なものとして信仰したい願いに応え誕生した神学である。

本地垂迹説は神仏習合の神学であるだけでなく宗権を保証する神学でもある。

日本の宗教を否定したキリスト教であるが、創造主も神聖なものであることに相違ないので神聖なものの座に加えられた。

神仏が習合することで神聖なものについての観念は深化拡充され、宗教戦争とは無縁の国になった。

キリスト教受容後は創造主の観念を噛み砕き、咀嚼中である。いつとは計り難いが新たな習合が成るのではないだろうか。

宗教戦争のない世界実現のためには世界の宗教は神仏習合の歴史から学ぶものがあるのではないだろうか。一神教の神と雖も、信仰の自由が正統となった現在では、他神他宗と共存する道を模索せざるを得ない。学ぶものはある筈だ。

唯一の創造主の観念と神聖なものへの信仰は異なっているとしても両立できることを、日本の宗教は証明している。

ダライ・ラマは先ほど引用した言葉に続いて次のように述べている。

「前の世代が理解できなかったような、あるいは昔だったら裏切りや冒瀆と思われたであろうような、このような新しい活動によってもたらされ、立証されたものとは、もともとすべての宗教がその存在を立証し、この世にもたらそうとしたものと、まったく同じ慈悲と寛容の心にほかならないのである。対話を通して、他人により良い感情が持てるようになるのはたしかだが、それだけではない。対話は、自分自身をよりよく認識させ、自分に秘められているはずの生来の善良さというものに、素直にさせる力を持っている。対話は自分たちをより良い人間にしてくれるのだ。」

ダライ・ラマの発言から窺えるように、本来保守的な性格を有する宗教界においても、新紀元の幕があいた。新たな潮流は壁を齎す既成の観念、秩序を浸食、崩壊させるだろう。

宗教間の共存を意図する新たな宗教活動が大勢を占めるようになり、時代の正統として認知される。その結果、宗教に起因する争いは神の教えに従がわぬ反宗教活動であり、反文明的、野蛮な行為であるとの認識が一般的になる。隗より始めよという、「人神を評す」　神を独占できる人はいないことを社会の公理とすることから出発すべきでないだろうか。

今もステレオタイプ化した既存の宗教に、排他的に所属させるだけでなく、従がわぬ者を排除するため宗教紛争は止むことなく生じている。

紛争を防止、避けるため宗教家は率先してことにあたるべきだが、我が神のみを真実の神と信じて疑わない勢力は健在であり、力で捩じ伏せようとすることを止めようとはしない。

遺憾に堪えないが拡大のきざしが窺われる地域も見られる。

しかし、神の意に反した行為であり、永続することはないだろう。

神聖なものに関する信仰と科学

神聖なものに関する信仰は創造主の観念を有せず正典を持たない。拠所とする正典を有しないため日本の宗教は神学や科学の構築にとりたて寄与できなかった。しかし、正典を有しないが故に科学と共存できる宗教である。何故なら伝統や既存の価値観に反するとして科学の成果を否定しても拠るべき正典がないため創造主の権威を笠に着ることができず説得力を有しない。

否定は論理に拠らざるを得ないが創造主の権威に頼れない以上、科学の成果に対応できる論理を構築できず、黙認するしかない。

創造主及び正典を有しない宗教であるが故に科学上の発見、発明が宗教の説いてきたドグマと衝突することはない。静観するだけである。

創造主のいない宗教は科学の成果を否定する正典を有しないことから権威ある否定の論理を構築できず、科学と宗教の共存の障害になり得ない。逆に科学の成果を信仰の場に活かすことができる宗教である。

科学と宗教は守備範囲を異にするため、否定し、争う理由はない。

科学の成果を援用して信仰にまつわる不純物、因習、迷信の残滓を取り除くことができる。

一方、価値中立的な科学は、信仰をとおして宗教が到達した倫理、道徳に反する研究を抑制するため宗教の叡智を借りることができる。

科学と宗教は両両相俟って人類の生存、福祉の向上に寄与できる。科学と宗教は共存共益の関係にあり、争う理由はない。

創造主が世界を創造したとする啓示は宗教世界を一変させただけでなく、科学を誕生させ、世界を変えた。人は科学革命により神の庇護から自立、地上の主権者として君臨している。

科学だと主張したマルクス・レーニン主義が宗教を敵視、弾圧したわけは宗教が既存の体制の守護神であっただけではない。創造主の観念を容認できなかったからだろう。

神を否定することで成立する思想であることから宗教を否定した。一神教の鬼子であるマルクス・レーニン主義は排他的に所属させる性格を有する点では一神教と同じである。他者の思想、信条を容認せず、マルクス・レーニン主義を異論を認めぬ正義（正典）と位置付け弾圧、流血の惨事を招いた。反民主主義の思想である。

神聖なものを信仰する宗教は創造主から下された正典を有しない。神の像は人が求めるものであり霊性の成長に伴い除々に明らかになって行く。科学に依拠することで神の像はより確かなものになる。また、遵守すべき正典を有しないため布教に際し、神の教えに反しているとして他の宗教を否定できない。他の宗教、宗派を信仰する以上の御利益、功徳が得られる、成仏が保証されている旨説いてきた。

リチャード・ドーキンス氏は、「神は妄想である　宗教との決別」（早川書房）で、「科学の論理で神を検証」し、宗教に起因する「非合理、迷信的な思考」について厳しい批判の声を浴びせている。

宗教にさしたる関心を持たず日本の宗教は遅れている、不合理だとさんざん吹き込まれていた頃は、キリスト教の信者は迷信から解放されているのだろうと思っていた。しかし、事実ではなかった。宗教によって迷信、不合理な観念の有り様が異なっているだけである。

宗教の相違にかかわらず宗教家は何処でも天罰や地獄を持ち出し信者を威嚇、意のままに操ろうとする性癖を有しているようだ。

ドーキンス氏の抗議は天地万物を創造し、最後の審判を主宰すると主張する一神教のドグマへの抗議でないのか。科学の論理では証明できないものに拠って立つ宗教への異議申立と捉えている。

神学がいかに整備されていようとも、不合理故に我信ず、宗教の存立が神秘な世界を拠所にしている以上、無神論者が批判するような現象は完全には払拭できない。

異教、異端を実力をもって排除しようと試みるのは排他的に所属させることが主因である。

神聖なものに関する信仰も、迷信から解放されているわけではないが、宗教戦争や宗教裁判のように徹底した排除の論理を有しない宗教である。

日本国では地動説や進化論が宗教界から抗議、抵抗を受けることなく教育、啓蒙できたわけは、正典を持たないため排他的な宗教になり得ず、科学の成果を否定できなかったからである。

宗教とは神聖なものに関する信仰であるとする宗教観は完成しておらず、より正確な神の像を求め未来に向かって開かれている。科学に拠るところが大きい宗教である。

一神教の宗教観からは遅れた宗教とされる。が、排他的に所属させない宗教は、宗教に起因する紛争を抑止することが喫緊の課題となっている世界では、学ぶべき長所を有する。科学が主宰する世界にあって、生命よりも尊いものはない。

宗教を否定する無神論者はさておき、神、宗教を信じる、信じたい者は己れの信じる神、神聖なものに帰依する一方で、排他的に一神に所属させない日本の宗教に学び、他者の信仰する神を、神聖なものと認識、侮るような言動を慎み、その教えについて学び、理解するよう努めれば宗教の齎す壁から解放され、宗教が原因で血を流すような野蛮で宗教の本旨に反する行動を回避できる。

今後とも狂信によるおぞましい事件は跡を断たず、狂信者を完全に排除することはできないだろう。

しかし、政治上の争点としない。流血を伴う紛争に至ることを阻止する行動が、信仰を持つ凡ての人の責務になった。宗教界に新潮流が生じたといえるだろう。

新潮流に対する対応のいかんによってその宗教の未来が左右されるだろう。

人や宗教について考察する前提、パラダイムが根底から変革を遂げた以上、対応しない、できない宗教は時代においてきぼりを喰らう。取り残されるだろう。

人類は一つの種であり、地上の生命は繋っている。共通の先祖を持つことが明白になった世界では、ジェノサイドを起こす根拠は存在しない。

文明を異にする者をサルだ、鬼畜だとして抹殺しようとする行動は、自然法に背くことが公理になった。宗教も同じである。異教、異端とは人が到達した真善美（よきもの）に反するカルトに限定することを求められている。

問題は未だそのことを知らない、知ろうともしない人が数多いることである。特定の観念に排他的に所属し、異なる観念の持主を容認できず、力で排除しようとする勢力が無視できない力を持っていることである。

科学技術の発達によって得た武器を使用することで甚大な犠牲者がでようとも、神の御心に適った行動であり、正当化されると信じ、行動に移す輩がいる。阻止するための体制を構築すると共に神の教えに反することを宗教家は説かねばならない。

一国単位で困難であれば国際間の連携を構築し、事にあたらねばならない。宗教者は率先して宗教に起因する紛争を中止させる運動に参加しなければならない。

人は生物の一つにすぎず、生存のために必要以上に地の生命をむやみやたらに殺す権利を持たないことを常識にしなければならなくなった。まして宗教が違うことを理由に争うことが許される筈はない。

人は他の生物の活動、存在によって生存が可能であることが理解されるようになった今日、自己の生存とはかかわりのない、無益な殺生に走らない。無益な殺生を禁じる世界の構築に取り組まざるを得なくなった。

仏教の教えに学ぶことが解決に至る道である。末法の二〇世紀を卒業、正法の時代になるか、否かはこの一点にかかっている。

その動きは既に始まっており、時と共に大きくなり、政治的にも無視できない大潮流になり、世界を押し流さずにはおかない。殺生を禁じる仏教の教えが脚光を浴びるようになる。宇宙船地球号は無益な殺生を容認できなくなった。科学技術の破壊力は地球号の正常な運行に影響を与えるまでに大きくなったからだ。

神を立てない仏教の教えは他の宗教の信者にも素直に学べるのではないだろうか。

神聖なものに関する信仰と創造力

神聖なものに関する信仰は創造力に如何なる影響を及ぼしてきたのだろうか。

私は日本人は創造力を有しない、サル真似の国民だと聞かされて育った。サル真似説はどこまで的を射ている、真実を突いているのだろうか。

宗教や日本語への評価と同様に評価基準がおかしい、評価基準を一神教文明の欧米において批判してきただけでないのか。

サル真似説は宗教や日本語への評価と同様に、西欧至上主義に拠った群盲象を評す類の評価にすぎないと私は捉えている。

文部科学省発行の「科学技術白書」によればサル真似説は怪しくなる。

一九九二年以降、特許を主とする技術貿易において輸入超過から輸出超過に変わった。

一九九六年以降は世界の凡ての国に対し、黒字を記録するようになった。

日本人は模倣がうまいだけのサル真似の国民だと批判してきた人達は、この事実について如何ように言い繕うのか聞いてみたい。批判する輩は日本人をサル真似国民と批判することで、自分は違うとアリバイを主張したいのだろう。それこそ醜い日本人の典型でないのか。

創造力を有しないサル真似の人とは、事あるごとに外国人の説を鵜呑みにして日本に紹介し、外国は素晴しい、日本は見倣え式の常套句を口にしてきた主として大学やマスコミ関係者、文化人等文化系の人達でなかったのか。

自然科学系の仕事に携わってきた人達は創造力を有することを既に証明している。

サル真似説は自画像を毀損した日本の知識人が世界の常識から逸脱していることを示す恰好の事例である。

日本人の創造力について、「日本の職人芸を世界ブランドに」（ＶＯＩＣＥ　平成二二年一月号　ＰＨＰ）で、アレクサンダー・ゲルマン氏は茂木健一郎氏との対談で次のように発言している。

ゲルマン

……にもかかわらず、不思議に思うのは、そのような素晴らしい特徴をもっている一方で、日本人自身が自らの文化を『コピー〈模倣〉がうまいだけ』と卑下する感覚をもって見ていることです。

茂木

「それはある面で事実でしょう。しかしたんにコピーがうまいのではなく、そこからさらなる改善を行なう能力を持っている。」

ゲルマン

「それに加えて純粋に、日本人は高い創造力をもっている、といって間違いありません。事実、私は日本人のさまざまな創造性をこの目で見てきました。しかし、どうして日本人は自分のことをコピーがうまい国民、と思い込んでしまったのか。

私の考える日本人の創造性の本質は、次のようなものです。神道は万物に神が宿ると信じます。木も石も生き物も自分たちと同じで、そこに上下関係はありません。

日本人は自然と対話し、自然の営みを洞察し、自然を創造の源として表現してきました。自然は日本人に限らず、すべての創造の源です。富士山を描く画家を、富士山を模倣している、とは誰もいいませんよね。富士山を洞察し、創造の源として、画家は表現している。

万物に神が宿り、すべてを等しく見る日本は、たとえ南蛮船がやって来て、鉄砲やカステラなど初めて異文化を目にしても、区別することなく異文化を洞察し、表現する。それは日本人にとってコピーの行為ではなく、富士山を洞察し富士山から学ぶように、他文化を学んでいる。学ぶから当然、改善もされるし、発展もする。創造力がないということとはまったく違います。

創造は何もないところからは生まれません。お互いに影響し合い、感化して生まれるものです。他から影響を受けていない創造や文化はそもそもありません。

一方、ヨーロッパ人は、神が最上で、その下に人間、人間の下に自然があると捉えてきた。日本人のように区別することなく洞察し、表現するという考え方は、理解を超えていた。」

茂木

「面白いですね。聖書によれば、創造は神から始まったことになりますから。」

ゲルマン

「ヨーロッパの創造性とは、世の中を創った神を模倣すること。神を模倣することが基本で、創造とは神に近づく行為なのです。」

創造力を計る物差は存在しない。実績、成果物をもとに判定するしかない。「神（創造主）を模倣する」ヨーロッパ式の創造力があれば、自然の働きを模倣する日本式の創造力もある。

自然を神とする日本人、創造主に帰依するヨーロッパ人、神観念の相違が、創造力の発揮にも影響力を及ぼしている。

神の似姿である人は、神の像に基づいて創造力を発揮するからだ。それこそ、「創造は何もないところからは生まれない」性質を有している。巨人の肩に乗った小人たる人は、先人の物の見方、努力の成果を学び、それを発展させる以上、創造力の母胎となる神の像に左右されざるを得ない。

神道には創造主はいない。しかし、天地万物を創造した産霊（むすび）の神はいる。創造主に帰依する西洋人とは違うが、創造する神はいる。相違は創造主として捉えていないことである。

西欧文明の核心、基軸として創造力を産む母胎になっているものといえば、アルファベットであり、キリスト教でないだろうか。

二つとも西洋オリジナルではない点において、漢字と仏教を受容した日本と同じである。文明の根幹をなすものを他文明から学んでいる点で、日本とヨーロッパは同じといえるだろう。科学革命を起こした西洋人の創造力を否定する者はいないだろう。この点に注目して創造力について考察すれば、創造力の有無は文明の核心をなす文字や宗教が固有か、否かで決定することはできない。実績で判定するしかないことに納得がいくだろう。

東夷と蔑まれた日本国は「中華文明」から隔たった極東の島国であったが故に創造力を発揮する舞台に遅れて登場した。遅れをとったのはこのためである。今や消化の時代は終り、実績をあげるべく努めているといえるのではないだろうか。

かつては偉大な創造力を発揮した文明を継ぐ国が、今も創造力を発揮しているといえないことは、創造力も時代、環境によって左右されることを示している。

創造力の有無は過去の栄光のみで判断するものではない、と捉えるべきでないのか。今は舞台が整い、日本人は創造力を発揮するようになった。舞台に登場しているが依然として日本人には創造力がない、改良にすぎないと批判する者が跡を断たない。

日本人の創造力については次のように解釈できるのではないだろうか。

近代におけるヨーロッパ人の創造力は、唯一の創造主に帰依する信仰の賜物である。

神が創造した世界を知りたい、創造の御業を知りたいとの願望がヨーロッパ人の創造力を開花させた。ヨーロッパ人にとって創造とは「神を模倣」することであったが故に、創造力と信仰は繋っていた。神が創造した世界、整然と秩序づけられた世界を解明したい旨の信仰に発した決意が科学となって結実した。「創造とは神に近づこうとする行為」であるが故に全身全霊をかけて追求した。

創造主を模倣した努力が科学を誕生させ、科学革命となって西洋に覇権を齎した。日本人には創造力がないと主張する根拠は「文明」や科学の誕生に関与していないことを指しているように思われる。しかし、西洋人の創造力発揮は人類が次の段階に進むべく時宜を得た幸運に与かったことも大きな要素でないのか。

このことについて、ジャレド・ダイヤモンド氏は「銃・病原菌・鉄」（草思社）で次のように述べている。宇宙船地球号の時代、傾聴に値する意見でないだろうか。

「二世紀前、ニューギニア人はみな石器時代の暮らしをしていた。つまりニューギニア人は、その当時、ヨーロッパでは数千年前にとってかわられた石器に似た道具を使い、集権的政治組織を持たない集落社会で暮らしていたのだ。………

白人の入植者の多くは、ニューギニア人を『原始的』だと、あからさまに見下した。一九七二年当時においても、もっとも無能な白人の『ご主人様』でも、ニューギニア人よりはるかに生活水準は高く、ヤリのようなニューギニア人のカリスマ的な政治家より暮らし向きがよかった。そのヤリは、私をふくめた白人を質問攻めにしていた。私もまたニューギニア人にあれこれ質問した。そしてヤリも私も、平均的なニューギニア人が平均的な白人に頭のよさではけっして劣っていないことを百も承知していた。ヤリが瞳を輝かせながら鋭く質問したとき、彼はこうした事情がよくわかっていたにちがいない。彼はこう尋ねたのだ。『あなた方白人は、たくさんのものを発達させてニューギニアに持ち込んだが、私たちニューギニア人には自分たちのものといえるものがほとんどない。それはなぜだろうか?』 それは単純な質問だったが、核心をつく質問でもあった。………

ヤリとこの会話を交わしてから、私は人類の進化、歴史、言語などについて研究し、その成果を発表してきた。本書において私は、ヤリの質問に対する二十五年後の答えを、自分なりに書いてみようと思ったのである。」

そして、次のように総括している。

「結論を述べると、ヨーロッパ人がアフリカ大陸を植民地化できたのは、白人の人種主義者が考えるように、ヨーロッパ人とアフリカ人に人種的な差があったからではない。それは地理的偶然と生態的偶然のたまものにすぎない。―しいていえば、それは、ユーラシア大陸とアフリカ大陸の広さの違い、東西に長いか南北に長いかのちがい、そして栽培化や家畜化可能な野生祖先主の分布状況のちがいによるものである。つまり、究極的には、ヨーロッパ人とアフリカ人は、異なる大陸で暮らしていたので、異なる歴史をたどったということである。」と記し、豊富な事例を挙げてこのことを論証している。

日本人サル真似説を唱える人達は、この意見に如何なる反論をするのか聞いてみたい。

科学の発展は止まることを知らず、新たな段階に達した。科学は従来のパラダイムでは解明が困難だった現象に研究の鉾先を向け始めた。

カオス、ファージィ、非線形、複雑系と呼ばれる現象について、科学は取り組み始めた。森羅万象に神の働きを見る日本人の創造力の出番である。

近年、ノーベル賞受賞者が増加しているのは科学の新しい潮流を反映している。日本人が創造力を発揮しやすい現象だからではないだろうか。

上田賢治氏はひろさちや氏との対談、「神道の祭典」(すずき出版)で、日本の神について次のように述べていることは、自然の働きに神の顕現を見る日本人の創造力について述べている、と私は捉えている。

「森羅万象の個別に独立の神がおられるんです。風の神と、雨の神というかたちでいわれるのは、宇宙の根底にダルマのような何かを予想しているのではなくて、具体的な宇宙のひとつひとつの働きに神を見ているわけです。……働きそのものに神を見ているんです。我々は働きを通してしか神を見ることができません。だから、それに向かって仕(つか)え祭るのは、感謝する祭をしているんです。」

「創造とは神に近づこうとする行為」である点では、日本人もヨーロッパ人も相違はない。しかし、日本人は創造主を信じていないが故に、創造力を発揮、解明しようとする対象が異なる。

日本人の創造力は森羅万象（神の働き）の解明に向けられた。

人の創造力は、神の像の捉え方に左右されるところが大きい。創造とは神に近づこうとする行為である以上、神の像が違えば追求する方向が違わざるを得なくなる。

日本人の創造力は創造主、或は宇宙の根底にあるダルマのような存在の追求に向かわなかった。そのような神観念を有しなかったからだ。しかし、創造主の観念を知ったからには新たな展開もあり得るのではないだろうか。

日本人は、「具体的な宇宙のひとつひとつの働きに神を見る」、森羅万象の働きに神を見ることで、神を知ろうと努めてきた。

東夷の国日本列島の自然は変化してやまない。多くの国では不動である筈の大地ですら動く、明確な四季を持つ国は気象も激しく変動する。事前に変化を知ることは自らの生存に直接かかわってくる。

創造力は働きを通してしか知ることができない神の力の解明に向けられた。

働きを知ることが神を知る、神に近づくことであったからだ。特許を主とする技術貿易において輸出超過になったのはこのことを反映しているのではないだろうか。

「世の中を創った神を模倣する」ことで、神に近づく、神を知ろうとしたヨーロッパ人の創造力とは、創造力を働かせる方向が違い、働きをとおしてしか知ることができない神を真似る、模倣することで神に近づこうとした。当然、創造力によって生み出されたものも違ってこざるを得ない。

創造力がないのではなく、創造力を開花させる、関心を向ける方向が違っていただけではないだろうか。

「アメリカ人」を見れば創造力とはＤＮＡの問題ではなく文化の問題であることが明瞭になる。

創造力がない、サル真似の国民だ、と自らを卑下することが謙虚な行為である筈はない。自画像を毀損しているから、このような妄言が社会に通用する、一定の賛同者を得ることができるのだろう。

日本人は創造力を有することを実証しているところだといえよう。

一神教との習合

明治以降、欧米のキリスト教社会を除き、日本人ほど創造力を発揮した国民があっただろうか。教えてもらいたいものだ。

千里の馬は常にあれど伯楽は常にあらずという。創造力を持つ人は常にいても、創造力を発揮させる環境でなければ開花しない。創造力に限らず他の分野でも同じだろう。

神聖なものに関する信仰は今後どのように発展、或は展開して行くのだろうか。

神聖なものへの信仰が宗教だとする宗教観は変わらないとしても、神の像は旧態依然として不明瞭なまま信仰されるのか。それとも神の像を求め新たな展開、発展があるのだろうか。

この問は、わたし達がこれまで同様に神聖なものは人が知りえない神秘であると捉え、探求することなく信仰するのか。それとも神聖なものとは何かと探求に向け、踏み出すかによって左右される。

私は神聖なものの本地（神の像）の解明に向けて踏み出す秋を迎えた。時節が到来し、探求が始まると考えている。

何故なら、謎、疑問を持てば探求せずには措く能わずこそがホモ・サピエンスたる人の本性であり、創造主の観念を知ったことで、探求するための道具立てが万端相整ったと捉えているからだ。

日本の宗教史を繙けば神秘なものについて探求するなど考えようともせず、漫然と父祖から受け継いだ信仰を守ってきただけと決め付けるのは早計に過ぎることが明らかになる。

世界宗教を受容した他の国のように棄教しなかったわけ、神祀りの祭式を中断しなかった不可思議な歴史の謎は、一重に神の像を知りたい旨の篤い信仰心の支えなしにできることではない。仏教受容が神の像探求に乗り出す契機になり、本地垂迹説が誕生したことはその裏付けになる。

神道は過去において仏教、儒教、道教の影響を受け現在の形になった。が、その影響は神道の本質に悖るものではなかった。私はこれらの宗教から学んだわけはこれらの宗教が尊崇する神聖なもの、神仏の像の観念を神道における神聖なもの・神の像を解明するための補助線として活用するためだったと捉えている。

キリスト教伝来以降は、一神教の核心である唯一の創造主という未知の神の像を知り、学び、咀嚼に努めてきた。キリスト教関係の出版物が多いことはそれを立証するものであると捉えている。

今や神聖なものの探求に欠かせない道具立ては整った。学ぶべきものは学んだので、今後は神聖なものとは何かについての探求に向かう。神聖なものの像の解明に向け、新たな一歩を踏み出すのではないだろうか。

私は仏教を受容したあとも神道の信仰を捨てなかった謎ともいえる現象をこのように捉えている。

世界宗教を受容した国では父祖伝来の信仰は喪われたが、一人日本国のみは守り通した。何故か、宗教とは神聖なものに関する信仰であるとの洞察、観念は神とは創造力を持つ唯一者との洞察と同様に、神の像の核心を突いた、的を射たが故に神道は生命力を喪うことなく信仰されてきた。

更には神聖なものとは何かについて知りたいと決意したから他の宗教の神聖なものの観念の咀嚼に努めてきた。

宗教とは神聖なものに関する信仰であるとの宗教観は、将来とも保持されるとしても、その中身は同じではない。霊性の成長に伴い、神聖なものの像は肉付けされていくからだ。

宗教人類学者中沢新一氏は、日本の宗教の有り様について次のように述べている。

「人類の宗教観念が、原始的なアニミズム段階から、しだいに進んだものに進化して、とうとう一神教のような形態にたどりつく、というのはキリスト教文明圏の進化論的な学問のついた、嘘のひとつである。アメリカ・インディアンやオーストラリア原住民の宗教は、その反対のことを教えてくれる。宇宙に存在するもののすべてに、目に見えない『聖霊』や『精気』が宿ることを信じている彼らが、そうした宇宙的な力の背後に、『グレート・スピリット』の存在を信じているのである。

『グレート・スピリット』は、この世界にあるすべてのものを、つらぬいて活動している。一神教的な神聖な力を、あらわしている。この一神教的な力によって、宇宙をかたちづくっている、もろもろの個別の存在は、生命を得ているのだ。だから、ここでは一神教がアニミズムの根本原理になっていて、また逆にアニミズムが一神教的な観念に、ヴィヴィッドな現実性を与えていることになる。

石や川や水や木に、不思議な『生気』が宿っていることを、感じ取ることができるからこそ、考えることができる。その背後に、『グレート・スピリット』の存在を、考えることができる。また『グレート・スピリット』のような、普遍的な力が存在しないとすると、アニミズムの考えそのものが、一貫性を持たないものになる。こういう世界では、『原始的アニミズム』と『高度な一神教』の考えが、共存しあっている。大空の宗教と大地の宗教が、幸運な結婚をとげているのである。

だから、私たち日本人は『一神教的なアニミズム』なるものを、伝統的な自然思想を生かしながら、これから創造していくことができるのである。ユダヤ、キリスト教的な一神教は、もっと幅広い可能性を持った一神教観念の、特殊ケースにすぎない。そういうものから解き放たれて、私たちは人類の可能性の庫を、押し開いてみる必要がある。」

これに呼応するかのように山尾三省氏は、「カミを詠んだ一茶の俳句　希望としてのアニミズム」（地湧社）でアニミズムについて次のように述べている。

「俳句がなぜアニミズムの詩形式であり、思想であるかというと、その中核に季語というカミ（美しいもの・善いもの・真実なるものの総称）を必須の条件として用意しているからであり、無季句にあってもその中核には、季語に代わる何らかのカミが読み込まれているからである。

季語がなぜカミかというと、季語の背景には、季節という、より大いなるカミが巡っており、季節という巡るカミは、その背後で地球及び太陽系、銀河系という、より大いなるカミに直接結ばれているからである。

俳句には季語を入れねばならないという無言の約束の背後には、俳諧とは季節の諸現象という無数無限のカミガミを詠む形式であるという共同幻想が明確にあったのだと私は考えている。」


私は世界でも稀な継続力を有する日本文明は、伝統的な自然思想を包摂した多神教的一神教を　神仏習合の一神教版として本地垂迹説の本地像、神聖なものの像を構築できると確信している。

そのわけは、神聖なものに関する信仰は、造化の妙とされる「位格」を有しており、神聖なものである創造主の観念をも包摂し得ると捉えているからだ。

神仏習合の核心となる神学は、本地垂迹説である。本地垂迹説は、時、所、姿形に捉われることなく顕現する究極な存在の本地について触れていないが故に、新たな展開の障害にならない。

わたし達は神聖なものの像について、人類が到達した叡智を取り込みながら創造することができる。

神聖なものの像について試行錯誤を繰り返すことを経て、神聖なものの像は次第に明らかになってくる。神の像は啓示によるものではなく人の手で明らかにするのが、神聖なものに排他的に所属することなく信仰する宗教である。

神聖なものは「創造主」をも包摂しているが、唯一の人格神的な存在ではなく、排他的に所属することを求めない。

仏教で説く法身仏、或はダルマのような神聖な存在であり、排他的に所属することを強要しない。

真理、理法である以上、排他的に強制的に所属させる必要はない。水が低きに流れるように自ずから従う宗教である。

本地である究極な存在の像を持たない神聖なものに関する信仰・日本教は未だ、発展途上にある宗教である。


一神教との習合というはたやすいが、具体的にはどのような形で習合するのだろうか。

キリスト教の核心であるキリストについて、本地垂迹説を援用して説明すれば、本地である神聖なものが衆生を救うために人の姿を借りて顕現したのがキリストである。

核心であるキリストを包摂できる以上、習合は可能であり、日本のキリスト教徒の信仰の実態はそうなっているのではないか。

日本教キリスト派である。

あとがき

大学時代のいつとは定かでない春の日、故郷の丘陵の連なる里山を歩いていた時、不合理、あいまいと悪評のさなかにあった日本の宗教について知りたいとの思いが浮んだ。

一九九八年に文芸社から出した「神仏習合」には、この時のことを次のように記している。

「故郷の山道を落葉を踏み締めながら歩いているときのことだった。風の音とどこかで鳴く鳥の声だけが聞える春の夕べ、墓地のそばで桜の蕾のふくらみを見ながら何となくもの思いにふけっていた。落葉は朽ちて土に返り、また、生命となり、私たちの世界に帰ってくる。日本的な生命感を持つ私には何の抵抗もないありふれた眺めだった。その時、ふと天上から声が聞こえたように思った。『汝、土より出でし者なれば土に帰るべし』その声はやさしく私たちを包んでくれる声ではなく、力強く命令的、断定的な響きを持っていた。私は自分が土に帰ることに何の抵抗もない。『何でそんな命令をするのだろう。死ねば土に帰ることはわかりきったことではないか』と思ったものである。この永代墓地で眠る人たちのように先祖と共に自然のふところに抱かれ心やすらかに眠ることができる。おおいなるもののもとに帰り憩うことがどうしてつらかろう。しかし、その声は反抗を許さぬ強さをもって迫ってきた。その時、私の神はどこにいてどのような神であろうか知りたいと思った。」

この思いが噴出したのであろうか。四三歳の時、「神仏習合」が日本をつくったとのひらめきを得て、次第に、そのことを本にして訴えたいとの思いに囚われ、五四歳になって出版できた。その後、「卑弥呼と二一世紀をつなぐ宇佐神宮、神仏習合の神示」を明窓出版から出すことができた。共に若き日の思いを追求したものである。

退職後のある日、「宗教」と「レリジョン」は意味するものが違う、と遅蒔きながら気付いたことから本書への道が拓かれた。本書で若き日の疑問に対する回答が出せたように思っている。先に出した二冊の本の集大成になるのが、本書「『和をもって行矣（さきくませ）』　宗教先進国　日本の未来と可能性」である。

この間、約半世紀がすぎたが無事完成できてほっとしている。自画像修復の一助になればこれにまさる喜びはない。永年の苦心が報われたといえよう。

令和元年十一月大嘗祭の当日

徳丸一守

和をもって行矣

宗教先進国日本の未来と可能性

2023年4月30日発行

著　者　**徳丸一守**

発行者　**向田翔一**

発行所　株式会社 22 世紀アート
〒103-0007
東京都中央区日本橋浜町 3-23-1-5F
電話　03-5941-9774
Email: info@22art.net　ホームページ：www.22art.net

発売元　株式会社日興企画
〒104-0032
東京都中央区八丁堀 4-11-10 第 2SS ビル 6F
電話　03-6262-8127
Email: support@nikko-kikaku.com
ホームページ：https://nikko-kikaku.com/

印刷
製本　株式会社 PUBFUN

ISBN：978-4-88877-194-8